Sonja Schürmann

Düsseldorf

Eine moderne Landeshauptstadt
mit 700jähriger Geschichte
und Kultur

DuMont Buchverlag Köln

Umschlagvorderseite: Rheinuferpromenade mit Schloßturm und Lambertuskirche
Umschlaginnenklappe: St. Andreas, hl. Helena, um 1700
Umschlagrückseite: Brunnenskulptur von Heinz Mack auf dem Platz der Deutschen Einheit, 1988
Frontispiz S. 2: Düsseldorf, Altstadt. Die Krämerstraße, rechts Turm von St. Lambertus, 1854. Stahl-stich von L. Deder nach L. Rohbock

Für Richard

© 1988 DuMont Buchverlag, Köln
2. Auflage 1989
Alle Rechte vorbehalten
Satz und Druck: Rasch, Bramsche
Buchbinderische Verarbeitung: Bramscher Buchbinder Betriebe

Printed in Germany   ISBN 3-7701-1787-5

Kunst-Reiseführer in der Reihe DuMont Dokumente

Zur schnellen Orientierung – die wichtigsten Düsseldorfer Sehenswürdigkeiten auf einen Blick:

(Auszug aus dem ausführlichen Ortsregister S. 359)

In der vorderen Umschlagklappe: Übersichtskarte von Düsseldorf

In der hinteren Umschlagklappe: Rheinansicht von Düsseldorf, um 1765

Inhalt

Die Grafen/Herzöge von Berg 1101–1813

Die Grafen von Berg: 1101–1225		Die Herzöge von Berg aus dem Hause Kleve: 1511–1609	
Adolf I.	geb. um 1078, 1101 Graf von Berg, † 1152	Johann III. der Friedfertige	1511–1539
Adolf II.	geb. um 1100, † 1161	Wilhelm der Reiche	1539–1592
Engelbert I.	geb. um 1130, † 1189	Johann Wilhelm I.	1592–1609
Adolf III.	1189–1218		
Engelbert der Heilige	Landesherrschaft seit 1218, ermordet 1225	**Die Herzöge von Berg aus dem Hause Pfalz-Neuburg: 1609–1742**	
		Wolfgang Wilhelm	1614–1653
Die Grafen von Berg aus dem Hause Limburg: 1225-1348		Philipp Wilhelm	1653–1679
Heinrich	1225–1246	Johann Wilhelm II. (›Jan Wellem‹)	1679–1716
Adolf IV.	1246–1259	Carl Philipp	1716–1742
Adolf V.	1259–1296		
Wilhelm I.	1296-1308		
Adolf VI.	1308–1348	**Die Herzöge von Berg aus den Linien Pfalz-Sulzbach und Pfalz-Zweibrücken-Birkenfeld: 1742–1806**	
		Carl Theodor	1742–1799
Die Grafen und Herzöge von Berg aus dem Hause Jülich: 1348–1511		Maximilian Josef	1799–1806
Gerhard I.	1348–1360		
Wilhelm II.	1360–1408	**Die französischen Landesherren:**	
Adolf VII.	1408–1437	Joachim Murat	1806–1808
Gerhard II.	1437–1475	Ludwig Napoleon	1809–1813
Wilhelm III.	1475–1511	(Vormundschaft Napoleon I.)	

Der besten Kennerin der Düsseldorfer historischen Topographie und Stadtgeschichte, Frau Else Rümmler, danke ich für unzählige Hinweise, Anregungen und Unterstützung. Mein Dank gilt auch zwei Düsseldorfer Kollegen, Herrn Axel Föhl und Herrn Dr. Karl Bernd Heppe, für die sachliche und fachliche Durchsicht des Manuskriptes sowie Frau Anneliese Hartert vom Stadtmuseum Düsseldorf für ihre unermüdliche Hilfe bei der Bildmaterialbeschaffung. Herrn C.-T. Schmidt, Düsseldorf verdanke ich wichtige Hinweise zu alten Ansichten, Stichen und Photographien; mit seiner Hilfe konnten die entsprechenden Bildlegenden in dieser Neuauflage präzisiert werden.

Einleitung
Stadtgeschichte und Stadtentwicklung

> ›So angenehm, für den Fremden wie für den Einheimischen, Düsseldorf mit seinen
> nächsten Umgebungen, durch seine freundliche Lage, durch die heitere, gesunde
> Luft, die schönen Gartenanlagen, die ausgezeichnet guten Gasthöfe, und so viele
> Anordnungen zum öffentlichen und geselligen Vergnügen ist: so anziehend ist der
> eigentümliche National-Charakter der Einwohner ... (J. F. Wilhelmi, Panorama von
> Düsseldorf und seinen Umgebungen. Düsseldorf 1828).

Düsseldorf liegt am mittleren Niederrhein, beiderseits des Rheinstroms am Ausgang der
Kölner Bucht. Das Stadtgebiet umfaßt eine Gesamtfläche von etwa 220 qkm, davon knapp
13 qkm linksrheinisch. Die Stadt zählt 567 532 Einwohner (Stand September 1987), rund
10 % davon sind Ausländer. Die mittlere Höhe von Düsseldorf wird mit 38 m über dem
Meeresspiegel angegeben. Lediglich die östlichen Vororte in den Ausläufern des Nieder-
bergischen Hügellandes verzeichnen eine Höhe zwischen 60 und 100 m.

Im Vergleich zu den linksrheinischen Städten Bonn, Köln oder Neuss ist Düsseldorf eine
verhältnismäßig junge Stadt. Gleichwohl bezeugen steinzeitliche, römische, germanische
und fränkische Bodenfunde im Stadtgebiet eine frühe Besiedlung der Gegend an der Mün-
dung der Düssel in den Rhein. Die Römer aus dem linksrheinischen Kastell Novaesium,
dem heutigen Neuss, unterhielten mit den rechtsrheinischen germanischen Siedlungen den
üblichen Handel; man tauschte römische Geräte und Glas gegen Pelze und Sklaven. Dies
scheinen im Stadtgebiet gefundene Tongefäße und Reste metallener Gebrauchsgegenstände
zu beweisen. Doch auch römische Ziegel mit der Aufschrift ›transrhenana‹ (jenseits des
Rheins, vom rechten Ufer) belegen die Existenz römischer Ziegelbrennereien am gegenüberliegenden Ufer, das die Römer darüber hinaus wohl auch als Weideplatz für ihre Pferde
benutzten, denn der rechtsrheinische Landstreifen war eine Art Niemandsland.

Aus dem Dunkel der Geschichte erheben sich zuerst die Vororte. In der Merowingerzeit,
um 700, beginnt mit der Tätigkeit des angelsächsischen Missionars Swidbert in *Kaiserswerth*,
mit der Erwähnung von *Bilk* im Jahre 799 und mit der Gründung des Kanonissenstifts in
Gerresheim im Jahre 870 die kontinuierliche schriftliche Überlieferung des Geschehens im
heutigen Stadtgebiet.

Vom Dorf an der Düsselmündung bis zum Ausgang des Mittelalters
Um 1135 hat Düsseldorf seinen Namen ›Dusseldorp‹, und 1159 wird der Ort nochmals in
einer Kölner Urkunde genannt. In der zweiten Hälfte des 12. Jh.s gehörte die Siedlung an
der Düsselmündung dem Edelherrn Arnold von Tyvern, der sie 1189 an den Grafen von

Die Schlacht bei Worringen, 1288. Aus der
Manessischen Handschrift, um 1300

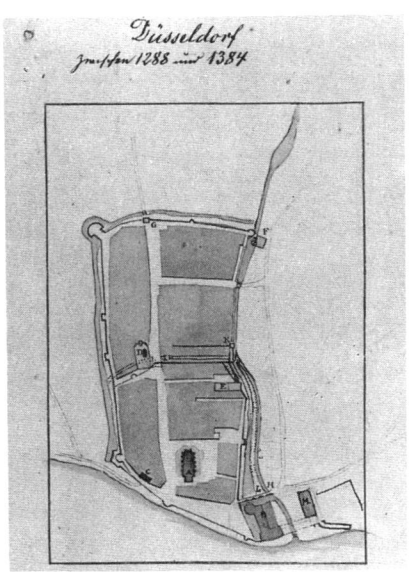

Die Stadt Düsseldorf zwischen 1288 und 1384.
Rekonstruktion aus der 2. Hälfte des 19. Jhs.

Berg verpfändete. Eine zur Siedlung gehörende Kapelle wurde 1206 zur Pfarrkirche erhoben.

Mit der berühmten *Schlacht bei Worringen* am 5. Juni 1288, bei der der Graf von Berg
neben den Grafen von Jülich, von der Mark, Tecklenburg und Waldeck unter der Führung
des Herzogs von Brabant siegreich gegen den Kölner Erzbischof Siegfried von Westerburg
kämpfte, trat für Düsseldorf eine entscheidende Wende ein. Die Vormachtstellung der
Kölner Erzbischöfe am Niederrhein war damit gebrochen. Am 14. August desselben Jahres
verliehen *Graf Adolf V. von Berg* (1259–96) und seine Gemahlin Elisabeth von Geldern
ihrem rechtsrheinischen Stützpunkt Düsseldorf die Stadtrechte und legten damit den Keim
für eine unabhängige städtisch-bürgerliche Entwicklung. Mit dem Akt der *Stadterhebung*
waren die städtische Freiheit und eine Rechtsordnung verbunden; den Düsseldorfern wurden ein Wochenmarkt, zwei Jahrmärkte sowie die Zollbefreiung im Bergischen Gebiet
gewährt.

Der Ort besaß damals wohl schon eine gewisse Bedeutung für den Handel zwischen den
beiden Rheinufern, denn die den Grafen gehörende Fähre von Düsseldorf nach Neuss war
bereits 1263 als erbliches Fähramt an drei Düsseldorfer Einwohner verpachtet worden.

Mit der Verleihung der Stadtrechte hat der Graf von Berg auch die Pfarrkirche zu einem
Kollegiatstift erhoben. Die Patronatsrechte – das Recht, den Inhaber einer Kanonikerstelle
zu benennen – teilte sich der Graf mit den Rittern von Elner (Eller), die auch den Unterhalt

zweier von sechs Kanonikerstellen sicherten. Neben jenen Herren von Eller waren es noch die Ritter von Benrode (Benrath) und die mächtige Familie Hayc von Flingern, die sich den Bestrebungen des Grafen nach einer Territorialherrschaft widersetzten und ihre Unabhängigkeit noch eine Zeitlang bewahren konnten.

Das älteste Stadtwappen zeigt einen umgestürzten Anker, und seit 1303 besitzt die Stadt auch ein Siegel. Das Original der Stadterhebungsurkunde wird seit Anfang des 19. Jh.s vermißt.

Die junge Stadt war nur von geringem Umfang, eigentlich nicht mehr als ein umwalltes Straßendorf, im Süden begrenzt von einem Düsselarm, im Westen vom Rheinufer. Es gab nur einen einzigen Straßenzug: die in Ost-West-Richtung verlaufende ›Altestadt‹, die am Rhein nach Süden umbog und die Krämerstaße bildete. Im Winkel der beiden Straßen lag die *Stiftsimmunität* mit der *Stiftskirche* und in der Südostecke das einzige Steinhaus, das *Löwenhaus* (Lieferhaus): die landesherrliche Güterverwaltung und wohl auch Wohnung der Grafen, bevor diese die Burg errichten ließen.

So blieb die Stadt fast 100 Jahre lang auf kleinste Verhältnisse eingerichtet. Die wirtschaftliche Macht der Nachbarstädte Uerdingen, Duisburg und Ratingen, vor allem aber des gegenüberliegenden Handelsortes Neuss hemmte und beschränkte das Wachstum Düsseldorfs.

In den ersten Jahrzehnten des beginnenden 14. Jh.s wurde die kleine Pfarrkirche erweitert und wahrscheinlich auch der Bau des gräflichen Hauses südlich der Stadt begonnen, denn der Ort sollte Zollstätte und Residenz des Grafen werden. Vor dem ältesten Stadttor, dem *Liebfrauentor* im Osten, lag eine kleine Liebfrauenkapelle, um die sich inzwischen eine kleine Vorstadt gebildet hatte: die *Ratinger Straße.*

Die Grafschaft Berg kam durch Erbgang mehrmals an andere Häuser: schon 1225 an Limburg (damit verbunden war die Einführung des Limburger Löwen als Landeswappen), 1348 an das Haus Jülich, das neben der Grafschaft Berg auch die Grafschaft Ravensberg mit Bielefeld erbte, 1511 schließlich an Kleve.

1380 erhob König Wenzel den Grafen *Wilhelm II.* (1360–1408) zum Herzog und die Grafschaft Berg zum Herzogtum.

Der zur Herzogswürde gelangte Wilhelm II. ordnete 1384 die erste große Eingemeindung an: *Derendorf* und *Golzheim* im Norden, *Bilk* und 1394 auch *Hamm* im Süden wurden in die Stadtfreiheit aufgenommen und die Bürger somit veranlaßt, in Düsseldorf Häuser zu bauen. Die vergrößerte Stadt umgab der Herzog in der Folgezeit mit einem geschlossenen Mauerring. 1397 wird schon das *Ratinger Tor* erwähnt, das die gleichnamige Straße, die Verlängerung der Altestadt nach Osten, abschloß. Hinter dem alten Liebfrauentor an der Liebfrauenkapelle ließen sich dann 1443 die *Kreuzherren* nieder. Im Süden und Südosten, wo die Stadt den größten Zuwachs erhielt, werden 1394–96 das *Berger Tor,* 1400 das *Flinger Tor,* 1442 das *Zolltor* und 1478 das *Rheintor* erwähnt.

Unter dem Nachfolger Wilhelms II., Herzog *Adolf VII.,* erfolgte 1423 die Vereinigung des Herzogtums Berg mit dem von Jülich. Damals wurde die an der Bolkerstraße begonnene zweite Pfarrkirche wieder abgebrochen. Adolfs Sohn, *Gerhard II.* (1437-75), berief die

VON·GOTTES·GENADEN·WILHELM·HERTZOG·ZV·IVLICH·GELRE·CLEVE·BERGE·
GRAF·ZVR·MARCK·ZV·ZVTPHEN·VD·RAVESPVRG·HER·ZV·RAVENSTEYN·

IN·IMAGINE·ILLVSTRISS·PRINCIP·IVLIAC·EOBANVS·HESSVS·

BIS·DVO·LVSTRA·VIDENS·ET·VITÆ·QVATTVOR·ANNOS·   NVLLI·IVSTICIA·NVLLI·PIETATE·SECVNDVS·
TALIS·IVLIACI·DVX·GVLIELMVS·ERAT·   SE·VETERVM·DOCVIT·LAVDIBVS·ESSE·PAREM·
ASPICIS·EXANGVEM·VIVENTIS·IMAGINIS·VMBRAM·   INNOCVAM·VITÆ·DECORAT·SAPIENTIA·LAVDEM·
MORES·ET·VITAM·NVLLA·TABELLA·REFERT·   PRÆCIPVE·IN·CHRISTVM·NON·SIMVLATA·FIDES·
TOT·IVVENIS·VIRTVTE·SVA·SIBI·REGNA·PARAVIT·   QVOD·SI·VITA·NOVÆ·POTVISSET·INESSE·TABELLÆ·
QVOT·MODO·TEVTONIDOS·NVLLVS·IN·ORBE·PLAGÆ·   QVOD·PETERES·MINIMVM·FORMA·FVTVRA·FVIT·

HINRICVS·ALDEGREVER·SVZATIEN·FACIEBAT·

ANNO·M·D·XL·

HN ΕΛΑΧΟΝ ΣΠΑΡΤΑΝ ΚΟΣΜΩ·

Kreuzherren und ließ das Hospital zum Heiligen Geist, das den Pilgern zu dem Gnadenbild in der Liebfrauenkapelle als Gasthaus gedient hatte, von der Ratinger in die Flinger Straße verlegen.

Gleichzeitig mit der *Stadterweiterung* wurde die alte *Stiftskirche* zu einer dreischiffigen Halle um- und ausgebaut. Durch die Förderung der Herzöge wuchs der Umfang der Stifts-immunität und des Stiftvermögens und durch Schenkungen kostbarer Reliquien auch der Kirchenschatz. Düsseldorf entwickelte sich zu einem der niederrheinischen Wallfahrtsorte und zog viele auswärtige Pilger an. Die *Burg* wurde phasenweise zu einer mächtigen Dreiflü-gelanlage ausgebaut und dominierte die Rheinfront.

Nach der Vereinigung der Herzogtümer Jülich, Kleve, Mark und Berg im Jahr 1521 machten die Herzöge von Berg aus dem Hause Kleve Düsseldorf zu ihrer Residenz und zum Verwaltungsmittelpunkt des flächengrößten Territoriums am Niederrhein.

Düsseldorf war, wie Albrecht Dürer schrieb, ›ein klein Städtlein‹; nun jedoch ließen sich zunehmend Hofbeamte, Gelehrte und Künstler hier nieder, so daß der Ort allmählich seinen ländlichen Charakter verlor. 1539 trat Herzog *Wilhelm der Reiche* seine über 50 Jahre andauernde Regierung an, in der die Stadt tiefgreifende Veränderungen erfuhr. Herzog Wilhelm unterhielt, wie schon sein Vater *Johann der Friedfertige* (1511–39), freundschaftli-che Beziehungen zu Erasmus von Rotterdam, zu dessen Kreis auch sein Erzieher *Konrad von Heresbach* und sein Kanzler Johann von Vlatten gehörten. Zu seinem Leibarzt berief er Johann Weyer, der eines der wichtigsten Bücher über Hexenwahn verfaßte, und sein Kos-mograph war der berühmte Kartograph Gerhard Mercator. Als *Alessandro Pasqualini* zum Hofbaumeister berufen wurde, erhielt die mittelalterliche Stadt ihr Renaissance-Gesicht; die von zwei Bränden 1490 und 1510 heimgesuchte Burg wurde in langer Bauzeit zu einem *Renaissance-Schloß* ausgebaut. Am Marktplatz erstand ein *neues Rathaus*.

Nachdem die jülich-bergischen Landstände 1538 ein Festungsprogramm beschlossen hat-ten, begann man in Düsseldorf mit dem Ausbau der bastionären *Stadtbefestigung* und vor allem mit der Errichtung der am Südrand vor der Stadt gelegenen *Zitadelle*.

1550 erließ der Herzog eine *Rechtsordnung*, 1554 die *Polizeiordnung*, die auch Anweisun-gen über das Bauen enthielt, und 1561 die *Zunftordnung* der Schreiner. Große Bedeutung erlangte das 1545 gegründete *Gymnasium*, zu dessen erstem Rektor Johann von Monheim berufen wurde. Zeitweise soll die Schule weit über 1000 Schüler gehabt haben.

Die zentralen Behörden für die Herzogtümer Berg und Jülich nahmen ihren Sitz im Kanzleigebäude am Markt neben dem Rathaus. Das Gymnasium als wissenschaftliche Insti-tution und die fürstliche Verwaltung gaben wohl den Anstoß zur Errichtung der ersten *Druckerei* in Düsseldorf, die Jakob Baethen 1555 gründete.

Herzog Wilhelm der Reiche setzte auch die reformorientierte Kirchenpolitik seines Vaters fort. Eine seiner Schwestern, Anna von Kleve, wurde die vierte Gemahlin des protestantisch gewordenen Königs Heinrich VIII. von England; eine andere Schwester, Sibylle, heiratete

◁ *Herzog Wilhelm der Reiche. Kupferstich von Heinrich Aldegrever, 1540*

11

den Führer der protestantischen Fürsten, Kurfürst Johann Friedrich von Sachsen. Auch seine vier Töchter ließ Herzog Wilhelm im protestantischen Glauben erziehen, während er selbst und seine Söhne katholisch blieben. Bis in die späten sechziger Jahre des 16. Jh.s herrschte in Düsseldorf ein ›Reformkatholizismus‹. Seit der Anstellung von Gerhard Veltius (1558) als Hofprediger ließ der Herzog keine Messe mehr im Schloß lesen und empfing das Abendmahl in beiderlei Gestalt. Nach dem Tode seiner Ratgeber kehrte er jedoch allmählich zum alten Glauben zurück. Währenddessen waren in Düsseldorf die *evangelischen Gemeinden* entstanden – 1573 die reformierte und wohl zur gleichen Zeit auch die lutherische –, die trotz aller späteren Benachteiligungen und Unterdrückungen ihre Existenz bewahren konnten.

Zwischen 1577 und 1584 suchten vier Pestepidemien die Stadt heim. In der Umgebung von Düsseldorf, in Neuss, Heerdt, Gerresheim, Monheim, Ratingen und Angermund, tobten die Kämpfe des *Truchseßschen Krieges,* den der aus Bayern berufene, neugewählte Erzbischof von Köln, Ernst von Wittelsbach, gegen seinen abgesetzten Vorgänger, Gebhard Truchseß von Waldburg führte, der zum protestantischen Glauben übergetreten und mit einer Gerresheimer Stiftsdame, Agnes von Mansfeld, verheiratet war.

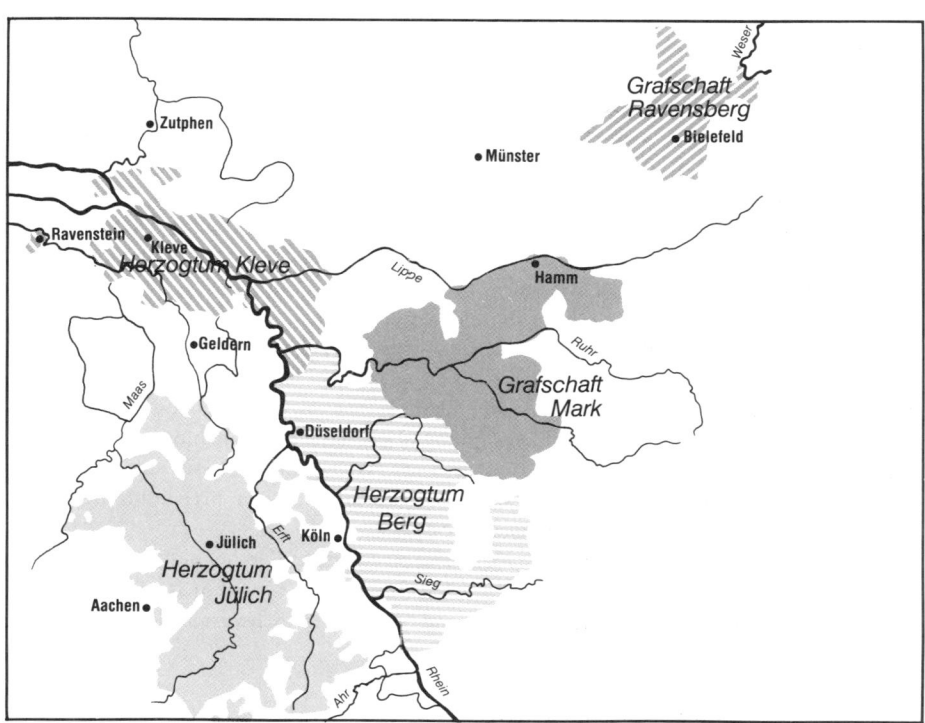

Der jülich-klevische Erbfolgestreit und das Haus Pfalz-Neuburg

Unheil und Katastrophen kündigten den Untergang des Hauses Kleve-Berg und somit den Zerfall eines der angesehensten Fürstentümer Europas an. Herzog Wilhelm litt seit 1566 als Folge eines Schlaganfalls an einer Geistesschwäche. Sein erstgeborener Sohn, der Erbprinz Karl Friedrich, war 1575 auf seiner Reise nach Rom an Blattern gestorben. Der zweite Sohn, *Johann Wilhelm I.* (1592–1609), eigentlich für eine geistliche Laufbahn bestimmt – er war bereits Administrator des Bistums Münster –, mußte dem geistlichen Stand entsagen, um das väterliche Erbe anzutreten. Auf Wunsch des Kaisers Rudolf II., des spanischen Königs Philipp II. und des Papstes heiratete er die vier Jahre ältere katholische Markgräfin Jakobe von Baden. Diese Eheschließung sollte verhindern, daß das reiche niederrheinische Erbe an die protestantischen Töchter des Herzogs fiel.

Die *Hochzeit des Erbprinzen im Jahr 1585* war das prunkvollste Fest der Stadtgeschichte; die Zeremonien, Turniere, Festessen, Bälle und Feuerwerke dauerten über eine Woche. Zahlreiche Verwandte und adlige Gäste mit ihren Dienern waren, neben vielen Schaulustigen, zu diesem Ereignis in die Stadt gekommen: insgesamt 1677 Personen und 1519 Pferde. Stadt und Schloß präsentierten sich feierlich geschmückt. Ein reich illustriertes Erinnerungs-

◁ *Das Territorium der vereinigten Herzogtümer Jülich-Kleve-Berg im 16. Jh.*

Stadtansicht mit Schloß, 1585. Kupferstich von F. Hogenberg aus D. Graminäus, ›Beschreibung derer Fuerstlich Gueligschen Hochzeit . . .‹, Köln 1587

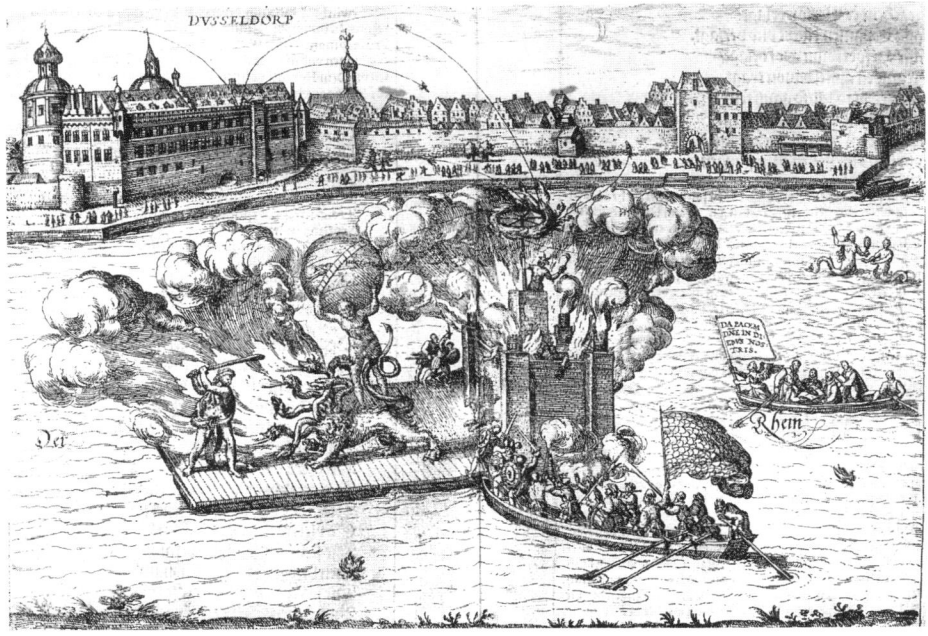

buch des herzoglichen Landschreibers Dietrich Graminäus wurde zwei Jahre später in Köln bei Franz Hogenberg, der auch einen Teil der Kupferstiche schuf, verlegt. Es beinhaltet die ältesten bislang bekannten Ansichten der Stadt und ihrer wichtigsten Bauwerke: das Schloß, das neue Rathaus am Marktplatz, die einige Jahre zuvor angelegte Zitadelle, die Turnierbahn in Pempelfort und im Schloßhof sowie Innenansichten des Schlosses mit seinen Festräumen und der Schloßkapelle.

Doch die mit dieser Ehe verbundenen Hoffnungen erfüllten sich nicht. Der alte Herzog Wilhelm verweigerte seinem Sohn bis zu seinem Tode 1592 die Mitregierung, und Johann Wilhelm verfiel seit 1589 immer mehr dem Verfolgungswahn und mußte zeitweise eingeschlossen werden. Seine Ehe blieb überdies kinderlos; Jakobe von Baden wurde in Hofintrigen und ehebrecherische Verdächtigungen verwickelt. Währenddessen bildeten sich im Kampf um die Regierungsgewalt am Hofe und im Lande verschiedene Lager. Zu der mächtigsten Partei gehörten die Schwäger der Herzogin, ihre Schwägerin Sibylle und der Marschall von Waldenburg genannt Schenkern, die Jakobe von Baden 1597 sogar erdrosseln ließen, bevor die kaiserlichen Kommissare die Untersuchungen für den von Sibylle angestrengten Prozeß abgeschlossen hatten. Herzog Johann Wilhelm – obwohl völlig regie-

Der Schloßhof anläßlich der Fürstenhochzeit im Jahr 1585 (vgl. Abb. S. 13)

rungsunfähig – schloß 1599 eine zweite Ehe mit Antoinette von Lothringen, die ebenfalls kinderlos blieb. Im gleichen Jahr war auch das Grabmal seines Vaters in der Lambertuskirche vollendet.

Als Johann Wilhelm 1609 geistig umnachtet starb, waren die Nachkommen seiner Schwestern Marie Eleonore von Preußen, Anna von Pfalz-Neuburg und Magdalena von der Pfalz erbberechtigt. Die Rechtslage war jedoch kompliziert, denn ein kaiserliches Privileg aus dem Jahre 1546 sprach den Töchtern Wilhelms des Reichen beim Aussterben des Mannesstammes die Nachfolge zu. Die Erben aus den Fürstenhäusern Wittelsbach, Hohenzollern und Wettin, durch die weibliche Linie mit dem Klever Herzogshaus verwandt, auch die ›possidierenden Fürsten‹ genannt, da sie durch das Anschlagen ihrer Wappen ihre Besitzansprüche zu sichern versuchten, regierten zunächst gemeinsam: der Kurfürst Johann Sigismund von Brandenburg durch seinen Bruder, den Markgrafen Ernst, und der Pfalzgraf von Neuburg durch seinen Sohn Wolfgang Wilhelm. Nach Streitigkeiten und langen Verhandlungen einigten sich schließlich die Hauptprätendenten 1614 im *Vertrag von Xanten:* Brandenburg erhielt Kleve, Mark und Ravensberg; Jülich-Berg fiel an die Wittelsbacher aus Neuburg. Das mächtige Gebilde der ›Vereinigten Herzogtümer‹ mit der Hauptstadt Düsseldorf war somit zerfallen.

Mit dem neuen pfalz-neuburgischen Landesherrn *Wolfgang Wilhelm* (1614–53), dem ältesten Sohn der Pfalzgräfin Anna von Neuburg, der seit 1613 mit Magdalena von Bayern verheiratet und aus politischem Kalkül zum katholischen Glauben übergetreten war, begann eine neue Epoche der Stadtgeschichte. Seine Regierungszeit stand im Zeichen der beiden großen Kriege – des Dreißigjährigen (1618–48) und des 1621 erneut ausbrechenden Freiheitskampfes der Niederlande. Durch kluge und weitsichtige Neutralitätspolitik verstand es der Herzog, seinen neuen Besitz vor Schaden und Zerstörung zu bewahren. Seine Hauptsorge galt in den ersten Regierungsjahren der Sicherung der Residenzstadt Düsseldorf. Die durch Hochwasser beschädigte Stadtbefestigung wurde instandgesetzt und die Arbeit an der unvollendet gebliebenen Zitadelle fortgeführt, wozu der neuburgische Baumeister *Antonio Serro gen. Krauss* nach Düsseldorf geholt wurde.

Zwischen 1623 und 1649 brachen in der Stadt achtmal Pestepidemien aus, zum Teil sicherlich durch die geflüchtete Landbevölkerung verursacht, die hinter den Stadtmauern Schutz vor den Soldatentruppen suchte.

Von Anbeginn seiner Regierung förderte der Herzog *Reformorden,* die er in die Stadt berufen hatte, um mit ihrer Hilfe den katholischen Glauben zur alleinigen Landesreligion zu machen. Nacheinander kamen Kapuziner (1617), Jesuiten (1619), Coelestinerinnen (1638), Karmeliterinnen (1641), Cellitinnen (1649) und Franziskaner (1651) nach Düsseldorf; der Herzog unterstützte den Bau ihrer Klöster und Kirchen, die bald das Gepräge der Stadt veränderten, wie die berühmte vieltürmige Vedute von Merian von 1647 zeigt (S. 18/19).

Wolfgang Wilhelms besonderes Wohlwollen galt den *Jesuiten,* deren schon 1621 begonnener Kirchenbau – *St. Andreas* –, zu dem der Herzog das Grundstück schenkte und den er mit großen Beträgen unterstützte, von Anfang an auch als Hofkirche und wahrscheinlich auch als Grabkirche der Pfalz-Neuburger bestimmt war. Die Vorbildrolle der Neuburger Jesui-

IN DEO MEA CONSOLATIO

Regna, artes, formæ decus, illustrissime Princeps.
Contribuere tibi Iuno, Minerua, Venus.
Verum humana hæc sunt: maius tibi contigit, illud

Quid vero est? PIETAS verus Amorque Dei.
Macte animi Princeps: felicibus auctus habenis,
Et belli et pacis munera redde tuis.

ILLVSTRISSIMO PRINCIPI AC DOMINO, D. WOLFGANGO GVLIELMO, D. G.
COMITI PALATINO AD RHENVM, DVCI BAVARIAE, IVLIACI, CLIVIAE ET MONTIVM, COMITI
VELDENTII, SPANHAEMI, MARCHIAE, RAVENSPVRGI ET MORSAE, DOMINO IN RAVENSTEIN, DOMINO SVO CLEMENTISSIMO.
HVMILIME DEDICANT MELCHIOR GELDROPIVS IVNIOR ET ABRAHAMVS HOGENBERG.

Herzog Wolfgang Wilhelm zu Pferde, im Hintergrund Ansicht von Düsseldorf. Kupferstich von
A. Hogenberg nach Melchior Geldrop, 1. Viertel 17. Jh.

tenkirche für das Düsseldorfer Projekt zeugt von den tiefen Bindungen des Landesherrn an seine süddeutsche Heimat. Er übertrug den Jesuiten auch die Leitung des längst heruntergekommenen Gymnasiums und förderte das (im 18. Jh. abgerissene) Seminar an der Ostseite des Grabbeplatzes.

Ein großes Unglück ereignete sich 1634, als ein Blitz den Pulverturm zur Explosion brachte. Zahlreiche Häuser der Umgebung wurden zerstört, die Lambertuskirche verlor ihre mittelalterlichen Glasfenster, das Schloß wurde beschädigt, und 60 Bürger ließen ihr Leben.

Der zweiten Gemahlin Wolfgang Wilhelms, seiner Kusine Katharina Charlotte von Pfalz-Zweibrücken, die zeitlebens reformiert blieb, lagen besonders die Protestanten in der Stadt am Herzen, für die sie manche Erleichterung erreichen konnte und denen sie 1644 auch eine silberne Abendmahlskanne mit dem herzoglichen Wappen schenkte.

Der Herzog war ein großzügiger und toleranter, aber auch streng verantwortlicher Herrscher, aufgeschlossen für die Probleme seiner Zeit und bemüht, seiner Residenzstadt, in der er den größten Teil seines Lebens verbrachte, zu einer gewissen barocken Prachtentfaltung zu verhelfen, die überdies der fürstlichen Repräsentation diente. Er pflegte freundschaftliche Beziehungen zu *Peter Paul Rubens*, bei dem er drei Altarbilder für die Neuburger Jesuitenkirche in Auftrag gab. Eines davon, das ›Jüngste Gericht‹, kam später nach Düsseldorf (heute im Kunstmuseum). Antonis van Dyck porträtierte ihn, und *Johannes Spielberg* wurde als Hofmaler nach Düsseldorf geholt. Als Wolfgang Wilhelm 1653 starb, wurde er in seiner Schöpfung – der Düsseldorfer Andreaskirche – beigesetzt.

Sein einziger Sohn, *Philipp Wilhelm* (1653–79), 1615 in Düsseldorf geboren und von den Jesuiten erzogen, wurde sein Nachfolger. Längere Aufenthalte am Wiener und Münchener Hof hatten seine Regierungskenntnisse vertieft. Auch seine vordringliche Sorge galt der Befestigung der Stadt, für die er große Mittel aufwandte. Mit seinem Namen ist die nordwestliche Erweiterung der Stadtbefestigung – das ›Neue Werk‹ – mit den Kasernen für die Reiter (der heutige Name Reuterkaserne erinnert an sie) verbunden. Seit 1653 war er in zweiter Ehe mit Elisabeth Amalia von Hessen-Darmstadt verheiratet, die ein *Wasserschloß in Benrath* (altes Schloß) erbauen ließ. Von den 17 Kindern aus dieser Ehe wurden sieben in Düsseldorf und zwei in Benrath geboren. Anläßlich der Geburt seines ersten Sohnes und späteren Thronfolgers Johann Wilhelm im Jahre 1658 ließ der Herzog an der Landstraße nach Hamm eine Kapelle errichten, die *Kreuz-(oder Jan-Wellem-)Kapelle,* die er den Jesuiten übergab.

Philipp Wilhelms Wunsch, König von Polen – seine erste Frau war die Tochter des polnischen Königs Sigmund III. gewesen – oder gar Kaiser zu werden, erfüllte sich nicht. Es gelang ihm jedoch, mittels kluger Familienpolitik eine Stellung zu erreichen, die ihn mit allen wichtigen europäischen Fürstenhöfen verband und ihm den Beinamen ›Schwiegervater Europas‹ einbrachte: Mit dem habsburgischen Kaiserhaus ging er eine doppelte Ehe-Allianz ein: Seine älteste Tochter Eleonora Magdalena Theresia heiratete 1676 Kaiser Leopold I. und sein Sohn und Nachfolger Johann Wilhelm 1678 die Halbschwester des Kaisers, Maria Anna Josepha. Die Tochter Maria Sophia wurde Königin von Portugal, Maria Anna Königin von

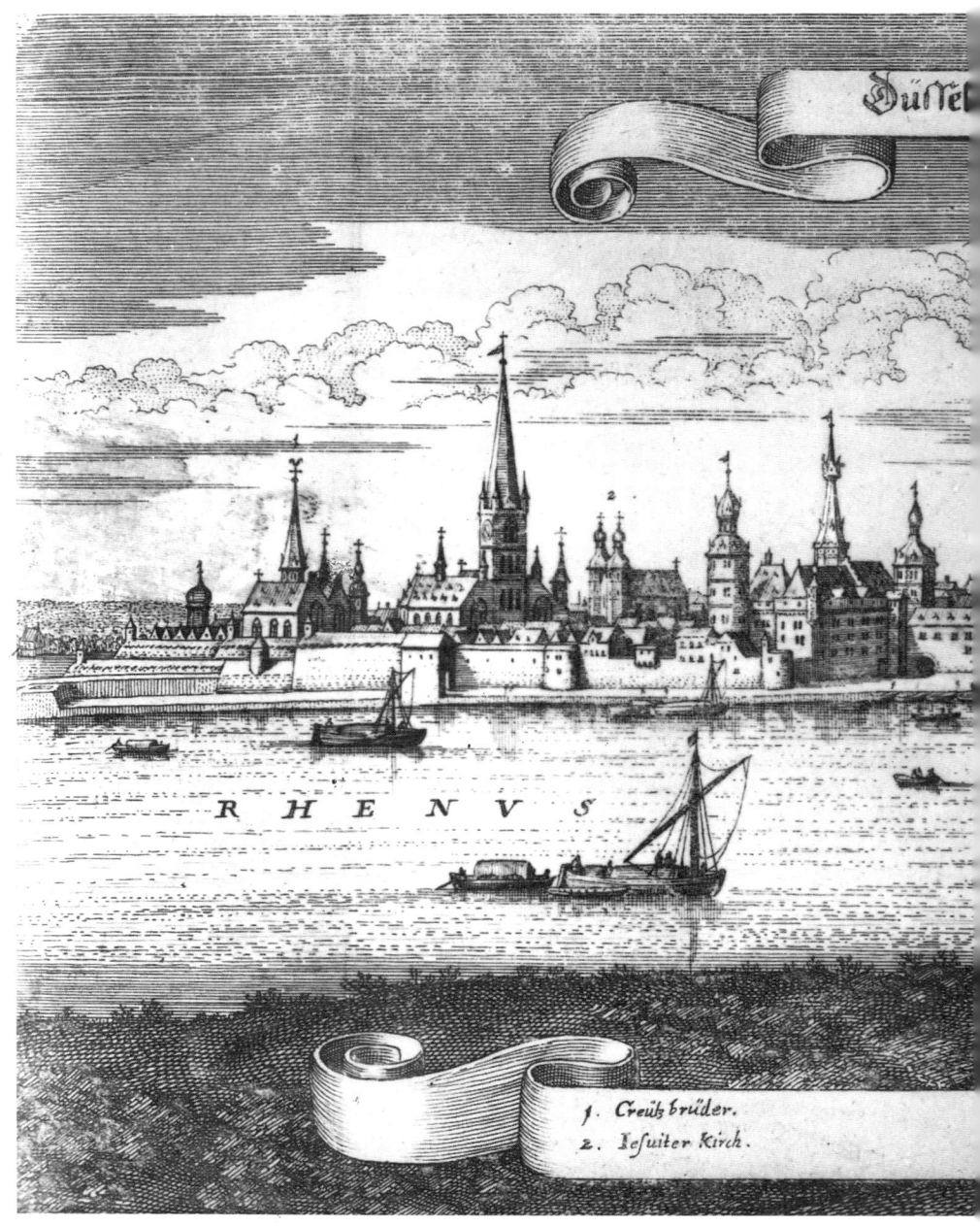

Rheinansicht mit Schloß, Lambertuskirche und Zitadelle (rechts). Kupferstich von M. Merian, 1647

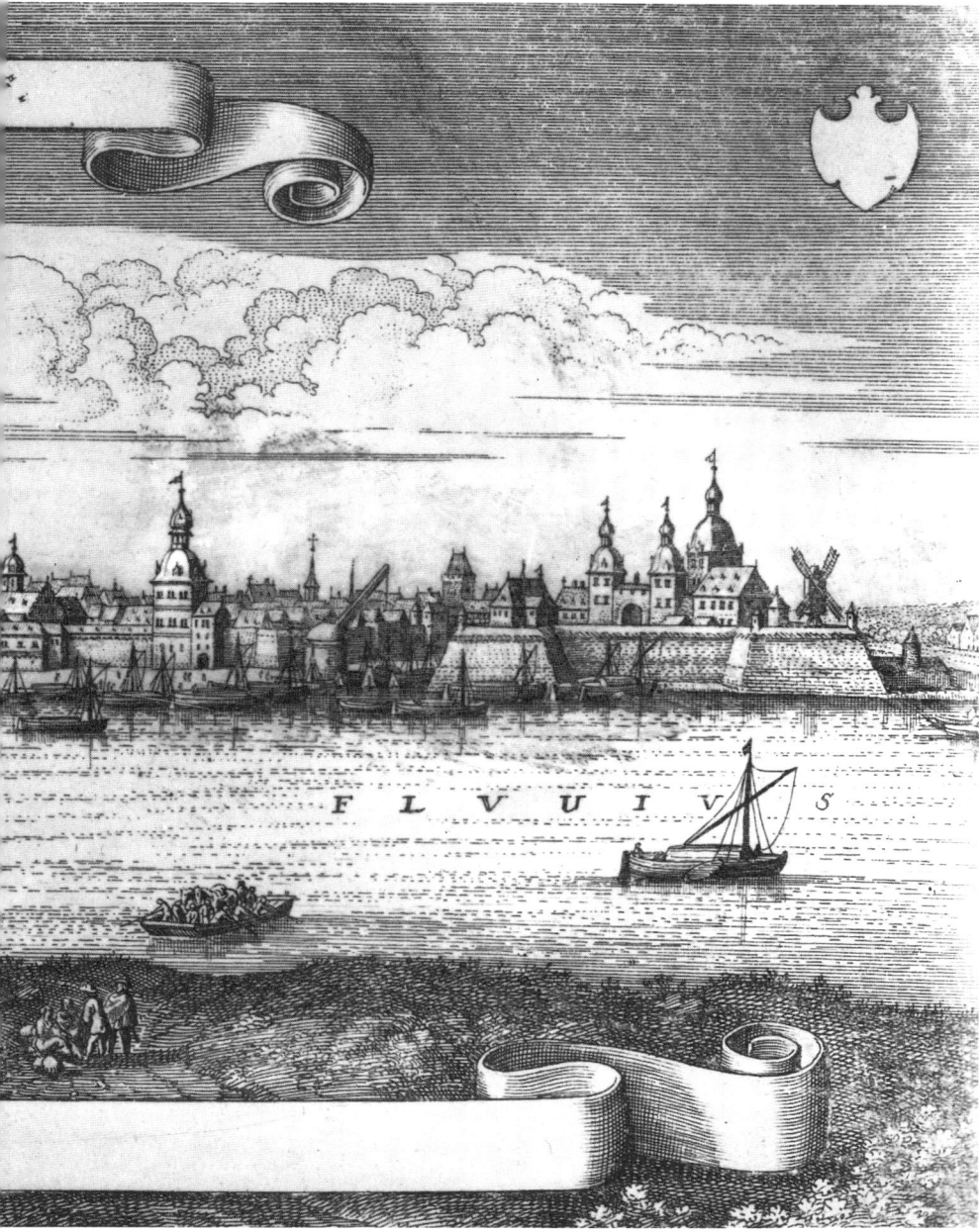

FLVVIVS

Spanien, Dorothea Herzogin von Parma und Hedwig Elisabeth die Gemahlin des Prinzen Jakob Ludwig Sobieski von Polen. Die Söhne bekleideten hohe geistliche Ämter.

Das *Düsseldorfer Schloß* war zu einer europäischen Residenz mit prunkvoller Hofhaltung aufgestiegen. Da der Herzog großer Musikliebhaber war, erweiterte er die von seinem Vater übernommene Hofkapelle zu einem großen Orchester, das unter bedeutenden Kapellmeistern die zeitgenössische italienische Musik pflegte.

Während der Pestepidemie 1666 wurde der erste Stadtarzt angestellt. Nachdem die Gefahr vorbei war, stiftete Philipp Wilhelm die (nicht mehr existierende) *Rochus-Kapelle in Pempelfort*. Als 1669 ein vernichtender Brand viele Häuser am Markt zerstörte, berief der Herzog den Hofarchitekten *Dominikus Doktor* aus Neuburg, der die zerstörten Häuser ›mit schöner Faciata zum Zierrat der Stadt und Straßen wieder aufzubauen‹ hatte. Gleichzeitig erhielt die Stadt eine neue Brandordnung. Eine Reihe von Zunftordnungen war schon vorher, 1655, erlassen worden, wobei die Zünfte der Schneider, Weber und Bäcker neu geordnet wurden. Im Jahr der Geburt des Thronfolgers zählte die Stadt, einschließlich des Militärs, 5300 Einwohner in 648 Häusern.

Kurfürstliche Residenz: Johann Wilhelm von der Pfalz

1679 trat *Johann Wilhelm* – ›Jan Wellem‹ – die Regentschaft in Jülich-Berg an, während sein Vater mit der Familie nach Neuburg übersiedelte. Auf einer ›Kavaliersreise‹, die den jungen

Herzog Johann Wilhelm vor den Ansichten der Städte Düsseldorf und Jülich. Kupferstich aus dem Kalender von 1681, Düsseldorf, bei J. H. Bayer, 1680

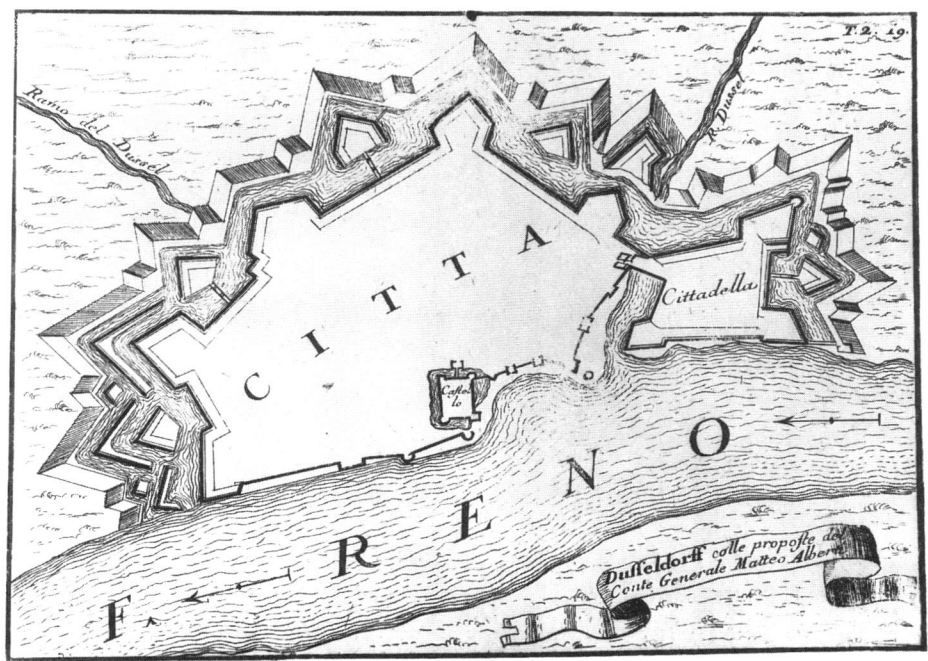

Plan der Stadt und Festung Düsseldorf. Kupferstich nach Matteo Alberti, vor 1700 (1698)

Prinzen an viele europäische Höfe führte – er besuchte die Niederlande, England, Italien, hielt sich am Wiener Hof auf und wurde von Frankreichs Sonnenkönig Ludwig XIV. in privater Audienz empfangen –, hatte er die großen Residenzen kennengelernt und versuchte nun, aus seiner Geburtsstadt, der seine ganze Liebe galt, einen bedeutenden Fürstensitz zu machen. Er forderte Fremde zur Ansiedlung auf und verschenkte zahlreiche Bauplätze. Das ›Neue Werk‹, die Erweiterung der Stadt im Nordosten, wurde bebaut, und auch die *Ursulinen*, die 1677 als letzter Orden in die Stadt gekommen waren, erhielten an der Ritterstraße 1684 einen Bauplatz für Kloster und Kirche. Auch die *Zitadelle* sollte zum Wohnviertel werden. Alle Hofhaltungsbauten, vor allem das Schloß, wurden einer gründlichen Modernisierung und Instandsetzung unterzogen.

Sein Vater Philipp Wilhelm erbte nach dem Aussterben der Linie Pfalz-Simmern 1685 die pfälzische Kurwürde, die bei dessen Tod 1690 auf Johann Wilhelm überging. Nach dem Tode seiner habsburgischen Gemahlin ehelichte Johann Wilhelm, nun Kurfürst von der Pfalz, bald auch Erztruchseß des Reiches, 1691 die Großherzogin Anna Maria Luisa von Toskana aus dem Hause Medici. Fortan änderten sich die bescheidenen Verhältnisse: Der Hofstaat wurde vermehrt, und zahlreiche Künstler und Kunsthandwerker wurden nach

Düsseldorfer Rheinfront. Federzeichnung von E. Ph. Ploennies, um 1714

Düsseldorf berufen. Unter ihnen nahm *Gabriel de Grupello,* der 1695 seinen Dienst als kurfürstlicher Hofstatuarius antrat, eine besondere Stellung ein.

Bedeutende Bauten entstanden in dieser Zeit, u. a. das *Kriegskommissariat* und das *Gouvernement-Gebäude.* Die Karmeliterinnen, Ursulinen und Coelestinerinnen bauten ihre *Klosterkirchen,* und beide *evangelischen Gemeinden* konnten endlich ihre Kirchen errichten: die Reformierten an der Bolkerstraße – später benannt nach Joachim Neander, dem Liederdichter und Rektor der reformierten Lateinschule (1674–79) – und die Lutheraner an der Berger Straße.

Eine Reihe von italienischen Kaufleuten, die wohl der Kurfürstin gefolgt waren, ließen sich in der Stadt nieder, so auch Feretti, der erste christliche Bankier der Stadt. Der Kurfürst, stets um die Entwicklung des Handwerks bemüht, ordnete durch Erlasse und Verordnungen das Zunftwesen.

Ab 1699 sollte die Stadt um ein Mehrfaches vergrößert werden. Eine großartige Erweiterung – ›Extension‹ – war geplant, und der Kurfürst gewährte den Ansiedlern dreißigjährige Steuerfreiheit für ihre neuen Häuser, für die er auch die Baugrundstücke schenkte. Es entstanden jedoch lediglich die große *Kaserne* und das *Hubertushospital* an der Kasernenstraße und am Südende der Neustadt das schöne Haus des Hoffaktors Joseph Jakob van Geldern, eines Vorfahren Heinrich Heines. Das weitsichtige, für die damalige Situation jedoch allzu großzügige Unternehmen scheiterte.

1706 erließ der Kurfürst eine *Polizei- und Taxordnung,* die Anordnungen über die Bewirtung von Fremden, über Mieten und Arbeitslöhne, aber auch über Bauvorschriften enthielt. Bald gab es Straßenbeleuchtung, eine dürftige Straßenreinigung und eine Müllabfuhr. Es fand nun ein regelmäßiger Postverkehr statt, und die Verbindung mit dem linken Rheinufer

wurde durch die ›Fliegende Brücke‹, eine aus Mannheim geholte große Fähre, gewährleistet. Neben dem Leibarzt des Kurfürsten, Konrad Brunner, wirkten zeitweise sieben Ärzte in der Stadt.

Um seine *Kunstsammlung,* eine beachtliche Kollektion von Rubens-Gemälden, Abgüssen antiker Plastiken und Antiquitäten, angemessen unterzubringen, ließ Kurfürst Johann Wilhelm 1710 eine *Galerie* errichten: ein selbständiges, vom Schloß aus zugängliches Gebäude. Als großzügiger Mäzen förderte er viele Künstler und Wissenschaftler, von denen unter den Malern Adriaen van der Werff, Jan Frans Douven und Eglon van Neer hervorragen. Durch Agenten ließ er wertvolle Gemälde für seine Galerie erwerben, so daß diese erlesene Sammlung die größte Sehenswürdigkeit der Stadt darstellte, bis sie 1805 nach München überführt wurde.

Für die kostbare *Ausstattung des Schlosses* wurden Stukkateure, Vergolder, Kunsttischler, Elfenbeinschnitzer sowie Gold- und Silberschmiede am Hof beschäftigt. Auch die Kirchen ließ der Kurfürst modernisieren. St. Lambertus erhielt einen neuen Hochaltar, die Hof- und Jesuitenkirche einen neuen Chor mit anschließendem Mausoleum, einer *fürstlichen Grablege,* in der sich der Kurfürst den zentralen Platz vorbehielt. Am Marktplatz, wo auch sein Hofbildhauer Grupello wohnte, ließ sich der Kurfürst sein eigenes Denkmal setzen. Das *Jan-Wellem-Reiterstandbild,* eines der bedeutendsten und schönsten in Deutschland, schuf Gabriel de Grupello 1711. Neben dem Schloßturm und dem Turm der Lambertuskirche gehört es noch immer zu den Wahrzeichen Düsseldorfs.

Erwähnenswert ist auch der Versuch des Kurfürsten, Textilbetriebe – eine Seidenfabrik und eine Wollweberei – in der Stadt einzurichten. Da die gerade erbauten Kasernen zu groß waren, überließ der Kurfürst einen Teil dem belgischen Unternehmer Wilhelm Marbais, der

Das Kurfürstenpaar Johann Wilhelm und Anna Maria Luisa von Toskana. Gemälde von J. F. Douven, nach 1708

dort eine Tuchfabrik einrichtete, die jedoch nach dem Tode des Kurfürsten wieder schließen mußte.

Zahlreiche Besucher kamen damals nach Düsseldorf; einigen von ihnen verdanken wir die ausführlichen Schilderungen der großartigen Hofhaltung, der kostbaren Schloßausstattung und der vorzüglichen Kunstsammlung.

Nach dem Tode des Kurfürsten und der Rückkehr der Kurfürstin-Witwe in ihre florentinische Heimat 1717 blieb Düsseldorf zwar offiziell Residenzstadt, aber der jüngere Bruder des Kurfürsten, *Carl III. Philipp* (1716–42), der auf den kinderlosen Johann Wilhelm folgte, ließ sich hier nur noch durch einen Statthalter vertreten. Die Künstler wurden entlassen, ein Teil der Sammlung, die Schloßeinrichtung, die Bibliothek und die von Grupello geschaffene Pyramide im Galeriehof nach Mannheim geholt, wo seit 1720 eine neue Residenz mit dem größten deutschen Schloßbau entstand. Den Düsseldorfern blieben die enormen Schulden, die der Kurfürst hinterlassen hatte.

Kurfürst Carl Theodor. Gemälde nach P. Batoni, 1774/75

Die ›Residenz- und Haubtstadt‹ unter Kurfürst Carl Theodor

Auch Carl Philipps Nachfolger, *Kurfürst Carl Theodor* (1742–99) aus der wittelsbachischen Linie Pfalz-Sulzbach, residierte nicht in Düsseldorf. Zwar weilte er des öfteren in der Stadt und war mit den Verhältnissen gut vertraut, doch die kurfürstliche Residenz war Mannheim und ab 1777, nachdem er zu der pfälzischen die bayerische Kurwürde geerbt hatte, München. Die Hoffnungen der Stadt Düsseldorf auf eine Rückkehr des Hofes und der Hauptverwaltung erfüllten sich nicht.

Und doch verdankt die Stadt diesem Herrscher mehr als jedem anderen. In seinen ersten Regierungsjahren ließ er die Stadtbefestigung verbessern und die Stadttore verstärken, 1751 das Berger Tor umbauen und durch Balthasar Spaeth mit plastischem Schmuck dekorieren, 1755 dann das Ratinger Tor ausbauen.

Große Bauvorhaben wie der neue *Jägerhof,* der *Umbau des alten Rathauses* am Marktplatz und das neue *Schloß Benrath* wurden begonnen, gerieten aber durch den Ausbruch des

25

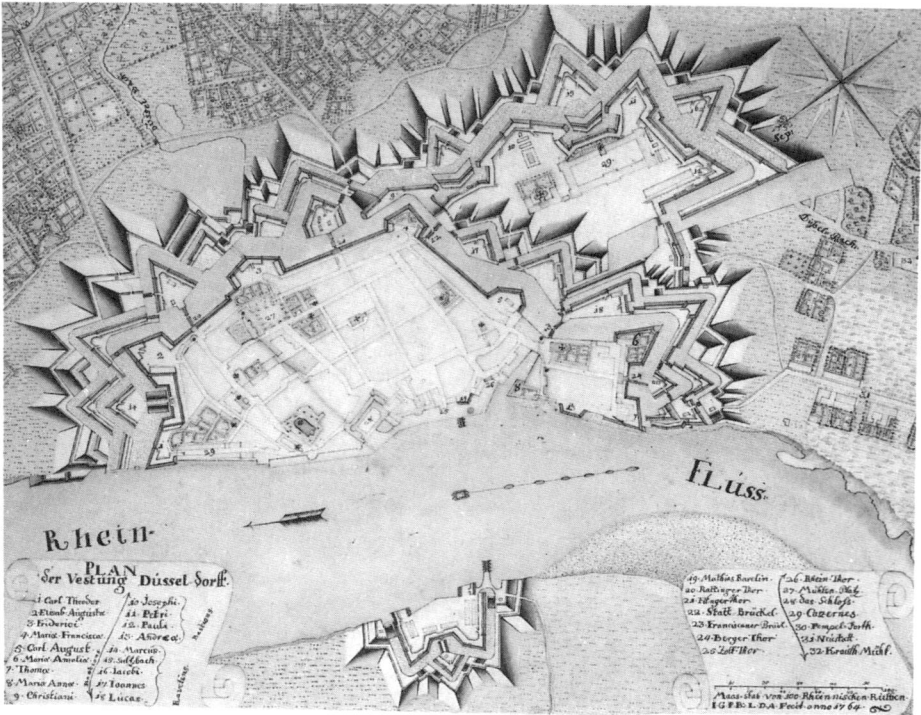

Plan von Düsseldorf aus dem Jahr 1764, vor Errichtung der Karlstadt

Siebenjährigen Krieges 1756 wieder ins Stocken. Düsseldorf wurde mehrmals während der kriegerischen Auseinandersetzungen von Franzosen, Preußen und Hannoveranern besetzt und 1758 schwer bombardiert. Der Hofbaumeister und Erbauer des Benrather Schlosses, Nicolas de Pigage, fertigte eine Schadensliste an. Die Kirchen der Stadt, vor allem St. Lambertus sowie die Klosterkirchen der Kreuzherren und der Karmeliterinnen, trugen schwere Einbußen davon wie auch etwa jedes sechste Haus in der Stadt.

Die Sammlung, die rechtzeitig evakuiert worden war, kehrte 1763 nach Düsseldorf zurück. Zu ihrem Inspektor war schon um 1755 *Lambert Krahe* bestellt worden, der bald darauf eine private Zeichenschule gründete, die 1774 vom Kurfürsten zur *Akademie der schönen Künste* erhoben wurde.

Mit dem Dienstantritt des kurfürstlichen Statthalters *Johann Ludwig Franz Reichsgraf Goltstein* im Jahre 1765 begann eine Besserung der Verhältnisse nach dem Kriege. Er griff das Projekt der Stadterweiterung wieder auf und forderte die Freigabe der Extension, um sie

Der Rubenssaal der kurfürstlichen Galerie. Kupferstich von 1786; aus N. de Pigage, La Galerie Electorale ... Kupferstiche, Druck und Verlag Chr. de Mechel, Basel 1787

zu bebauen, denn die Bevölkerung brauchte dringend Wohnungen. Die wirtschaftlichen Folgen der Abwesenheit des Hofes waren für die Stadt schon schwerwiegend genug; als dann 1769 und 1771 noch Mißernten und Teuerungen folgten, versuchte der Statthalter mit viel Geschick und Ausdauer, die sozialen Verhältnisse zu verbessern. Als leidenschaftlicher Anhänger der Aufklärung für ökonomische Probleme aufgeschlossen, schlug Goltstein dem Kurfürsten eine Reihe von Maßnahmen vor, die für die Entwicklung zukunftweisend waren.

Die *Anlage des alten Hofgartens* 1769 bedeutete für etwa 700 Menschen – fast ein Viertel der damals erwerbsfähigen Bevölkerung – sichere Arbeit und Einkommen. Darüber hinaus markiert der Hofgarten den Anfang der späteren Gartenstadt Düsseldorf, denn er wurde nicht als fürstlicher Schloßgarten, sondern als erste öffentliche Promenade Deutschlands errichtet. Ferner wurde das Rheinwerft ausgebessert und der Ausbau der für den Handel und die Wirtschaftsentwicklung unerläßlichen Landstraßen gefördert.

27

Besondere Bedeutung kam auch der *bildenden Kunst* und den *Wissenschaften* zu. Neben einer *juristischen Akademie* wurde die erste öffentliche *Bibliothek* gegründet; ein reorganisiertes Medizinal-Kollegium überwachte Ärzte und Apotheken, und es entstand eine Hebammenschule. Zur Besserung der sanitären Verhältnisse in der Stadt wurde der alte Friedhof an der Lambertuskirche geschlossen und ein neuer Friedhof vor der Stadt (in der Gegend der heutigen Steinstraße) eingerichtet.

Der Statthalter verfolgte seine Ziele mit einer gewissen Härte und Rücksichtslosigkeit, vor allem gegenüber kirchlichen Institutionen. Zuweilen erscheint er nur als der Vollstrecker fürstlicher Absichten; doch ohne sein energisches Auftreten und seine unermüdliche Tatkraft wäre wohl manches von den fürstlichen Anregungen nicht vollendet worden.

Bedeutend war diese Epoche auch für das kulturelle Leben in der Stadt. Die *Schlösser Benrath und Jägerhof* und das nicht mehr existierende *Statthalterpalais,* das Graf Goltstein 1760–66 an der Mühlenstraße durch den Baumeister Ignaz Kaes als seinen Amtssitz errichten ließ, spielten in den nachfolgenden Jahren eine vorbildliche Rolle, vor allem für die Baukunst des Bürgertums in der nun entstehenden Karlstadt. Im *Komödienhaus am Marktplatz,* das zum ersten Besuch des Kurfürsten 1746 entstanden war, gaben wandernde Schauspielergruppen ihre Vorstellungen. Kurfürst Carl Theodor ließ durch seinen Baudirektor *Nicolas de Pigage* einen ausführlichen illustrierten *Sammlungskatalog* der wissenschaftlich sowie konservatorisch betreuten und öffentlich zugänglichen Gemäldegalerie anfertigen, die bahnbrechend nach Schulen neugeordnet war.

Eine *Central-Armenversorgungsanstalt* wurde ins Leben gerufen – eine Institution, an die im folgenden Jahrhundert die Kinderanstalt Adalbert von der Reckes in Düsseltal wie auch die Diakonissenanstalt Theodor Fliedners in Kaiserswerth anknüpfen konnten.

Ein letztes überragendes Denkmal hat sich die kurfürstliche Zeit, die schon bald danach zu Ende gehen sollte, in der *Anlage der Karlstadt* gesetzt. Nach mehreren Anläufen und schwierigen Verhandlungen mit den Militärbehörden begann man mit dem Abtragen der Festungswerke südlich der Wallstraße, und mit der Bekanntgabe der Baupläne und Baubedingungen begann 1787 die Entstehungsgeschichte dieses vornehmen bürgerlichen Stadtteils, der nach dem Kurfürsten benannt ist.

Neben der berühmten Galerie besaß Düsseldorf noch einen weiteren Anziehungspunkt in dem *Wohnsitz der Brüder Jacobi in Pempelfort* vor den Toren der Stadt. Berühmte Persönlichkeiten des literarischen Lebens dieser Zeit, unter ihnen J. W. von Goethe, waren hier zu Gast.

Mit dem Ausbruch der Französischen Revolution überschwemmten französische Emigranten die Stadt; zeitweise sollen es um die 500 Familien gewesen sein. Bald darauf, 1794, standen die Heere des revolutionären Frankreich am linken Rheinufer, und in der Nacht vom 6. auf den 7. Oktober desselben Jahres bombardierten sie Düsseldorf. Das Schloß, die Coelestinerinnenkirche und der kurfürstliche Marstall an der Mühlenstraße sowie zahlreiche Bürgerhäuser wurden schwer beschädigt oder zerstört. Die Gemäldegalerie war noch rechtzeitig evakuiert worden. Die französischen Emigranten und die wohlhabenden Familien verließen die Stadt, die schließlich nach elf Monaten Belagerung von den französischen

Der Schloßbrand im Jahr 1794. Gouache eines unbekannten Malers

Truppen besetzt wurde. Hohe Kontributionen waren an die Besatzer zu zahlen. Düsseldorf wurde zu einem militärischen Stützpunkt ausgebaut: Der Anlage von Schanzen und Batteriestellungen fielen zahlreiche Höfe in Stadtnähe zum Opfer; das Hofgärtnerhaus wurde gesprengt und der Hofgarten verwüstet. Zu den Schanzarbeiten zogen die Franzosen Bauern aus der Umgebung, Bürger der Stadt und selbst Mönche und Geistliche heran. Sechs Jahre blieben die Franzosen Herren in der Stadt; erst der Frieden von Lunéville 1801 machte dieser schlimmen Zeit ein Ende. Vor ihrem Abzug wurden noch alle Festungsanlagen gesprengt.

Während der Besatzungszeit erhielt die Stadt einen neuen Landesherrn: Kurfürst *Maximilian Josef* aus dem Haus Pfalz-Zweibrücken (1799–1806), der das Erbe des kinderlosen Carl Theodor – Pfalz-Bayern mitsamt Jülich-Berg – von München aus regierte. In Düsseldorf ließ er sich von dem Statthalter *Johann Wilhelm von Hompesch* vertreten. Als 1803/04 infolge des Wittelsbacher Interessenausgleichs der Schwager des Kurfürsten, Pfalzgraf Wilhelm von Zweibrücken-Birkenfeld, Herzog in Bayern, abgefunden werden mußte, erhielt er das Herzogtum Berg als Apanage zugeteilt. Fortan gab es wieder Hofhaltung in Düsseldorf, obwohl das Schloß zerstört war. Der Herzog hatte zunächst im Gasthof ›Hof von Holland‹ Wohnung genommen, bevor er in das Statthalterpalais einziehen konnte. 1805 erfolgte im Vertrag von Schönbrunn ein komplizierter Handel der beteiligten Parteien Pfalz-Bayern, Preußen

Maximilian Josef, Kurfürst von Pfalz-Bayern, Herzog von Jülich-Berg. Stich von 1804

Wilhelm von Pfalz-Birkenfeld, Herzog in Bayern. Ölgemälde von M. Kellerhofen, Anfang 19. Jh.

und Frankreich, bei dem das Herzogtum Berg aus dem wittelsbachischen Territorialverband herausgelöst und gegen die preußische Markgrafschaft Ansbach ausgetauscht wurde. 1806 übergab Napoleon das Herzogtum Berg, das im gleichen Jahr aus der Rheinbundakte als *Großherzogtum* und um einiges vergrößert hervorging, seinem Schwager, dem Reitergeneral *Joachim Murat*. Düsseldorf empfing Murat mit der Huldigung der Stände und dem Treueid der Behörden als neuen Landesherrn.

Bereits nach zwei Jahren tauschte Murat das Großherzogtum Berg gegen das Königreich Neapel ein. Die Regierungsgeschäfte in Düsseldorf führte fortan der kaiserliche Kommissar Charles-Claude Graf de Beugnot in Zusammenarbeit mit dem Innen-, Kriegs- und Justizminister Graf Nesselrode-Reichenstein für Napoleons dreijährigen Neffen Louis, so daß das Land faktisch ein Teil Frankreichs wurde. Große Arbeitslosigkeit und zunehmende Verelendung der Bevölkerung charakterisieren diese Epoche der Stadtgeschichte, aber auch beeindruckende Veränderungen im Stadtbild.

Die klassizistische Gartenstadt

Nachdem alle Festungswerke 1801 demoliert worden waren, beauftragte die Regierung den Hofbaumeister *Caspar Anton Huschberger* mit der *Neuplanung des Festungsgeländes*. Dieser schlug vor, öffentliche Anlagen und Gärten entstehen zu lassen; eine breite Allee (heutige

Königsallee) mit einem Stadtgraben sollte als östlicher Abschluß der Stadt angelegt und der von der südlichen Düssel gespeiste Stadtgraben mit der Landskrone verbunden werden und in dem neuen Hafen im Norden der Stadt enden. Eine neue Prachtstraße (heutige *Heinrich-Heine-Allee)* war an der Stelle der Stadtwälle und Gräben geplant, wobei der Wall bis zum Ratinger Tor abgebrochen werden sollte. Mit den Arbeiten begann man schon im Herbst 1803. Eine Verschönerungskommission beauftragte den Gartenarchitekten *Maximilian Friedrich Weyhe* mit der Errichtung der Grünanlagen, unterstützt von dem Wasserbaumeister *Carl Wilhelm Bauer*.

1806 wurde Huschberger nach München berufen und bald darauf *Adolph von Vagedes* als Baudirektor angestellt. Die Arbeiten waren bereits weit fortgeschritten, als Napoleon 1811 Düsseldorf besuchte. Der Kaiser stellte jährliche Geldsummen in Aussicht, um die Fortsetzung des Vorhabens zu sichern, und überließ der Stadt darüber hinaus noch die bisher unbebauten Festungsgelände im Norden und Süden. Anläßlich seines Besuches verkündete er, daß Düsseldorf Bischofssitz und Universitätsstadt werden solle. Mit dem kaiserlichen Besuch ist auch die *erste Gewerbeausstellung* verbunden.

Plan von Düsseldorf nach Schleifung der Befestigungsanlagen, 1809. Kupferstich von Guffroi

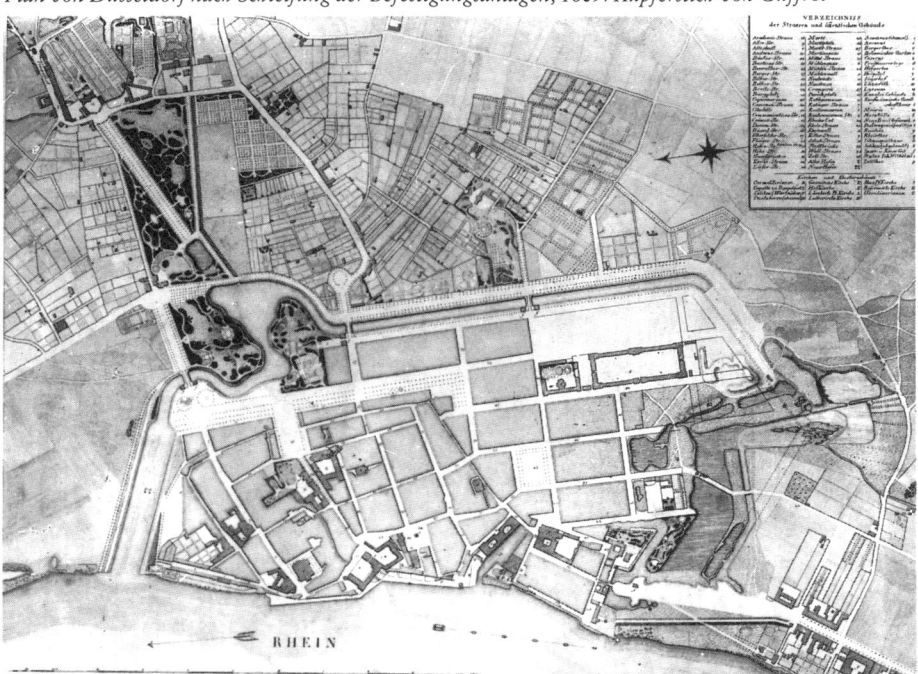

Einzug Napoleons in Düsseldorf am 2. November 1811; Triumphbogen an der Elberfelder Straße.
Kolorierter Stich von J. Petersen

Im Zuge der Säkularisation wurden 1803 alle klösterlichen Niederlassungen aufgehoben und die Stifte Gerresheim, Kaiserswerth und das Kanonikerstift bei St. Lambertus aufgelöst. Die Kapuziner, Franziskaner und Kreuzherren mußten die Stadt verlassen. Die Kapuzinerkirche wurde auf Abbruch verkauft und das Coelestinerinnenkloster versteigert. Die profanierte Kreuzherrenkirche diente u. a. als Tabaklager und Pferdestall, wobei im Inneren Zwischendecken eingezogen und die Fenster vermauert waren. Das ehemalige Jesuitengymnasium (die Gesellschaft Jesu war schon seit 1773 aufgelöst) wurde nach französischem Vorbild in ein Lyzeum umgewandelt und in das ehemalige Franziskanerkloster verlegt, wo es auch *Heinrich Heine* besuchte.

Preußische Provinzstadt

Nach der Niederlage Napoleons schlug der Wiener Kongreß 1815 die Rheinlande dem preußischen König Friedrich Wilhelm III. zu. Düsseldorf sank zum Hauptort eines Regierungsbezirks herab und wurde eine Beamtenstadt.

Die Einwohnerzahl belief sich um diese Zeit auf etwa 20000. Es gab keinen nennenswerten Handel und kaum Gewerbe; trotzdem sollte Düsseldorf nun als bürgerliche, stille Garten- und Kunststadt berühmt werden.

Bereits 1819 wurde die kurfürstliche Akademie als *Königlich Preußische Kunstakademie* eröffnet und zu ihrem ersten Direktor *Peter Cornelius* berufen. Seit 1820 residierte der Neffe des Königs, *Prinz Friedrich von Preußen*, als Kommandeur der 20. Division im Jägerhof.

Sein Interesse an den gesellschaftlichen und kulturellen Ereignissen der Stadt war groß, und so kehrte ein wenig von dem Glanz der früheren Hofhaltung in das städtische Leben zurück. Im Jahre 1824 wurde Düsseldorf zum Versammlungsort der neugegründeten Provinziallandstände bestimmt, die ab 1826 hier tagten.

Die Biedermeierstadt, im wesentlichen durch neue klassizistische Bauten geprägt, war von einem Grüngürtel aus öffentlichen Anlagen, Parks und Privatgärten umgeben, der eine gleichgroße Fläche einnahm wie das bebaute Stadtgebiet.

Der Klassizismus hielt Einzug mit dem an der frühklassizistischen Baukunst seiner Vaterstadt Münster orientierten und an der Pariser École Polytechnique ausgebildeten *Adolph von Vagedes,* der bis 1830 auch die Stadtplanung in Düsseldorf leitete; sein Baustil prägte große Teile der Stadt, zumal er auch von der jüngeren Generation seiner Mitarbeiter aufgenommen und bis weit über die Mitte des Jahrhunderts fortgesetzt wurde. Die Doppelanlage *Ratinger Tor* und die umgestaltete *Fassade der Coelestinerinnenkirche* sind die einzigen erhaltenen Beispiele von Vagedes' Wirken in der Stadt.

1826 wurde *Wilhelm von Schadow* als Nachfolger von Peter Cornelius zum Direktor der Kunstakademie berufen, dem aus Berlin eine große Anzahl von Schülern, vor allem Historienmaler, folgte. Aus vielen Teilen Europas und aus den Vereinigten Staaten kamen Studierende nach Düsseldorf; die ›*Düsseldorfer Malerschule*‹ wurde zu einem festen Begriff für die Kunstgeschichte des 19. Jh.s. 1829 entstand auf Anregung von Schadows der ›*Kunstverein*

Erweiterungsplan der Stadt (Bau- und Nivellementsplan), 1854

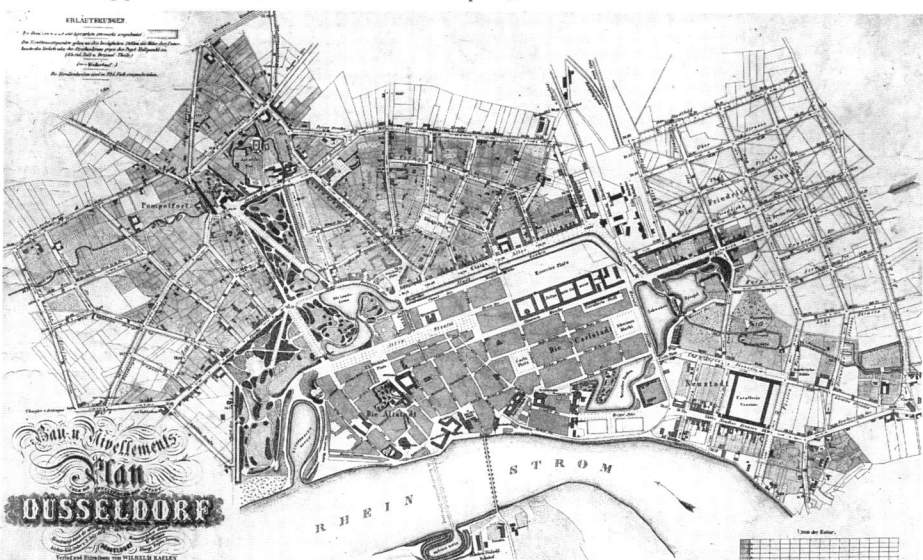

für die Rheinlande und Westfalen, dem Prinz Friedrich als Protektor vorstand. Durch die dort stattfindenden Ausstellungen, Ankäufe und Auftragsvermittlungen wurde eine erfolgreiche und dauerhafte Verbindung zwischen Künstlern, Käufern und Mäzenen geknüpft.

Eine gewichtige Rolle spielte das *Musikleben* in der Stadt. Anfänglich noch von privaten Musikvereinen getragen, etablierte sich seit 1818 mit den *Niederrheinischen Musikfesten*, an denen sich Aachen, Köln und Elberfeld beteiligten, eine feste musikalische Veranstaltung, die viele Musikliebhaber in die Stadt lockte. *Ferdinand Burgmüller, Felix Mendelssohn-Bartholdy* und *Robert Schumann* wirkten hier als Musikdirektoren.

Auch das *Theater* entwickelte sich unter Leitung von *Karl Leberecht Immermann*, der in Düsseldorf als Landgerichtsrat tätig war, zu einer deutschen Musterbühne. Zu Immermanns Kreis, der auch enge Beziehungen zur Kunstakademie unterhielt, gehörten der Jurist und Dramatiker Peter Friedrich von Uechtritz und der Jurist Karl Schnaase, der einige Jahre später eine siebenbändige ›Geschichte der bildenden Künste‹ schrieb.

Im Jahr 1841 zählte Düsseldorf 35471 Einwohner. Neue noble Viertel entstanden jenseits der Königsallee, am Hofgarten und am Schwanenspiegel. Das beginnende Industriezeitalter hatte die Stadt bis jetzt kaum berührt, obwohl das erste Dampfschiff schon 1818 auch Düsseldorf passierte und in der benachbarten Stadt Essen Friedrich Krupp seit 1811 Gußstahl herstellte.

Mit der Aufhebung des Kölner Stapelrechts war 1831 das größte Hindernis für den Düsseldorfer Handel gefallen, und noch im gleichen Jahr gründeten die Gewerbetreibenden der Stadt die *Handelskammer*. 1834, mit der Gründung des *Deutschen Zollvereins*, wurden die Voraussetzungen für den wirtschaftlichen Aufstieg der Stadt, deren Bedeutung als Handelsort erkannt wurde, geschaffen. 1836 schlossen sich die Düsseldorfer und Elberfelder Mitglieder der Handelskammern zur gemeinsamen Dampfschiffahrts-Gesellschaft für den Nieder- und Mittelrhein mit Sitz in Düsseldorf zusammen. Später, 1853, vereinigte sich die Düsseldorfer mit der 1826 gegründeten Kölner Preußisch-Rheinischen Gesellschaft zur ›Köln-Düsseldorfer‹: bis heute eines der größten deutschen Unternehmen für binnenländische Personenschiffahrt. 1838 eröffnete die erste Strecke der Düsseldorf-Elberfelder *Eisenbahn* ihren Verkehr, deren Bahnhof am Südende der Königsallee lag. Der zweite Bahnhof der 1846 eingerichteten Köln-Mindener Eisenbahn lag am Anfang der Friedrichstraße.

Industrieniederlassungen

1837 fand in Düsseldorf die *zweite Gewerbeausstellung* statt. 117 Gewerbetreibende, darunter 37 aus Düsseldorf, nahmen mit ihren Erzeugnissen daran teil. Schon ein Jahr zuvor, 1836, war am Wehrhahn bei Deus & Moll die erste Dampfmaschine der Stadt aufgestellt worden. Kleinere Betriebe und Fabriken entstanden in dieser Zeit an den beiden Düsselläufen; im Norden in Derendorf und Pempelfort sowie an der südlichen Düssel in Bilk, aber auch in Vororten wie Gerresheim.

Die *Provinzial-Gewerbe-Ausstellung für Rheinland und Westfalen* vereinigte 1852 schon 834 Aussteller. Anläßlich dieser Schaustellung wurden vor allem belgische Unternehmer auf

Die Gewerbeausstellung für Rheinland und Westfalen 1852. Chromlithographie nach Zeichnungen von Caspar Scheuren (Ausschnitt)

die günstige Lage der Stadt und die niedrigen Preise für Baugelände aufmerksam, die viele Vorteile bei einer Niederlassung in Düsseldorf versprachen.

Die dichten Verkehrsverbindungen und die Nähe des Ruhrgebietes machten die Stadt allmählich zum *Verwaltungszentrum der Eisenindustrie*. Produktionsstätten entstanden jedoch nur jenseits des Grüngürtels, am Stadtrand oder in den Vororten. Düsseldorf gewann in zunehmendem Maße Bedeutung als Ausstellungsort der westdeutschen Industrie, ohne indes selbst zur Industriestadt zu werden.

Die schlechte Wirtschaftslage war eine der Ursachen für die schweren politischen Unruhen des Revolutionsjahrs 1848. Die im Arbeiterverein und im Volksclub vereinigten Werktätigen waren noch keine Industriearbeiter, sondern Handwerksgesellen, als deren Führer der 27jährige *Ferdinand Lassalle* und der Dichter *Ferdinand Freiligrath* hervortraten. Eine eindringliche Schilderung der Revolution in Düsseldorf verdanken wir Clara Viebigs Roman ›Wacht am Rhein‹.

Aber schon in den fünfziger und sechziger Jahren des 19. Jh.s wurde Düsseldorf zum Anziehungspunkt für Arbeiter aus weiten Teilen Deutschlands und dem Ausland. 1852 errichteten die aus Belgien stammenden Brüder Richard das erste Puddelstahlwerk in Oberbilk; ihnen folgten 1854 Bourdouxhe und Piedboeuf, die neben Puddelstahlwerken eine Dampfkesselfabrik, ein Blechwalzwerk und eine Nagelfabrik aufbauten. Um 1860 verlegten die Brüder Poensgen ihre Unternehmen aus der Eifel in die Stadt, und bald zogen weitere Betriebe der *Eisenindustrie* nach, wie die Eisengießerei Schwarz 1862. Nieten-, Schrauben-, Maschinen- und Armaturenfabriken verdrängten allmählich die Textilindustrie. 1864 gründete Ferdinand Heye in Gerresheim seine *Glashütte*, die bald zu einer der wichtigsten Produktionsstätten im Osten der Stadt wurde.

Die Bevölkerungzahl stieg rapide an, und schon 1854 genehmigte der preußische König eine Erweiterung der Stadt. Der nach Friedrich Wilhelm IV. benannte *Stadtteil Friedrichstadt*, der als einziger das regelmäßige Straßenraster der Karlstadt nach Süden fortsetzte, begann zu entstehen, während im Osten und Südosten das planlose Bauen weiterging.

1870 hatte die Stadt schon 70 000 Einwohner. Mit dem Beginn des Deutsch-Französischen Krieges ist die Fertigstellung der ersten festen Rheinbrücke, der nicht mehr bestehenden *Hammer Eisenbahnbrücke*, verbunden. Ein Militärtransport nach Frankreich passierte sie als erster Zug. Nach dem siegreichen Krieg siedelten sich weitere Industriewerke an: 1872 die Lokomotivfabrik *Hohenzollern*, 1874 *Haniel* und *Lueg* und 1878 die Aachener Waschmittelfabrik von Fritz *Henkel*.

1876 erfolgte eine grundlegende *Neuordnung der Verwaltung*, die viele neue Aufgaben einer wachsenden Großstadt wahrzunehmen hatte. Moderne städtische Einrichtungen wie Gaswerk, Wasserwerk, Kanalisation und Elektrizitätswerk nahmen eben den Betrieb auf oder entstanden in den darauffolgenden Jahren. Auch bedeutende Bauwerke großstädtischer Prägung wurden in den siebziger Jahren errichtet: *Kunsthalle, Stadttheater, Kunstakademie, Ständehaus, Landgericht*, dazu auch neue Kirchen, Schulen und Wohnviertel. 1880 fand auf dem Zoo-Gelände mit großem Erfolg und unter Beteiligung von 3049 Firmen eine weitere *Gewerbeausstellung* statt, die über 1 Million Besucher zählte, darunter auch Kaiser

Wilhelm I. Bald darauf wurde hier ein vornehmer bürgerlicher Stadtteil – das *Zooviertel* – erschlossen und bebaut.

Anfänge der modernen Großstadt

1882/83 erreichte Düsseldorf die Einwohnerzahl 100 000 und war somit Großstadt. Der dritte Stadterweiterungsplan des 19. Jh.s, für den als Gutachter I. C. Conrath, F. A. Meyer und H. J. Stübben fungierten, wurde 1884 vorgelegt. Dieser städtebauliche Entwurf, der sogenannte *Stübben-Plan,* sah gegenüber dem Plan von 1854 eine Versiebenfachung der bebaubaren Fläche vor. Die die Stadtentwicklung hemmenden zwei Eisenbahnlinien sollten zugunsten von nur einer mit dem ›Central Personen Bahnhof‹ zusammengeführt und die alten Bahnhöfe beseitigt werden. 1891 wurde der neue *Hauptbahnhof* eingeweiht.

1896–98 entstand als erste feste Straßenbrücke die *Oberkasseler Brücke* auf Initiative von Düsseldorfer Industriellen. Die schon zuvor 1895 gegründete ›*Rheinische Bahngesellschaft*‹ unter Vorsitz von Heinrich Lueg zeichnete nicht nur verantwortlich für den Brückenbau und die Unterhaltung der elektrischen Kleinbahn von Düsseldorf nach Krefeld, der ersten elektrischen Kleinbahnlinie in Europa mit Schnellzügen, sondern auch für die Entstehung

Plan der Großstadt Düsseldorf, drei Jahre nach Erreichen der Einwohnerzahl 100 000

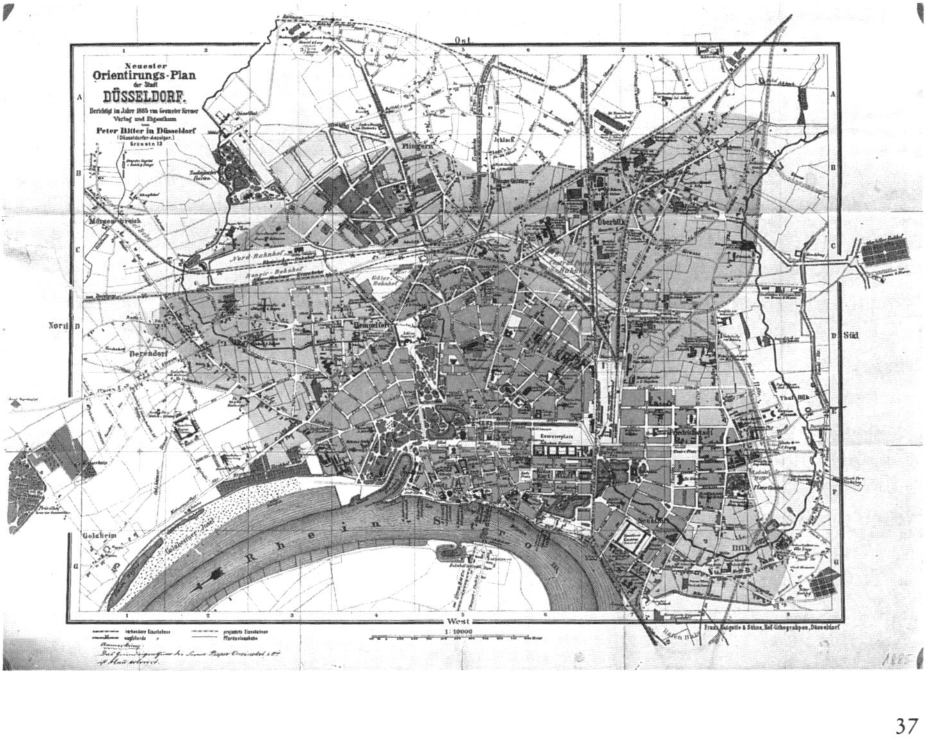

Oberbürgermeister Wilhelm Marx.
Gemälde von Huthsteiner im Düsseldorfer
Rathaus (Ausschnitt)

eines ganzen Stadtteils; denn jene Gesellschaft kaufte den gesamten Grund und Boden der linksrheinischen Ortschaft *Oberkassel* auf, unterhielt Ziegeleien und erschloß damit diese vornehme bürgerliche Wohngegend.

Der Schritt in das 20. Jh. ist für die Stadt mit der ›*Ära Wilhelm Marx*‹ verbunden, so benannt nach dem legendären Oberbürgermeister (1898–1910), dessen Namen auch das erste Hochhaus (1922–24) der Stadt trägt. Zu Beginn seiner Amtszeit erreichte die Einwohnerzahl gerade 200000, bei seinem Ausscheiden aus dem Amt betrug sie über 360000.

Den Ehrgeiz und Anspruch der bestimmenden gesellschaftlichen Kräfte – fast alle Industrielle waren gleichzeitig auch Stadtverordnete (Poensgen, Haniel, Bagel, Lueg, Schieß u. a.) – nutzte Marx zum Wohle und zur Mehrung der Bedeutung der Stadt, die während dieser Epoche zum Zentrum der Wirtschaftsverbände, Konzerne, Verwaltungen und Banken wurde, so daß man sie ›Schreibtisch des Ruhrgebiets‹ nannte.

Wiederum war eine Ausstellung der Auftakt zu jener fruchtbaren Entwicklung. Die *Industrie-, Gewerbe- und Kunstausstellung von 1902*, die mit 160 verschiedenen Bauten, etwa 2500 Ausstellern und 5 Millionen Besuchern – darunter Kaiser Wilhelm II., der Kronprinz von Siam, der Bruder des Kaisers von Japan, fast alle deutschen Fürsten und zahlreiche Minister des In- und Auslandes – alles bisher Dagewesene übertraf. Als Ausstellungshotel für gehobene Ansprüche war das *Parkhotel* am Corneliusplatz errichtet worden. Den Künstlern blieb als dauerhaftes Ausstellungsgebäude der versprochene *Kunstpalast*, denn sie waren unter der Leitung des späteren Akademiedirektors Prof. F. Roeber neben dem Oberbürgermeister Marx sowie den Unternehmern und Wortführern der Montanindustrie H. Lueg und F. Krupp die Initiatoren jener Ausstellung.

Gleichzeitig entstanden im Stadtzentrum und am Rheinufer größere Areale, die sich zur Bebauung anboten: zum einen das ehemalige *Kasernengelände*, das von der Kasernenstraße bis einschließlich der Westseite der Königsallee reichte, zum anderen das *Rheinufer*; denn durch die Abtragung des seit 1872 nur noch als Ruine den Burgplatz zierenden ehemaligen kurfürstlichen Schlosses sowie mit der korrigierenden Ufervorschiebung, der Errichtung des Kunstpalastes und des Kaiser-Wilhelm-Parks bot sich die Gelegenheit, die Rheinfront in voller Länge vom neuen Hafen bis zur Golzheimer Insel mit neuen architektonischen Akzenten repräsentativ zu gestalten.

Von der rheinischen Metropole zur Landeshauptstadt

Nicht nur durch Einwohnerzahl und Lebensgefühl, sondern auch mit für Metropolen dieser Zeit typischen Bauten wollte sich Düsseldorf großstädtisch geben. Eine beachtliche Anzahl von spezifischen Großbauten spiegelt die Stadtstruktur vor dem Ersten Weltkrieg: 1904 das Verwaltungsgebäude des Stahlverbandes (Stahlhof), das Schauspielhaus (1905), die Synagoge (1904), die AOK (1904/5), die Luisenschule (1905–07), das Görresgymnasium (1905), der Schaaffhausen'sche Bankverein (1906), der Barmer Bankverein (1910), der Verein Deut-

Das Düsseldorfer Bankenviertel. Aus einer Zeitungsbeilage, um 1913

scher Eisenhüttenleute (1909/10), das Geschäftshaus des General-Anzeigers (1905–09) und die Rheinisch-Westfälische Discontogesellschaft (1906), alle auf dem ehemaligen Kasernengelände; weiter am Rheinufer, an der großzügig angelegten Promenade gegenüber der Altstadt das Düsselschlößchen (1904), im Anschluß an den Kunstpalast das Regierungsgebäude (1907–11) und das Oberlandesgericht (1910), im südlichen Abschnitt die Verwaltung der Rheinprovinz (1910/11), die Mannesmann-Verwaltung (1910/11) und anschließend am Mannesmannufer die großbürgerliche Wohnbebauung, im Anspruch der gegenüberliegenden Oberkasseler Uferbebauung durchaus vergleichbar.

Im damaligen Zentrum wurden um diese Zeit mehrere *Warenhäuser* neu errichtet: das Warenhaus Tietz (1907–09), heute Kaufhof, an der Königsallee, das Warenhaus Carsch (1914–16) an der Heinrich-Heine-Allee, das Warenhaus Coppel und Goldschmidt (1907/08) an der Schadowstraße und in der Altstadt das Warenhaus Gebr. Schöndorff Nachf. (1907/08). Hinzu kamen das Volkshaus an der Flinger Straße (1909) und das Land- und Amtsgericht an der Mühlenstraße (1912–21).

Für ein ungewöhnlich reiches Kulturleben sorgten das *Dumont-Lindemann-Theater* mit ganzjähriger Spieldauer, die *Oper,* die schon Ende des 19. Jh.s erbaute und 1901 erweiterte *Tonhalle* an der Schadowstraße, das *Apollotheater,* zahlreiche *Kunstausstellungen* im Kunst-

Katalog einer Ausstellung der Düsseldorfer Kunstgewerbeschule

Ausstellungsplakat der Sonderbund-Ausstellung 1909 von F. H. Ehmcke

palast u. v. m. Mehrere höhere Schulen wurden eröffnet; neben der *Kunstakademie* genoß auch die *Kunstgewerbeschule* unter *Peter Behrens* einen hervorragenden Ruf.

Eine Reihe von *Sakralbauten* entstand ebenfalls noch im ersten Jahrzehnt des 20. Jh.s: St. Adolfus (1901–14), St. Antonius (1909), St. Elisabeth (1909), Hl. Geist (1911), Herz Jesu (1907–12), St. Paulus (1910–13) und die evangelische Kreuzkirche (1910).

1908/09 wurde eine *Kommunalreform* durchgeführt, denn das ständige Wachstum der Stadt erforderte in zunehmendem Maße ein neues Verhältnis zu den benachbarten Ortschaften, die ihrerseits durch die Verbesserung der Verkehrsbedingungen einen starken Einwohnerzuzug erlebten, aber finanziell nicht in der Lage waren, die Bedürfnisse der wachsenden Bevölkerung zu befriedigen. Durch die Eingemeindung von Wersten, Stockum, Rath, Gerresheim, Ludenburg, Eller, Himmelgeist und Heerdt mit Oberkassel wurde das Stadtgebiet auf das Doppelte und die Bevölkerungszahl um rund 62 900 vergrößert.

Vor Beginn des Ersten Weltkriegs überschritt die Einwohnerzahl 450 000. Es nimmt deshalb nicht wunder, daß der prämiierte Wettbewerbsentwurf für eine Millionenstadt Düsseldorf von Prof. B. Schmitz, anläßlich der Städtebau-Ausstellung für Rheinland, Westfalen und benachbarte Gebiete 1912 vorgelegt, große Anerkennung fand. Doch der Erste Weltkrieg mit seinen wirtschaftlichen Folgen, Inflationszeit und französische Besatzung vereitelten viele Pläne und brachten die Bautätigkeit in der Stadt fast völlig zum Erliegen. Große Wohnungsnot und Wohnungszwangswirtschaft waren die Folgen.

Schon 1919 trafen sich junge Künstler wie Max Ernst, Jankel Adler, Arthur Kaufmann, Otto Dix, Otto Pankok, Adolf Uzarski u. a. in der Kunstgalerie von Johanna Ey und gründeten die *Künstlergruppe ›Junges Rheinland‹.*

Bald darauf entstanden die ersten bedeutenden *Bauwerke der zwanziger Jahre,* die als richtungweisend für die Architektur der Weimarer Republik gelten und deren Baubeginn noch in die Zeit der wirtschaftlichen Not fällt: das Wilhelm-Marx-Haus (1922–24), das Industriehaus Am Wehrhahn (1924), die Darmstädter und Nationalbank (1924), an der Königsallee, das Pressehaus am Martin-Luther-Platz (1924/25), die Stumm-Verwaltung (1923–25) und die Verwaltung der Phoenix AG (1922–26). Die beiden erstgenannten Bauten wurden von der unter maßgeblicher Beteiligung der Stadt gegründeten *Bürohausgesellschaft* erstellt. Verschiedene Genossenschaften und die Bürohausgesellschaft bauten auch die ersten Siedlungskomplexe in Golzheim (1921–23 bzw. 1922–26).

Wohl durch die vom Kölner Oberbürgermeister Dr. Konrad Adenauer begründete Messe angeregt, erkannte der Düsseldorfer Oberbürgermeister *Dr. Robert Lehr* (1924–33), daß nur eine große Ausstellung dem ungebrochenen Lebenswillen gerecht werden und der Ausstellungsstadt Düsseldorf wieder zu neuem Glanz verhelfen könnte. Der Direktor der Kinderklinik, *Prof. Arthur Schloßmann,* der sich schon energisch für die Gründung der Medizinischen Akademie (1919) in Düsseldorf eingesetzt hatte, bewirkte, daß die Gesellschaft der Naturforscher und Ärzte ihre für 1926 geplante Tagung in Düsseldorf abhielt; er gilt damit als der Initiator der ›Großen Ausstellung für Gesundheitspflege, soziale Fürsorge und Leibesübungen‹, kurz *Gesolei* genannt. Diesmal handelte es sich nicht um eine Industrieschau, sondern um eine von 400 Kongressen und Tagungen begleitete, belehrende und

Schauspielhaus Düsseldorf,
Bühnenvorstände und Theater,
Jahresbericht 1905/06

auf die Bedürfnisse der Menschen ausgerichtete Fachausstellung. Die Dauerbauten von *Prof. W. Kreis* – drei *Museen*, das *Planetarium* und die *Rheinterrasse* – schlossen die Rheinfront zwischen der Rheinbrücke und dem Regierungsgelände. Mehr als 7,5 Millionen Besucher, darunter etwa 3 Millionen aus dem Ausland, haben diese Ausstellung gesehen.

In den nächsten Jahren entstanden große *Siedlungskomplexe* an der Kaiserswerther Straße, die skandalumwitterten ›Salz- & Schmitz-Häuser‹ an der Theodor-Heuss-Brücke und die Siedlungsbauten an der Karolingerstraße, die zwar alle den Gesoleibauten verpflichtet sind, sich jedoch stärker an der expressionistischen Architektur der Kriegs- und frühen Nachkriegsjahre orientieren. Bei der zweiten *Kommunalreform von 1929* wurden Kaiserswerth, Lohausen, Benrath, Itter und Urdenbach eingemeindet.

Der Beginn der nationalsozialistischen Gewaltherrschaft und der Zweite Weltkrieg bedeuteten den schwersten Rückschlag in Düsseldorfs Stadtgeschichte und das Ende ihres kulturellen Lebens. Bereits kurz nach der ›Machtergreifung‹ wurde der Lehrkörper der Kunstakademie ausgetauscht: *Paul Klee, Heinrich Campendonk, Ewald Mataré* u. a. mußten gehen, ebenso der Leiter des städtischen Orchesters, *Jascha Horenstein,* und der Kunstmuseumsdirektor *K. Koetschau*. Galerien der modernen Kunst wurden geschlossen, zahlreiche Künstler verhaftet, verfolgt oder mit Berufsverbot belegt und unzählige Kunstwerke, vor allem solche jüdischer Künstler, entfernt.

1937 fand die große *Ausstellung ›Schaffendes Volk‹* statt, der die Stadt die Anlage des *Nordparks* und die *Golzheimer* Siedlung verdankt. Einige bereits in den zwanziger Jahren geplante oder begonnene Großbauten – der Hauptbahnhof, Polizeipräsidium und Oberfinanzdirektion – wurden in den dreißiger Jahren vollendet.

Die Schäden des Zweiten Weltkriegs waren enorm. Düsseldorf bot das Bild einer brückenlosen Trümmerstadt, die die Hälfte aller Wohn-, Industrie- und öffentlichen Bauten verloren hatte und deren Sakralbauten fast alle bis auf die Umfassungsmauern zerstört waren. Nur etwa 7% der Bausubstanz blieben unbeschädigt. Der Wiederaufbau vollzog sich nur schleppend. Es galt zunächst vor allem winterfeste, einsturzfreie Wohnräume für die Bevölkerung zu sichern.

Düsseldorf, zunächst Sitz der Militärregierung, wurde 1946 *Hauptstadt des Landes Nordrhein-Westfalen*. Als Stadtplaner wirkte seit 1948 *Friedrich Tamms*, der später von 1954 bis 1969 Beigeordneter für die Stadt- und Landesplanung war. Man ging daran, die zerstörten Kirchen und bedeutenden Bauten weitgehend rekonstruierend wiederaufzubauen. Ein Neuordnungsplan aus dem Jahre 1949, der die damals übliche ›autogerechte‹ Stadt entwarf, wurde verabschiedet. Düsseldorf genoß in den ersten Jahren der ›Ära Tamms‹, in der zu den wichtigsten Bauaufgaben seine ehemaligen Kollegen aus dem Arbeitsstab Speer herangezogen wurden, den Ruf als Ort des konservativen Bauens. Erst allmählich, gegen Ende der fünfziger Jahre, fand ein Wandel statt: Durch zahlreiche hervorragende Bauten vollzog sich der Anschluß an den internationalen Stil. Mit dem ›Drei-Scheiben-Haus‹ der *Thyssen-Verwaltung*, dem neuen *Schauspielhaus*, dem *Mannesmann-Hochhaus*, dem *Studiengebäude*, der neuen *Landesgalerie*, dem neuen *Parlament* mit dem *Fernmeldeturm* sowie den Ministerien-Neubauten und zahlreichen neuen Verwaltungsgebäuden änderte sich das Gesicht der Stadt. Das Alte und das Neue liegen eng beieinander und ergänzen sich. Wie hatte es Peter Behrens bei seinem Abschied von Düsseldorf (1907) so treffend ausgedrückt: ›Dieser Heinrich Heine hat Recht: Die Stadt ist so schön, daß sie wohl keiner trotz heftigster Bemühungen ganz wird vermurksen können‹.

1988 feiert die Stadt ihr 700jähriges Jubiläum. Sie blickt dabei auch stolz auf ihre jüngste Vergangenheit zurück, denn Düsseldorf gehört neben Berlin, Frankfurt, Hamburg oder München zu den wichtigsten deutschen Wirtschaftszentren, die auch auf internationaler Ebene eine Rolle spielen. Die Bedeutung als Außenhandelszentrum – in Düsseldorf ist die größte japanische Niederlassung in Europa – mit dem nach Frankfurt zweitgrößten Flughafen der Bundesrepublik und dem zweitgrößten Banken- und Börsenplatz zeugen davon. Aber auch als Markt der Kreativität, Mode und Künste ist die Stadt bekannt. 10 000 Architekten leben in und um Düsseldorf, mehr als 100 Galerien stellen hier aus, etwa 1000 Künstler leben und arbeiten in der Stadt, und mehr als 200 zum Teil internationale Werbeagenturen sind hier tätig. Seit 1965 hat Düsseldorf eine Universität und mehrere Hochschulen.

Neben der wechselvollen Geschichte Düsseldorfs ist es doch jene unmittelbare Gegenwart, die den Reiz der ehemaligen Residenzstadt und heutigen Landeshauptstadt so nachhaltig bestimmt.

Stadtrundgänge

Die Altstadt

Die Altstadt, ein verhältnismäßig kleiner Teil der heutigen Metropole Düsseldorf, nimmt im wesentlichen das Terrain der Zeit nach der ersten Stadterweiterung von 1384 ein. Sie umfaßt das Gebiet zwischen dem Rheinufer und der Heinrich-Heine-Allee, im Norden durch die Eiskellerstrasse, im Süden durch die Schul-, Hafen- und Wallstrasse begrenzt.

Die Düsseldorfer Altstadt ist nicht nur der über die Stadt und Region hinaus bekannte ›Quadratkilometer mit seinen 300 gastlichen Stätten‹, wo nach alter Art das obergärige Bier gebraut oder zumindest ausgeschenkt wird. Und sie ist auch mehr als eine Ansammlung von Spezialitätenrestaurants, Gaststätten und Stehimbissen, modischen Boutiquen, kleineren oder größeren, zum Teil alteingesessenen Einzelhandelsgeschäften, Galerien, Antiquitätenläden, Jazzlokalen oder schummrigen Night-Clubs, als die sie auf den ersten Blick oft erscheint.

Vor allem ist sie jener Teil Düsseldorfs, in dem sich über 700 Jahre hinweg auf relativ engem Raum das Wachsen eines Dorfes zu einem ansehnlichen mittelalterlichen Städtchen und einer barocken Residenzstadt vollzogen hat. In diesem begrenzten Bezirk wurden die Kirchen und Klöster gebaut, hier spielte sich das kirchliche und kommunale Leben seiner Bewohner ab. Die Bürger wurden immer wieder von Pestepidemien und Hochwasser heimgesucht, mußten oft Soldaten beherbergen, haben aber auch Feste gefeiert, den Schützen der St.-Sebastianus-Bruderschaft zugeschaut, sind im Karnevalszug mitmarschiert, haben Landesherren oder Könige begrüßt und den hl. Martin mit Lampions begleitet. Berühmte Künstler und Wissenschaftler wurden hier geboren oder haben hier gewirkt.

Vom Rheinufer her gesehen bot die Stadt stets einen recht anziehenden Anblick, wie zahlreiche Stadtansichten vor allem des 17. und 18. Jh.s bezeugen. Eine Mauer schloß die Stadt gegen das Rheinufer ab, die Mitte der Rheinfront nahm die breite Fassade des Schlosses ein, links ragten die hohen gotischen Kirchtürme von St. Lambertus und Kreuzherren empor, begleitet von den behelmten Barocktürmen der Jesuiten- und Karmelitessenkirche, rechts vom Schloß das kleine Türmchen des Rathauses und der mächtige Turm des Zolltors. Südlich vom Zolltor markierte der Rheinkran die Einfahrt zum Hafen. Auch die um die Mitte des 16. Jh.s angelegte Zitadelle wird in ihren verschiedenen Bebauungsphasen in vielen

Rheinüberschwemmung in der Altstadt, 1882. Stich nach Zeichnung von R. Lichtenberg aus der Zeitschrift ›Ueber Land und Meer‹

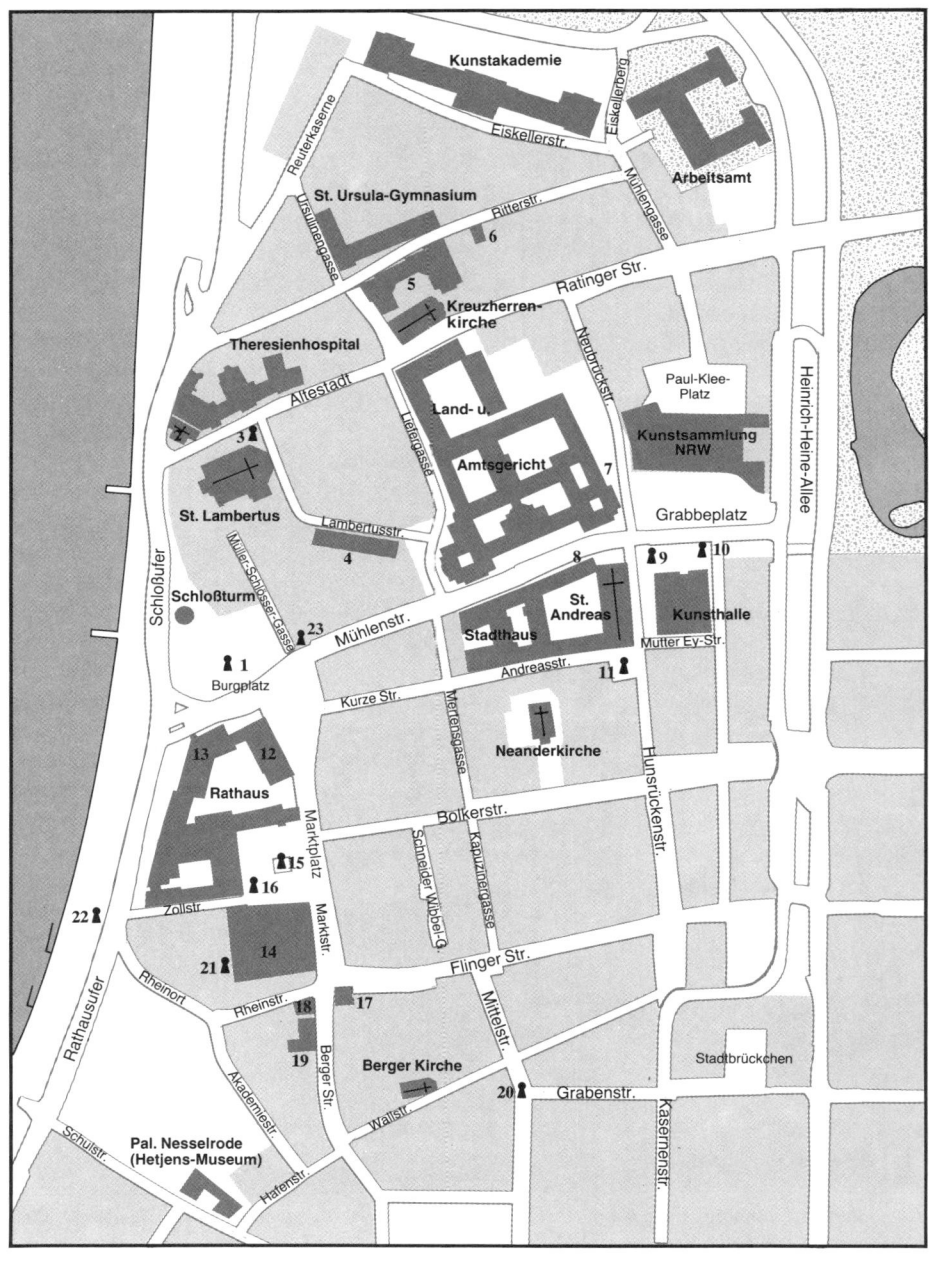

Kunstakademie

Reuterkaserne

Eiskellerstr.

Eiskellerberg

Arbeitsamt

St. Ursula-Gymnasium

Ursulinengasse

Ritterstr.

6

Mühlengasse

5

Kreuzherren-
kirche

Ratinger Str.

Theresienhospital

Altestadt

Neubrückstr.

Paul-Klee-
Platz

Land- u.

Heinrich-Heine-Allee

Hafbachgasse

Kunstsammlung
NRW

3

Amtsgericht

7

St. Lambertus

Grabbeplatz

Lambertusstr.

Müller-Schlösser-Gasse

4

8

9

10

Schloßufer

Schloßturm

St.
Andreas

Kunsthalle

23

Mühlenstr.

Stadthaus

Mutter Ey-Str.

1

Andreasstr.

11

Burgplatz

Kurze Str.

Mertensgasse

Neanderkirche

Hunsrückenstr.

13

12

Rathaus

Marktplatz

Bolkerstr.

Schneider Wibbel-G.

Kapuzinergasse

15

16

22

Zollstr.

21

14

Markstr.

Flinger Str.

Rathausufer

Rheinort

Mittelstr.

Stadtbrückchen

18

17

Rheinstr.

19

Berger Str.

Berger Kirche

Akademiestr.

20

Grabenstr.

Kasernenstr.

Schulstr.

Pal. Nesselrode
(Hetjens-Museum)

Wallstr.

Hafenstr.

Ansichten wiedergegeben. Eine Verbindung zum anderen Rheinufer boten die Fähren, später die ›Fliegende‹ Brücke, eine Ponte, die in der Mitte des Rheins verankert war. Oft sind auch auf dem Rhein getreidelte – d. h. von Pferden flußaufwärts gezogene – Schiffe dargestellt.

Als Anfang des 19. Jh.s die Stadtbefestigung fiel, begann die Stadt sich auszudehnen. Dennoch wurde die Altstadt nicht zur ›City‹. Sie blieb der älteste innerstädtische Bezirk und bewahrte in dem engen Geviert der Straßen und Gassen ihren Charakter. Der nachhaltigste Eingriff in die geschlossene, wenn auch nicht mehr einheitliche Rheinfront war die Zerstörung des Schlosses Ende des 19. Jh.s. Von der ursprünglichen Bebauung der Altstadt ist leider wenig erhalten geblieben. Bis in die Mitte des 16. Jh.s waren die Wohnhäuser wohl überwiegend in Fachwerk oder als Schwellbalkenhäuser errichtet und deswegen besonders brandgefährdet. Von den steinernen barocken Wohnhäusern mußten einige schon gegen Ende des 19. Jh.s Großbauten weichen; doch die Grundstruktur des Stadtteils blieb weitgehend erhalten. Erst die Verluste des Zweiten Weltkriegs, die hier besonders schmerzlich waren, haben das Gesicht des Viertels verändert.

Heute bestimmen das Straßenbild neben barocken und historistischen Elementen – zuweilen recht romantisch und malerisch kombiniert – schlichte Wiederaufbauten der Nachkriegszeit, aber leider auch grelle und ohne Rücksicht auf die vorhandene Bausubstanz errichtete Neubauten. Das Überkommene jedoch wird von den Bewohnern der Altstadt liebevoll gepflegt.

›Die Stadt Düsseldorf war vormals nicht mehr als ein Dorf und hat ihren Namen von dem kleinen Fluß Düssel, welcher einen Theil von ihr durchläuft, und sich nahe dem Schlosse, an dessen Mauern er vorbei fließet, in den Rhein stürzt‹ (M. de Blainville, 1705). Genau an dieser Stelle, die der ehemalige Gesandtschaftssekretär der Niederländischen Staaten beschreibt, beginnt unsere Altstadtbesichtigung.

Die um die Jahrhundertwende angelegte RHEINPROMENADE, von der man einen herrlichen Blick auf den Strom, die Rheinbrücken (Abb. 2) sowie auf das zu Anfang des 20. Jh.s bebaute Ufer von Oberkassel hat (Farbabb. 3), führt uns zur Keimzelle der heutigen Stadt, zunächst zum **Burgplatz** mit dem **Schloßturm** als Dominante (Abb. 3, Titelbild).

In der Benennung des unregelmäßigen Burgplatzes lebt die Erinnerung an die über Jahrhunderte die Rheinfront beherrschende Burg der Grafen von Berg und späteren Herzöge

◁ *1 Radschlägerbrunnen 2 Karmelitessenkapelle 3 Fischerjungenbrunnen 4 ehem. Lambertusschule (Stadtverwaltung) 5 Erweiterung des St. Ursula-Gymnasiums 6 Grabbe-Haus 7 Portal des ehem. Statthalterpalais 8 Gedenktafel Benzenbergsche Sternwarte 9 ›The Great Fetish‹ 10 ›Habakuk‹ 11 Hl. Martin 12 Flügel der ehem. kurfürstlichen Gemäldegalerie 13 ehem. Kunstgewerbeschule 14 Verwaltungsgebäude (Erweiterung des Rathauses) 15 Jan-Wellem-Reiterdenkmal 16 Gießer-Junge 17 Haus ›Zum goldenen Helm‹ 18 Gaststätte ›Uerige‹ 19 Fischhandlung Maaßen 20 Bronzegruppe ›Auseinandersetzung‹ 21 Düsseldorfer Löwe mit Anker 22 Obelisk (Pegel) 23 ›Stadterhebungsmonument‹*

Düsseldorf vom Oberkasseler Ufer. Kolorierte Zeichnung von d'Afferden, 1787

von Jülich-Kleve-Berg fort. Nach wechselvoller Geschichte, nach Bränden und Zerstörungen ist heute nur ein ehemaliger Flankierturm der Burg erhalten, der durch seine Bezeichnung ›Schloßturm‹ an die barocke Schloßanlage der Pfalz-Neuburger Herrscher erinnert.

Wahrscheinlich ist die *Burg* erst nach der Stadterhebung (im Jahre 1288) entstanden; allgemein wird ihre Errichtung (zuerst wohl nur als befestigtes Wohnhaus) um 1324 angesetzt, als man beabsichtigte, in Düsseldorf Zoll zu erheben. Die ab 1386 urkundlich erwähnte Burg war damals bereits bedeutend erweitert. Vermutlich schon in den beiden letzten Jahrzehnten des 14. und zu Beginn des 15. Jh.s entstand eine zur Stadt hin offene Dreiflügelanlage mit je einem Turm als Abschluß des Nord- bzw. Südflügels. Zwischen diesen beiden Türmen lag eine Wehrmauer. Ein Wassergraben umgab die ganze Anlage. Die nördliche Düssel floß unter dem Schloß hindurch, speiste einmal die landseitigen Wassergräben und bildete zum anderen vor dem langen, dem Rhein zugewandten Flügel einen kleinen Graben, der zur Entsorgung diente. Das Schloß selbst lag unmittelbar am Rheinwerft. Nach den Feuersbrünsten um 1490 und 1510 war die Burg baufällig. Zwischen 1522 und 1559 wurde sie zunächst von Herzog Johann III. von Jülich-Kleve-Berg, später von seinem Nachfolger Wilhelm dem Reichen instandgesetzt. Mit dem Ausbau beauftragte der Landesherr den aus Bologna stammenden Landbaumeister *Alessandro Pasqualini*. Dieser vollendete um 1551 den heute noch bestehenden runden Turm, dem er ein viertes, polygonales und mit toskanischen Halbsäulen gegliedertes Geschoß hinzufügte, das ursprünglich eine halbkugelförmige Kuppel trug und von einer zwiebelförmigen Laterne bekrönt war.

Das *Düsseldorfer Schloß* gehörte zu den bevorzugten Sitzen der letzten Herzöge von Jülich-Kleve-Berg. Im Jahr 1585 war es Schauplatz eines der glanzvollsten Feste in der Geschichte der Stadt: der Vermählung des Jungherzogs Johann Wilhelm mit der Markgräfin Jakobe von Baden (vgl. S. 13 f.).

Unter den Pfalz-Neuburger Herrschern war es dann Kurfürst Johann Wilhelm, der lebenslang in Düsseldorf residierte und das Schloß modernisieren und kostbar ausstatten ließ. Für die fürstliche Gemäldesammlung ließ er 1709–14 ein selbständiges, mit dem Schloß verbundenes *Galeriegebäude* – eines der ersten seiner Gattung in Deutschland – errichten. ›Dicht an das Schloß stößt das 1710 ausgeführte Gebäude, welches die berühmte Düsseldorfer Gallerie, eine der drey vornehmsten Gemähldesammlungen Deutschlands enthält‹ (Ludewig Wilhelm Gilbert, 1792). Zu den Hofhaltungsbauten gehörten auch das kurfürstliche *Theater*, das *Opernhaus* und das *Ballspielhaus*. In der Nähe des Schloßturmes stand das Edelknaben- oder *Pagenhaus*, das der Kurfürst 1699 gleichzeitig mit einigen anderen Nebengebäuden des Schlosses umbauen ließ (vgl. Abb. 5). Nach dem Tode Johann Wilhelms überführten seine Nachfolger, die nicht mehr in Düsseldorf residierten, nach und nach die Schloßeinrichtung, die Sammlungen sowie die Bibliothek in ihre neue Residenz nach Mannheim. Das Schloß wurde allmählich unbewohnbar. Kurfürst Carl Theodor beauftragte seinen Hofbaumeister *J. H. Nosthoffen* um 1750 mit Erneuerungsarbeiten; der ganze Gebäudekomplex wurde aufgestockt. 1794 brannte das Schloß während des Bombardements durch französische Truppen aus und blieb bis in die zwanziger Jahre des 19. Jh.s

Ruine. Man entschied, die neugegründete Kunstakademie dorthin zu verlegen. Der Kunst-akademieprofessor *Rudolf Wiegmann* erstellte die Pläne für den Wiederaufbau des völlig zerstörten Nordflügels, der für die Aufnahme der Provinziallandstände bestimmt wurde; zur Grundsteinlegung kam auch König Friedrich Wilhelm IV. nach Düsseldorf. Wiegmann entwarf ferner für den bis dahin als Ruine freistehenden Turm ein von Doppelarkaden gegliedertes, achteckiges offenes Obergeschoß mit Balustrade. Aber bereits 1872 zerstörte ein erneuter Brand das Schloß, das man jetzt schon als Kunstakademie bezeichnete. 1882 wurde die Ruine an die Stadt verkauft, die den Abbruch genehmigte und 1892 die Mittel für den Ausbau des weitgehend erhaltenen Schloßturms bewilligte. Es entstand der platzartige leere Raum (vgl. Abb. 5), so daß man, als 1898 die Oberkasseler Brücke in Betrieb genom-men wurde, mit einer großzügigen Gestaltung des Rheinufers beginnen konnte. 1909 wurde die baufällige Balustrade des Turms entfernt und ein vorkragendes flaches Zeltdach aufge-setzt. 1943 brannte der Turm bei einem Luftangriff aus. Um 1950 wurde er provisorisch und 1978–83 grundlegend wieder instandgesetzt und beherbergt heute die wertvolle Sammlung des Stadtmuseums zur Binnenschifffahrt, das **Schiffahrt-Museum.**

In knappem Umfang, reizvoll präsentiert, wird dem Besucher eine Übersicht über 2000 Jahre Rheinschiffahrt geboten. Durch das 1890 vom Stadtbaumeister Eberhard Westhofen gestaltete Portal mit darüberliegendem Balkon gelangt man in den Eingangsraum mit dem

Das kurfürstliche Galeriegebäude, Hofansicht. Kupferstich von 1787 ▷

Plan des Marktplatzes mit Schloß, Galerie, Rathaus und Reiterstatue. N. de Pigage, 1755

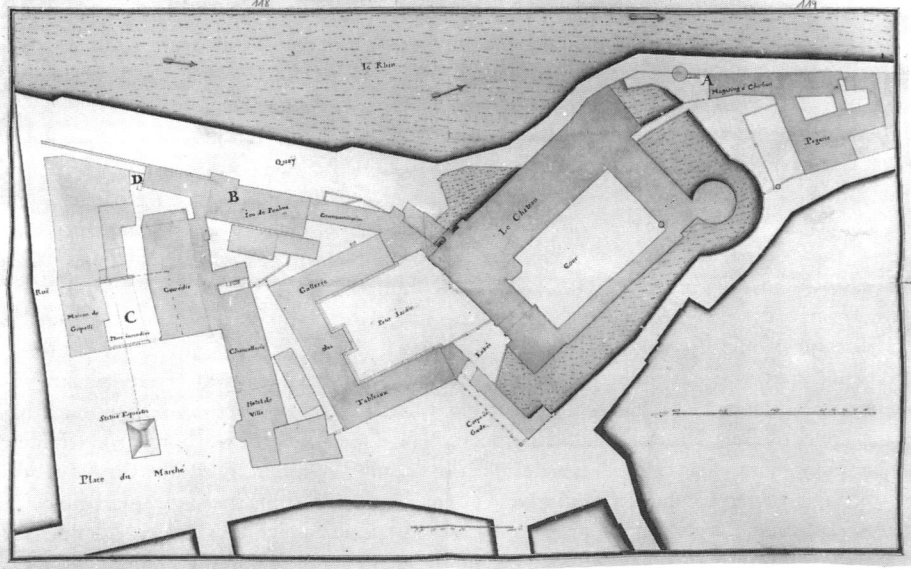

Modell der prunkvollen Leibjacht Johann Wilhelms. Bis in die ›Laterne‹, das heute verglaste Obergeschoß, zeigt das Museum neben den Schiffsmodellen auch verschiedene Aspekte der Düsseldorfer Geschichte, vor allem bezeugt es die Bedeutung des Rheinstroms für den Handel und die wirtschaftliche Entwicklung der Stadt. Interessant auch das überkuppelte Kellergeschoß, das ebenfalls besichtigt werden kann; die steinerne Wendeltreppe ist ursprünglich erhalten. Vor dem Eingang zum Schloßturm befindet sich eine Inschrifttafel mit den wichtigsten Daten zur Schloßgeschichte sowie einer Ansicht des Schlosses um 1790.

Unweit vom Schloßturm steht der von *Alfred Zschorsch* 1954 geschaffene **Radschläger-brunnen** (Abb. 3) mit der am Rande der Brunnenschale verlaufenden Inschrift des Dichters Hans Müller-Schlösser im Düsseldorfer Dialekt: ›Radschläger wolle mer blieve, wie jeck et de Minsche och drieve‹ – ein volkstümliches Denkmal für die heute aus dem Straßenbild leider fast verschwundenen Kinder, die akrobatisch und aus dem Stand heraus ein Rad schlagen, um anschließend die Hand aufzuhalten und um ›eene Penning‹ zu bitten, was keinesfalls wörtlich gemeint ist. Zur Belebung dieses typisch Düsseldorfer Brauches wird einmal jährlich am Karlplatz ein Radschlägerwettbewerb veranstaltet.

Gegenüber dem Schloßturm steht an der Ecke zum Rathausufer die kürzlich renovierte, dreigeschossige **Fassade der ehemaligen Kunstgewerbeschule**, errichtet 1883 nach Plänen des damaligen Stadtbaumeisters *Eberhard Westhofen*. Diese Lehranstalt, deren Direktor

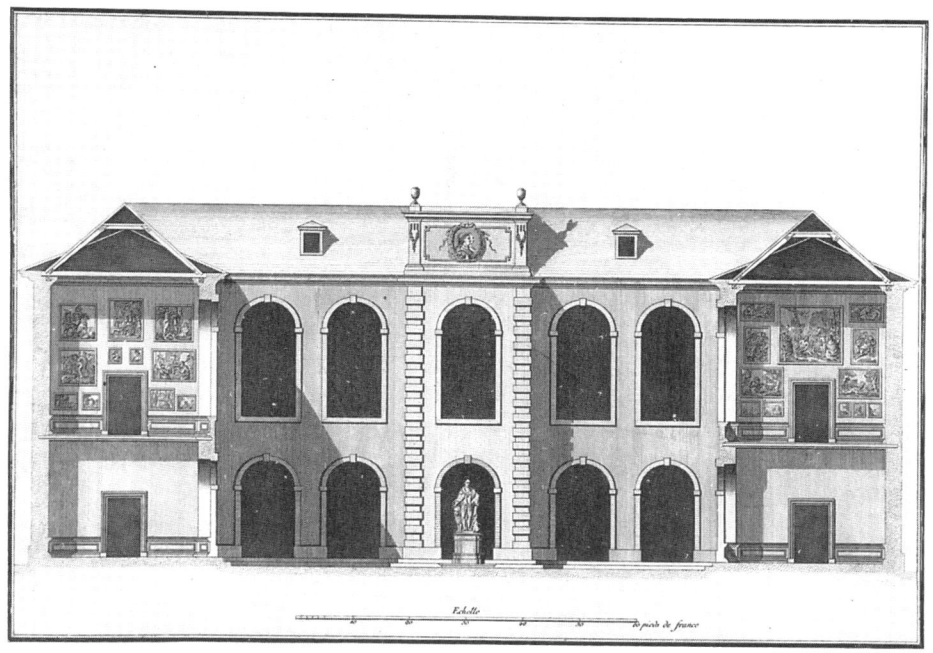

von 1903–07 der Architekt, Maler und Designer Peter Behrens war, sollte jungen Handwerkern und Gewerbetreibenden die Gelegenheit geben, sich in besonderen Fachklassen auch künstlerische Kenntnisse vor allem im Bereich Design anzueignen. Das Gebäude dient heute der Stadtverwaltung. Daneben, die Front jedoch zum südlichen Teil des Burgplatzes orientiert, der sich straßenartig zum Marktplatz verengt, liegt hinter der 1870 von Regierungsbaumeister *C. A. Krüger* vorgesetzten später aufgestockten Fassade der Stadtverwaltung der **Ostflügel der ehemaligen kurfürstlichen Galerie** – ›jene(r) berühmte(n) Galerie, die Männer vom Geschmack aus allen Teilen Europas anzog‹ ... – so der Rheinreisende John Carr 1806. Eine schon von dem Großvater des Galerieerbauers, Herzog Wolfgang Wilhelm, angelegte Rubenssammlung, die ursprünglich im Obergeschoß des Schlosses aufbewahrt wurde, bildete ihre Keimzelle.

Die Gemäldesammlung stellte bis zu ihrer Überführung nach München im Jahr 1805 (wo sie heute einen wesentlichen Bestandteil der Alten Pinakothek bildet) den Hauptanziehungspunkt für alle Besucher der Stadt dar. Ihrer Beschreibung wird in den Reiseberichten des 18. Jh.s weidlich Aufmerksamkeit gewidmet. Neben vielen anderen Persönlichkeiten haben Johann Wolfgang von Goethe, Alexander und Wilhelm von Humboldt und Thomas Jefferson sie besucht. Die Sammlung begründete den Ruf Düsseldorfs als Kunst-Stadt, lange bevor die Kunstakademie Bedeutung erlangte.

Die kanalisierte nördliche Düssel überquerend, biegen wir in die schmale MÜLLER-SCHLÖSSER-GASSE ein; an die Mauerecke lehnt sich das **Stadterhebungsmonument** von *B. Gerresheim* an, ein Geschenk der ›Düsseldorfer Jonges‹ zum Stadtjubiläum (Abb. 1); ein großformatiges, vielfiguriges Bronzerelief. Es erzählt mit zahlreichen Symbolen, Zitaten und Anspielungen von der siegreichen Schlacht bei Worringen, von der Stadterhebung des Dorfes an der Düssel und der Gründung des Kanonikerstiftes. Sodann gelangen wir zum **Stiftsplatz.** Inmitten dieses ersten Platzes der Altstadt, ursprünglich an drei Seiten mit Kanonikerhäusern umgeben, steht die **ehemalige Stiftskirche St. Lambertus,** die älteste Kirche des Stadtkerns (Abb. 4, Farbabb. 9). Über ihre Anfänge, die eng mit der Entstehung des Ortes zusammenhängen, ist leider wenig bekannt.

Wahrscheinlich ist eine 1159 erstmals erwähnte Kirche mit der Marienkapelle identisch, die zum Hof der Edelherren von Tyvern gehörte, welche in der Umgebung Düsseldorfs Güter besaßen. 1189 verpfändete Arnolf von Tyvern seinen Besitz an den Grafen Engelbert von Berg. Dazu gehörte auch die an der Düssel-Mündung gelegene Marienkapelle, von der das Kölner St. Ursula-Stift Einkünfte bezog. Nach neuesten Forschungen soll die Düsseldorfer Kirche von dem Kölner Erzbischof (?) oder dem Gerresheimer St. Hippolyt-Stift gegründet worden sein. Als dieses später dem Kölner St. Ursula-Stift einen Teil seines Besitzes übereignete, gelangte die Düsseldorfer Kirche in dessen Abhängigkeit. Mit der Errichtung des Stifts löste sie sich aus dem Verband des Gerresheimer Klosters bzw. des Ursula-Stifts. Patron der neuen Pfarrei war der hl. Lambertus, Bischof von Maastricht und Zeitgenosse des hl. Suitbert; Nebenpatrone der hl. Severin und der 1183 heiliggesprochene Kölner Erzbischof Anno.

Spätmittelalterliche und barocke Bebauung an der Düssel, im Hintergrund Schloßturm und Turm von St. Lambertus. Aquarell von C. Scheuren, 1842

Über das Aussehen der ersten Pfarrkirche ist nichts überliefert; vermutet wird eine kleine querschifflose Basilika mit Westturm und halbrunder Apsis, wie sie in der näheren Umgebung nicht selten ist (Alt-St. Martin in Bilk, St. Nikolaus in Himmelgeist, St. Hubertus in Itter, St. Lambertus in Kalkum, St. Remigius in Wittlaer).

Bei der Stadterhebung 1288 wandelte Graf Adolf V. von Berg die Pfarrkirche in ein Kanonikerstift um und dotierte es mit vier Kanoniker- und einer Dechantenstelle, wobei der Dechant gleichzeitig Pfarrer der Düsseldorfer Gemeinde war.

Wahrscheinlich noch Ende des 13. Jh.s oder spätestens 1306, als Erzbischof Heinrich II. und kurz darauf auch Papst Clemens V. das Stift bestätigten, ist eine Erweiterung der wohl zu kleinen Pfarrkirche in Angriff genommen worden. Begonnen wurde mit dem noch bestehenden Westturm und dem neuen gotischen Chor (dem heutigen Binnenchor). Das alte romanische Langhaus wurde offenbar beibehalten und weiter benutzt. Der neue, wohl

Innenansicht der Lambertuskirche beim Begräbnis Herzog Johann Wilhelms I. Kupferstiche von A. von Kamp, ›Beschribung der Begrebnus . . .‹, Düsseldorf 1628

höhere Chor mit einem polygonalen ⅝ Schluß schloß mit einer Giebelwand im Westen an das Langhaus an, um so die Benutzung beider Teile zu ermöglichen. Später, wahrscheinlich um 1370, baute man das Langhaus zu einer breiten dreischiffigen Halle um.

Nachdem Graf Wilhelm II. von Berg 1380 die Herzogswürde erlangt und Düsseldorf zur ständigen Residenz erwählt hatte, galt sein besonderes Interesse auch der Stiftskirche. Der Herzog und seine Gemahlin stifteten drei Altäre und zehn neue Präbenden. Außerdem ließ der Herrscher die Gebeine des hl. Apollinaris aus Remagen hierher überführen und einen kostbaren Behälter für sie anfertigen. Weitere Reliquien, u. a. die Gebeine des hl. Willeicus, vergrößerten den Kirchenschatz, so daß Düsseldorf am Ende des 14. Jh.s zu den sieben wichtigsten Wallfahrtsorten des Rheinlands gehörte.

Wahrscheinlich aufgrund des wachsenden Raumbedarfs – die Stiftskirche diente seit 1384 auch als Grabeskirche der herzoglichen Familie – wurden schließlich die Seitenschiffe um den Chor herumgeführt. Zur Schaffung einer räumlichen Verbindung zwischen Binnenchor und Chorumgang öffnete man die Fenster des Chorpolygons bis zum Boden; die Sohlbänke der übrigen Fenster wurden abgesenkt. 1392 fand die Weihe des Pfarraltars statt, und im gleichen Jahr war auch die an der Südseite gelegene doppelgeschossige Sakristei fertig. 1394 wurde die vollendete Stiftskirche der Gottesmutter Maria geweiht.

Das Stift erhielt vom Herzog die Immunität verliehen, die es aus der normalen Gerichtsbarkeit loslöste und dem ganzen Bezirk Steuerfreiheit einbrachte. Der Immunitätsbezirk bildete einen rechteckigen Platz, der an drei Seiten mit Stiftsgebäuden (Kapitelhäuser, Dechantei, Scholasterie, Vikarie) umgeben und nach Norden mit einer Mauer zur Altestadt begrenzt war. Rings um die Kirche lag der Friedhof, südlich der Kirche das Beinhaus. Der Haupteingang für die Gemeinde befand sich damals an der Nordseite. Von den Kapitelhäusern des 17. Jh.s sind noch die **Fassaden am Stiftsplatz Nr. 4 und Nr. 5** erhalten.

In ihrer äußeren Gestalt ist die Kirche noch heute vornehmlich ein Bauwerk des ausgehenden 14. Jh.s: eine dreischiffige Backsteinhalle mit Chorumgang und mit der für die niederrheinische Backsteingotik typischen einfachen und sparsamen Gliederung. Deutlich setzt sich der ältere Turm mit seinen tuffverblendeten Fassaden und den mit Basaltlava gequaderten Kanten ab. Die Chorlösung mit dem breiten Umgang wurde etwas später Vorbild für den Chor der Pfarrkirche in Rheinberg.

Wesentliche Veränderungen erfuhr im Laufe der Jahrhunderte die *Innenausstattung* der Kirche. Es ist heute schwer zu beurteilen, was den Anlaß zu ihrer Erneuerung im 17. Jh. gab: Waren es lediglich die durch eine Pulverturm-Explosion 1634 entstandenen Schäden, oder hatte man schon früher eine Reihe der mittelalterlichen Ausstattungsstücke (z. B. die Altäre) entfernt, als der reformatorische Geist vor allem während der langen und toleranten Herrschaft Herzog Wilhelms des Reichen auch Düsseldorf erfaßte? Erwähnenswert ist in diesem Zusammenhang, daß 1545 der reformierte Theologe Johann Monheim ein *Gymnasium* am Stiftsplatz eröffnete und daß 1567 der Gottesdienst in der Stiftskirche nach dem evangelischen Ritus abgehalten und die Kommunion in beiderlei Gestalt empfangen wurde. Unter dem zum alten Glauben zurückgekehrten neuen Herrscher, Herzog Wolfgang Wilhelm, vor allem aber unter seinen Nachfolgern Philipp Wilhelm und Johann Wilhelm, erhielt die

Kirche eine neue barocke Einrichtung. In der Mitte des 18. Jh.s ließ der Statthalter Graf Goltstein den Friedhof um die Kirche schließen. 1805 wurde das Stift säkularisiert, und die neugegründete katholische Pfarre erhielt wieder ihr altes Patrozinium St. Lambertus.

Im Jahr 1815 schlug ein Blitz in den Kirchturm ein. Nur das beherzte Eingreifen des Schlossermeisters Josef Wimmer, der die brennenden Balken absägte, bewahrte die Kirche vor größerem Schaden. Eine 1935 an der Westseite des Turmes angebrachte Gedenktafel erinnert an dies Geschehen. 1817 erhielt die Kirche einen neuen Turmhelm nach Entwürfen von *Adolph von Vagedes*. Seit dieser Wiederherstellung wird eine durch Holzspannung verursachte Drehung des Gebälks äußerlich sichtbar, die dem Turm sein charakteristisches schiefes Aussehen verleiht (Titelbild, Abb. 4). 1877 schuf der Düsseldorfer Bildhauer *Josef Reiß* den **Kalvarienberg** an der Nordseite der Kirche, der einen spätgotischen, ursprünglich freistehenden Vorgänger ersetzte. Ende des 19. Jh.s führte der Mainzer Dombaumeister *Ludwig Becker* Renovierungs- und Restaurierungsarbeiten durch, die den nachhaltigsten Eingriff seit der Barockisierung darstellten. Die Schäden des Zweiten Weltkrieges wurden im Laufe der fünfziger Jahre beseitigt; danach richtete man auch die Schatzkammer ein. In den siebziger Jahren mußten erneut Restaurierungsarbeiten durchgeführt werden. 1974 erhielt die Kirche den Ehrentitel einer Basilika minor.

Man betritt das Gotteshaus heute an der Südseite und nicht durch das 1960 vom Akademieprofessor und Beuys-Lehrer *Ewald Mataré* geschaffene Westportal. Die Kirche beherbergt Kunstwerke aus sieben Jahrhunderten. Zu den ältesten gehören die schlichte Architektur des Binnenchores und die gotischen **Wandmalereien.** Die nur fragmentarisch erhaltene dekorative Ausmalung wurde 1972 auf die Umgangs- und Seitenschiffjoche übertragen. Die originalen Befunde aus der Zeit der Fertigstellung der Kirche (1394) belegen eine farbige Fassung der architektonischen Glieder, sparsame Vergoldung und Rankendekor um die Schlußsteine. Im Chorumgang finden sich noch Fragmente der aus der gleichen Zeit stammenden figürlichen Ausmalung: Johannesadler, Jacobus maior und eine Hand, die eine Monstranz trägt. An der südlichen Umgangswand drei mehrfach restaurierte und ergänzte Temperabilder aus der Mitte des 15. Jh.s. Die ›Madonna mit Engeln und Stifter‹ (Farbabb. 8) neben der Sakristeitür entstand unter Einfluß der Kölner Malerschule in der Nachfolge Stephan Lochners. Kölnischer Einfluß ist auch in der Darstellung der hl. Margarethe und in dem Martyrium des hl. Reinhold spürbar.

Das interessanteste der Wandbilder befindet sich über dem Südportal. Um 1444 entstanden, wurde es nach Aussage der Wappen von den Brüdern Konrad und Georg von der Horst anläßlich ihrer Aufnahme in den Hubertusorden gestiftet. Als es im Jahre 1869 von Prof. Heinrich Lauenstein freigelegt und restauriert wurde, deutete man es zunächst als Darstellung der hl. Kümmernis, auch Wilgefortis genannt: Der volkstümlichen Legende nach war sie die Tochter eines heidnischen Portugiesenkönigs, die Gott um Hilfe bat, um einer heidnischen Ehe zu entgehen; durch einen Bart entstellt, soll sie später deshalb gekreuzigt worden sein. Das Wandbild zeigt jedoch nicht die hl. Wilgefortis, sondern gehört in den Kreis der Volto Santo-Darstellungen nach dem berühmten Vorbild im Dom zu Lucca: Die Legende berichtet von einem armen Spielmann, dem der Gekreuzigte auf dem Altar einen goldenen Schuh zuwarf. Als dieser des Diebstahls beschuldigt wurde, wiederholte sich das Wunder.

Der Binnenchor wird von dem **barocken Hochaltar** beherrscht, den der Dortmunder Schreinermeister Wolter Hassenburg nach Plänen des kurfürstlichen Hofbaumeisters *Michael Ca-*

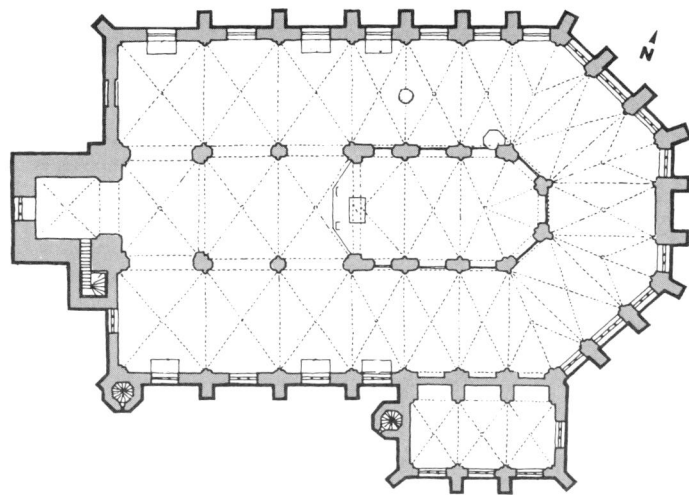

St. Lambertus, Grundriß

gnon 1687 ausführte (Farbabb. 9). Sein offenes Gehäuse bilden je drei tordierte Säulen, die von einem mächtigen Gebälk bekrönt werden. Darüber schwebt, von Engeln gehalten, eine riesige Bügelkrone. Unter dieser befindet sich seit 1960 eine weiß gefaßte Marienfigur aus dem Umkreis Gabriel de Grupellos, des Hofbildhauers Kurfürst Johann Wilhelms. Zum figürlichen Programm des Altars gehören neben der ursprünglichen Madonna (im linken Seitenschiff) noch die Statuen der Nebenpatrone, der Heiligen Thomas, Apollinaris, Lambertus und Pankratius, die, an den Pfeilern aufgestellt, den Altar flankieren. Alle diese Figuren schuf der aus Roermond stammende kurfürstliche Hofbildhauer *Michael Chatelan* zwischen 1691 und 1698. Die barocke Mensa ist eine neuere Ergänzung.

Unter dem Triumphbogen, an der Stelle des früheren Lettners, befindet sich seit 1978 der von dem Limburger Bildhauer K. M. Winter geschaffene **Volksaltar**. Der verglaste Stipes birgt den barocken **Reliquienschrein des hl. Apollinaris**, der halbliegend auf dem Deckel dargestellt ist. Das 1665 von dem bedeutendsten Düsseldorfer Barockgoldschmied *Heinrich Ernst* geschaffene

Reliquiar ist eine Stiftung Herzog Philipp Wilhelms, wie das emaillierte herzogliche Wappen bezeugt. Früher wurden zu Unrecht einige seiner Teile als Ergänzungen aus dem 18. Jh. angesehen; durch neuere Forschungen ist jedoch die einheitliche Entstehung nachgewiesen, wobei der etwas ältere Engelbert-Schrein des Kölner Doms von Conrad Duisbergh Vorbild war.

Am nördlichen Pfeiler des Triumphbogens steht das mehrfach restaurierte und weitgehend ergänzte **Marien-Gnadenbild** aus der Mitte des 15. Jh.s. Die wundertätige Marienstatue, die zunächst in einer kleinen Kapelle an der Ratinger Straße und später bei den Kreuzherren verehrt wurde, kam bei der Auflösung des Kreuzherrenklosters 1812 in die Lambertuskirche. Ihr gegenüber wurde die spätgotische Statue des hl. Lambertus aus dem frühen 16. Jh. aufgestellt.

Das entlang der Chorinnenwände angebrachte zweireihige offene **Chorgestühl** aus dunklem Eichenholz ist trotz mehrerer Veränderungen seiner geschnitzten Darstellungen wegen sehenswert: Die Seitenwangen sind mit Heiligendarstellungen geschmückt (mit Ausnahme eines Bauern mit Narrenkappe), und unter den Klappsitzen angebrachte Misericordien überraschen durch ihre grotesken, satirischen und phantastischen Szenen. Die **Bischofssedilien** sind neugotische Arbeiten des Kölner Bildhauers Richard Moest, von dem auch die reichgeschnitzten **Beichtstühle** an der Südwand stammen.

An der Nordseite des Chorpolygons ragt bis zum Gewölbe das spätgotische **Sakramentshaus** empor, ebenso wie das Chorgestühl eine Stiftung Herzog Wilhelms III. (1475–1511) und seiner ersten Gemahlin, Elisabeth von Nassau-Saarbrücken († 1479), bezeugt durch die wappentragenden Löwen am Sockel. Am Baldachin erscheint die Hausmarke des Zollbesehers und Bürgermeisters Wilhelm Cluntz sen. (sein Sohn W. Cluntz jun. stiftete die überlebensgroße steinerne **Christophorusfigur** am nördlichen Langhauspfeiler, die nach dem Vorbild der Christophorusfigur im Kölner Dom Anfang des 16. Jh.s entstand). Das aus Sandstein gehauene Sakramentshaus – ein Meisterwerk der spätgotischen Kleinarchitektur – lehnt sich an den Chorpfeiler; das vergitterte Tabernakelgehäuse wird von einem Sockelgeschoß getragen und von einem dreiteiligen Baldachin bekrönt. Gedrehte Knicksäulchen, die hier zum erstenmal am Niederrhein vorkommen, stützen das Gehäuse an den Kanten; in den Kehlen Darstellung der Wurzel Jesse. Überaus reich mit spätgotischem Dekor aus Ast- und Laubwerk geschmückt, zeichnet sich das Sakramentshaus auch durch seinen ungewöhnlichen Reichtum an Statuetten aus (einige im 17. bzw. im 19. Jh. ergänzt) sowie durch seine auf das Altarsakrament bezogenen Reliefdarstellungen, von denen die Ölbergszene nach einer Kupferstichvorlage von Martin Schongauer entstand.

Im Scheitel des Chorumgangs, über der Fürstengruft, steht das **Grabmonument Herzog Wilhelms des Reichen** († 1592) aus mehrfarbigem Marmor, vom Kölner Bildhauer *Gerhard Scheben* und seiner Werkstatt im Auftrag seines Sohnes Johann Wilhelm 1595–99 ausgeführt (Abb. 18). Vier Stufen mit wappentragenden Löwen führen zum Postament, auf dem in voller Rüstung die lebensgroße Figur des Herzogs auf dem Sarg ruht. Dahinter erhebt sich der retabelartige Aufbau mit dem halbrund geschlossenen, vorzüglich gearbeiteten Relief des Jüngsten Gerichts. In der unteren Zone des Aufbaus Memorialinschriften und in den Nischen die Verkörperung der Kardinaltugenden (Weisheit, Gerechtigkeit, Tapferkeit und Mäßigkeit); über dem Attikagesims tragen zwei Statuen, Allegorien der Vergänglichkeit und des Todes, wie Karyatiden das Gebälk, flankiert von den Personifikationen der beiden christlichen Tugenden Glaube und Liebe, zu denen im Giebelaufsatz als dritte die Hoffnung tritt; gemäß dem Wahlspruch des Herzogs ›In Deo Spes Mea‹ (In Gott ist meine Hoffnung) nimmt sie die höchste Stelle ein. Der auferstandene Christus bekrönt den Giebel.

Das Grabmal gehört zu den Hauptwerken der manieristischen Plastik in Nordwestdeutschland. Vorbildlich war neben römischen Wandnischengräbern die niederländische Kunst aus dem Umkreis des Cornelis Floris, aus dessen Werkstatt die Vergleichsstücke – die Grabmäler der beiden Erzbischöfe von Schaumburg im Kölner Dom – stammen. 1708 entwarf *Gabriel de Grupello* das Abschlußgitter für das Grabmonument.

Zwei Ädikula- und zwei Retabelaltäre der Düsseldorfer Zünfte sind rechts und links des Grabmals aufgestellt. In dem linken, Maria in der Not geweihten **Altar der Goldschmiede** befindet sich ein verehrtes Gnadenbild aus dem zweiten Viertel des 14. Jh.s: Die vergoldete Holzfigur der thronenden Muttergottes (Sedes sapientiae) gehört zu der Gruppe der Kölner Sitzmadonnen. Der Stipes der **Altars der Schmerzhaften Muttergottes** birgt ein Heiliges Grab mit der Holzfigur des Gekreuzigten (um 1500). Beide Skulpturen stammen aus den Vorgängeraltären.

Im nördlichen Umgang steht auch der gotische **Taufstein** aus Trachyt, eine Arbeit des späten 15. Jh.s. Sein kelchförmiges Becken ziert ein Fischblasenmaßwerk; den Deckel schuf 1977 *K. M. Winter*, von dem auch die alabasternen Kreuzwegstationen an der gegenüberliegenden Wand stammen. Ebenfalls im nördlichen Umgang aufgestellt ist die maßverzierte **Tumba** der

Elisabeth von Waldeck. Die Liegefigur der nach 1388 verstorbenen Gräfin – einer Schwester des zum Herzog erhobenen Wilhelm II. von Berg –, deren Gebeine in der Fürstengruft beigesetzt wurden, ruht, die Hände vor der Brust gefaltet, auf der Grabplatte. Die Tumba diente lange als Altarmensa auf dem Derendorfer Friedhof; erst in den Jahren 1868 bis 71 erfolgte die Zusammenfügung aller Teile des Kenotaphs. Die Wände des nördlichen Seitenschiffs und der Turmhalle schmücken einige barocke Epitaphe wohlhabender Bürger der Stadt.

Vor der Turmhalle umfaßt die von K. M. Winter (1975) geschaffene Stele das bedeutende steinerne **Vesperbild** des ›Schönen Stils‹ aus der Zeit um 1395. Das kleinformatige Bildwerk zählt zum Typus der horizontalen Vesperbilder und ist mit dem des Magdeburger Doms, dem der Krakauer Barbarakirche und dem Vesperbild von St. Alban in Köln aufs engste verwandt.

Beim Verlassen des Gotteshauses erreichen wir über die steinerne Wendeltreppe des kleinen Turms an der Westseite der Sakristei die **Schatzkammer** im ehemaligen Kapitelsaal; dieser wurde 1962 museal eingerichtet (Architekt Kurt Scheflinghaus, Fenster von Robert Rexhausen).

Sowohl der Anzahl (über 130 Stücke) als auch der Bedeutung, der Vielfalt und dem künstlerischen Rang nach ist der Kirchenschatz von St. Lambertus – neben jenem von St. Andreas –

durchaus denen der großen rheinischen Domkirchen vergleichbar. Durch großzügige Stiftungen, besonders der herzoglichen Familien, kam dieser ansehnliche Bestand zusammen, der nach 1805 noch um einige hervorragende Stücke aus der aufgelösten Abtei Altenberg bereichert wurde. Neben dem **staufischen Kopfreliquiar des hl. Candidus** (oder Vitalis?), um 1170 (Farbabb. 11), beinhaltet die Schatzsammlung mittelalterliche Goldschmiedearbeiten wie die **Kölner Monstranz** (um 1400) und die 1 m hohe sogenannte **Schwedenmonstranz,** eine böhmische spätgotische Arbeit, von Herzog Philipp Wilhelm 1662 der Kirche gestiftet, nachdem sein Vater sie als Geschenk von König Gustav Adolf von Schweden erhalten hatte. Auch zahlreiche Nürnberger und Augsburger Barockarbeiten gehören zum Schatz. Unter den Düsseldorfer Goldschmieden ragt *Heinrich Ernst* mit seiner doppelseitigen **Monstranz** und dem doppelseitigen **Vortragekreuz** sowie zwei getriebenen **Votivreliefs** heraus. Die große Anzahl von Reliquiaren und wichtigen historischen Goldschmiedearbeiten wird durch eine bemerkenswerte Sammlung kirchlicher Gewänder ergänzt. Von diesen **Paramenten** verdienen die Stäbe der sogenannten ›Flämischen Kapelle‹ mit ihren gestickten Szenen aus dem Marienleben nach Vorbildern der flämischen Malerei aus dem Umkreis Rogiers van der Weyden besondere Aufmerksamkeit.

Über den stimmungsvollen STIFTSPLATZ, vorbei an dem 1805 erbauten Pfarrhaus (Abb. 4), biegen wir in die LAMBERTUSSTRASSE ein; die linke Straßenseite wird von dem in neuromanischen Formen 1844 von Stadtbaumeister Bergius errichteten Gebäude der **Lambertusschule** eingenommen, das heute Teile der Stadtverwaltung beherbergt. Die Straße ist wohl erst nach der Aufhebung des Stifts entstanden und bebaut worden; zuvor lagen dort inmitten der Gärten kleinere Kanonikerhäuser.

Zurückkehrend zum Stiftsplatz, vorbei am Chor der Lambertuskirche, gelangen wir in die älteste Straße Düsseldorfs – in die ALTESTADT. An der Nordseite des Stiftsplatzes erinnert der 1938 anläßlich der 650-Jahrfeier Düsseldorfs aufgestellte **Fischerjungenbrunnen** von *W. Hoselmann* an die Anfänge der Stadt.

Gegenüber von St. Lambertus liegt das **Theresienhospital,** das ehemalige *Karmelitessenkloster* (Abb. 6). Der Name dieser ältesten Krankenanstalt Düsseldorfs nimmt Bezug auf die

Burgplatz mit Theresienhospital, rechts das Wohnhaus des Hofmalers J. F. Douven. Ölgemäle von H. Ritzenhofen

große Reformatorin des Karmeliterinnenordens, die hl. Theresa von Ávila. An der Stelle des Hospitals stand früher das Kloster der Unbeschuhten Karmeliterinnen, zu dem auch die noch erhaltene Kapelle St. Joseph gehörte. Der Konvent St. Joseph wurde von Köln aus gegründet, seine Anfänge fallen in die Zeit des Dreißigjährigen Krieges. Die Karmeliterinnen waren neben den Coelestinerinnen der erste Frauenorden, der sich in der Stadt niederließ. Die vornehmlich aus adeligen und großbürgerlichen Familien stammenden Schwestern führten in strengster Klausur ein dem Gebet und der Kontemplation gewidmetes Leben. Als Bettelorden waren die Karmeliterinnen auf die Mildtätigkeit der Mitbürger angewiesen. Vor allem unter den Mitgliedern der herzoglichen Familie und des Hofadels fanden sie zahlreiche Förderer. Als Beauftragte der Kölner Priorin konnte Anna Maria von Knippenburg 1641 an der Altestadt günstig ein Haus erwerben, um dort den Konvent zu etablieren, denn die Häuser der ältesten Straße der Altstadt waren durch die Explosion des nahegelegenen Pul-

verturms 1634 schwer beschädigt oder zum Teil sogar zerstört worden. Bald darauf (1644/
45) ließen die Schwestern ein Doppelhaus errichten, zu dem der Herzog das Grundstück
schenkte, auf dem früher das Rathaus gestanden hatte; die eine Hälfte des Hauses diente als
Kirche, die andere als Kloster. Bis zum Ende des 17. Jh.s vergrößerte sich der Besitz der
Karmeliterinnen in solchem Maße, daß man einen Neubau erwog. 1712–16 entstand dann,
wahrscheinlich nach Plänen des kurfürstlichen Hofbaumeisters *Matteo Alberti,* die jetzige
Kapelle als unverputzter Backsteinbau über kreuzförmigem Grundriß mit segmentbogig
geschlossenen Armen und einer flachen Kuppel in der Vierung sowie Walmdächern mit
einer zentralen Laterne. Die Westfassade ist durch ionische Kolossalpilaster rhythmisiert
und wird von einem Dreiecksgiebel bekrönt. Das spitzwinklig zulaufende Grundstück
wurde optimal ausgenutzt. Fast gleichzeitig mit der Kapelle entstanden auch die schlichten
Klosterflügel an der Altestadt und am Rheinufer. Nach schweren Kriegsbeschädigungen,
denen die gesamte Innenausstattung der Kapelle, vor allem die illusionistischen Deckenmalereien und sämtliche Altäre zum Opfer fielen, sind heute nur das schmiedeeiserne Gitter des
Eingangs aus der Erbauungszeit sowie einige Standfiguren und Gemälde erhalten.

An die Kapelle schließen heute die anstelle der Klostergebäude des 18. Jh.s errichteten
Krankenhausgebäude an; als 1831 die Cellitinnen das säkularisierte Kloster erhielten, richteten sie dort ein **Hospital** ein, das 1859 von den Schwestern vom Heiligen Kreuz übernommen wurde. Als sich dies als zu klein erwies, erbaute der Architekt *C. C. Pickel* an gleicher
Stelle 1910–12 den heutigen Gebäudekomplex in neubarocken Formen; dieser wurde 1977
bis 1979 vom Architekten *E. Spohr* renoviert und modernisiert und beherbergt heute ein
Altenpflegeheim.

Die wertvollen **Kunstwerke des Theresienhospitals,** die sich zum Teil in der Kapelle, im
Oratorium sowie im Gang und in den Besucherzimmern des Erdgeschosses befinden, sind
nicht leicht zugänglich. Von den Skulpturen ragen die vom kurfürstlichen Hofbildhauer
Gabriel de Grupello – eine Tochter des Bildhauers war die erste Novizin des neuerbauten
Klosters – geschaffene Muttergottes mit Kind, die Immaculata und zwei Kruzifixe heraus,
entstanden im zweiten und dritten Jahrzehnt des 18. Jh.s.

Eine große Anzahl von Gemälden des 17. und 18. Jh.s, einige davon nach P. P. Rubens,
sowie wertvolles Mobiliar, Schatzstücke und Paramente zeugen vom Reichtum des Klosters
und damit indirekt von der Wertschätzung, die die Karmeliterinnen unter den Bürgern der
Stadt und ihren Förderern genossen.

Die ALTESTADT, in der wir uns nun befinden, war der Hauptweg ›Ur-Düsseldorfs‹. An
ihrem Anfang führte das kleine *Lindentrappentor* oder *-pförtchen* zum Rheinufer, und hier
bog südwärts die wohl als Markt dienende KRÄMERSTRASSE ab. Am stromabgewandten
Ende der Altestadt befand sich das nach einer kleinen Marienkapelle benannte *Liebfrauentor,* durch das man auf die Straße nach Ratingen gelangte. Die kleine Kapelle und das
Liebfrauentor mußten in der ersten Hälfte des 15. Jh.s dem Bau der Kreuzherrenkirche
weichen.

Von den Wohnhäusern der Altestadt und der Krämerstraße ist nur sehr wenig erhalten
geblieben. Dem Theresienhospital gegenüber, an der Ecke ALTESTADT/KRÄMERSTRASSE,

61

Gasthof ›Hof von Holland‹,
Altestadt 17

stand bis zum Zweiten Weltkrieg das prächtige barocke Wohnhaus des kurfürstlichen Hofmalers *Jan Frans Douven.* An der Stelle des heutigen Neubaus der Brauerei Schlösser befand
sich der berühmte, im Krieg zerstörte Vorgängerbau aus dem 19. Jh. Hier hat 1932 die
Gründung des einflußreichen und im Bereich der Denkmalpflege, der Stadtgeschichte und
des Brauchtums mäzenatisch tätigen Heimatvereins ›Düsseldorfer Jonges‹ stattgefunden.
Das Haus **Altestadt Nr. 6,** gegenüber von Schlösser, war im Kern noch ein spätgotisches
Wohnhaus, jedoch stark barock überarbeitet. 1984/85 entstand hier ein Neubau, dessen
straßenseitige Fassade mit geschweiftem Giebel in Anlehnung an die hofseitige Fassade
rekonstruierend wiederaufgebaut ist (Abb. 7). Das **Haus Nr. 14** erbauten 1627 – nach
Aussage der Allianzwappen über dem Portal – der Freiherr von Scheidt gen. Weschpfennig
und seine Frau geb. von Tengnagel. Das stattliche neunachsige, im 19. Jh. aufgestockte
ursprüngliche Eckhaus birgt im Erdgeschoß (heute ein Café) eine der selten erhaltenen reich
stuckierten Decken aus der Zeit um 1690/1700, jener Zeit, als die Grafen Spee das Haus
besaßen. Diese Decke ist trotz starker Ölfarbschicht ein gutes Beispiel für das hohe Wohnni-
veau der kurfürstlichen Zeit. Ihre stilistische Parallele findet sich in der Benrather Orangerie.

Die Kreuzherrenkirche um 1900

1880, anläßlich der großen Kunst- und Gewerbeausstellung in Düsseldorf, erregte ihre dort ausgestellte Nachbildung allgemeine Bewunderung. In der Altestadt (Nr. 17) befand sich auch der ›Hof von Holland‹, das berühmteste Düsseldorfer Gasthaus, in dem seit 1780 Könige, Kaiser, Prinzen und Kurfürsten logierten.

Wir setzen unseren Rundgang fort in die Ursulinengasse, benannt nach dem unweit an der Ecke der Ritterstraße gelegenen Ursulinenkloster (heute St. Ursula-Gymnasium). Die gegenüberliegende Seite der Gasse nimmt die spätgotische **Kreuzherrenkirche** ein. Die Kreuzherren, wahrscheinlich schon um 1440 durch Herzog Gerhard von Jülich und Berg aus Steinhaus nach Düsseldorf gerufen, begannen bald nach ihrer Ankunft mit dem Bau der Klosterkirche. Diese entstand an der Stelle des alten städtischen Hospitals oder Gasthauses, das vor den Toren der Stadt lag und den Pilgern, Armen und Kranken als Herberge diente. Der Platz war den Kreuzherren vom Herzog im Einvernehmen mit dem Stift zugewiesen worden; hier lag die seit längerem bestehende, 1399 erneuerte *Marienwallfahrtskapelle* mit einem Heiligenhäuschen, in dem das Gnadenbild der Muttergottes verehrt wurde (die Statue heute am Chorpfeiler in St. Lambertus).

Von 1445 bis etwa 1480 wurde zunächst die Klosterkirche errichtet, dann das nördlich anschließende, vierflügelige Klostergebäude. Die zweischiffige, fünfjochige schmucklose Backsteinhalle zeigt im Westen zwei hohe Giebelabschlüsse und zwei parallele Chöre mit polygonalem ⅜ Schluß und Chorturm im Osten. Im südlichen Schiff blieb das Heiligenhäuschen mit dem Gnadenbild bestehen, und damit war von Anbeginn das Südschiff der Muttergottesverehrung und nach 1475 auch der damals gegründeten Rosenkranzbruderschaft vorbehalten. Die nördliche Halle diente dem Gottesdienst. Der wohl um 1663 erfolgte Umbau der Kirche veränderte vor allem ihr Südschiff. Das dort befindliche Marienhäuschen wurde beseitigt, und es entstand ein kleiner, an das Südschiff angelehnter Kapellenanbau zur Ratinger Straße hin, der einen neuen Altar für das Gnadenbild barg. 1665 konsekrierte man neue Altäre, auch den Hochaltar, der dem Heiligen Kreuz geweiht wurde; das zugehörige Gemälde befindet sich heute in St. Andreas. Um 1711 erweiterte man diesen Anbau bis hin zu dem polygonalen Treppenturm an der Südwestecke zu einer dem Südschiff parallelen Kapelle, durch die man die Kirche betrat. Wohl kurz darauf erhielt der Chorturm die neuen Freigeschosse, die anstelle des gotischen Spitzhelms eine barocke Schweifhaube mit Laterne trugen.

Verheerende Folgen für Kreuzherrenkirche und -kloster hatte die Säkularisation: Die Kirche ging ihrer gesamten Ausstattung verlustig; ein Teil wurde verschenkt an die Pfarrkirchen der bergischen Gemeinden, einen Teil erhielt St. Lambertus (wie die beiden Rosenkranzbilder, heute im Pfarrhaus deponiert); die im Fußboden eingelassenen Grabplatten

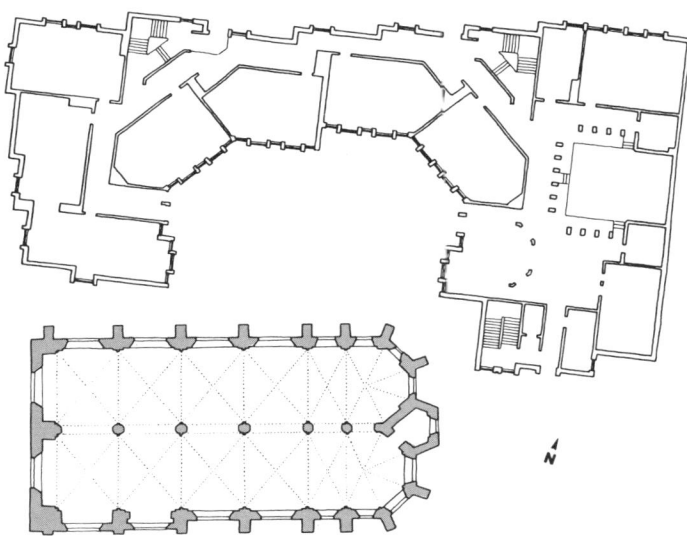

Kreuzherrenkirche und Erweiterung des St. Ursula-Gymnasiums, Grundriß

1 ›Stadterhebungsmonument‹ am Burgplatz/Ecke Müller-Schlösser-Gasse. B. Gerresheim, 1988

2 Blick von der Rheinuferpromenade auf Rheinkniebrücke und Fernmeldeturm ▷

4 St. Lambertus von Süden mit Pfarrhaus
3 Burgplatz mit Schloßturm (Schiffahrt-Museum) und Radschlägerbrunnen

5 Der Burgplatz um 1890. Links vom Schloßturm das Pagenhaus

7 Das wiederaufgebaute Haus Altestadt 6

6 Theresienhospital in der Altestadt; vorn rechts der Fischerjungenbrunnen

8   Grabbeplatz vor 1893. Den Platz dieser Häuserzeile nimmt heute die Landesgalerie ein

9   Häuser an der Mühlenstraße (Nr. 2–32), 1923

10   Mühlenstraße, vor 1913: Mausoleum, Benzenbergsche Sternwarte, Statthalterpalais

11   Die Landesgalerie (Kunstsammlung Nordrhein-Westfalen) am Grabbeplatz. Dissing u. Weitling, 1985

12   Marktplatz mit Rathaus, Reiterstatue des Kurfürsten Johann Wilhelm und Theater, vor 1880

13   Marktplatz-Westseite, links das Grupello-Haus, 1970

14 Marktplatz-Südseite; rechts die Markthalle, im Hintergrund links das Haus ›Zum goldenen Helm‹, vor 1914

15 Barocke Häuser an der Flinger Straße; rechts   16 Das kriegszerstörte Geburtshaus des Dichters
    ›Zum goldenen Helm‹, vor 1914   Heinrich Heine, Bolkerstraße 53, 1927

18 Grabmonument Herzog Wilhelms des Reichen in der Lambertuskirche. G. Scheben, 1595–99
17 Bronze-Reiterdenkmal des Kurfürsten Johann Wilhelm auf dem Marktplatz. G. de Grupello, 1711/13

19, 20   Barocke Häuser in der Zollstraße

22   Evangelische Neanderkirche in der Bolkerstraße, erb. 1683–87

21   Die Zollstraße mit dem 1897 abgebrochenen Zolltor

23 Bronzegruppe ›Auseinandersetzung‹, Ecke Mittel-/Grabenstraße. K. H. Seemann, 1980. Durch die Mittelstraße Blick auf die Johanniskirche

kamen abhanden. In der Folgezeit diente die profanierte Kirche verschiedenen Zwecken: als Tabaklager der Zollbehörde, als Stallung der russischen Kavallerie oder als Montierungsdepot. Kapellenanbau und Turm fielen der Verbreiterung der Ratinger Straße zum Opfer. In der Kirche waren Zwischenböden eingezogen, die Spitzbogenfenster vermauert; 1888 wurde schließlich das Kloster ganz abgebrochen. Ende des 19. Jh.s entwarf *C. C. Pickel* Pläne für einen Umbau als evangelische Garnisonskirche, die jedoch nicht zur Ausführung kamen. Nach dem Zweiten Weltkrieg diente die ruinierte Kirche als Verwaltungsgebäude der Finanzbehörde. 1960–68 erfolgte eine durchgreifende Restaurierung (Architekt *Wolfgang Tamms*), die die Einbauten des 19. und 20. Jh.s entfernte und den Bau als Gotteshaus wiederherstellte. Die 1518 angebrachte ornamentale Gewölbeausmalung wurde 1963–68 freigelegt und in ihrem fragmentarischen Zustand konserviert. Sie zeigt die in der Spätgotik häufigen Rankenornamente, bereichert um heraldische Elemente: An gebogenen Ästchen sind illusionistisch die Wappenschilde aufgehängt, dazwischen eingestreut Fabelwesen und Grotesken. Reste einer barocken Ausmalung (1718?) kamen bei den Freilegungs- und Restaurierungsarbeiten zutage. Die höchst bemerkenswerte Kirche gehört neben der Wallfahrtskirche in Bornhofen zu dem am Rhein seltenen Typus einer zweischiffigen Halle.

Die **Erweiterung des St. Ursula-Gymnasiums** (preisgekrönter Entwurf von *Hentrich, Petschnigg und Partner* von 1979–84) integriert die ehemalige Kreuzherrenkirche als Schulkirche in den Gebäudekomplex des Gymnasiums. Der Neubau stellt damit andeutungsweise auch die ursprüngliche städtebauliche Situation wieder her; die Gebäude sind um einen zur Kreuzherrenkirche orientierten Innenhof gruppiert, der Erinnerungen an den ehemaligen Kreuzgang des Klosters weckt.

Der Ursulinengasse folgend – man beachte die Stelle, wo der Verlauf der Stadtumwallung von 1288 im Straßenpflaster markiert ist –, gelangen wir nach wenigen Schritten zur RITTER-STRASSE. Sie entstand im letzten Viertel des 17. Jh.s unter den Pfalz-Neuburger Herrschern Philipp Wilhelm und Johann Wilhelm als ein Teil der nördlichen Befestigungsanlagen, besser als das ›Neue Werk‹ bekannt. Hier, auf dem neu gewonnenen Baugrund, sollten Hofbeamte und vielleicht auch Hofkünstler ihre Wohnhäuser errichten. Um sie von der lästigen Einquartierung von Soldaten zu befreien, baute man parallel zum Rhein die *Reuterkaserne*, wie noch heute der Name der hinter der Ritterstraße liegenden Straße bezeugt.

Am Anfang der Ritterstraße zeigt das im 19. und 20. Jh. veränderte und um einen runden Turm romantisch ergänzte **Eckhaus Nr. 2/4** mit breiter Tordurchfahrt einige interessante in die Fassade eingelassene, jedoch nicht zugehörige Wappen und Hauszeichen. Nur das Wappen des Grafen Goltstein weist darauf hin, daß das Haus eine Zeitlang im Besitz der gräflich Goltsteinschen Familie war. Das städtische Wappen von 1697 stammt von der abgebrochenen Fleischhalle an der Reuterkaserne. Das Haus befindet sich seit 1811, als Peter Cremer hier seine Kerzenfabrik eröffnete, im Besitz der Familie Cremer. Der Hauseingang Nr. 2 hat eine schöne Haustür aus der Zeit um 1800. Das stattliche **Wohnhaus Nr. 10** an der Ecke zur Ursulinengasse (heute Antiquariat Marcus) entstand auf jenem Grundstück, das der Vizekanzler Melchior Voetz um 1673 vom Herzog zugewiesen bekam. Jener ›große Rechtsgelehrte und Berater zweier Herzöge‹ (H. Ferber) starb jedoch bald darauf und liegt in der

Lambertuskirche begraben. Sein Vetter Nicolaus Voetz mitsamt Ehefrau Maria Katharina Schoerner errichteten das Haus und brachten ihr Wappen über dem Einfahrtstor an. Später gelangte der Bau – eines der typischsten Häuser aus kurfürstlicher Zeit – in den Besitz des Grafen Spee und einer Freifrau Leerodt. Aus dieser Zeit, dem ausgehenden 18. Jh., stammen auch die Stuckdecken der Innenräume, dagegen gehört das großzügige Treppenhaus noch der Erbauungszeit an.

Auf der gegenüberliegenden Seite befindet sich das **Haus Nr. 11** aus dem Jahre 1698 mit einer schönen geschnitzten Türfüllung, ebenfalls ein gutes Beispiel für die Wohnarchitektur der kurfürstlichen Zeit.

Einen wesentlichen Teil der Ritterstraße nimmt der Komplex des **St. Ursula-Gymnasiums** ein, das ehemalige Ursulinenkloster. Die Ursulinen aus dem Aachener Kloster, die sich 1677 in Düsseldorf niederließen, wurden 1681 durch die Schwestern aus Köln abgelöst. Diese begannen bereits 1685 mit dem Bau des Klosters, das sie im darauf folgenden Jahr bezogen. Die Pläne stammten von dem kurfürstlichen Baumeister *Michael Cagnon*. An der Ecke zur Ursulinengasse stand die *Herz Jesu-Kapelle* von 1699/1700. Im Zweiten Weltkrieg wurden große Teile des Klosters beschädigt und die Kapelle samt ihrer einheitlichen barocken Ausstattung zerstört. In den fünfziger Jahren hat man sie durch einen modernen Neubau ersetzt.

Die Klostergebäude sind mehrere Male umgebaut worden. Nach den Kriegsbeschädigungen sind nur noch die wohl in diesem Jahrhundert neubarock ergänzten Fassaden erhalten. Für die Geschichte des Schulwesens in Düsseldorf war die Tätigkeit der Ursulinen von großer Bedeutung. Seit ihrer Niederlassung widmeten sie sich der ›Erziehung der weiblichen Jugend‹ und unterhielten neben der deutschen auch eine französische Schule. Von der Säkularisation verschont, konnten sie ihren Besitz behalten und ihre Tätigkeit weiter ausüben. 1840 wurde ihre Lehranstalt von der Stadt als öffentliche Stadtschule anerkannt. Erst während des sogenannten ›Kulturkampfes‹ mußten die Ursulinen 1875 Düsseldorf verlassen; sie kehrten jedoch bald zurück.

Der Erweiterungsneubau an der Kreuzherrenkirche von den Architekten Hentrich, Petschnigg und Partner für das fast 1000 Schüler zählende Gymnasium setzt für diesen Teil der Altstadt einen wichtigen städtebaulichen und architektonischen Akzent. Zum Ursulinenkloster gehören auch die Häuser Nr. 16 und 16a, die unter dem Namen **Palais Schaesberg** bekannt sind. Das unverputzte Backsteinhaus mit Hausteingliederung (Nr. 16) und die wiederaufgebaute Fassade des Torbaus entstanden auf jenem Grundstück, das 1684 der Kurprinz Johann Wilhelm dem Geheimen Rat und Marschall Friedrich Christian Freiherr von Spee ›für alle Zeiten schatz- und steuerfrei‹ (H. Ferber) geschenkt hatte. Aber schon 1713 ging das Haus (zusammen mit dem Nachbargebäude) in das Eigentum des bergischen Kanzlers Johann Friedrich von Schaesberg über. Wahrscheinlich ist das Palais erst im ersten Jahrzehnt des 18. Jh.s entstanden. Über sein ursprüngliches Aussehen ist nichts bekannt. Es wird dem kurfürstlichen Oberbaudirektor *Matteo Alberti* zugeschrieben, dem Erbauer des Bensberger Schlosses. Für die Annahme, daß der Architekt des Hauses im Alberti-Umkreis zu suchen sei, spricht neben der Ähnlichkeit der klar proportionierten Palaisfassade mit dem charakteristischen Aufriß des Bensberger Schlosses auch die Rolle, die sein Besitzer, Graf Schaesberg, bei der Verwirklichung des Schloßbaues in Bensberg spielte. Im großen Saal des Erdgeschosses (nicht zugänglich) befindet sich eine reich stuckierte Decke (datiert 1709); in den Ecken Personifikationen der Geometrie und Schauspielkunst, Geschichte und Geographie, Musik und Poesie sowie Malerei und Bildhauerei. Die ovale Deckenmitte nahm wahrscheinlich ein gemaltes Deckenbild ein (verlorengegangen).

Die Häuser der Ritterstraße bis zur Eiskellerstraße zeigen wiederaufgebaute Fassaden des *St. Anna-Stifts*. Im ehemaligen Haus Nr. 30, *>Die Stadt Venlo<* genannt, ist die Geburtsstätte des Düsseldorfer Mostert zu suchen. Hier fertigte 1773 Gottfried Esser >einen solchen Senf, nach hiesiger Landessprache Mostert, welcher von vielen nicht allein gerühmt, sondern an weit entlegene Orte versendet wird, die Maaß zu 20 Stüber< (H. Ferber).

Auf der gegenüberliegenden Straßenseite erinnert eine Gedenktafel an dem 1967 errichteten Neubau Nr. 21 daran, daß sich hier ehedem die Wohnung des Dichters *Christian Dietrich Grabbe* befand. Grabbe lebte hier von 1834 bis 1836 in einer Mansarde und arbeitete in dieser Zeit vor allem an seinem großen Bühnenstück >Die Hermannsschlacht<.

Wir kehren zur Ursulinengasse zurück und biegen nach links in die RATINGER STRASSE ein, die Fortsetzung der Altestadt.

Martinszug in der Ratinger Straße. Ölgemälde von H. Ritzenhofen

Schräg gegenüber der Kreuzherrenkirche erhob sich früher die Klosterkirche der seit 1688 in Düsseldorf ansässigen *Annunciatessen-Coelestinerinnen.* Ihre Kirche, um 1701 fertiggestellt, hat, wie die Kapelle des Theresienhospitals, der Hofmaler Antonio Maria Bernardi ausgemalt. Den Hochaltar schmückte ein Altargemälde des kurfürstlichen Hofmalers Antonio Pellegrini, das den Englischen Gruß darstellte. Bei der Beschießung durch die Franzosen 1794 wurden Kloster und Kirche schwer beschädigt. Durch die bald darauf erfolgte Aufhebung des Ordens standen die Klostergebäude mit der Kirche zum Verkauf, konnten jedoch erst nach etwa einem Jahrzehnt veräußert werden. Um 1805 schließlich wurden Kloster und Kirche nach Plänen des Baumeisters *Adolph von Vagedes* zu Wohnungen umgebaut. Die fünfjochige, durch ionische Pilaster gegliederte Langhausfassade der Kirche bildete die Hauptfront eines dreistöckigen Wohnhauses, des nachmaligen *Palais Spinrath.* Wohl zwischen 1862 und 1883 befand sich in dem Wohnhäuserkomplex dahinter die städtische *Augenklinik,* geleitet von dem berühmten Augenarzt *Dr. Albert Mooren.* Als dann in den sechziger Jahren dieses Jahrhunderts die Justizverwaltung erweitert wurde, brach man die Wohnhäuser ab und bezog die wiederaufgebaute Fassade des Spinrathschen Hauses kulissenartig in den Erweiterungsneubau des Gerichtsgebäudes mit ein.

Gegenüber dieser isoliert und verfremdet wirkenden Fassade erhebt sich das **Haus Nr. 6** ›Zum schwarzen Horn‹. Es diente Ende des 15. Jh.s dem Düsseldorfer Magistrat als Bürgerhaus. Die Fassade ist das Ergebnis mehrerer Umbauten, vor allem des 18. Jh.s. In dem flachen Dreieckgiebel des Daches ist das herzogliche Wappen mit der Devise Herzog Wilhelms des Reichen und der Datierung (15)71 angebracht. Der Name des Hauses rührt von einem früheren Besitzer – Johann von Berg, genannt Schwarzhorn – her, dessen Wappen – ein schwarzes Hifthorn – über dem mittleren Fenster des Erdgeschosses sitzt. Ein Vorfahre gleichen Namens hatte das Haus zu Anfang des 16. Jh.s von der Stadt durch Kauf erworben.

Das Ratinger Tor mit der Windmühle. Tuschzeichnung, 18. Jh.

Der heutige Grabbeplatz. Bleistiftzeichnung von A. v. d. Horst, 1833

Sehenswert sind noch die **Häuser Nr. 18 und Nr. 22** aus dem 18. Jh. Das Haus Nr. 18 war Besitz des Hofbaumeisters J. H. Nosthoffen. Als es 1794 beim französischen Bombardement niederbrannte, baute es der Baumeister Peter Köhler wieder auf. Am Ende der Straße erinnert eine Gedenktafel am Haus Nr. 45 daran, daß hier der Dichter und Theaterdirektor *Karl Leberecht Immermann* starb.

Ursprünglich war die Straße mit dem *Ratinger Tor* abgeschlossen, dort wo heute die Mühlengasse und die Ratinger Mauer abbiegen. Das spätmittelalterliche Tor mit einer Windmühle wurde unter Kurfürst Johann Wilhelm 1684 barock erneuert und 1755 unter Carl Theodor zu einer massiven Anlage ausgebaut. Bei der Schleifung der Festungsanlagen mußte auch das Ratinger Tor weichen, so daß die Straße ab 1809 bis zur heutigen Heinrich-Heine-Allee bebaut werden konnte.

Zurück durch die Ratinger Straße, biegen wir in die Neubrückstrasse ein. Wie der Name verrät, führte hier – und zwar am Südende – eine Brücke über die Düssel. Bis zur Erweiterung des Justizgebäudes war die Straße beidseitig bebaut, die schmalen Häuser stammten vorwiegend aus dem 18. Jh. Das Südende der Straße, zur Mühlenstraße hin, nahm der sogenannte *Präsidialgarten* ein, der Garten des Statthalterpalais'. Einige leider etwas vernachlässigte Häuser der linken Straßenseite aus dem 18. Jh. und das Ende des 18. Jh.s errichtete **Wohnhaus Nr. 12** des Baumeisters Peter Köhler ›Zum neuen Schellfisch‹ (im Inneren erneuert) vermitteln heute noch einen Eindruck von der geschlossenen barocken Bebauung in der Altstadt.

Die Neubrückstraße läuft auf dem heutigen **Grabbeplatz** aus, früher *Mühlenplatz;* bis Ende des 19. Jh.s stand hier eine Mühle. Eine Zeitlang hieß er nach dem Statthalter des Kurfürsten Maximilian Josef, Herzog Wilhelm in Bayern, *Wilhelmplatz,* später *Paradeplatz,* seit 1817 *Friedrichplatz.* Erst im Dritten Reich wurde er nach dem damals sehr geschätzten Dichter *Christian Dietrich Grabbe* benannt.

Die alte Bebauung an der Nordseite (vgl. Abb. 8) wurde 1893–96 durch das nach Plänen der Architekten Hecker und Deckers errichtete *Kunstgewerbemuseum* ersetzt. Das Backsteingebäude im Stil der ›holländischen Renaissance‹ beherbergte auch die *Landes- und Stadtbibliothek,* deren Lesesaal 1904 von dem Direktor der Kunstgewerbeschule, dem Architekten *Peter Behrens,* gestaltet wurde. Diese Bibliothek ist aus der um 1770 gegründeten Landesbibliothek hervorgegangen. Sie war die älteste öffentliche Bibliothek mit einem der größten Bestände an wissenschaftlicher Literatur im Rheinland. Nach dem Kriege beanspruchte die Bibliothek das gesamte Gebäude, dessen Fassade durch Kriegseinwirkungen beschädigt war. Bis 1975 hatte die Landes- und Stadtbibliothek hier ihr Domizil (heute Bestandteil der Universitätsbibliothek). Danach wurde das Gebäude abgebrochen. Seinen Platz nimmt heute die Landesgalerie mit der Kunstsammlung Nordrhein-Westfalen ein (Farbabb. 27, 28, Abb. 11). In der großzügig geschwungenen, homogen geschlossenen Fassade aus dunklem Bornholmer Granit, die nur hier an der Ostseite des Gebäudes von

Lesesaal der Stadtbibliothek Düsseldorf von P. Behrens, F. H. Ehmcke, R. Bosselt, gezeigt auf der Weltausstellung St. Louis 1904 (zerstört)

asymmetrisch angeordneten weißen Fensterbändern und Eingängen dynamisch akzentuiert wird, spiegeln sich der nüchterne Zweckbau der Kunsthalle und die barocken Formen der Andreaskirche. Der Entwurf für die 1985 eröffnete Landesgalerie von dem dänischen Architekturbüro Dissing und Weitling stammt bereits aus den sechziger Jahren.

Die **Kunstsammlung Nordrhein-Westfalen** ist auf die internationale Malerei des 20. Jh.s spezialisiert (vgl. Abb. 68–72). Die Bestände werden in zwei großen Abteilungen präsentiert: Die erste umfaßt die Zeit vor 1945; mit hervorragenden Werken sind die wichtigsten Strömungen wie Fauvismus, Expressionismus, Der Blaue Reiter, Kubismus, Dadaismus, Surrealismus, ›pittura metafísica‹, Konstruktivismus, Bauhaus und der niederländische ›de Stijl‹ vertreten. Die zweite Abteilung ist der Kunst nach 1945 gewidmet. Herausragende amerikanische Beiträge vom Tachismus bis zur Pop Art sowie der abstrakte Expressionismus in den USA und Europa sind vertreten. Zwei Sonderabteilungen ergänzen die Sammlung: *Paul Klee* und *Julius Bissier*. 1960 erwarb das Land Nordrhein-Westfalen aus einer amerikanischen Privatsammlung 88 Werke von Paul Klee, der von 1931–33 Lehrer an der Düsseldorfer Kunstakademie war. Die Klee-Sammlung bildete den Grundstock der im darauffolgenden Jahr gegründeten ›Stiftung Kunstsammlung Nordrhein-Westfalen‹, die vom Land Nordrhein-Westfalen dotiert wurde. Die Landesregierung stellte einen Betrag als Ankaufsetat zur Verfügung, den der Westdeutsche Rundfunk um eine ansehnliche Spende vermehrt hat. Es ist das Verdienst des langjährigen Direktors *Prof. Werner Schmalenbach,* eine einzigartige Sammlung zeitgenössischer Kunst aufgebaut zu haben, für die ›allein der Maßstab hohen künstlerischen Ranges verpflichtend ist‹.

Gegenüber der Landesgalerie befindet sich die 1967 nach Plänen der Architekten Konrad Beckmann, Christoph Brokes und des städtischen Hochbauamtes errichtete **Kunsthalle.** Das Gebäude nutzen zwei Institutionen: der 1829 von Wilhelm von Schadow gegründete **Kunstverein für die Rheinlande und Westfalen** und die **Städtische Kunsthalle.** Das **Düsseldorfer Kom(m)ödchen,** das politische Kabarett von Kay und Lore Lorentz, ist ebenfalls in dem Gebäude zu Hause (Eingang Hunsrückenstr.). Der Vorgängerbau, die *alte Kunsthalle* am Grabbeplatz, war 1879–82 von den Architekten Giese und Weidner errichtet worden, und zwar mit Mitteln, die die Stadt als Entschädigung erhielt, nachdem der preußische Staat 1871 endgültig auf die nach München abgewanderte kurfürstliche Gemäldegalerie verzichtet hatte. Nur die **vier Karyatiden** von *Wilhelm Albermann,* die zwischen Kunsthalle und Andreaskirche aufgestellt sind, erinnern noch an die alte Kunsthalle. Sie flankierten einst die große Bogennische mit dem Mosaik von Fritz Roeber (Ausführung: Salviati) über dem Eingang.

An der Eingangsseite der neuen Kunsthalle steht die fast 4 m hohe Bronzeplastik **Habakuk** des Malers und Bildhauers *Max Ernst,* die 1971 nach einem nur 52 cm großen Original entstand. Die Plastik mit dem Prophetennamen stellt ein Lieblingsmotiv von Max Ernst dar – einen Vogel. Der aus Brühl stammende Künstler, eines der Gründungsmitglieder der Gruppe ›Junges Rheinland‹, stand in enger Verbindung zu dem Künstlerkreis, der sich in den zwanziger Jahren in Düsseldorf um *Johanna Ey* gebildet hatte. Einige der jungen Maler wie Otto Dix, Otto Pankok, Gert Wollheim, aber auch Max Ernst wurden in ihren Anfängen von der legendären ›meistgemalten Frau Deutschlands‹ – ›Mutter Ey‹ genannt – unterstützt (vgl. Abb. 75). In der Benennung der Straße hinter der Kunsthalle lebt die Erinnerung an jene Mäzenin der schon ein Jahrzehnt später als ›entartet‹ verbotenen Künstler fort.

Zwei weitere Bronzeplastiken schmücken den eher schlichten Zweckbau der Kunsthalle: ein Relief von *Karl Hartung* über dem Eingang und die 1979 an der Plattform vor dem Eingang aufgestellte Plastik des schwedischen Bildhauers *Carl Frederik Reuterswärd* ›The Great Fetish‹.

Wir überqueren die Hunsrückenstraße und begeben uns – vorbei an der Chorpartie und dem Mausoleum der Andreaskirche – in die MÜHLENSTRASSE, die zu den im 14. Jh. angelegten Straßenzügen gehört (vgl. Abb. 9, 10). Auch sie hat ihren Namen von der Mühle, die am Mühlenplatz (jetzt Grabbeplatz) stand.

Die rechte Straßenseite nimmt das 1912–24 vom Architekten *Dechant* erbaute **Land- und Amtsgericht** ein. Der neoklassizistisch-monumentale Gebäudekomplex in Backstein mit Werksteingliederung wurde bereits 1927 zur Liefergasse hin erweitert. Eine zweite Erweiterung bis hin zur Ratinger Straße erfolgte 1963 (Architektengemeinschaft Brokes, Jahn und Plum). Die Gebäude sind um mehrere Höfe gruppiert; die Hauptfassade zur Mühlenstraße zeigt ausladende Seitenrisalite, den Haupteingang flankieren vollplastische ionische Säulen, 3 m hohe Granitfiguren von *Hubert Netzer* bekrönen den Mittelrisalit. Zwischen den Fenstern sind Reliefs von *F. Coubillier* zum Thema Krieg und Frieden angebracht. Das Land- und Amtsgericht stellt durch seine Proportionen, vor allem aber durch seine Grundrißdisposition einen schwerwiegenden Eingriff in die bis dahin ausgewogenen Maßstäbe und Parzellenstruktur der Altstadt dar. Wichtige Zeugnisse der Architektur des 17. und 18. Jh.s mußten ihm weichen. Im 17. Jh. befand sich hier eine Reihe von kurfürstlichen Bauten: das *Opernhaus* von 1695, dahinter das an das Kloster der Coelestinerinnen reichende *kurfürstliche Zeughaus,* neben dem Opernhaus der *Marstall* und wahrscheinlich auch das *Tummelhaus,* ein für Ballspiele bestimmtes Gebäude.

Mitte des 18. Jh.s brach man unter Graf Goltstein, dem Statthalter des in Mannheim residierenden Kurfürsten Carl Theodor, einige der Hofbauten ab und erbaute hier 1760–66 das *Statthalterpalais,* auch *Corps de Logis* genannt (vgl. Abb. 10). Nur der an der Ecke zur Liefergasse gelegene Marstall blieb bestehen. Der Schöpfer des Palais' war der jülich-bergische Hofbaumeister *Kaes.* Jenes klassizistisch schlichte Barockpalais mit einem übergiebelten Mittelrisalit und siebenachsigen, rhythmisch gegliederten Flügeln mit gradlinigen Tür- und Fensterrahmen hat zweifellos einen vorbildlichen Einfluß auf die klassizistische Wohnarchitektur der Karlstadt ausgeübt.

In dieser Residenz fand später auch der offizielle Staatsakt der Übernahme des Herzogtums Berg durch Napoleon statt. Heinrich Heine schildert in seinem ›Buch Le Grand‹ seine Erinnerungen und Eindrücke: Anläßlich der Huldigung auf dem Marktplatz kletterte er auf das bronzene Jan-Wellem-Reiterdenkmal, und als ihm schwindlig wurde, habe ihm der Kurfürst zugeflüstert: ›Halt fest an mir‹.

In napoleonischer Zeit diente die Residenz Joachim Murat, dem Schwager Napoleons, und später dessen Nachfolgern Graf Beugnot und Graf Nesselrode als Amtssitz. In der Preußen-

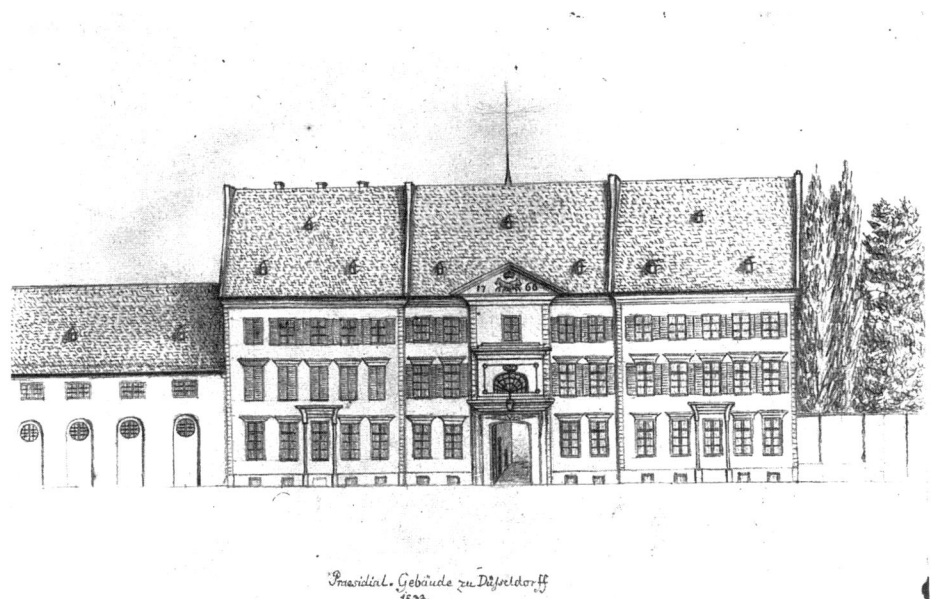

Das Statthalterpalais an der Mühlenstraße. Bleistiftzeichnung von A. v. d. Horst, 1833

zeit war es Regierungspalais, in dem Justus Gruner als Generalgouverneur wohnte. *Karl Friedrich Schinkel* und *Adolph von Vagedes* zeichneten für einen Anbau verantwortlich, den großen Empfangssaal; wahrscheinlich schufen sie auch die neue Innenausstattung. Hinter dem Gebäude lag der berühmte *Präsidialgarten.*

Gegen den Abbruch des Palais' im Jahre 1912 erhob sich eine Welle des Protests. Dieser Empörung verdanken wir, daß wenigstens das **Portal der Residenz** im Innenhof des Justizgebäudes (zur Neubrückstraße) wieder zusammengefügt wurde. In dem ebenfalls wiedererrichteten Portal der Rückfront sind als Erinnerung an jenes Gebäude, das vordem der Residenz hatte weichen müssen – das kurfürstliche Opernhaus –, zwei Medaillons angebracht; sie sind den Medaillons aus der Huldigungsschrift für den Kurfürsten Johann Wilhelm (der sog. Rapparini-Handschrift) nachempfunden.

Jenseits des Justizgebäudes biegen wir nun in die LIEFERGASSE ein. Sie gehört, wie die Altestadt, zu den Straßen Ur-Düsseldorfs, denn vor der Stadterweiterung des 14. Jh.s war sie dessen östliche Begrenzung. Später blieb sie eine schmale, beidseitig bebaute Straße. Die Häuser der Ostseite wurden nach den Kriegsbeschädigungen nicht wiederaufgebaut, sondern mußten der Erweiterung des Land- und Amtsgerichts weichen. Zu diesem Zeitpunkt ist die Gasse auch bedeutend erweitert worden. Ihren Namen hat sie – früher auch Löwen- (Lewen)gasse – von dem beachtenswerten Eckhaus Nr. 9, dem **Löwen-** oder **Lieferhaus**

(Farbabb. 6). Ursprünglich bildete es mit dem Haus Nr. 7 eine Einheit. 1888 war das Haus noch mit seiner Nordhälfte vollständig erhalten; erst 1896 entstand anstelle der nördlichen Haushälfte der neugotische Bau Nr. 7 von H. vom Endt. Die Südhälfte (heute Nr. 9) ist trotz der seit 1881 vom Architekten L. von Abbema neugestalteten Fassade und trotz des Umbaus im Kern wohl als ältestes Gebäude der Stadt zu identifizieren. Da die Stadtmauer bogenförmig um dieses Haus verlief, wird angenommen, daß das Haus schon bei der Stadterhebung und vor Errichtung der Stadtmauer bestanden hat. Vielleicht lag hier der Wirtschaftshof der Edelherren von Tyvern, den sie an den Grafen von Berg verkauften. Später befand sich hier der Sitz der gräflichen bzw. herzoglichen Güterverwaltung, die *Kellnerei,* die die Abgaben der Bürger in Empfang nahm, schließlich der Wohnsitz des Oberkellners; daher auch der Name des Hauses: Lieferhaus. 1396 spricht Herzog Wilhelm II. von Jülich-Berg in einer Urkunde von ›unsem huysse, dat geheissen is dat Lewenhuyss‹ (cit. nach F. Lau). Eine mögliche Erklärung für die Bezeichnung ›Löwenhaus‹ wäre, daß sich an diesem Haus ein herzogliches Wappen mit dem bergischen Löwen befand. Das dreigeschossige, verputzte Backsteingebäude hat einen Treppengiebel mit gotisierendem Spitzbogenfries und einer neuen Inschrift ›1288‹. Die spitzbogigen, zugesetzten Arkaden des Erdgeschosses sind in der Anlage vermutlich alt (vielleicht ein Laubengang?).

Wir kehren zurück zur MÜHLENSTRASSE. Gegenüber dem Justizgebäude liegt ein **Flügel des ehemaligen Jesuitenkollegs,** der als jüngster Klostertrakt wohl erst um 1710 entstand. Nach der Auflösung des Jesuitenordens 1773 diente er der Regierung als Verwaltungsgebäude. In preußischer Zeit bauten die Baudirektoren Lehmann und Felderhoff (1816) diesen Flügel mit den anschließenden Wirtschaftsgebäuden um. 1823 wurde die Fassade nach einem Entwurf von *Karl Friedrich Schinkel* gestaltet. Die neunzehnachsige, einheitlich klassizistische Fassade ist das einzige Zeugnis Schinkelschen Wirkens in Düsseldorf. Heute dient das Gebäude der Stadtverwaltung, ebenso wie der 1889–91 und 1900–1902 errichtete vierflügelige **neubarocke Erweiterungsbau** des Architekten *Kochs,* in dem die **Mahn- und Gedenkstätte für die Opfer der nationalsozialistischen Gewaltherrschaft** untergebracht ist.

Bis 1953 erhob sich auf dem Dach des Nordflügels des ehemaligen Jesuitenkollegs eine *Sternwarte,* die wahrscheinlich aus der Erbauungszeit des Kollegs stammte und von dem Jesuiten *Pater Ferdinand Orban* errichtet wurde. Orban, Mathematiker und Rektor des Jesuitenkollegs, war von 1702–16 Berater und Beichtvater des Kurfürsten Johann Wilhelm. Seine Korrespondenz mit Leibniz, seine naturwissenschaftlichen Interessen und seine Sammelleidenschaft sind bekannt. Der Reisende Zacharias Conrad von Uffenbach widmete ihm eine ausführliche Passage in seinen ›Merkwürdigen Reisen‹ (1711): ›Seine [Orbans] Sachen bestehen aus dreyerley, erstlich in mathematischen und physicalischen Instrumenten, zweitens in Gemälden und anderen Kunstsachen, und drittens in einigen Naturalien. Von den beyden ersten ist der Vorrath sehr considerabel, und wird dem in Cassel wenig nachgeben ... Er zeigte mir auch dergleichen grosse zusammengeplackte Tabellen, (so noch nicht gedruckt) von der Civil und Militar-Baukunst, dabey ringsherum auch das nothwendigste in Kupfer vorgebildet ... nicht allein ein sehr grosser Vorrath, sondern auch von den allerneuesten und kostbarsten Inventionen, aus Frankreich und Italien, so noch kaum bekannt sind.‹

Hunsrückenstraße, im Hintergrund St. Andreas. Zeichnung von H. Ritzenhofen

Orban entwarf auch die Baupläne für das Hubertushospital, das 1712 neben der großen Kaserne in der ›Extension‹ entstand und dessen Leiter er wurde. Aber erst durch den Physiker und Astronom *Johann Friedrich Benzenberg* († 1846) wurde die Sternwarte berühmt (vgl. Abb. 10); eine Gedenktafel von W. Hoselmann an der Fassade erinnert an die Sternwarte und an die Tätigkeit Benzenbergs.

Wir biegen nun nach rechts in die HUNS-RÜCKENSTRASSE ein. Sie entstand im Zuge der spätmittelalterlichen Stadterweiterung; ihre zum Teil noch erhaltene Bebauung gehört dem 17. und 18. Jh. an. Am Anfang der Straße steht die **ehemalige Jesuiten- und Hofkirche,** die heutige **Pfarrkirche St. Andreas** (Farbabb. 12, 13). Sie ist nicht nur geschichtlich interessant, auch kunstgeschichtlich zählt sie zu den bedeutendsten Sakralbauten der Stadt. Bevor nach dem Xantener Vertrag von 1614 die Länder Jülich-Berg an das Haus Pfalz-Neuburg kamen, hatte der Prätendent auf das niederrheinische Erbe, Pfalzgraf Wolfgang Wilhelm, einen spektakulären Konfessionswechsel vorgenommen und sich öffentlich zum alten Glauben bekannt. Mit Hilfe und durch Förderung der Reformorden wollte er seiner Residenzstadt ein katholisches Gepräge geben. Während seiner Regierungszeit ließen sich nacheinander die Kapuziner (1617), die Coelestinerinnen (1638), die Karmeliterinnen (1643), die Cellitinnen (1649) und schließlich 1651 die Franziskaner in Düsseldorf nieder. Ihre Klosterbauten veränderten innerhalb eines halben Jahrhunderts die Ansicht der Stadt. Zu den gotischen Türmen von St. Lambertus und Kreuzherren gesellte sich die Gruppe der barocken Hauben und Dachreiter jener Ordenskirchen. Dabei spielten die Jesuiten – ebenso wie in der Geburtsstadt des Pfalzgrafen, Neuburg a. d. Donau – die entscheidende Rolle. In Verhandlung mit ihnen stand der neue Landesherr bereits zu Beginn seiner Regierungszeit, da er ihnen die Neuordnung der Schulverhältnisse übertragen wollte. Das alte humanistische Gymnasium am Stiftsplatz, dessen Rektor Johann Monheim gewesen war, sollten die Jesuiten übernehmen. Der Herzog versprach sich auch viel von ihrer seelsorgerischen Tätigkeit. 1619 kamen schließlich die aus Köln berufenen Jesuiten und erhielten vom Herzog das mit einer Mauer umgebene ehemalige von Ossenbroichsche Haus mit Garten. Ein Jahr später schon übernahmen sie die Leitung des Gymnasiums, und 1621 reichten sie beim Ordensgeneral in Rom einen Plan für den Bau einer neuen Kirche – St.

Andreaskirche, Jesuitenkolleg mit Sternwarte in der Mühlenstraße. Stahlstich von J. Poppel nach L. Rohbock, 1854

Andreas – ein. Ihr Vorbild war die als protestantische Kirche 1607 begonnene, als katholische Kirche ›Unsere Liebe Frau‹ vollendete Hofkirche in Neuburg a. d. Donau.

Nach dem in Rom eingereichten und genehmigten Plan eines unbekannten Architekten begann man 1622 mit dem Bau; die Grundsteinlegung fand in Anwesenheit des Herzogs statt. 1629 wurde die Kirche feierlich geweiht. Die Fertigstellung nahm jedoch noch zwei Jahrzehnte in Anspruch, denn während des Kirchenbaus kam es auf Wunsch des Herzogs zu einigen Planänderungen. So wurden 1637 die ursprünglich nicht vorgesehenen Chorflankentürme hinzugefügt und 1642 Pläne zu einer herzoglichen Grablege erwogen. Diese Grablege von 1667(?) blieb sicherlich nur ein Provisorium: ein niedriger Zentralbau im Anschluß an den Chor. Erst 1702 erwähnte der regierende Landesherr Johann Wilhelm seine Absicht, die von Wolfgang Wilhelm hinterlassenen Arbeiten an St. Andreas zu vollenden. 1708 erhielt die Kirche den offiziellen Titel ›Hofkirche‹. Wahrscheinlich wurde zu diesem Zeitpunkt der alte Chor abgebrochen. Es entstand nachträglich ein um ein Joch verlängerter neuer Chor mit dreiseitigem Abschluß und anschließendem Mausoleum; die Ausführung oblag dem Bauunternehmer Simon Sarto, der Architekt ist unbekannt. Dieses *Mausoleum* ist aber wahrscheinlich erst in der zweiten Hälfte des 19. Jh.s in seiner heutigen Form fertiggestellt worden (vgl. Abb. 10). In der zweiten Hälfte des 17. Jh.s sind dagegen die einzelnen Trakte des westlich an den Kirchenbau von St. Andreas anschließenden *Jesuiten-kollegs* entstanden.

Die Kirche erhielt nach der letzten Restaurierung 1971 ihren gelben Farbanstrich, den sie jedoch niemals vorher besessen hat. Die älteste Ansicht von 1667 zeigt die Kirche in weiß-grauen Tönen.

Die Düsseldorfer Hof- und Jesuitenkirche gehört zusammen mit der Neuburger Hofkirche zu den interessantesten Bauten der ausgehenden deutschen Renaissance und des beginnenden Barock. Beide markieren einen wichtigen Stilumbruch, in dem – trotz spätgotischer Grund- und Aufrißschemata – die architektonischen Prinzipien der italienischen Renaissance konsequent angewandt wurden. Die Kirche steht nicht nur unter den nordwestdeutschen Jesuitenbauten vereinzelt da, sie fand auch unter den späteren Jesuitenkirchen keine Nachfolge. Ihre Entstehung während des Dreißigjährigen Krieges verdankt sie zum einen der Friedenspolitik des Herrschers und zum anderen der persönlichen Förderung, die er ihr zuteil werden ließ.

Herzog Wolfgang Wilhelm mit dem Plan der Neuburger Jesuitenkirche

St. Andreas ist eine nicht geostete dreischiffige kreuzrippengewölbte Emporenhalle mit übergiebelter Süd-Fassade. Die Fassaden sind außen durch hohe dorische Pilaster über einem stark vorspringenden Hausteinsockel gegliedert und mit einem ausladenden, reich profilierten Gebälk abgeschlossen.

Besonders beeindruckend ist die *Chorpartie* mit dem zwölfseitigen Zentralbau des Mausoleums im Chorscheitel, flankiert von den niedrigen Sakristeianbauten (Farbabb. 12). Darüber rahmen den mit steiler Kuppel gedeckten Chor die aufragenden Freigeschosse der Chorflankentürme, bekrönt mit Kuppel und offener Laterne.

Man betritt die Kirche durch den Haupteingang an der Andreasstraße. Der äußerlich so einheitlich barock wirkende Bau wird in seinem **Innenraum** (Farbabb. 13) von Gestaltungs- und Ausdrucksformen verschiedener Epochen bestimmt. Grund- und Aufrißschema entsprechen noch dem einer spätgotischen Hallenkirche. Acht quadratische Pfeiler mit korinthischen Kapitellen unterteilen das Langhaus. Die Kapitelle tragen reich profilierte Kämpfer, auf denen die Rippen der Kreuzgratgewölbe ruhen. Die Gewölbefelder sind durch breite kassettierte Gurte getrennt, die Gewölbescheitel durch große kartuschenartige Schlußsteine markiert. Die ganze Decke überzieht ein in Ocker, Grau und Weiß mit sparsamer Goldverzierung und farbigen Inkarnaten gehaltener Stuck, dessen Formensprache der klassischen Spätrenaissance angehört. Blatt-, Perl- und Eierstab bilden die Gliederungselemente eines komplizierten Dekorationssystems. In den abwechselnd polygonalen und ovalen, streng linear begrenzten Grundmuster-Kassetten sind dann Heiligendarstellungen in Flachrelief angebracht. Die nachträglich entstandenen Teile (Chorjoch und Apsis) schmückt ein Stuck aus dem zweiten Jahrzehnt des 18. Jh.s. Als zuletzt in den sechziger Jahren des 18. Jh.s der Verlauf der Orgelbühne geändert wurde, stuckierte man die Zwickel unter der Emporen- und Orgelbrüstung mit asymmetrischen Rokoko-Ornamenten. An den Pfeilern des Langhauses sind barocke Statuen aufgestellt. Ein moderner Hochaltar schließt den Chor ab.

Es ist der **Stuck,** der im wesentlichen den Innenraum der Andreaskirche bestimmt. Wie für die Architektur, war auch für die stuckierte De-koration die Neuburger Hofkirche Vorbild. Das Bildprogramm dort entwarf Herzog Wolfgang Wilhelm zusammen mit dem Jesuitenpater Anton Welser; zu seiner Ausführung wurden die aus Italien stammenden und vorher in der Hofkapelle der Münchener Residenz tätigen *Brüder Castelli* berufen. Ähnliches geschah wohl auch in Düsseldorf: Hier hatte der Herzog ebenfalls am ikonographischen Programm des Stuckzyklus einen wesentlichen Anteil. Sein Berater in Düsseldorf war der Leiter der Kölner Jesuitenwerkstatt, *Pater Valentin Boltz,* der auch den protestantischen ›Kalkschneider‹ *Johannes Kuhn* aus Straßburg ›wegen figuren und bilteren‹ beriet. Der Stukkateur hatte den Auftrag, alle Kalkschneidearbeiten ›auff solche manier und form, wie die arbeith in der Herren patrum Kirchen zu Newburgh ist‹ durchzuführen.

Inhalt des stuckierten Bilderzyklus ist eine Allerheiligendarstellung oder auch die Anbetung der Heiligen Dreifaltigkeit durch alle Heiligen. In der Apsis erscheinen die drei göttlichen Personen, im hinzugefügten Chorjoch Engel mit Arma Christi, in den Schildbögen allegorische Figuren der Fides (Treue) und Ecclesia (Kirche). Im Mittelschiff folgen dann die einzelnen Gruppen der Heiligen: die Patriarchen, Propheten, Evangelisten, Ahnen und Verwandten Christi sowie die heiligen Kaiser und Könige. In den Seitenschiffen erscheinen oben die Apostel, die heiligen Bischöfe und Kirchenväter, die heiligen Herzöge und Grafen; unter den Emporen an der Frauen-(Evangelien-)seite die heiligen Jungfrauen, Märtyrerinnen, Witwen und Büßerinnen und an der Männer-(Epistel-)seite die heiligen Märtyrerbischöfe,

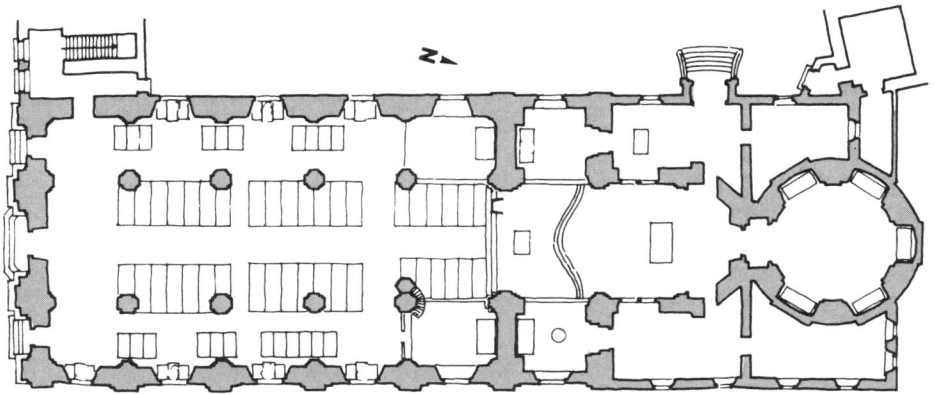

St. Andreas, Grundriß

Märtyrer, Soldaten, Ordensstifter sowie Einsiedler und Büßer. Alle Heiligen sind durch Beischriften kenntlich gemacht; den einzelnen Gruppen sind Inschriften beigegeben, die teils aus der lauretanischen Litanei, teils aus der Litanei vom heiligsten Namen Jesu stammen; die Quelle der übrigen Inschriften ist unbekannt; möglicherweise wurden sie einem damals verbreiteten Gebet entnommen.

Die Eingangsseite – vom Orgelprospekt leider zugestellt – schmückt das etwas ältere stuckierte Bild des Jüngsten Gerichts. Die fast 1 m hohe *Stuckbüste des Erbauers Herzog Wolfgang Wilhelm* im Oculus oberhalb des Eingangs ist als Bestandteil des Zyklus anzusehen. Gleichsam als Ergänzung der stuckierten Bilder erscheinen an den Seitenwänden des Langhauses zwischen den Fenstern überlebensgroße Freiplastiken, angeführt am Triumphbogen von Christus und Maria als ›Salvator mundi‹ und ›Regina coeli‹. Rechts und links schließen sich dann der hl. Joseph und Johannes der Täufer, die zwölf Apostel und die beiden Namenspatrone des Herzogs – der hl. Wolfgang und der hl. Wilhelm – an.

Alle diese Heiligendarstellungen haben nicht nur eine dekorative Funktion, sie sind darüber hinaus Träger eines bestimmten Programms. Der gläubige Laie ist im ganzen Kirchenraum von Heiligen umgeben. Die Vorstellung des augustinischen Himmelsstaates ›civitas dei‹ wirkt hier nach. Die Heiligen sind dem Gläubigen nicht nur Vorbild, er darf sich auch ihrer Fürsprache versichern, denn auch er ist nach Paulus ›Mitbürger der Heiligen und Hausgenosse Gottes‹.

Durch seine konzeptionelle Vielfalt wie auch seine hohe künstlerische Qualität gehört der Stuckzyklus der Andreaskirche zu den bedeutendsten ikonographischen Programmen der ersten Hälfte des 17. Jh.s.

Im Zweiten Weltkrieg wurde die Kirche stark beschädigt. Besonders schmerzlich war vor allem die Zerstörung des Hochaltars, von dem nur seine beiden **Gemälde** erhalten blieben: das 1908 von Heinrich Lauenstein gemalte ›Martyrium des heiligen Andreas‹, das jetzt die Stirnwand des Chors schmückt, und die aus der Mitte des 18. Jh.s. stammende ›Himmelfahrt Mariens‹ (deponiert auf der Empore).

Der moderne, von dem Düsseldorfer Akademieprofessor *Ewald Mataré* 1960 geschaffene marmorne **Hochaltar** stellt eine für Barockkirchen ungewöhnliche Lösung dar. Dagegen stammen die **Seitenaltäre** noch aus der Erbauungszeit der Kirche. Der linke Seitenaltar aus dem Jahre

1645 erhielt als Schenkung des Rheinisch-Westfälischen Kunstvereins 1837 das Bild der Himmels-
königin von dem Düsseldorfer Maler *Ernst De-
ger*. Für den rechten Seitenaltar von 1646 schuf
der Schadow-Schüler *Julius Hübner* das Gemälde
›Christus an der Geißelsäule‹.

Beachtung verdienen auch die reichgeschnitzten dreiteiligen **Beichtstühle**, deren Mittelteile
mit geflügelten Engelsköpfchen, Maskarons und
Fruchtgehängen dekoriert sind. Vor der Mitte des
17. Jh.s geschaffen, gehören sie zu den frühen
Beispielen des in den Niederlanden entstandenen
Typus, der durch den Jesuitenorden auch am Niederrhein Verbreitung fand. Entsprechend den
Beichtstühlen ist auch der Zugang zu den Emporen im linken Seitenschiff gestaltet. Die rundbogig geschlossenen Füllungen werden von zwei auf
Holz gemalten Bildern mit den Themen ›Weide
meine Lämmer‹ und ›Christus erscheint den reui-
gen Sündern‹ geschmückt. Das große, aus der
Kreuzherrenkirche vom dortigen Hochaltar
stammende **Kreuzigungsgemälde** darüber schuf
wahrscheinlich der Hofmaler *Johannes Spielberg*
in der Mitte des 17. Jh.s. Zahlreiche Motive dieser
mehrfigurigen Szene hatte er aus verschiedenen
Gemälden P. P. Rubens' kompiliert.

Zu den Ausstattungsstücken aus der Erbauungszeit gehört auch die **Kanzel**. Den sechsseiti-
gen Kanzelkorb schmücken kleine Statuetten von
Christus, Johannes dem Täufer, Paulus und Andreas. In den Feldern des Treppenaufgangs sind
die vier Evangelisten in Grisaille gemalt. Den
Schalldeckel, dessen Unterseite eine qualitätvolle
perspektivische Malerei ziert, bekrönt der Erzen-
gel Michael.

Im Laufe des 18. Jh.s wurden an den Mittel-
schiffpfeilern noch einige **barocke Statuen** aufgestellt: die kostbar silber- und goldgefaßte hl. Helena aus dem ersten Viertel des 18. Jh.s (Abb.
vordere Umschlagklappe), der hl. Johannes von
Nepomuk im Typus der Prager Brückenstatue
und drei Jesuitenheilige: der Stifter der Gesellschaft Jesu, Ignatius von Loyola, der hl. Franz
Regis und der Apostel Indiens und Japans, der hl.
Franz Xaver.

Der sich dem Innenraum harmonisch einfügen-
de **Orgelprospekt** von 1780–82 wurde nach Entwürfen der Akademieprofessoren *J. Bäumgen*
und *J. Erb* angefertigt. Das dreiteilige Rückposi-
tiv trägt in der Mitte eine Kartusche mit den ver-
schlungenen Initialen C T (des Kurfürsten Carl
Theodor). Nach den Kriegsbeschädigungen bekam das Gehäuse ein neues Orgelwerk (1970) von
R. von Beckerath, Hamburg; das Klangbild ist
dem einer französischen Barockorgel entlehnt.

Bevor wir nun das fürstliche Mausoleum aufsu-
chen, betrachten wir noch ein monumentales
Wandgemälde im linken Oratorium – heute Sa-
kramentskapelle. Das Bild, von *Heinrich Mücke*
gemalt, ist eine Stiftung des Rheinisch-Westfälischen Kunstvereins aus dem Jahre 1835 und stellt
die Madonna mit dem Christuskind dar, zu ihren
Füßen König David, Johannes der Täufer und der
hl. Aloysius von Gonzaga. Leider war das Wandbild schon bald nach seiner Entstehung ›wahrscheinlich durch Feuchtigkeit fast ganz verdorben‹ (B. G. Bayerle). Motivisch italienischen Re-
naissancebildern verpflichtet, ist es trotz seines
schlechten Erhaltungszustandes ein wichtiges
Beispiel der religiösen Monumentalmalerei der
Schadow-Schule.

Das als fürstliche Grablege dienende, an einer
repräsentativen Stelle hinter dem Chor der Kirche
gelegene und mit ihr verbundene **Mausoleum** ist
in seinem Äußeren ein zwölfseitiger, in seinem
Inneren ein sechsseitiger Zentralbau. Der Bautypus steht in der spätantik-frühchristlichen Tradition der Chorscheitelrotunden, die in der Barockzeit als Grabstätten von Stiftern und Landesherren wieder beliebt wurden.

Die Baugeschichte des Düsseldorfer Mausoleums ist nicht hinreichend geklärt; auch das Wei-
hedatum ist unbekannt. Nach neuesten Forschungen hatte der jetzige Bau einen schlichten
Vorgänger, in dem der Erbauer der Kirche, Herzog Wolfgang Wilhelm, 1653 seine letzte Ruhestätte fand. Im Zuge der Chorerweiterung, wohl
erst zu Anfang des 18. Jh.s, wurde ein Neubau
errichtet, in dem dann 1716 Kurfürst Johann Wilhelm beigesetzt wurde. Während seiner Regie-

rungszeit ist 1708 die Jesuitenkirche zur Hofkirche erklärt worden, und so steht wahrscheinlich der Mausoleumsneubau in Zusammenhang mit den Bemühungen dieses Herrschers, für die Mitglieder des Pfalz-Neuburger Hauses an der Hofkirche eine Grabstätte zu schaffen, wie sie schon sein Großvater Wolfgang Wilhelm geplant hatte. Der Tod des Kurfürsten vereitelte jedoch die Fertigstellung. Anfang des 19. Jh.s wurde der Baumeister Adolph von Vagedes beauftragt, Pläne und einen Kostenvoranschlag für das unvollendet gebliebene Mausoleum anzufertigen, aber erst im letzten Viertel des 19. Jh.s sind dann alle Arbeiten abgeschlossen worden.

Im Kriege beschädigt, wurde das Mausoleum 1958 restauriert und von *Ewald Mataré* neu gestaltet. Die Namen der sieben Mitglieder des herzoglichen Hauses Pfalz-Neuburg sind im Fußboden vor den Särgen eingemeißelt. An zentraler Stelle gegenüber dem Eingang ruht auf Löwenfüßen der reichgeschmückte zinnerne **Sarkophag des Kurfürsten Johann Wilhelm,** verstorben am 8. 6. 1716. Der Überlieferung nach sollte ihn sein Hofbildhauer *Gabriel de Grupello* schaffen, eine Signatur unterhalb des Deckels nennt jedoch *F. van Stappen* als Bildhauer. Den Deckel ziert ein Bleikruzifixus; die Vorderseite des Sarges bedeckt eine Hermelindraperie, deren oberen Abschluß drei Bleimedaillons bilden: ein großes mit dem vorzüglichen Porträt des Verstorbenen, gerahmt von zwei kleineren, von denen das linke zwei Staatsschiffe und das rechte das kurfürstliche Wappen zeigt.

Die Andreaskirche besitzt einen überaus reichen **Kirchenschatz,** der neben dem der Stiftskirche zu den bedeutendsten in Düsseldorf gehört. Einige der Schatzstücke sind als herzogliche Stiftungen überliefert und veranschaulichen somit die Rolle der Andreaskirche als Hofkirche. An erster

Stelle muß die prachtvolle und kostbare große **Brustschließe** (Farbabb. 10) mit dem emaillierten Wappen des Herzogs Wolfgang Wilhelm genannt werden, den der Düsseldorfer Goldschmied *Heinrich Ernst* 1650 geschaffen hat. Den unvergleichlichen silbernen **Kalvarienberg** des Kölner Goldschmieds Johannes Post von 1687 stiftete der Kurprinz Johann Wilhelm der Kirche. Zu den fürstlichen Stiftungen gehört weiterhin das kostbare **Büstenreliquiar des hl. Erentius,** der Überlieferung nach eine Stiftung der polnischen Gemahlin des Prinzen Philipp Wilhelm.

Zahlreiche Augsburger Arbeiten verleihen dem Schatz eine besondere Bedeutung, ebenso wie die Schatzstücke der 1621 gegründeten marianischen Bürgersodalität, der die Kirche auch die zwei großen, aus Silberblech gefertigten **Marienfiguren** auf prächtigen Sockeln verdankt, die bei Prozessionen von den Mitgliedern dieser Vereinigung getragen wurden. Eine von ihnen, die 1656 von *Heinrich Ernst* (wie die neuesten Untersuchungen von K. B. Heppe ergaben) gefertigte Madonna im Typus Patrona Bavariae, entstand wohl nach dem Modell von Jeremias Geisselbrunn.

Zu den einzigartigen Schatzstücken gehören auch die fünf fast 1 m hohen **Silberstatuen** der vier Jesuitenheiligen und des Patrons der Kirche, des hl. Andreas. Letztere wurde von *Hans Jakob Bair* um 1620 in Augsburg gefertigt. Vielleicht waren alle diese Statuen für den ersten Hochaltar (sog. Silberaltar) der Hofkirche bestimmt.

Der **Paramentenschatz** enthält liturgische Gewänder von ungewöhnlicher Qualität und Seltenheit, die zum großen Teil aus dem 17. Jh. oder aus der Zeit um 1700 stammen. Sie zeichnen sich aus durch mit Gold- und Silberfäden ausgeführte Stickereien und besonders kostbare silber- und golddurchwirkte Stoffe. Wahrscheinlich muß man auch hier fürstliche Stiftungen annehmen.

1972 übernahmen die Dominikaner, die ihre Kirche in der Friedrichstadt durch Abbruch verloren hatten, die Pfarre, die mit weniger als 500 Mitgliedern die kleinste in Düsseldorf ist.

Auf dem neuen Plätzchen vor dem Haupteingang steht die 1965 von *Reinhard Graner* geschaffene bronzene **Martinssäule.**

Nach rechts in die ANDREASSTRASSE einbiegend, gehen wir am **Flügel des Jesuitenkollegs** vorbei, dessen Fassade mit ihrem glatten Putz und Werksteinrahmungen – im Gegensatz zu dem Anfang des 19. Jh.s umgebauten Flügel an der Mühlenstraße – noch die klare Gliederung des 17. Jh.s verrät.

Die Andreasstraße gehört zusammen mit der Mühlen-, Bolker- und der Flinger Straße zu den Hauptzügen der schon 1382–84 entstandenen ›Neustadt‹. Denn Herzog Wilhelm II. von Berg und seine Gemahlin hatten den Grundbesitzern in den Ortschaften Bilk, Derendorf und Golzheim städtische Freiheiten zugesichert, wenn sie sich in der Stadt niederließen und ihre Güter außerhalb der Stadt von hier aus bewirtschafteten. Diese Erweiterung – die Neustadt –, zum Teil mit Stadtmauer und Gräben umgeben, sollte auch eine eigene Kirche bekommen, mit deren Bau an der Bolkerstraße begonnen wurde, die aber unvollendet blieb und später unter Wilhelms Sohn Adolf VII. wieder abgerissen wurde. Auf gleiche Weise ist zehn Jahre später auch noch die Ortschaft Hamm eingemeindet worden. Die Befestigung wurde etwas weiter nach Süden vorgeschoben, und Flinger, Berger und Rheinstraße wurden bebaut. Die Stadtfläche hatte sich damit von 3,8 auf 22,5 ha vergrößert. 1424 werden in der Neustadt 101 zinspflichtige Häuser genannt, während die Altstadt 48 Häuser zählt. Die Altstadt und ihre Erweiterung (Neustadt) blieben durch die altstädtische Mauer vorerst voneinander getrennt, obgleich schon im 16. Jh. eine Verbindung zwischen beiden durch eine neue Brücke über die Düssel – die bereits erwähnte Neubrückstraße – entstand. Die parallel zur Mühlenstraße verlaufende Andreasstraße hat ihren Namen erst im 17. Jh. nach der Andreaskirche erhalten. Ihre ursprüngliche Bezeichnung ›Kötterstraße‹, die heute noch ihre Westhälfte in verballhornter Form trägt (erst Korte, dann Kurze Straße), weist deutlich auf ihre soziale Struktur hin; hier wohnten die Kötter, Besitzer kleiner ländlicher Anwesen. Der noch heute etwas stille Charakter der Straße mag daher rühren, daß seit dem 16. Jh. hier die reformierte Gemeinde ihr nicht immer leichtes Dasein führte. 1611 konnten die Reformierten ein kleines Bethaus, bald darauf eine deutsche und eine Lateinschule, später sogar eine Bibliothek gründen. Viele Mitglieder der Gemeinde wohnten auch in der Gegend. Als es den Reformierten 1683 mit finanzieller Unterstützung aus Holland und der Schweiz möglich war, den Grundstein

Haus an der Ecke Kurze Straße/Burgplatz. Aquarell von L. Heitland, 1858

zu einer neuen Kirche zu legen – der heutigen Neanderkirche an der Bolkerstraße –, sorgten sie auch für einen Zugang von der Andreasstraße her. Von der ursprünglichen Bebauung sind nur drei Wohnhäuser erhalten geblieben, Andreasstraße Nr. 5, 7 und 9 aus dem letzten Viertel des 17. Jh.s.

Im 18. Jh. gehörte die Andreasstraße wohl zu den vornehmeren Altstadtstraßen, die einige adelige Familien bewohnten. Es gab hier ein berühmtes Kaffeehaus sowie ein ›Französischer Hof‹ genanntes Gasthaus, dessen Gastwirt Louis Colignon in den ›Gülich und Bergischen Wöchentlichen Nachrichten‹ bekanntgab, daß er ›im französischen Hofe anzutreffen sei, wo er fortfahret in und ausser dem Hause allerhand Standespersonen zu speisen, und da es bekannt ist, daß er alle Jahre nach Spaa gereiset und daselbst gekocht hat, so kann er auch mit Speisen von haut Gout alle Herschaften nach Verlangen bedienen‹. Im ehemaligen Haus Nr. 8, das der Erweiterung des königlichen Regierungsgebäudes (heute Stadtverwaltung) weichen mußte, arbeitete in der zweiten Hälfte des 19. Jh.s der berühmte Archivar *Dr. Th. J. Lacomblet.*

Von der Bebauung der **Kurzen Straße** ist auf der rechten Seite eine barocke Gruppe erhalten, die alten **Häuser Nr. 6–20** aus dem 17. und 18. Jh. Typisch für diese zwei- und dreiachsigen Wohnhäuser ist ihre Fachwerkbauweise; nur die Fassaden zur Straße hin wurden in Backstein ausgeführt und weisen zum Teil noch die schönen Giebel auf. Auch das **Eckhaus Nr. 22** zur Mertensgasse (Nr. 3), schon 1664 ›Zum Reichsthaler‹ genannt, gehört zu den barocken Wohnhäusern, obwohl es Ende des 19. Jh.s einen Neorenaissancegiebel erhielt. Auf der linken Seite steht das klassizistische **Haus Nr. 3** aus den Anfängen des 19. Jh.s, das einen Vorgängerbau hatte, der ›zum kleinen Cardinal‹ genannt wurde. In einer Kaufurkunde des Hauses aus dem Jahre 1808 wird es bereits ›zum großen Cardinal‹ genannt, was als Hinweis auf einen größeren Neubau gelten kann. Im **Haus Nr. 15** ist 1783 der berühmte Maler und spätere Kunstakademiedirektor *Peter von Cornelius* geboren, dessen Pate der spätere Oberbaudirektor Peter Josef Krahe war. Im Nachbarhaus konnte man im 19. Jh. beim Tanzlehrer Paffrath Tanzkurse besuchen. Irgendwo in der Straße lag auch die ›*Stadt Mayland*‹, ein Haus, in dem 1795 Johann Maria Jakob Farina u. a. Liköre und Eau de Cologne feilbot. Ein interessantes Haus befand sich an der Ecke Kurze Straße/Burgplatz (Nr. 16), das ›*Zum halben Mond*‹ genannt wurde. Die Schmuckelemente seines Giebels waren denen des Rathauses entlehnt; es könnte daher in einem Zusammenhang mit der Tätigkeit des italienischen Baumeisters Pasqualini gestanden haben, der das Rathaus entworfen hat. Auf der gegenüberliegenden Straßenseite stand ein ›*Zur Sonne*‹ genanntes Eckhaus.

Wir kehren nun zurück und biegen nach links in die MERTENSGASSE (= Martinsgasse) ein, früher auch ›Kützgesgasse‹ genannt. Der Lokalforschung zufolge soll die Straße nach den ersten Bewohnern, die aus Bilk kamen, benannt sein. Der Kirchenpatron der Bilker war der hl. Martin. Der Neubau Nr. 1 trägt eine Gedenktafel; hier stand Anfang des 18. Jh.s ein ›*Zur Arche Noah*‹ genanntes Haus, dessen Besitzer Simon van Geldern war, ein Onkel Heinrich Heines. Über diesen Oheim – als Kind durfte er in dessen Haus auf dem Söller herumkramen – schrieb Heinrich Heine:

Nach weltlichen Begriffen war sein Leben ein verfehltes. Simon de Geldern hatte im Collegium der Jesuiten seine sogenannten humanistischen Studien, Humaniora, gemacht, doch als der Tod seiner Eltern ihm die völlig freie Wahl einer Lebenslaufbahn ließ, wählte er gar keine, verzichtete auf jedes sogenannte Brodstudium der ausländischen Universitäten und blieb lieber daheim zu Düsseldorf in der ›Arche Noae‹, wie das kleine Haus hieß, welches ihm sein Vater hinterließ, und über dessen Thüre das Bild der Arche Noae recht hübsch eingemeisselt und bunt colorirt zu schauen war.

Von rastlosem Fleisse überliess er sich hier allen seinen gelehrten Liebhabereien und Schnurrpfeifereien, seiner Bibliomanie und besonders seiner Wuth des Schriftstellerns, die er besonders in politischen Tagesblättern und obscuren Zeitschriften ausliess.

Nebenbei gesagt, kostete ihm nicht bloss das Schreiben, sondern auch das Denken die grösste Anstrengung.

Dieser Oheim war es nun, der auf meine geistige Bildung grossen Einfluss geübt, und dem ich in solcher Beziehung unendlich viel zu verdanken habe.

Auf der gegenüberliegenden Straßenseite, an der Ecke zur Andreasstraße, betrachten wir das stattliche dreigeschossige **Eckhaus Nr. 2b,** das einen Flügel zur Andreasstraße Nr. 2 hat. Das Haus gehört im Kern wohl noch dem 16. Jh. an, wurde aber im 18. und 19. Jh. mehrere Male umgebaut (heute Weinlokal ›Tante Anna‹).

Jenseits der Andreasstraße, im **Haus Nr. 6,** befand sich im 18. Jh. die *Hofapotheke;* das Gebäude stammt jedoch aus dem 17. Jh. Das benachbarte Giebelhaus **Nr. 8** gehört dem 18. Jh. an.

Die BOLKERSTRASSE, die wir nun erreichen, war und ist der lebhafteste Mittelpunkt der Altstadt. Ihren Namen führt sie auf die Düsseldorfer Familie Bolke (Boelke, Bolcke) zurück, die auf dem Hunsrücken einen Hof besaß. Die Straße entstand wohl als Weg dorthin; sie führte vom Marktplatz bis zur Hunsrückenstraße, seit Anfang dieses Jahrhunderts verläuft sie bis zur Heinrich-Heine-Allee.

Seit 1396 werden Häuser in der Bolkerstraße erwähnt. Anfangs waren es Hofgüter, von denen aus die landwirtschaftlichen Anwesen außerhalb der Stadtmauer bewirtschaftet wurden. Später, seit der von Herzog Wilhelm dem Reichen 1554 erlassenen Polizeiordnung, entstanden zunehmend Stadthäuser. 1557 wurde die Straße gepflastert. Anläßlich der berühmten Hochzeit des Erbprinzen Johann Wilhelm mit der Markgräfin Jakobe von Baden im Jahre 1585 fand am Marktplatz ein Turnier statt, zu dessen Anlaß der Kupferstecher F. Hogenberg eine Ansicht des Marktplatzes schuf, die auch eine erste Darstellung des Südendes der Bolkerstraße miteinbezog (vgl. Abb. S. 111).

Durch ihre günstige Lage – sie verlief auf keines der Stadttore zu und blieb dadurch vom Wagenverkehr verschont – war die Bolkerstraße hauptsächlich von Kaufleuten und Handwerkern bevorzugt. Diese hatten hier genügend Platz für die Auslagen vor den Häusern und die hofseitigen Lagerräume und Werkstätten, denen die Grundstückstiefe ausreichend Raum bot. Durch eine große Feuersbrunst (1669) wurden auch einige Häuser der Bolkerstraße neben jenen am Markt und in der Flinger Straße zerstört. Da die Straße im Jahre 1663 81 Häuser gezählt hatte, in denen 105 Familien wohnten, scheint es, daß man bei den in der Folge errichteten Neubauten mehrere Grundstücke zusammengelegt hat. Nach dem Brand

Haus ›Zum weißen Falken‹, 1821.
Aquarell von L. Heitland (?)

beauftragte Herzog Philipp Wilhelm seinen aus Neuburg stammenden Architekten und Ingenieur Dominikus Doktor, die niedergebrannten Häuser ›mit schöner Faciata [Fassade], zum Zierrath der Stadt und Straßen wieder aufzubauen‹ (cit. nach Spohr). Sicherlich gehört das **Eckhaus Bolkerstraße/Marktplatz 12**, früher ›St. Peter‹, zu jenen Häusern, die nach dem Entwurf Doktors erbaut wurden. Zur Bolkerstraße ziert dieses stattliche, klar proportionierte Haus ein Volutengiebel. Die anschließenden **Wohnhäuser Nr. 5, 7 und 9** (mit etwas irreführenden, erst in neuerer Zeit angebrachten Jahreszahlen) stammen ebenfalls aus der zweiten Hälfte des 17. Jh.s; man hat sie im 19. Jh. umgebaut, wobei die Erdgeschosse verändert wurden. Alle drei Häuser waren schon im 19. Jh. Geschäfte, Nr. 9 sogar ein halbes Jahrhundert früher; es hatte dem Bankier und Großhändler Peter Kirschbaum gehört, der 1755 Bankrott machte und dabei dieses Haus sowie ein weiteres mit Garten in Pempelfort verlor.

Die Bolkerstraße war die Haupteinkaufsstraße, in der man alles kaufen konnte: ›Neuwieder Gesundheitsküchengerät, Stoffe, Kleider, Uhren, Winkelsware (Lebensmittel), Silbergerät und Schmuck, Backwaren und Wein, Bettfedern und Stickereien. Man konnte Kappus-Schaben (zur Sauerkrautherstellung) mieten, seine Spitzen waschen, Schirme reparieren und Hüte machen lassen, Bücher leihen und Sprachunterricht nehmen‹ (E. Rümmler).

Beachtenswert ist auch das **Warenhaus Ecke Kapuzinergasse**, 1905 erbaut. Seine viergeschossige Werksteinfassade schmückt Jugendstildekor; zwischen durchlaufenden Wandpfeilern sind die Fenster zu Dreiergruppen zusammengefaßt. Das Erdgeschoß wurde nach dem Kriege neu gestaltet. Das Warenhaus entstand an der Stelle, an der sich das ehemalige Wohnhaus ›Zum weißen Falken‹ aus der zweiten Hälfte des 17. Jh.s befunden hatte. Zur alten Bebauung gehören auch die **Häuser Nr. 31 und Nr. 39** aus dem 18. bzw. 17. Jh. Die dreigeschossigen, dreiachsigen verputzten Fassaden haben wie fast überall in der Altstadt veränderte Erdgeschosse.

Der Neubau Nr. 35 zwischen den beiden Häusern hatte einen Vorgänger: das schon im 17. Jh. erwähnte *Gasthaus ›Im Anker‹* oder auch *›Im schwarzen Anker‹*. Anfang dieses Jahrhunderts war hier eine beliebte Gaststätte, in die der Düsseldorfer Dichter Hans Müller-Schlösser die Handlung des ersten Aktes seiner Komödie ›Schneider Wibbel‹ verlegte.

Das **Doppelhaus Nr. 41/43** gehört wohl zu den ältesten erhaltenen Bauten der Bolkerstraße, obgleich man es seinen im 18./19. Jh. veränderten Fassaden nicht ansieht. Im Kern gehört das Gebäude noch der zweiten Hälfte des 16. Jh.s an. Zur Hofseite besitzt es eine breite achtachsige Giebelfront, während zur Straßenseite die Fassaden stark verändert bzw. erneuert wurden. Nr. 43 zeigt einen vorgeblendeten Volutengiebel mit einem ›sprechenden‹ Hauszeichen zwischen der Jahreszahl 15/73, denn seit 1647 hieß es hier ›Im schwarzen Pferd‹. Auf der gleichen Straßenseite ist noch das ›Zum roten Kreuz‹ genannte **Haus Nr. 51** erwähnenswert, das aus den Anfängen des 18. Jh.s stammt und vielleicht einen noch älteren Kern hat. Ein Schweifgiebel ziert das schlichte dreigeschossige Wohnhaus. Das Nachbarhaus *Nr. 53* hatte bis zum Zweiten Weltkrieg ein breites zweigeschossiges Hinterhaus, das 1766 Jakob Emmanuel van Geldern gehörte. Hier eröffnete 1797 Samson Heine aus Hamburg, mit Betty van Geldern verheiratet, ein Geschäft. In diesem Hause wurde am 12. 12. 1797 ihr Sohn *Heinrich Heine* geboren, der auch seine ersten Jahre dort verbrachte. Erst später erwarb die Familie das gegenüberliegende Haus Nr. 42. Beide Gebäude sind im Krieg zerstört worden; was blieb, sind die Vorkriegsaufnahmen (Abb. 16) und die Worte des Dichters:

Heinrich Heine, etwa 30jährig

Die Stadt Düsseldorf ist sehr schön, und wenn man in der Ferne an sie denkt, und zufällig dort geboren ist, wird einem wunderlich zu Muthe. Ich bin dort geboren, und es ist mir, als müßte ich gleich nach Hause gehn. Und wenn ich sage nach Hause gehn, so meine ich die Bolkerstraße und das Haus, worin ich geboren bin. Dieses Haus wird einst sehr merkwürdig seyn, und der alten Frau, die es besitzt, habe ich sagen lassen, daß sie bey Leibe das Haus nicht verkaufen solle. Für das ganze Haus bekäme sie jetzt doch kaum so viel wie schon allein das Trinkgeld betragen wird, das einst die grünverschleyerten, vornehmen Engländerinnen dem Dienstmädchen geben, wenn es ihnen die Stube zeigt, worin ich das Licht der Welt erblickt, und den Hühnerwinkel, worin mich Vater gewöhnlich einsperrte, wenn ich Trauben genascht, und auch die braune Thüre, worauf Mutter mich die Buchstaben mit Kreide schreiben lehrte – ach Gott! Madame, wenn ich ein berühmter Schriftsteller werde, so hat das meiner armen Mutter genug Mühe gekostet.

Häuser an der Bolkerstraße mit Durchgang zur Neanderkirche, um 1835 abgebrochen. Unbekannter Zeichner

Bevor wir die Besichtigung der Bolkerstraße fortsetzen, biegen wir kurz nach links in die HUNSRÜCKENSTRASSE ein. Der Ursprung des Straßennamens wird in dem Rügengericht der Honschaft, einer mittelalterlichen Justizstelle, vermutet. Auf der linken Seite sind die **Nr. 7, 13 und 15,** barocke Fachwerkhäuser mit verputzten Backsteinfassaden, sehenswert. Auch **Nr. 14 und 16** auf der rechten Seite sind barocke Fachwerkhäuser, die ursprünglich mit steinernen Giebeln zur Straße versehen waren. Bei der Modernisierung Anfang des 19. Jh.s setzte man den Giebeln beider Häuser eine Blendwand mit schönem klassizistischen Gebälk vor.

Wir kehren zur BOLKERSTRASSE zurück und gehen an den Neubauten vom Ende der fünfziger Jahre vorbei bis zur Neanderkirche. Diese Straßenseite wurde im Krieg arg beschädigt. An der Stelle der *Gaststätte ›Im goldenen Kessel‹,* Nr. 44, stand ein Vorgängerbau gleichen Namens aus der ersten Hälfte des 18. Jh.s. Von Bedeutung war dieses Haus für die Universitätsgeschichte: 1919 haben hier 25 aus dem Ersten Weltkrieg heimgekehrte Studenten mit Prof. Arthur Schloßmann eine Denkschrift verfaßt, die zur Gründung der Medizinischen Akademie, der Vorläuferin der Düsseldorfer Universität, wesentlich beitrug. Im Nachbarhaus *Nr. 42* wohnte seit 1809 die *Familie Heine.* Samson Heine, ›der Vater des Dichters, der 1813 der Hauptcollecteur der Großherzoglichen Bergischen Classen-Lotterie wurde, war geschäftlich zurückgegangen, er hatte eines Tages mit Hinterlassung leerer Schachteln das Weite gesucht und nun kam das Haus an den Wirth Bender aus dem ›Heidelbergerfaß‹ (H. Ferber).

Wenige Schritte weiter steht die ehemalige reformierte **Neanderkirche** (Abb. 22), die ihren Namen nach dem Liederdichter *Joachim Neander* erhielt, der 1674–79 in Düsseldorf wirkte. Sie liegt aus der Flucht der Straße in den Baublock zur Andreasstraße hin zurückversetzt, entsprechend der fürstlichen Verordnung, daß die Evangelischen ihre Kirchen nicht an öffentlichen Straßen bauen durften. Ursprünglich war sie von Gebäuden umschlossen und nur durch einen schmalen Gang mit einem unauffälligen Tor, das ›reformiertes Pörtzchen‹ hieß, zwischen zwei Fachwerkhäusern, Nr. 34 und Nr. 38, zu erreichen. Diese Häuser gehörten auch der reformierten Gemeinde und wichen 1840 einem Neubau, der dann einen breiteren Torweg hatte. Nach der Zerstörung der Häuser an dieser Seite der Bolkerstraße im Zweiten Weltkrieg – die Kirche kam dabei mit nur geringfügigen Schäden davon – entschloß man sich für die optische Einfügung der Neanderkirche in das Straßenbild.

1957–59 erfolgte nach Plänen des Architekten Ingo Beucker die Restaurierung der Kirche; die in der Straßenfront entstandene Baulücke blieb unbebaut. Ein begrünter Hof, zur Straße hin durch ein Gitter abgeschlossen, läßt heute den Blick auf die Turmfassade frei.

Das Grundstück an der Bolkerstraße wurde von den Reformierten nach und nach erworben. Fast ein Jahrzehnt hatten sie an verschiedenen Stellen – überwiegend in Privathäusern der Gemeindemitglieder – ihre Gottesdienste abgehalten. Die 1611 errichtete kleine Saalkirche an der Andreasstraße mußte schon 1614 geschlossen werden. Als man sie 1643 wieder öffnen durfte, war sie zu klein geworden. Seither bemühte sich die Gemeinde immer wieder um einen Neubau, den sie aber erst in den Regierungsjahren Johann Wilhelms realisieren konnte.

1683 fand die Grundsteinlegung zum Kirchenbau statt, ein Jahr später bereits war der Rohbau fertig, und 1685 erfolgte die Ausstattung. Bei Planung und Entwurf war wahrscheinlich der fürstliche Baumeister und Ingenieur *Michael Cagnon* maßgeblich beteiligt. Der Maler *Johannes Spielberg* fertigte wohl die Entwürfe für die Ausstattung, und die Bauleitung oblag *Hans Jakob*. 1687 schließlich erbaute der Kölner Baumeister *Jakob Burscheid* den Turm, in dem ein Jahr später die Glocken aufgehängt wurden. Die erste Orgel datiert von 1694.

Während des 18. Jh.s fielen einige Erneuerungsarbeiten an: 1776 erhielt die Kirche einen neuen Anstrich und eine neue Kanzeltreppe, 1778 ein neues Portal zur Andreasstraße hin. Dieses muß wegen der reicheren Gliederung der Nordfassade – die Kirche war auch von der Andreasstraße her zugänglich – wohl als Haupteingang gedient haben. Im 19. Jh. bedingte die Raumnot den Einbau von Emporen.

Die Neanderkirche ist ein in Nord-Süd-Richtung orientierter, schlichter tonnengewölbter Saalbau mit Satteldach und einem an der Südseite vorgesetzten Turm auf quadratischem Grundriß. Die Südfassade zur Bolkerstraße hin wird durch den hohen siebengeschossigen Turm akzentuiert, dessen polygonales Obergeschoß mit Kuppeldach und offener Laterne hinter einer schmiedeeisernen Galerie des 19. Jh.s eingerückt ist. Eine schmiedeeiserne Wetterfahne von 1687 zeigt einen Posaunenengel, der wahrscheinlich nach einem Entwurf von Johannes Spielberg gefertigt ist. Eine erneuerte Uhr mit der Jahreszahl A. D. 1687 und runde Schallöffnungen schmücken das oberste Turmgeschoß.

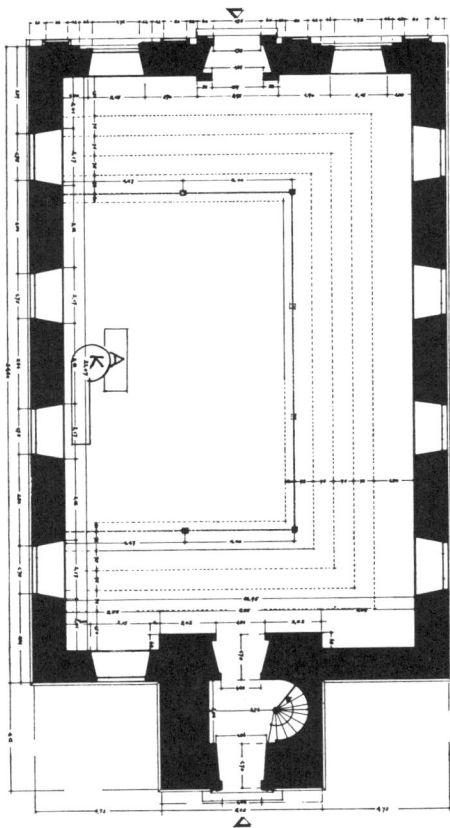

Neanderkirche, Grundriß

pelle in Stuttgart zurück. Später wurde diese Anordnung der Prinzipalstücke für die etwas jüngere reformierte Kirche in Urdenbach vorbildlich.

An der Westseite steht als zentrales Ausstattungsstück die schöne **barocke Kanzel,** um 1685 nach dem Entwurf von *Michael Cagnon* entstanden. Um sie ist die zweigeschossige Empore zentriert. Zwischen Kanzelkorb und Schalldeckel ist eine geschnitzte Tafel von 1850 angebracht, die eine griechische Inschrift trägt.

Eine **Marmortafel** des Düsseldorfer Bildhauers D. Meinardus erinnert an die Tätigkeit des Rektors der reformierten lateinischen Schule, *Joachim Neander.*

Im **Schatz** der reformierten Kirche begegnen wir einigen unikaten Goldschmiedearbeiten. Zum Teil stammen sie aus der lutherischen Kirche an der Berger Straße, wie der Abendmahlskelch von 1611. Die edle Abendmahlsweinkanne ist ein Geschenk der reformiert erzogenen Herzogin Katharina Charlotte, der zweiten Gemahlin Wolfgang Wilhelms; sie wurde von dem bedeutendsten Barock-Goldschmied Düsseldorfs, dem Lutheraner *Heinrich Ernst,* 1644 gefertigt und war ursprünglich für die Benutzung im Schloß bestimmt. Arbeiten von Ernst konnten wir schon im Schatz der Lambertus- und der Andreaskirche bewundern. Ein Brotteller mit dem Wappen des Hauses Pfalz-Zweibrücken, dem die Herzogin entstammte, und der Jahreszahl 1615 ist das Werk des Frankenthaler Goldschmieds G B.

Die Neanderkirche gehört neben der Johannes-, Kreuz- und Matthäikirche zu den bedeutendsten evangelischen Konzertkirchen in Düsseldorf; 1965 erhielt ihre **Orgel** ein neues Orgelwerk.

Der schlichte **Innenraum** mit der Stellung des Kanzelaltars in der Querachse (in der Mitte der einen Längsseite) und der Orgel auf der Schmalseite geht in dieser Anordnung auf die Schloßka-

Wir setzen unseren Weg durch die BOLKERSTRASSE fort. Bis zur Einmündung der Straße in den Marktplatz sind nur zwei ältere Häuser erhalten geblieben: das schlichte spätklassizistische **Haus Nr. 22** aus der Zeit um 1860 und das mit reichem Stuckdekor versehene **Giebelhaus Nr. 18;** seine Fassade ist das Resultat einer Modernisierung Ende des vorigen Jahrhunderts, die Erdgeschoßgestaltung ist eine unpassende neuere Zutat. Das Haus, erstmals 1523 erwähnt, wurde 1670 neu erbaut. Seit 1696 gehörte es dem jülich-bergischen Geheimrat und Staatssekretär *Johann Thomas Brosy* (Brosii). Brosy wirkte als ›advocatus fisci‹ 1703 bei der

Bestrafung des Hoffaktors Joseph Jakob van Geldern, des Ur-Urgroßvaters H. Heines, mit. Durch Verleumdung verlor Brosy Besitz und Stellung, und erst nachdem Gutachten namhafter Universitäten vorgelegt wurden, kehrte er 1726 in sein Haus an der Bolkerstraße zurück.

Am Ende der Bolkerstraße liegt vor uns der fast quadratische **Marktplatz** mit dem Reiterdenkmal des Kurfürsten Johann Wilhelm in der Mitte (Farbabb. 4, vgl. Abb. 12–14). Wahrscheinlich schon bei der Stadterweiterung Ende des 14. Jh.s geplant, bildete der Platz den merkantilen Mittelpunkt der Neustadt. Über sein ursprüngliches Aussehen ist leider nichts bekannt. Seit Mitte des 16. Jh.s tritt der Marktplatz auch urkundlich in Erscheinung. 1544/45 nahm die Stadt Geld auf zum Ankauf des ›nuwen burgerhuis, gelegen am Mart‹, das bis dahin der Familie Monheim gehörte. An dieses Haus schloß sich westlich die wohl um 1558 erbaute *Hofkanzlei* an. Der Pranger wurde hierhin verlegt, und 1551 soll hier eine neue Halle für Händler errichtet worden sein.

Bald jedoch zeigte sich der schlechte Bauzustand des Monheimschen Hauses, und sein Raumangebot war wohl auch zu gering, so daß der Magistrat einen Neubau erwog. Wahrscheinlich schon um 1567 ist mit der Planung begonnen worden, und 1570–73 führte der Duisburger Maurermeister *Heinrich Tussmann* dann den Neubau aus. Da man auf die Unterstützung und Förderung Herzog Wilhelms des Reichen angewiesen war, wird vermu-

Marktplatz mit Theater, Kanzlei, Rathaus und Reiterstatue. Aquarellierte Federzeichnung von Th. Rowlandson, 1791

tet, daß der Entwurf von dem herzoglichen Landbaumeister *Maximilian Pasqualini* stammt. Ohne Mitwirken von Pasqualini ist der Marktplatz mit den einmündenden Straßen als rechteckiger, aus geometrischen Gesetzmäßigkeiten entwickelter Raum der Renaissance-Stadtplanung kaum vorstellbar. Trotz aller Veränderungen, die der Platz im Laufe der Jahrhunderte erfuhr, bleibt das **Rathaus** sein architektonisch bedeutendstes Denkmal. Deshalb beginnen wir unsere Besichtigung des Marktplatzes mit diesem Gebäude (Farbabb. 4).

Wie die Bebauung der anderen beiden Platzseiten dient das Rathaus heute der Stadtverwaltung. Es liegt an der Nordostecke des Marktplatzes und ist ein unverputztes, dreigeschossiges Backsteinhaus, zwei Achsen tief, mit zwei unmerklich voneinander abweichenden Fialengiebeln über je vier Achsen und einem Satteldach. In der Mitte der Marktfassade ragt ein fünfgeschossiger, in fünf Seiten eines Achtecks vortretender Turm empor, dessen fünftes Geschoß sich mit Kuppel und Laterne frei erhebt. Die Eingänge befanden sich – im Gegensatz zu heute – im Treppenturm, zu dem je eine Freitreppe führte; der rechte Zugang war von einem zierlichen Baldachin überdacht.

Der Treppenturm ist durch schlanke Pilaster gegliedert und schließt mit einem spätgotischen Maßwerkfries ab. Die unverputzten Backsteinflächen der Fassaden sind in den kielförmigen Entlastungsbögen oberhalb der Fenster durch Wechselschichten aus Werkstein und Backstein belebt. Das gleiche Motiv zeigen auch die Eckpilaster des Treppenturms. Über dem Turmeingang das landesherrliche Wappen Jülich, Kleve, Berg, Mark und Ravensberg sowie das städtische Wappen. Darüber steht in einer Nische die barocke Figur der Justitia, die der Bildhauer A. Baumann 1749 als Ersatz für die Statue der Justitia aus der Erbauungszeit schuf. Im Treppenturm ist auch die alte Rathausglocke aus dem Jahre 1545 aufgehängt, die folgende Inschrift trägt: ›Ir Buergeren van Duysseldorp laisz üch nit verdreissen./Der Rhat unn de Scheffen hann mich donn geissen 1545‹.

Das Düsseldorfer Rathaus gehört stilistisch der Übergangszeit zwischen Spätgotik und beginnender Renaissance an. Im Jahr 1749, unter Kurfürst Carl Theodor, erfuhr es entsprechend dem gewandelten Zeitgeschmack durchgreifende Veränderungen. Der Umbauplan soll von dem Aachener Baumeister *Johann Joseph Couven* stammen, die Ausführung oblag dem Düsseldorfer Hofbaumeister *Johann Heinrich Nosthoffen.* Die Innenräume wurden umgebaut, die Freitreppen abgebrochen, und der ganze Bau erhielt einen Verputz. Den Eingang verlegte man in die zweite Achse links neben den Treppenturm; dadurch entstand das noch heute erhaltene Rokokoportal mit einem Balkon darüber. Die Fenster des Erdgeschosses, den Balkon und das Oberlicht des Portals versah man mit schönen schmiedeeisernen Rokokogittern. (Die Fenstergitter schmücken heute die Erdgeschoßfenster an der Gartenseite des Palais Spee/Stadtmuseum in der Bäckerstraße.) So zeigte sich das Rathaus bis zu seiner Zerstörung im Zweiten Weltkrieg. Die Restaurierung und der Wiederaufbau erfolgten 1958–61 durch den Düsseldorfer Baudezernenten und Stadtplaner *Prof. F. Tamms* und den Baudirektor H. Heyne. Erhalten blieb die sorgfältig restaurierte **Fassade,** hinter der sich ein Neubau mit Repräsentationsräumen des Rates und der Stadtverwaltung befindet. Oberbürgermeister, Bürgermeister und Oberstadtdirektor haben hier ihre Diensträume. In dem sogenannten Jan-Wellem-Saal empfängt die Stadt ihre Gäste.

Im Inneren des Rathauses ist von den zeitgenössischen Kunstwerken und Zeugnissen der Stadtgeschichte folgendes sehenswert:

In der Eingangshalle das eiserne geeichte Metermaß und die halbe preußische Ruthe, beide in der Wand eingelassen, sowie die Hochwassermarke von 1784; im ersten Stockwerk dann der **Heinrich-Heine-Raum,** in dem Kopien der Originalhandschriften der Werke ›Loreley‹ und ›Lazarus‹ ausgestellt sind; im **Jan-Wellem-Saal** findet sich neben dem monumentalen Gemälde ›Schlacht von Worringen‹ des Düsseldorfer Historienmalers *Peter Janssen* (1893) und dem kürzlich erworbenen, wohl noch aus dem ausgehenden 18. Jh. stammenden, großformatigen **Gobelin** mit der Rheinansicht von Düsseldorf vor allem die vorzügliche, um 1700 entstandene **Marmorstatue des Kurfürsten Johann Wilhelm** – ein Werk des Hofbildhauers *Gabriel de Grupello.* Der Herrscher steht in voller Rüstung, einen Hermelinmantel um die Schulter gelegt, auf einem kleinen Podest, seine ausgestreckte Rechte mit dem Feldherrenstab ist auf das Haupt eines Löwen gestützt – eine Anspielung auf das kurpfälzische Wappentier; seinen stolz emporgehobenen Kopf schmückt ein Lorbeerkranz. In diesem majestätischen Bildnis ist der Kurfürst als der gute Herrscher dargestellt, der auch in Friedenszeiten gerüstet für die Verteidigung seines Landes sorgt. Die fast 2 m hohe Statue ist wahrscheinlich das Pendant zu der Marmorstatue der Kurfürstin als Minerva-Bellona im Schloßgarten zu Schwetzingen. Den nicht dazugehörigen Sockel mit den Johann Wilhelm als Mäzen verherrlichenden Reliefs schuf der Bildhauer *J. Bäumgen* erst in der zweiten Hälfte des 18. Jh.s (um 1780). Der ursprüngliche Aufstellungsort der Marmorstatue ist unbekannt; bis 1911 stand sie im Hof der ehemaligen kurfürstlichen Galerie, später im Hof der

◁ *Marmorstatue des Kurfürsten Johann Wilhelm. G. de Grupello, um 1700*

Kunstgewerbeschule und dann im Garten hinter dem Schloß Jägerhof.

Wie eine Barockgalerie ist der lange Gang im ersten Stockwerk gestaltet; die Rokoko-Holzvertäfelung der Wände stammt aus der Aachen-Lütticher Gegend; zwei Bildnisse des Hofmalers *Johannes Spielberg* stellen den Kurfürsten Johann Wilhelm und seinen Vater Philipp Wilhelm dar; an der Decke ein dreiteiliges Gemälde des kurfürstlichen Hofmalers *Domenico Zanetti* aus der Zeit um 1700, das ursprünglich einen Gang im Düsseldorfer Schloß schmückte. Das leider zu wenig beachtete **Deckengemälde** ist eines des interessantesten Bilder, die von der kurfürstlichen Sammlung in Düsseldorf ge-

blieben sind. Ähnlich wie die Marmorstatue ist auch dieses allegorische Bild eine Verherrlichung des Kurfürsten Johann Wilhelm, der in dem mittleren Medaillon durch den jugendlichen Herkules, den Überwinder der Laster, personifiziert ist. Die beiden länglichen Bilder zeigen wohl seine zwei Gemahlinnen, die früh verstorbene Erzherzogin Maria Anna und die Kurfürstin Anna Maria Luisa Medici. In dieser allegorischen Darstellung soll das ›wahre Verdienst‹, die große Tugend des Herrschers, veranschaulicht werden, der nach Bekämpfung der Laster, unterstützt von seinen tugendhaften Gemahlinnen, sein Land als weiser und gerechter Fürst regiert.

Westlich schließt an das Rathaus die vereinfacht wiederaufgebaute Fassade des ehemaligen *Archivgebäudes* aus dem frühen 18. Jh. an, dahinter die *Hofkanzlei* aus dem 16. Jh. Im rechten Winkel dazu, an der Stelle des Neubaus aus den sechziger Jahren, stand früher ein *Theater* (vgl. Abb. 12). Anläßlich des ersten Besuches des Kurfürsten Carl Theodor im Jahr 1746 war es binnen sechs Wochen auf dem Platz des ehemaligen Kanzlerhauses errichtet worden. Als dieser schlichte Fachwerkbau mit hohem Dach bereits 1818 baufällig war, bewilligte der Stadtrat 1832 eine Summe von 10 000 Talern für Instandsetzungsarbeiten. Das Gebäude erhielt nach Plänen von *A. von Vagedes* einen klassizistischen Portikus mit vier ionischen Säulen, die erste Etage des schmalen Nachbarhauses wurde zum Foyer ausgebaut. Landgerichtsrat *Dr. Karl Leberecht Immermann* wurde zum Direktor bestellt, und *Felix Mendelssohn-Bartholdy* übernahm die Operndirektion. Intendanten des Theaters waren u. a. Prinz Friedrich von Preußen, Graf Spee sowie Akademiedirektor Schadow. Das ›Stadttheater‹ wurde 1834 eröffnet, es war ihm jedoch kein langes Leben beschieden. ›Ich kann es begreiflich finden, daß manche Dame ihren Thee und mancher Herr seine geschloßene Gesellschaft dem Theater vorzog, von dem man ihnen sagte, daß im Vorflur eine Erkältung, auf der Treppe ein Beinbruch, beim aufgehenden Vorhange ein aus der Tiefe steigender Modergeruch drohe, und von dem man wußte, daß die Logen unbequem und ungenügend seien ...‹ (A. Fahne). Das *Immermann-Theater* gab seine letzte Vorstellung 1837.

Als mit dem Wachsen der Stadt die Raumnot im Rathaus immer größer wurde, entschloß man sich für eine Erweiterung. 1884 errichtete der Stadtbaumeister *Eberhard Westhofen* das ›Neue Rathaus‹, nachdem man das Komödienhaus dafür abgebrochen hatte. Das neue Rathaus in Neorenaissance-Formen mit reichem ornamentalen und figürlichen Schmuck und einem hohen Turm, der bereits 1939 wegen Baufälligkeit abgetragen werden mußte, sprengte jedoch die Maßstäbe des Marktplatzes. Zwischen 1900 und 1938 bemühte man sich um den Neubau eines großen Rathauskomplexes; der hierfür aus Spenden angelegte Fonds von 2 Millionen Goldmark wurde jedoch von zwei Kriegen und zwei Inflationen verschlungen. Der Neubau sollte das alte Rathaus respektieren, aber auch die Rheinseite in die Planung miteinbeziehen. Eine Reihe hervorragender Projekte namhafter Architekten (Behrens, Wach, Kreis, Freese, Fahrenkamp u. a.), die sich an den Wettbewerben beteiligten, kam nie zur Ausführung. Das sogenannte Neue Rathaus von 1884 wurde im Zweiten Weltkrieg schwer beschädigt und vereinfacht wiederaufgebaut, das Dekor seiner Fassade dabei spolienartig im Hof des heutigen Rathauskomplexes wiederverwandt. Eine der Säulen der ursprünglichen Eingangsfassade hat man kürzlich auf dem kleinen Plätzchen an der Liefergasse aufgestellt.

Eine schmale Tordurchfahrt trennt das heutige Rathaus von dem **Eckhaus zur Zollstraße** (vgl. Abb. 13). Kurfürst Johann Wilhelm ließ dieses ›*Neue Münze*‹ genannte Haus vor 1700 auf seinem Grund und Boden errichten und schenkte es 1708 seinem Hofstatuarius *Gabriel de Grupello*, der seinen Dienst 1695 in Düsseldorf angetreten hatte. In dem ›neuen rothangestrichenen Haus‹ am Markt (heute hellblau) befand sich auch seine Werkstatt. 1710 erhielt Grupello die Erlaubnis, ›eine Balustrade, so weit die breite des Hauses gehet, samt einer Stiegen...‹ zu errichten. Später (um 1789) erfolgte ein Umbau, als Kurfürst Carl Theodor das Haus von Grupellos Erben zurückkaufte und es um drei Achsen erweitern ließ (wahrscheinlich von Prof. J. Erb). Danach diente es als Sitz des Gouverneurs, da das Gouvernement 1762 zerstört worden war. Aus dieser Zeit stammen die Giebelbekrönungen der Fenster. Von jenem stattlichen Eckhaus mit Mansarddach sind nach dem Wiederaufbau (1968) nur die **Fassaden** erhalten geblieben. Die siebenachsige Front zum Marktplatz zeigt in der ersten Achse ein breites Tor und an der Ecke zur Zollstraße ein reizvolles Portal mit einem halbrunden Oberlicht. Das Gebälk bekrönten ursprünglich zwei weibliche Büsten (heute im Stadtmuseum). Das Innere des Hauses hat man vollständig erneuert und in den Rathauskomplex einbezogen (Sitzungssaal). Das Grupello-Haus diente im 18. und 19. Jh. verschiedenen Zwecken: Außer dem Gouvernement war hier für eine kurze Zeit die Zeichenschule des nachmaligen Galeriedirektors Lambert Krahe untergebracht; später befand sich hier ein Kaffeehaus, das Hauptsteueramt, ein Hotel, der ›Mainzer Hof‹, und letztlich sogar das Polizeiamt.

Beim Wiederaufbau des Rathauses errichtete man auch das schmale zweistöckige Gebäude mit der Toreinfahrt vom Ende des 18. Jh.s wieder, in dessen Obergeschoß sich früher das Theaterfoyer befunden hatte.

Die Südseite des Marktplatzes sowie die anschließende Westseite der Marktstraße nimmt ein bis zur Rheinstraße reichendes vierflügeliges **Verwaltungsgebäude** von 1956 ein. Dieser bei seiner Entstehung leidenschaftlich umstrittene Backsteinbau mit Werksteinen im ›Heimatschutzstil‹ von *Prof. Julius Schulte-Frohlinde* bestimmt den Block. Die Erdgeschosse von drei Flügeln sind als Arkaden gestaltet, deren figürliche Kapitelle von *F. Heseding, J. Rübsam* und *W. Hoselmann* geschaffen wurden. An der Nord- sowie der Westseite sind die Niveauunterschiede zum Marktplatz durch großzügige Terrassen ausgeglichen. Die heute schlicht wirkende Architektur der fünfziger Jahre bietet der ›Kunst am Bau‹ genügend Platz:

An der Ecke zur Zollstraße schuf *Prof. Willi Meller* 1956 einen bronzenen **Gänsebrunnen;** unweit davon wurde der 1932 entstandene bronzene **Gießer-Junge** von *Willy Hoselmann* aufgestellt; die Fassade zur Rheinstraße schmückt das Relief ›Marktfrauen‹ von *Jupp Rübsam.*

Unter den Arkaden sind verschiedene **Gedenktafeln** angebracht: An der Südseite die *Stadtgründungstafel* von Ferdinand Heseding aus dem Jahre 1955, die an die Erhebung des Dorfes an der Düssel zur Stadt erinnert; eine Gedenktafel für *Lorenz Cantador,* der im Revolutionsjahr 1848 Kommandant der Düsseldorfer Bürgerwehr war und am Marktplatz in Düsseldorf wohnte; eine weitere Gedenktafel erinnert an das *Wohnhaus Marktstr. Nr. 11,* in dem die beiden *Brüder Jacobi,* der Dichter Johann Georg und der Philosoph und Dichter Friedrich Heinrich, geboren wurden.

An der Südseite des Marktplatzes stand im 18. Jh. der *Gasthof ›Zu den drei Reichskronen‹.* Das benachbarte *Haus ›Zum heiligen Nepomuk‹,* das später in den Gasthof miteinbezogen wurde, war mit einem Blaustein-Relief des hl. Nepomuk aus dem Jahr 1741 geschmückt, das der Gastwirt Beeking 1827 instandsetzen ließ. Heute ist das qualitätvolle **Nepomuk-Relief** an der Zollstraßen-Fassade des Grupello-Hauses angebracht.

Das anschließende Haus an der Südseite des Marktplatzes, *Nr. 6,* wurde 1589 errichtet. Mitte des 17. Jh.s hatte hier der *Hofmaler Spielberg* gewohnt. Ende des 19. Jh.s brach man

Marktplatz mit Rathaus und Bolkerstraße. Kupferstich von F. Hogenberg (vgl. Abb. S. 13)

die genannten Häuser – zusammen mit einigen Häusern der dahinter gelegenen Rhein-
straße – ab, um eine *Markthalle* zu errichten mit einer bis zur Rheinstraße reichenden
Passage. Diese Markthalle und zwei angrenzende barocke Häuser – eines davon war die
Hofapotheke – wurden im letzten Krieg zerstört (vgl. Abb. 14), wie größtenteils auch die
Häuser an der Ostseite des Marktplatzes. Nur das schöne barocke Haus Marktplatz Nr. 12/
Ecke Bolkerstraße (vgl. Seite 101) überdauerte.

Die ursprüngliche Bebauung des Marktplatzes wird anschaulich auf dem Kupferstich von
F. Hogenberg von 1585 (S. 111): So wie diese schmalen Fachwerkhäuser an der Marktplatz-
Ostseite, deren Obergeschosse vorgekragt sind, einige mit steinernem Stufengiebel, sahen
wohl auch die anderen Straßen und Plätze des damaligen Düsseldorf aus. Ein interessantes
Haus in der Mitte der Ostseite, dessen geschweiften Giebel ein Hirsch bekrönt, könnte
vielleicht mit dem *Hirzbachschen Haus,* das dem fürstlichen Baumeister *Pasqualini* gehört
hatte, identisch sein. In diesem Haus am Markt traf sich Ende des 16. Jh.s, vor der Erbauung
ihrer Kirche, die reformierte Gemeinde, um dem Gottesdienst beizuwohnen. Trotz der
Verballhornung des Hausnamens Hirzbach (wohl Heresbach) weist das ›sprechende‹ Hauszeichen auf das Wappen des Humanisten und Erasmus-Schülers *Konrad von Heresbach* hin.
Heresbach war Erzieher Herzog Wilhelms des Reichen, in dessen Diensten auch der reformierte Baumeister Pasqualini stand. Die heutige Ostseite bilden Nachkriegsbauten anstelle
der zerstörten barocken Giebelhäuser (Farbabb. 7).

Seit Anfang des 18. Jh.s (1711 oder 1713) wird der Marktplatz von dem 4 m hohen
bronzenen **Reiterbild des Kurfürsten Johann Wilhelm** beherrscht (Farbabb. 4, Abb. 17).
Das Denkmal, nach Osten gerichtet, steht um eine Stufe erhöht über dem Platzniveau auf
einer rechteckigen Plattform, umgeben von einem schlichten Gitter. Roß und Reiter erhe-
ben sich auf einem fast 3 m hohen klassizistischen Sockelblock, der nach einem Entwurf von
Adolph von Vagedes entstand und den ursprünglichen Unterbau ersetzt. Dieses Podest aus
Ratinger Marmor, 1822–30 von dem Bildhauer Kamberger ausgeführt, trägt eine vom
Archivar Dr. Th. J. Lacomblet entworfene lateinische Inschrift, die das Monument als ein
Geschenk der dankbaren Düsseldorfer Bürger bezeichnet. Appliken, Palmetten und wohl
auch das Gitter lieferte die Gutehoffnungshütte in Sterkrade.

Das Reiterdenkmal ist eines der schönsten Wahrzeichen der Düsseldorfer Altstadt und,
bedingt durch den Verlust aller Hofhaltungsbauten, einzige sichtbare Erinnerung an den
volkstümlichen Kurfürsten Johann Wilhelm – oder Jan Wellem, wie er von der Bevölkerung
noch heute genannt wird – und seine Residenz.

Der Herrscher selbst war Auftraggeber seines eigenen Denkmals, das sein Hofbildhauer
Gabriel de Grupello noch zu Lebzeiten des Kurfürsten ausführte. Vergleichbar in Deutsch-
land ist nur Andreas Schlüters Reiterdenkmal des Großen Kurfürsten in Berlin, 1700 von
Johann Jacobi geschaffen. Wie die Zeichnungen des Bildhauers im Kunstmuseum beweisen,
begannen die Vorarbeiten für das Düsseldorfer Denkmal schon bald nach dem Dienstantritt
Grupellos. Wahrscheinlich war die Reiterstatue Johann Wilhelms für die ›cour d'honneur‹,
den Ehrenhof des Bensbergers Schlosses bestimmt, wo sie neben der seines Vaters Philipp
Wilhelm aufgestellt werden sollte. Später wurde dieses Projekt – wohl auch aus finanziellen

25 Palais Spee, Gartenseite

◁ 24 Gartensaal des Palais Spee (Stadtmuseum)

26 Palais Nesselrode (Hetjens-Museum, Deutsches Keramikmuseum)

27 Hetjens-Museum: Richard Bampi, ›Ei‹, 1953

28 Hetjens-Museum: Schüssel, Rouen, 18. Jh.

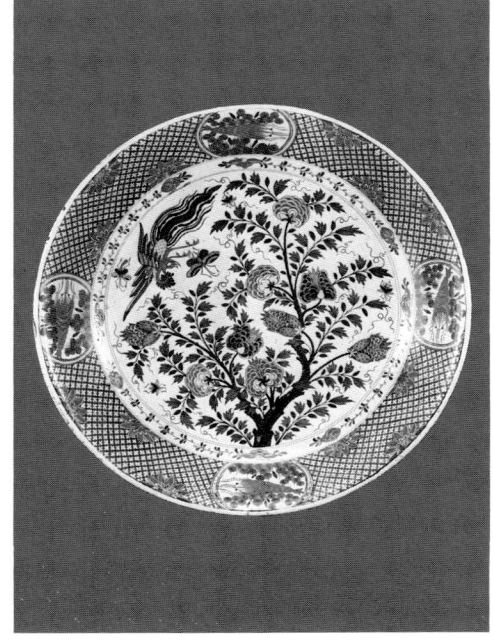

29 Blick von der Bäckerstraße auf die westliche Häuserzeile der Citadellstraße

31 Alte Bebauung in der Bäckergasse

30 Haus Citadellstraße 7 von 1684 (Ars Polona-Galerie)

33 Stuck-Detail im Sommerrefektorium des ehem.   34 Neuromanische Mariensäule an der Orangerie-
     Franziskanerklosters, um 1740   straße, 1873 aufgestellt
32 Katholische Kirche St. Maximilian, ehem. Franziskaner-Klosterkirche, erb. 1736
35 Karlplatz mit Blick in die Bilker Straße, 1927

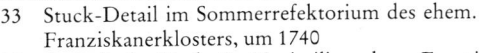

36, 37   Klassizistische Bebauung der Karlstadt in der Bilker Straße; oben rechts ›Das alte Haus‹

38 Klassizistisches
Haus mit Jugend-
stildekor, Hohe
Straße 51

39 Eckhaus Schwanenmarkt 5. Anton Schnitzler, 1836

40, 41 Alleestraße, heute Heinrich-Heine-Allee, um 1903; oben rechts die alte Kunsthalle

42   Die 1938 niedergebrannte Synagoge an der Kasernenstraße, vor 1914

43   Das kriegszerstörte Schauspielhaus an der Kasernenstraße; im Hintergrund das Verwaltungsgebäude des Stumm-Konzerns, Ende 20er Jahre

44 Stahlhof, Ecke Bastion-/Kasernenstraße. J. Radke, 1906–08

45 Die gegenüberliegende Luisenschule. J. Radke, 1905

46 Commerzbank, Ecke Benrather/Breite Straße. C. Moritz, 1910–12

47 Fassade der Dresdner Bank an der Breite Straße.
C. Moritz, 1906

48 Dresdner Bank, Königsallee 2–4. C. Moritz und
Betten, 1924

49 Verwaltungsgebäude des Stumm-Konzerns, Breite Straße 67–69. P. Bonatz, 1923–25

50 Fernmeldeamt am Graf-Adolf-Platz mit Lichtskulptur von G. Uecker, 1981

51 WZ Center, Königsallee/Trinkausstraße, ehem. Girardet-Haus. H. v. Endt, 1905–09

52 AOK-Gebäude an der Kasernenstraße. H. v. Endt, 1904; rechts Erweiterung von 1928–30

53 Justizministerium am Martin-Luther-Platz. C. A. Krüger, 1856–59

55 Wilhelm-Marx-Haus an der Heinrich-Heine-Allee. W. Kreis, 1922–24 ▷

54 Walzstahlhaus an der Kasernenstraße. K. Wach/H. Roßkotten, 1936

Überlegungen – zugunsten des Standortes auf dem Düsseldorfer Markt aufgegeben. Die ersten Zeichnungen aus den Jahren 1703–05 zeigen einen Reiter, der sein Pferd in eine Levade hebt, ähnlich wie auf dem Gemälde von Jan Frans van Douven im Düsseldorfer Kunstmuseum. Die späteren Zeichnungen stellen dann nicht mehr das sich bäumende, sondern das ruhig schreitende Pferd dar, das so auch ausgeführt wurde. Würdevoll und majestätisch hält der Kurfürst die entlang der Kandare geführten Zügel, seine leicht angewinkelte Rechte umfaßt den Kommandostab. Das Haupt mit Allongeperücke wird vom Kurhut gekrönt; über seinem detailgetreu gearbeiteten Harnisch trägt er den Orden vom Goldenen Vlies und das Ordensband des von ihm 1708 erneuerten Hubertusordens.

Typologisch folgt die Reiterstatue – wie die meisten Reiterdenkmäler der Barockzeit – dem antiken Vorbild des Marc Aurel-Reiterbildes auf dem Kapitol in Rom. Das Reiterporträt war eine der vornehmsten Gattungen des Barock; die Beherrschung des Pferdes wurde symbolisch mit der Staatsführung und -lenkung gleichgesetzt. Eine bronzene Statue ist die monumentalste, technisch schwierigste und finanziell aufwendigste Form der Darstellung. Der geharnischte Reiter in Düsseldorf ähnelt allerdings eher dem etwa 100 Jahre älteren Denkmal Heinrichs IV. von Giovanni Bologna auf dem Pariser Pont Neuf als zeitgenössischen Denkmälern, die den Reiter à l'antique gekleidet zeigen. Ungewöhnlich ist auch der Kurhut: Kein Barockfürst ließ sich jemals zu Pferd mit dem Zeichen seiner Würde darstellen. Somit ist das Bildnis auch sichtbarer Ausdruck der erreichten Erfolge dieses Herrschers, der nach dem König von Böhmen der erste weltliche Kurfürst, Reichsvikar und 1708–14 Erztruchseß des Heiligen Römischen Reiches war. Sie dient der persönlichen Verherrlichung des Fürsten und dem Ruhme seines Hauses Pfalz-Neuburg. Weitere Bedeutungsinhalte ergeben sich aus dem nicht ausgeführten Sockel des Reiterdenkmals. Geplant waren ›die vier große löwen [in Model] von die Statua aequestre auf dem marck welche Ihre Churfürstl. Durchlaucht seeligsten andenckens äußerst noch Befohlen haben gegoßen zu werden sambt der inscription Umb den pedestal welche Vier löwen Unterdrucken die Vier haubtlasten hofart, geitz, Neidt und fraeß‹ (1716). Die Löwen – hier als Pfälzer Wappentiere gemeint – verweisen auf eine der fürstlichen Tugenden: die Stärke. Durch die Überwindung der Laster sollte Johann Wilhelm auch als Tugendheld verherrlicht werden, um damit sein ›wahres Verdienst‹, das gute Regiment, herauszustellen.

Gabriel de Grupello zeigte in diesem Werk seine überlegene Fähigkeit, einem solchen vorrangig der Repräsentation dienenden Auftrag gerecht zu werden. Die majestätische Wirkung wird durch die souveräne Haltung des Herrschers und das zurückhaltende Bewegungsmotiv der Gruppe, die auf jedes Pathos verzichtet, erreicht. Dennoch sind das Porträthafte und die Individualität des regierenden Kurfürsten überzeugend zum Ausdruck gekommen.

Rund um das Denkmal wurden auf dem Marktplatz täglich Waren feilgeboten. Heute ist das bunte Markttreiben auf den Karlplatz ausgewichen. Früher wurden ›auf dem Fußgestell des Denkmals, später vor dem Gitter, Mehl und andere trockene Mühlenfabrikate, Fleisch und Fleischwaren, gepflückte [gerupftes] Geflügel und Käse‹ verkauft. Von Tagesanbruch bis ein Uhr mittags wurden ›Erzeugnisse der Land- und Gartenwirtschaft, der Jagd und der

Fischerey, namentlich Gemüse aller Art, Eyer, Federvieh, Milch, Butter, Käse, Roggenbrod, welches von Landleuten als Nebengeschäft gebacken ist, frisches und gedörrtes Obst, worunter auch Citronen, Pomeranzen, Apfelsinen und dergl., Sämereyen, Hopfen, Blumen, Gesalzenes, gedörrtes und geräuchertes Fleisch, Wildpret aller Art, frische, gesalzene, gedörrte und geräucherte Fische, ferner auch Besen und Scheuersand‹ feilgeboten (E. Rümmler).

Den Marktplatz verlassend, biegen wir nach rechts in die MARKTSTRASSE ein. Fast am Ende der Straße ist eine Gruppe von drei schmalen barocken Häusern des 17. Jh.s zu beachten: das **Haus Nr. 10,** das wohl im 18. Jh., dann nochmals 1938 umgebaut wurde, sowie die ursprünglichen Giebelhäuser **Nr. 12 und Nr. 14,** die noch heute eine gemeinsame Fachwerkrückfront und zwei Fachwerkhinterhäuser besitzen. Die beiden letzteren wurden 1963 instandgesetzt. Vor dem Krieg bestand die Marktstraße vorwiegend aus barocken Giebelhäusern. Nur an der Ecke entstand um die Jahrhundertwende ein *Jugendstil-Warenhaus,* von dem noch einige Fassadenreste erhalten sind.

An der gegenüberliegenden Ecke erhebt sich vor uns das schöne **Haus ›Zum goldenen Helm‹** des frühen 17. Jh.s (vgl. Abb. 14, 15), dessen Giebel ein vergoldeter Helm mit Federbusch bekrönt. Seine Hauptfassade zur Flinger Straße entstand wohl erst im 18. Jh., während die Erdgeschoßgestaltung die Folge eines Umbaus der zwanziger Jahre ist.

Die FLINGER STRASSE, der wir uns damit nähern, wird schon 1390 und 1396 erwähnt. Sie ist zusammen mit der Bolkerstraße entstanden und verläuft wie diese in Ost-West-Richtung. Um 1400 wird an ihrer Ostecke (in der Nähe des heutigen Carsch-Hauses) das Flinger Tor errichtet, ›Vlyncgere Portze‹ genannt; ihr Westende mündete in die Rheinstraße mit dem Rheintor. Um 1384 war die Flinger Straße die südliche Begrenzung der Neustadt, bevor diese sich nach der Erweiterung 1394 bis zur Wallstraße ausdehnte.

Die Flinger Straße war zuerst eine Torstraße mit Durchgangsverkehr. Um die Mitte des 17. Jh.s wurde jedoch die Verbindung zum Flinger Steinweg (heutige Schadowstraße) durch die Verlegung des Flinger Tors aufgegeben. Dieses *alte Flinger Tor* war ein mehrgeschossiger Viereckturm, der wohl Ende des 16. Jh.s schon baufällig war, später als Rüsthaus verwendet und 1785 als Pulverturm versteigert wurde. Das *neue Flinger Tor* nach Plänen des Oberingenieurs *Johann Lolio gen. Sadeler* wurde im Zuge der neuen bastionären Befestigung errichtet (an der Kreuzung der heutigen Heinrich-Heine-Allee mit der Bolkerstraße) und in den Wall eingeschnitten. Erst um 1890 hat man die alte Verbindung mit der Einmündung der Flinger Straße in die Theodor-Körner-Straße wiederhergestellt.

Von der alten Bebauung der Straße ist außergewöhnlich wenig erhalten geblieben. Zu den bedeutenden Bauten gehörte das *Gasthaus* oder *Spital,* das vor der Mitte des 15. Jh.s hierher verlegt wurde, nachdem das alte Gasthaus vor der Stadtmauer der Kreuzherrenkirche hatte weichen müssen. Das der hl. Anna geweihte Hospital in der Flinger Straße nahm das Grundstück an der Ecke zur Mittelstraße ein. Später, als es in das neue, Anfang des 18. Jh.s errichtete Hubertushospital neben der Kaserne verlegt worden war, kaufte es Vizekanzler Francken und errichtete ein viergeschossiges Vorderhaus sowie ein zweigeschossiges Hin-

Das Flinger Tor. Tuschzeichnung, Anfang 19. Jh.

terhaus. So entstand das ritterliche *Gut Düs-selstein,* das 1781 der Generalmajor Freiherr von Hammerstein von Franckens Enkel, dem Geheimrat von Schlebusch, erwarb. Das Haus (heute Nr. 21, Ecke Mittelstraße) wurde Ende des 18./Anfang des 19. Jh.s klassizistisch umgebaut; 1893 entstanden seine neubarocken Fassaden (Architekten Mühlenkamp/Bender). Zur Mittelstraße hin erhielt es damals einen gesprengten Volutengiebel.

An dieses Rittergut grenzte das *Kapuzinerkloster* mit Kirche und Garten. Um 1780, bei der Entstehung der Karlstadt, brach man die Mittelstraße als Verbindung zum neuen Stadtteil durch, wobei der Totenkeller des Klosters und ein Gebäude der Klosteranlage, das Haus der ›Geistlichen Mutter‹, beseitigt werden mußten. Die Kapuziner waren fast gleichzeitig mit den Jesuiten in die Stadt gekommen und bauten seit 1621 eine kleine Kirche nebst Kloster, die bei der Säkularisation an den Posthalter Georg Lejeune verkauft wurden. Nur die Querstraße, die die Bolkerstraße mit der Flinger Straße verbindet und früher auf das Kloster zuführte, bewahrt in ihrem Namen – Kapuzinergasse – die Erinnerung an die Tätigkeit dieses Ordens.

Heute ist die Flinger Straße neben der Bolkerstraße die Einkaufsstraße der Altstadt. Schon vor der Jahrhundertwende entstanden hier mehrere *Warenhäuser,* wie jene der Gebrüder Hartoch. Eines davon verband die Bolker- mit der Flinger Straße und war eine Art Vorläufer der heutigen SCHNEIDER-WIBBEL-GASSE, die als neue Altstadtstraße 1956/57 entstand und nach dem Helden des Theaterstücks des Heimatdichters *Hans Müller-Schlösser,* dem Schneidermeister Wibbel, benannt wurde.

Ausgangspunkt der Besichtigung der Flinger Straße ist das prächtige Giebelhaus ›Zum goldenen Helm‹ (vgl. S. 130). Daneben stand bis zur Kriegszerstörung ein stattliches barockes Giebelhaus des 17. Jh.s, das im vorigen Jahrhundert dem Goldarbeiter und Juwelier Joseph Krischer gehörte (vgl. Abb. 16). Dieses Haus wurde nach dem Krieg modern wiederaufgebaut.

Wenige Schritte weiter beachten wir das **Haus Nr. 11** (heute Möbel- und Einrichtungshaus), das früher das Zentrum der Düsseldorfer Gewerkschafts- und Arbeiterbewegung war. Das 1909 von dem besonders durch Bankbauten berühmten Kölner Architekten *Carl Moritz* errichtete *Volkshaus* reichte bis zur Wallstraße und beherbergte große und kleine

Versammlungssäle, Konferenz- und Büroräume der Gewerkschaften sowie die Redaktion und Druckerei der sozialdemokratischen Volkszeitung. Auch die Arbeiterwohlfahrt hatte hier ihr Domizil. Dieses Gebäude war das erste eigene Haus der sozialdemokratisch-freige-werkschaftlichen Arbeiterbewegung, die 1910 bereits mehr als 14500 Mitglieder zählte und bis 1920 auf über 70000 Mitglieder anwuchs (bei einer Bevölkerungszahl von 415000). Das Erdgeschoß und die Innenräume sind entsprechend der heutigen Nutzung verändert.

Auf der gegenüberliegenden Straßenseite bilden die **Häuser Nr. 6, 8, 14 und 16** eine kleine barocke Gruppe des 17./18. Jh.s, wobei die Häuser Nr. 8 und 16 um 1900 neue Fassaden erhalten haben.

An der Ecke biegen wir nach links in die schmale KAPUZINERGASSE ein, die sich zum großen Teil ihre ursprüngliche Bebauung bewahrt hat. Hinter den verputzten Backsteinfas-saden des 18./19. Jh.s verbergen sich Fachwerkhäuser des 17. Jh.s. Die Ecke zur Bolker-straße bildet ein dreigeschossiges Eckhaus mit Mansardwalmdach.

Wir kehren zur FLINGER STRASSE zurück und beachten das dreigeschossige **Eckhaus Nr. 32** mit Werksteinfassaden, Mansarddach und leider stark verändertem Erdgeschoß. Das Gebäude wurde von dem Düsseldorfer Architekten *Otto Engler* für die Firma der Gebrüder Schöndorff Nachfolger 1906–08 entworfen. Engler, der zu den herausragenden Düsseldor-fer Architekten der beiden ersten Jahrzehnte des 20. Jh.s zählte, hatte sich vornehmlich auf die relativ neue Waren- und Geschäftshäuser-Architektur spezialisiert. Der Auftraggeber war ein Düsseldorfer Möbel- und Einrichtungshaus, das vielen damaligen Warenhäusern seine anspruchsvolle Inneneinrichtungen lieferte (Genf: Grosch & Greiff; Essen: Althoff; Düsseldorf: Tietz).

Das Erdgeschoß gliederten ursprünglich korbbogig geschlossene, große Schaufenster; der Eingang lag in der Mitte der dreiachsigen Fassade zur Flinger Straße, was heute nicht mehr ganz ersichtlich ist. Über den plastisch vortretenden Rahmungen der Schaufenster fassen die rhythmisch angeordneten Stützen die beiden Obergeschosse zusammen; unmittelbar vor dem hohen Mansarddach sind die gekuppelten Fensterbahnen mit stilisierten Maßwerken abgeschlossen.

Neben dem Warenhaus Coppel & Goldschmidt (heute Weipert bzw. Ballauf) in der Schadowstraße (nur leidlich erhalten) gehört das Warenhaus an der Flinger Straße zu den Werken Englers, die nach dem Vorbild des Warenhauses Wertheim von Alfred Messel am Leipziger Platz in Berlin geschaffen wurden. Sein wohl bedeutendster Bau, das Warenhaus Carsch in Düsseldorf, entstand schon unter dem Einfluß des Warenhauses Tietz (heute Kaufhof) von J. M. Olbrich.

Ein paar Schritte weiter finden wir eines der schönsten Altstadthäuser, die **Nr. 36,** auch als **Haus ›Zum Kurfürsten‹** bekannt: ein stattliches fünfachsiges, dreigeschossiges Backstein-haus mit drei Speichergeschossen und schlichtem Treppengiebel und einer Rückfront in Fachwerk. Die Ankersplinten zeigen die Jahreszahl 1627, das Entstehungsjahr des Hauses, das damals ›Im Hahn‹ hieß. Bei einer Modernisierung Ende des 18. Jh.s wurde das Haus verputzt und bekam ein neues übergiebeltes Portal in der Mittelachse. In den zwanziger Jahren restaurierte es der Architekt *P. Sültenfuß,* der die Backsteinfassade freilegte und die

Geschäftsanzeige des ›Hôtel de Cologne‹, Flinger Straße 23/Ecke Mittelstraße, 1. Hälfte 19. Jh.

Kreuzstockfenster erneuerte. Bedeutende Künstler waren an der Innengestaltung beteiligt, so der Maler *P. Kohlschein* oder der Architekt *K. Wach,* der die neuen Terrakotta-Kamine entwarf. Der Kriegszerstörung entgangen, diente ›Der Kurfürst‹ später als Casino der britischen Offiziere. Heute kann man im Erdgeschoß modische Kleidung kaufen. Eine neue passende Nutzung für das Haus wird noch gesucht.

Wir kehren zurück und biegen nach links in die BERGER STRASSE, die die südliche Ausfallstraße der spätmittelalterlichen Innenstadt bildete und zum *Berger Tor* führte, das noch vor 1400 entstanden sein muß. Ihren Namen hatte die Straße wahrscheinlich nach diesem Tor, und das wiederum war nach den zwei Höfen ›up dem Berghe‹ benannt, die auf dem Wege nach Bilk lagen. Nach der Entstehung des Karlplatzes verband die Berger Straße die Altstadt mit dem klassizistischen Stadtteil Karlstadt und mündete in die Nordwest-Ecke des Platzes. Während des 17. und 18. Jh.s ließen sich hier mehrere Mitglieder der lutherischen Gemeinde nieder; bei einem von ihnen wohnte der Hofbildhauer *Michael Chatelan* (Catalaen).

Gegenüber dem ›Goldenden Helm‹ an der Ecke Berger/Rheinstraße steht das Nachkriegsgebäude der berühmten **Brauerei und Gaststätte ›Uerige‹.** Das nach dem Krieg vereinfacht wiederaufgebaute Gebäude war um 1837 von dem Düsseldorfer Baumeister *Anton Schnitzler* errichtet worden. Ein barockes Eckhaus wird schon 1632 erwähnt; vielleicht schon damals oder etwas später war dieses Eckhaus im Besitz der angesehenen Düsseldorfer Familie Pfeilsticker. Seit der Mitte des 18. Jh.s führte es den Namen ›Zum Heidelberger Faß‹. Es ist eine der ältesten Gaststätten Düsseldorfs mit eigener obergäriger Hausbrauerei. Ihren Namen hat die Gaststätte nach dem Gründer der Brauerei, Wilhelm Cürten, der ein ernster Mann war. Seine Gäste nannten ihn ›der Uerige Willem‹.

Nebenan beachten wir das schöne **Wohn- und Geschäftshaus der Fischhandlung Maaßen,** das der Architekt *V. Wolff* 1899 erbaute. Der Bauherr Carl Maaßen besaß früher ein Haus, ›Zu den drei Häringen‹ genannt, in der Rheinstraße, das schon 1662 erwähnt wird. Das für seine Fischhandlung erstellte Gebäude in der Berger Straße ist ein typisches Beispiel für die Geschäfts- und Wohnhausarchitektur dieser Zeit, mit Verkaufsräumen im Erdgeschoß und Wohnräumen in den Obergeschossen. Renaissance- und Barockelemente schmücken seine Fassade. Die Fensterrahmungen zeigen Darstellungen, die sich auf die im Haus angebotene Ware beziehen. Schon bei der Entstehung des Hauses wurde hervorgehoben, wie stimmungsvoll es sich der älteren Bebauung des Stadtteils anpaßt.

Etwas weiter auf der gegenüberliegenden Straßenseite liegt, für den Passanten fast verborgen, die ehemalige ›der evangelischen, wahren und ungeänderten Augsburgischen Konfession zugethane‹ **Lutherische Kirche.** Durch den Durchgang des Hauses Nr. 18 gelangen wir in einen kleinen Hof, der mit einem schlichten Tor abgeschlossen ist. Auch diese Kirche liegt aus der Straßenflucht zurückversetzt, wohl dem ungeschriebenen Gesetz folgend, daß die Gotteshäuser der Reformierten und Lutheraner im Hinterhof zu verbergen seien. Der relativ kleinen, aber aus gebildeten und wohlhabenden Familien bestehenden Gemeinde war es (ähnlich wie bei den Reformierten) erst während der ersten Regierungsjahre von Johann

Durchgang zur Lutherischen Kirche an der Berger Straße. Tuschzeichnung von J. Kost, 1872

Wilhelm möglich, einen eigenen Kirchenbau in Angriff zu nehmen, obwohl sie das Grundstück schon 1614 erworben hatte. Im Jahre 1683 ist mit dem Bau begonnen worden, und 1687 wurde die Kirche geweiht: ein schlichter unverputzter Backstein-Saalbau mit Emporen, polygonalem Chor und Westgiebel.

Die Kirche wurde im Zweiten Weltkrieg bis auf die Umfassungsmauern zerstört und erst 1966 wiederaufgebaut (Architekt *W. Tamms*). Ihre Ausstattung ist jedoch unwiederbringlich verloren. Den ersten Altar schuf möglicherweise *M. Chatelan*, der Schöpfer der Hochaltarstatuen in St. Lambertus. Den Taufstein aus schwarzem Marmor soll Kurfürst Johann Wilhelm 1690 gestiftet haben. Um 1765 kaufte man bei Teschenmacher in Elberfeld eine Orgel mit Kanzel und Altartisch für 850 Reichstaler. Diese Gruppe war eine frühe Vorläuferin der in evangelischen Kirchen üblichen Anordnung der ›Prinzipalstücke‹. Die vorzügliche Orgel der Lutherischen Kirche war der Anlaß, daß ein seinerzeit berühmter Musiker, der Abt Georg Joseph Vogler, Direktor der königlichen Akademie der Musik in Stockholm, 1790 hier – wie auch in der Franziskanerkirche – mehrere geistliche Konzerte gab.

Die ehemalige Lutherische Kirche, volkstümlich *Berger Kirche* genannt, ist nur bei besonderen Anlässen geöffnet.

Rechts von der Kirche ein dreigeschossiges Doppelhaus in geschlämmtem Backstein aus dem Jahre 1745: das **ehemalige Pastorats- bzw. Schulgebäude.** Hier wurde 1849 das erste evangelische Krankenhaus, verbunden mit einem Altfrauenhaus, eingerichtet.

Wir verlassen den stimmungsvollen Hof und biegen nach rechts in die WALLSTRASSE. Wie ihr Name verrät, war die spätmittelalterliche Stadt hier zu Ende. Der Anschluß an den um 1780 entstandenen Stadtteil Karlstadt veränderte kaum ihren Charakter als schmale Durchgangsstraße. An der Ecke zur Mittelstraße ist ein interessantes **Geschäfts- und Wohnhaus** noch leidlich erhalten. 1896 von dem Düsseldorfer Architekten *H. vom Endt* errichtet, zeigt es einen gotisierenden Giebel zur Mittelstraße. Die beiden unteren Geschosse sind von einem mit Kriechblumen besetzten Kielbogen überfangen; das erste Obergeschoß ist heute leider zugesetzt.

Ein Stückchen weiter, an der Einmündung GRABENSTRASSE in die MITTELSTRASSE, ist seit 1980 die **Bronzegruppe ›Auseinandersetzung‹** des Bildhauers *K. H. Seemann* aufgestellt (Abb. 23). Die Gruppe stellt zwei lebensgroße streitende Männer dar (eine Variante mit leicht abweichender Gestik steht in Tübingen).

Wir kehren zurück durch die Wallstraße und biegen in die HAFENSTRASSE, die Verlängerung der Wallstraße. An der Einmündung der AKADEMIESTRASSE befinden wir uns an der alten Südgrenze der Stadt. Sich vorzustellen, daß die bisher besichtigte Altstadt bis gegen Ende des 17. Jh.s ganz Düsseldorf ausmachte! An dieser Ecke hat sich viel verändert, so daß ein rekonstruierender Rückblick angebracht ist:

Unweit von unserem Standort hat das mittelalterliche *Portmannstor* gestanden (Portmanns Torn); von seinem Eckturm verlief die Stadtmauer an der südlichen Düssel entlang in ost-westlicher Richtung auf das Rheintor zu, vor dem seit 1598 zur Entladung der Schiffe ein großer ortsfester *Kran* stand, ähnlich dem noch erhaltenen Rheinkran in Andernach. Das Bett der Düsselmündung ist 1610 zum Hafen ausgebaut worden.

Düsseldorfer Rheinfront von Süden mit Rheinkran. Kolorierter Kupferstich von J. Ziegler nach L. Janscha, Wien (Artaria) 1798

Etwas südlich von hier, im wesentlichen markiert durch die Flucht der rückwärtigen Fassade des Palais Nesselrode (heute Hetjens-Museum) entstand um 1550 (wenn nicht schon 1540) zur Sicherung der Südflanke der Stadt eine Befestigung – die *Zitadelle*. Sie wurde auf einem fast quadratischen, etwa 5 ha großen Gelände des herzoglichen Gartens (Orangerie?) zwischen der heutigen Orangeriestraße im Osten und der Bäckerstraße im Süden angelegt. Die Verbindung zwischen der Stadt und der zunächst unfertigen Zitadelle bestand in einem schmalen Pfad am Ende der heutigen Hafenstraße, an der Stelle, wo um 1755 die *Hofmühle* errichtet wurde. Als in der Mitte des 17. Jh.s die Zitadelle zur Bebauung freigegeben wurde, veränderte sich auch die Südseite der Stadt – die *Berger Front*. Um 1695 entstand neben dem Rheintor südlich der Stadtmauer das *kurfürstliche Brauhaus* (später Lagerhaus), und die gesamte Fläche zwischen dem Hafenbecken und der Stadtmauer wurde von dem mehrflügeligen Bau des *Kriegskommissariats* eingenommen. Eine schmale Gasse vor der Stadtmauer wurde zu der späteren Kommissariatsstraße. Kurfürst Johann Wilhelm ließ um 1710 das Palais als Dienstsitz des General-Oberkriegskommissars *Freiherr von Hundheim* (Hontheim) erbauen. Die genauen Daten sowie der Architekt sind unbekannt. Kürzlich wurde das heute nicht mehr existierende Gebäude – eine Doppelanlage aus zwei Palästen – mit dem Cantobau in Köln verglichen und dem kurfürstlichen Oberbaudirektor *Graf Matteo Alberti* zugeschrieben. Nach dem überlieferten Grundriß zu urteilen, war der rheinseitige Palast dem Kriegskommissariat vorbehalten, während die Stadtseite dem Freiherrn von Hundheim als Wohnung diente. Später ging das ganze Anwesen in den Besitz des Freiherrn von Hundheim über und 1773–77 dann an den Kurfürsten Carl Theodor. Danach war hier die *Kunstakademie* untergebracht, die auch der Straße vor dem Palais den neuen Namen – Akademiestraße – gab.

Nach 1810 (wohl 1814) wurde der Hafen, der schon längst nicht mehr den Bedürfnissen entsprach, zugeschüttet und ein neuer Sicherheitshafen zwischen dem Eiskellerberg und dem Hofgarten angelegt. Um diese Zeit ließ Graf Nesselrode einen Teil des Kommissariatsgebäudes als *Ministerialhotel* einrichten und von keinem Geringeren als *A. von Vagedes* anspruchsvoll ausstatten. Dieser Teil diente seit 1812 den Justizbehörden, während man in das rheinseitige Palais schon vorher das Gefängnis verlegt hatte. Diese Zweckbestimmung behielt der Gebäudekomplex bis zum Anfang dieses Jahrhunderts. In den Kellern waren die skulptierten Steine vom einstigen Berger Tor (1895 abgetragen) gelagert. Der Zweite Weltkrieg zerstörte das inzwischen vollkommen verwahrloste Palais, die Ruinen wurden niedergelegt.

In der Folgezeit erfuhr dieses Stück der Altstadt entscheidende Veränderungen. Auf dem von der Akademiestraße leicht abfallenden trapezförmigen Gelände entstand ein großer Parkplatz, an dessen Ende zur Hafenstraße, neben dem wiedererbauten Palais Nesselrode, ein Verwaltungsgebäude der Stadt (heute städtisches Institut für Datenverarbeitung) erbaut wurde.

Im Frühjahr 1985, als die Stadt sich entschied, diese Freifläche am Rhein erneut als Altstadtviertel über einer großen Tiefgarage zu bebauen (wofür namhafte Architektenteams Entwürfe lieferten), kamen bei den Ausschachtungsarbeiten Fundamente des Kommissa-

Palais Hundheim (Hontheim) an der Akademiestraße. Vorkriegsaufnahme

Das neue Rheintor, stadtseitige Ansicht, um 1800. Tuschzeichnung

riatsgebäudes mit dem plastischen Schmuck des Berger Tors, der dort in den Kellern den Krieg unversehrt überdauert hatte, sowie die Fundamente des Rheintors und des Brauhauses, das ehemalige Hafenbecken und das Mauerwerk der Zitadelle (Bastion Spee) zum Vorschein. Die daraufhin zunächst eingestellten Ausschachtungsarbeiten wurden inzwischen wiederaufgenommen. Eine Tiefgarage und die Bebauung nach Entwürfen von Architekt *Prof. Albert Speer* wurden neu geplant.

In der AKADEMIESTRASSE beachten wir die *translozierten Fassaden* (Akademiestr. 2) der ehemaligen Häuser Rheinort 10 und 12. Die RHEINORT genannte Straße sowie die angrenzende RHEINSTRASSE haben ihre Bebauung im Zweiten Weltkrieg verloren; lediglich die schönen barocken Backsteinfassaden wurden in Zweitverwendung hier angebracht.

Am Ende der Akademiestraße stand das *Rheintor*. Da die bereits 1413 bekannte Rheinstraße auf dieses Tor zuführte, wäre denkbar, daß das Rheintor im Zuge der südlichen Neustadt-Erweiterung entstand, also gegen Ende des 14. Jh.s. 1725 wurde der alte Torturm abgebrochen und unweit der alten Stelle ein neuer zierlicher Torbau errichtet.

In der Rheinstraße und im Rheinort hatten sich – wegen der Hafennähe – viele Gast- und Weinwirte, Brauer und Fischhändler niedergelassen. ›Schönstein, Hendrichs, Willems und Maaßen verkauften hier Antwerpener Muscheln, russischen Kaviar, englische Austern, Voll- und Speckbücklinge und Fische aller Art‹ (E. Rümmler). Die Hausnamen der Rheinstraße sprachen deutlich von dem blühenden Fischhandel: Nr. 5 ›Die drei Häringe‹, Nr. 16 ›Zum goldenen Salm‹, Nr. 20 ›Zum kleinen Stockfisch‹; das benachbarte Eckhaus hieß ›Zum großen Stockfisch‹.

1833 wurde das Rheintor abgebrochen. Über den schon zugeschütteten Hafen führte eine neue Straße als Verlängerung der Dammstraße von der Zitadelle her in die Altstadt. An dieser Straße wurde dann 1901–02 das *Hauptsteueramt* errichtet.

Wieder am Rheinufer angekommen müssen wir uns vergegenwärtigen, daß die Gestaltung der **Rheinfront** und der damit verbundene Ausbau des Rheinwerftes zwischen 1899 und 1902 vollzogen wurden. Die ungerade Ufergrenze wurde korrigiert und die Rheinuferstraße um 37 m vorgeschoben. Auf diese Art entstanden ein Ladekai und die obere ›Prunkstraße‹- Promenade – mit längst verschwundenen Hafenvogt- und Pegelhäuschen, Laternen, Trinkhallen, schönem Geländer und Platanenbäumen. Gegenüber dem Burgplatz wurde nach dem Entwurf des königlichen Baurats *Johannes Radke* das *Düsselschlößchen* erbaut: eine zierliche Jugendstilarchitektur. Als beliebte Gastwirtschaft wurde es bis zur Zerstörung im Zweiten Weltkrieg als Düsseldorfer Sehenswürdigkeit gepriesen. Von der gesamten Rheinuferpromenade blieb nur der **Obelisk** mit Uhr und Wasserstandsmesser gegenüber dem Rheinort erhalten.

Vom Rheinufer biegen wir nun in die ZOLLSTRASSE ein. Vor der rheinseitigen Fassade des städtischen Verwaltungsgebäudes (Rathausneubau der fünfziger Jahre) erhebt sich auf einer 8 m hohen Granitsäule ein 2 m hoher **bronzener Löwe mit Anker** – das Wappentier des Düsseldorfer Stadtwappens –, geschaffen 1956 von dem Bildhauer *Prof. Hans van Breek*.

Die kurze Zollstraße führte – ähnlich wie die Rheinstraße – auf ein Tor zu, das *Zolltor*. Dieses letzte der mittelalterlichen Tore wurde wahrscheinlich im zweiten Viertel des 15. Jh.s (1426–42) im Zusammenhang mit dem Ausbau des Werftes hierhin verlegt. Das alte *Zollhaus* soll oberhalb des Schlosses am Eder gelegen haben (vielleicht mit dem späteren Pulverturm identisch?).

Die ältesten Stadtansichten zeigen das Zolltor als einen dreigeschossigen Vierecksturm mit hohem abgewalmten Dach (vgl. Abb. 21). Direkt an den Turm schloß sich das eigentliche Zollhaus an. Im 17. Jh. wurde das Zolltor umgebaut; ab 1699, als die ›Fliegende Brücke‹ die Stadt mit dem anderen Ufer verband, diente es als westlicher Stadteingang. Allerdings mußten Wagen das unweit gelegene Rheintor benutzen, weil die spätgotische Spitzöffnung des Tores zu niedrig war. Nach der Mitte des 18. Jh.s sollte aus diesem Grund das Tor umgebaut werden. 1809 wurde es jedoch abgebrochen, und an seiner Stelle errichtete Adolph von Vagedes ein Haus mit offener Durchfahrt, das *Massetsche Haus*, das schon 1897 wieder abgebrochen wurde.

Die auf der linken Straßenseite gelegenen **Häuser Zollstraße Nr. 4, 6, 8, 10, 12** stammen aus dem 17./18. Jh. und zeigen klarproportionierte Giebelfassaden (Abb. 20). Nur das Eckhaus Nr. 4 bekam nach dem Abbruch des Massetschen Hauses eine neubarocke Fassade zum Rhein hin. Alle Häuser werden heute von den Ratsfraktionen benutzt und sind im Innern ihrem Zweck entsprechend umgebaut worden.

Auf der rechten Seite ist vor allem das berühmte **Haus ›En de Canon‹** sehenswert, ein dreigeschossiges Fachwerkhaus mit geschlämmter Backsteinfassade und rückwärtigem Fachwerkanbau (Abb. 19). Es wird als die ›Wiege der Düsseldorfer Fahrpost‹ (A. Houben) bezeichnet, da es im 17. Jh. der *Familie Maurenbrecher* gehörte, die hier eine Poststelle unterhielt. Einige Zweige dieser Familie, die aus Pempelfort und Derendorf stammte, waren 1663 in der Stadt ansässig und besaßen Häuser an der Markt- und der Zollstraße. 1668 erhielt die Familie Maurenbrecher ein fürstliches Privileg: Sie durfte nach Köln und Duisburg Personen, Pakete und Wertbriefe befördern (für einfache Post war die Thurn und Taxissche Reichspost zuständig). Später wurde dieses Privileg beträchtlich erweitert, und die Maurenbrecherschen Postlinien verkehrten zwischen zahlreichen Orten am Niederrhein. 1752 betrieb Johann Heinrich Maurenbrecher in diesem Haus einen Weinhandel. Wohl schon zu Anfang des 18. Jh.s befand sich hier eine berühmte ›Zechstube‹, in der neben Künstlern ›auch der Churfürst Johann Wilhelm gerne vertraulich verkehrte‹ (H. Ferber). Das Haus ist heute ein beliebtes Altstadtrestaurant mit einem hübschen Garten.

Das benachbarte stattliche dreigeschossige und fünfachsige **Haus Nr. 9** ist wahrscheinlich erst im letzten Viertel des 18. Jh.s erbaut worden.

Vorbei an dem kürzlich (1984) fertiggestellten Erweiterungsbau des Rathauses (Entwurf Prof. Kammerer, Prof. Beltz & Partner, W. Dahmen) gelangen wir wieder zum Ausgangspunkt unseres Altstadt-Rundgangs, dem Burgplatz.

Einzug der Jakobe von Baden durch das Berger Tor. Kupferstich von F. Hogenberg, 1585 (vgl. Abb. S. 13)

Das Zitadellviertel

Das südlich an die Altstadt anschließende Zitadellviertel wird im Westen vom RHEINUFER, im Osten von der ORANGERIESTRASSE und im Süden von der BÄCKERSTRASSE begrenzt. An seiner nördlichen Grenze, der SCHULSTRASSE, beginnen wir unsere Besichtigung.

Das Zitadellviertel ist nach der spätmittelalterlichen Ausdehnung der Altstadt die zweite große Erweiterung des Stadtgebietes, obwohl die Zitadelle zunächst rein militärische Bedeutung besaß. Nach Einführung der Feuerwaffen war der Schutz, den die mittelalterliche Stadtmauer bot, wertlos geworden. Eine Verbesserung und zusätzliche Sicherheit garantierten Festungswälle, die an strategisch wichtigen Punkten durch Rondelle (halbrunde Bollwerke) bzw. Bastionen verstärkt wurden.

Wahrscheinlich unter dem Eindruck des Geldrischen Erbfolgestreites (1542/43), sicherlich auch durch die Zerstörung der Städte Düren, Sittard, Heinsberg und 1547 Jülich bedingt, war von den jülich-bergischen Landständen ein Festungsprogramm beschlossen worden, das auch die Landeshauptstadt Düsseldorf einbezog. Erste fortifikatorische Verbesserungen erfolgten durch die Errichtung von Bollwerken (Ratinger, Mühlen-, Flinger und Berger Bollwerk). Die Unterhaltung der städtischen Mauern und Türme blieb weiterhin Aufgabe der Stadt, also der Bürgerschaft. Eine Festung dagegen wurde von Landessteuern, die die Landstände zu bewilligen hatten, getragen. So sollte auch in Düsseldorf als zusätzlicher Schutz südlich der Stadt eine Festung angelegt werden, die vielleicht – ähnlich wie in Jülich – für einen Schloßneubau vorgesehen war, zu dem es aber nie kommen sollte.

Möglicherweise war mit dem Bau der Zitadelle schon vor 1550 (um 1540?) begonnen worden, vielleicht vom herzoglichen Baumeister Bertram von Zündorf in Zusammenarbeit mit dem Meister Johann (der 1543 in Jülich nachgewiesene Hans Johann?). 1549 hat dann Herzog Wilhelm der Reiche den aus Bologna stammenden *Alessandro Pasqualini* als ›Baumeister aller herzoglichen Lande‹ im Amt bestätigt und mit dem weiteren Ausbau beauftragt.

Die Zitadelle blieb jedoch schon 1567 als bloßes Erdwerk mit trockenen Gräben liegen. Die fehlenden Geldmittel für ein solches Unternehmen, die Kriegswirren und eine grassierende Pestepidemie waren wahrscheinlich die Ursachen für die Einstellung der Arbeiten. Politisch gesehen war auch die Vollendung der Jülicher Befestigung, die viel näher an fremdem Territorium lag als Düsseldorf, ohne Zweifel eine vorrangige Aufgabe. Erst während der Regierungszeit Herzog Johann Wilhelms änderte sich die Situation. Die Landesverteidigung sowie das Bauwesen wurden neu geordnet und die letzten Mitglieder der Familie Pasqualini, Johann der Jüngere und sein Bruder Alexander, als Festungsbaumeister bzw. Baumeister in ihren Ämtern bestätigt. Die Zitadelle sollte in die Stadt einbezogen und mit Häusern bebaut werden.

Nach dem Aussterben des jülich-klevischen Herzogshauses (1609) und der Teilung der Länder (Xantener Vertrag von 1614) widmete man den Befestigungen der bergischen Hauptstadt und Residenz neue Aufmerksamkeit. Der neue Herrscher der Herzogtümer Jülich-

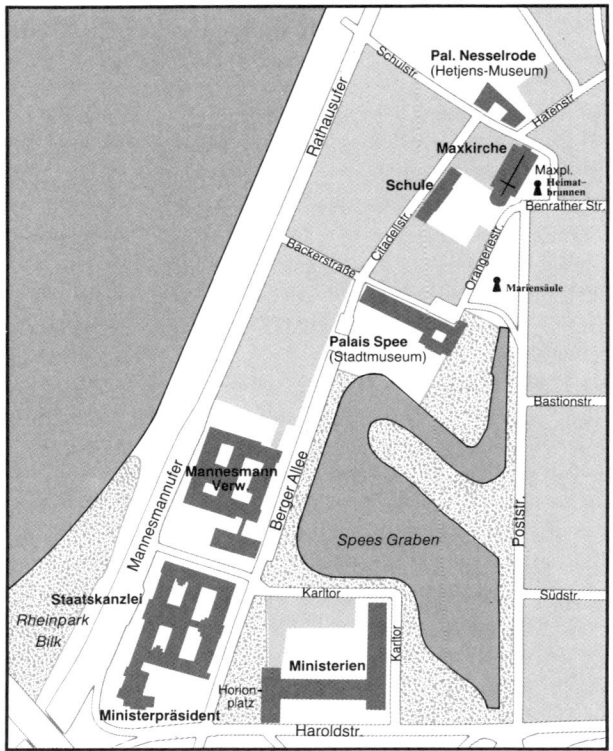

Berg, Wolfgang Wilhelm, berief aus seiner Heimatstadt Neuburg den Baumeister *Antonio Serro gen. Krauss,* der einen noch heute im Stadtmuseum aufbewahrten Plan ausarbeitete. Zum verantwortlichen Landesbaumeister bestellte er *Adolf von Kamp,* der die nördliche Front der Stadt erweiterte und den Ausbau der Zitadelle sowie ihre Anbindung an die Stadt in Angriff nahm. Die südliche Düssel wurde überwölbt, und das Berger Tor, das seine fortifikatorische Bedeutung verloren hatte und auch als Stadteingang entfiel, sollte durch ein neues Berger Tor am Ausgang (Südseite) der Zitadelle ersetzt werden.

Um die Mitte des 17. Jh.s entstanden auf der Zitadelle, die bis dahin nur mit Bäumen und Sträuchern bepflanzt war, die ersten Bauwerke. Den Anfang machte das mächtige *Berger Tor:* ein zweigeschossiges, in Haustein errichtetes Bauwerk nach Plänen von *Antonio Serro.* Es entsprach dem Typus des Walltores mit einem überwölbten Durchgang und flankierenden Wachkasematten, die je zwei schießschartenähnliche Öffnungen besaßen. Auf dieses Tor führte in Nord-Süd-Richtung eine Straße zu, die spätere *Citadellstraße.* Auf der südwestlichen Bastion entstanden eine Bockwindmühle und wohl bald die ersten Wohnhäuser;

jedenfalls schenkte der Herzog 1640 oder 1641 zwei große Grundstücke zum Hausbau. Eines dieser Grundstücke erhielt der Jurist Crispin Massillon, auf dem anderen entstand das Anwesen des Obersten von Norprath, der von 1634–41(?) Festungsgouverneur war. Dieses *Norprathsche Haus* verschenkte Herzog Wolfgang Wilhelm an die Anfang 1651 aus Köln berufenen *Franziskaner,* die hier eine Kapelle eingerichtet haben. Schon Ende des Jahres 1651 bestätigte der Kölner Erzbischof die Gründung eines Klosters.

Das Anwesen des Obersten Norprath reichte aber für die Bedürfnisse der Franziskaner nicht aus. Schon 1655 legten sie den Grundstein für den Bau eines Klosters und einer neuen Kirche, die dem hl. Antonius von Padua geweiht und 1668 fertiggestellt wurde. Kirche und Kloster waren allerdings wesentlich kleiner als heute.Nach der Schenkung eines Geländes hinter dem Klostergarten (1680) konnten die Franziskaner schon bald weitere Gebäude errichten, vor allem für die vom Orden unterhaltenen Lehranstalten.

Um diese Zeit betrieb der Erbprinz und Regent Johann Wilhelm die Bebauung der Zitadelle, und mehrere wohlhabende Familien ließen sich hier nieder. Der Anreiz hierfür bestand vor allem in der dreißigjährigen Befreiung von allen Steuern und Lasten sowie der Einquartierung von Soldaten. So war schon 1684 die Rheinseite der Zitadelle im wesentlichen bebaut. Die vornehmsten Bauten stellten die *Adelssitze an der Schulstraße* dar, von denen bedauerlicherweise nur noch einer, und dieser auch nur in seinem äußeren Erscheinungsbild, erhalten ist: das *ehemalige Palais Nesselrode* (heute Hetjens-Museum, Abb. 26).

An der Nordwestseite der Zitadelle, auf dem Gelände der ehemaligen Bastion Spee, entstand schon vor 1695 einer der interessantesten und wohl am wenigsten erforschten Bauten der Stadt: das *Palais Leerodt.* Ursprünglich für den Oberhofmeister Graf von Bentheim erbaut, kam es vor 1714 an den Freiherrn von Leerodt. Später, Anfang des 19. Jh.s, war es im Besitz des Freiherrn von Bongart, und danach diente es als Frauengefängnis. Wahrscheinlich hatte das Haus eine zweigiebelige Fassade zur Schulstraße, während die Rückseite vom Hafen begrenzt war. Zum Haus gehörte ein großer Garten mit zwei Lusthäusern, einer Promenade und Terrassen bis an den Rhein. Ein **Portal mit bossierten Pfeilern** steht noch heute an der Schulstraße; hier war ehemals der Eingang zu dem gepflasterten Vorhof des Palais', den eine Mauer mit jenem Portal (vielleicht nach dem Vorbild der Pariser Hôtels?) zur Straße hin abschloß.

Das benachbarte Haus errichtete 1683 der Oberkriegskommissar Peter Diederich von Schönbeck. Zehn Jahre später verkauften es die Erben an den Günstling des Kurfürsten Johann Wilhelm, den Grafen Hamilton. Auch dieser erfreute sich nicht lange an dem schönen Besitz und verkaufte es 1706 an den Freiherrn von Leerodt, der es wiederum der Freifrau von Nesselrode-Ehreshofen überließ. Über das Aussehen dieses Hauses wissen wir nichts bis auf die Tatsache, daß es nicht besonders groß war. 1775 reichte *Graf Nesselrode* einen Plan des Stadtbaumeisters und Adademieprofessors *Johann Joseph Erb* für einen Erweiterungsbau ein. Das dreiflügelige, dreigeschossige **Palais Nesselrode** (heute mit neuem Mansarddach) war schließlich 1782 fertig und bis zu seiner Zerstörung im Zweiten Weltkrieg (1943) wohl eines der prächtigsten Häuser der Stadt. Ein kleiner Ehrenhof öffnete sich zur Schulstraße, und die Fassaden waren nur durch den Rhythmus der Fensterachsen gegliedert.

Seine Schönheit entfaltete sich jedoch vor allem im Inneren. Nur einige Zeichnungen von herrlichen Parkettböden, Kaminen und Stuckdecken sowie ein paar alte Fotografien des westlichen Treppenhauses erlauben eine vage Vorstellung von der prächtigen Ausstattung. Den Krieg überdauerten allein die Umfassungsmauern des Palais', das Ende der sechziger Jahre wiederaufgebaut wurde (Abb. 26).

Heute beherbergt das Gebäude das bedeutendste Keramikmuseum Deutschlands, das **Hetjens-Museum** (Abb. 27, 28). Die Sammlung umfaßt rund 11000 keramische Objekte aus acht Jahrtausenden. Hier sind alle Kulturen mit ihrem künstlerischen Schaffen in Ton vertreten: Keramiken aus China, Korea und Japan, ferner Werke der klassischen Antike, des europäischen Mittelalters, der Renaissance und des Barock bis zur Moderne. Islamische Arbeiten, keramische Kunst aus Afrika sowie Mittel- und Südamerika ergänzen die Sammlung, die alle Techniken der Keramik beinhaltet: Terracotta, bleiglasierte Irdenware, Fayencen, Majolika, Steingut, Steinzeug sowie Porzellan.

Das Hetjens-Museum ist nach dem Düsseldorfer Bürger *Laurenz Heinrich Hetjens* benannt, der seine umfangreichen Sammlungen 1906 der Stadt vermachte. Seit dieser Schenkung wurde die Keramiksammlung bedeutend erweitert und zu einer Spezialsammlung auch der zeitgenössischen deutschen Keramik ausgebaut. Die wichtigsten modernen Keramiker wie Laeuger, Dresler, Papendieck, Bontjes van Beek, Griemert, Ellwanger, Overberg, Pelzer, Storr-Britz, Wehring, Weber und Weigel sind vertreten. Die Schwerpunkte der Sammlung bilden vorderasiatische Irdenware (Iran, Mesopotamien), rheinisches Steinzeug, europäische Porzellanmanufakturen, Fayencen und Keramik Ostasiens.

Einige Schritte vom Hetjens-Museum entfernt liegt der Eingang zur heutigen **Pfarrkirche St. Maximilian,** der **ehemaligen Franziskanerkirche.** Die Franziskaner, die, wie bereits erwähnt, 1651 nach Düsseldorf kamen, waren der letzte Orden, der sich in Düsseldorf niederließ. Zunächst fanden sie im Norprathschen Anwesen eine Unterkunft; wenig später errichteten sie den Vorgängerbau der heutigen Kirche, der dem hl. Antonius von Padua geweiht war und für dessen Hochaltar der Kurfürst Johann Wilhelm im Jahre 1700 ein Gemälde stiftete.

Die kleine, einschiffige Kirche genügte jedoch dem Zulauf der Gläubigen bald nicht mehr; statische Schäden und Einsturzgefahr kamen hinzu, und seit 1720 verhandelten die Franziskaner mit der kurfürstlichen Verwaltung um den Platz für einen Neubau, denn an der Ostseite der Kirche stand die fürstliche *Orangerie.* Deren nördlicher Teil wurde schließlich abgebrochen, so daß die Franziskaner 1735 den Grundstein zu der heutigen Kirche legen konnten. Schon 1737 hielt man in ihr den ersten Gottesdienst ab, bevor sie dann 1740 feierlich geweiht wurde.

Gleichzeitig bauten die Franziskaner neue Klostergebäude. 1741 wird das Sommerrefektorium (der spätere Antoniussaal) als ›wunderbar geschmückt‹ erwähnt, und zwei Jahre später waren die Sakristei und das Brauhaus im südlichen Flügel vollendet. Während des Siebenjährigen Krieges dienten die Kirche und ein Teil des Klosters als Lazarett. 1766 haben zwei namentlich nicht bekannte Italiener die Kirche vollständig renovieren müssen, um die durch die Einquartierung der Soldaten entstandenen Schäden zu beseitigen.

Im Jahr 1804 fiel das Kloster der Säkularisation anheim, und 1805 erhob man die Kirche zur zweiten Stadtpfarrkirche – für die Karlstadt – und weihte sie dem hl. Maximilian Martyr und dem hl. Josef, den Namenspatronen des regierenden Kurfürsten Maximilian Josef von Pfalz-Bayern.

Die Klostergebäude, die seit der Säkularisation verschiedenen Zwecken dienten (Schule, Kunstakademie, Wohnungen), wurden zum Teil abgebrochen; zunächst das Wirtschaftsgebäude und das Brauhaus, später dann auch der Flügel an der Citadellstraße, um hier in den fünfziger Jahren des vorigen Jahrhunderts die St. Maximilian-Volksschule zu errichten.

Mitte des vorigen Jahrhunderts erfuhr auch das Innere der Pfarrkiche wesentliche Veränderungen. Ihre Altäre wurden – bedingt durch den gewandelten Zeitgeschmack – nacheinander entfernt und die Rückwand des Chores sowie die Abschlußwände der Seitenschiffe mit monumentalen Fresken geschmückt. 1844 malte der Nazarener *J. A. Settegast* den Chor mit einer Kreuzigungsgruppe aus, und um 1860/65 freskierte *Peter Molitor* die Stirnwände der Seitenschiffe. Anfang dieses Jahrhunderts hatte *Heinrich Nüttgens* den Auftrag, diese Freskogemälde zu restaurieren. Er entfernte dabei die Kreuzigungsdarstellung im Chor und das Fresko im linken Seitenschiff und versah beide Wände mit neuen Gemälden derselben Thematik.

In den zwanziger und dreißiger Jahren versuchte der Pfarrer Dr. Wahlen, dem Inneren der Kirche sein ursprüngliches barockes Aussehen wiederzugeben. Auch der Kreuzgang wurde neu gewölbt und der Antoniussaal, der zuvor als Turnhalle gedient hatte, restauriert. Die Eingangsfassade erfuhr einige Veränderungen, indem anstelle der Fenster die neubarocken Seitenportale gesetzt wurden.

Der Zweite Weltkrieg hat die Kirche schwer beschädigt. Die Restaurierungsarbeiten nach dem Krieg dauerten bis Ende der fünfziger Jahre; 1964 waren auch die Wiederherstellungsarbeiten an den Klostergebäuden beendet. Neue Instandsetzungsarbeiten und eine behutsame Innenrestaurierung führte bis 1977 Architekt A. Terhoeven durch.

Die Nordfassade der Kirche deutet in ihrer Dreiteilung den dreischiffigen Innenraum an. Die als flacher Mittelrisalit hervorgehobene Mittelachse ist mit einem Dreiecksgiebel abgeschlossen. Über dem von je einer korinthischen Säule flankierten Portal befindet sich eine Figurennische mit einer neueren Statue des hl. Antonius; darüber ist ein rundbogiges Fenster mit geschweifter Hausteinumrandung plaziert. Im Architrav ist die Jahreszahl angebracht: MDCCXXXVI (1736) angebracht.

Von der Nordseite an der Schulstraße gelangen wir in die nicht geostete dreischiffige, querhauslose Backsteinhalle. Die fünf Joche des Mittelschiffs sind mit querrechteckigen, flachen, die der Seitenschiffe mit längsrechteckigen Kreuzgratgewölben gedeckt. Das Innere (Abb. 32) wird von vier Säulenpaaren unterteilt. Die Säulen tragen die flachen Gratgewölbe, die durch stuckierte Längs- und Quergrate getrennt sind. Die Pilaster an den Wänden der Seitenschiffe und im Chor zeigen die gleichen ionischen Kapitelle wie die Säulen.

Fünf große rundbogige Fenster an der Ostwand belichten den Innenraum; ihnen entsprechen an der Westwand verglaste Fensternischen mit logenartigen Räumen, die vom zweiten Geschoß des Klosters aus zugänglich sind.

Beim Betreten der Kirche wird unsere Aufmerksamkeit auf die **Stuckdekoration** – vor allem

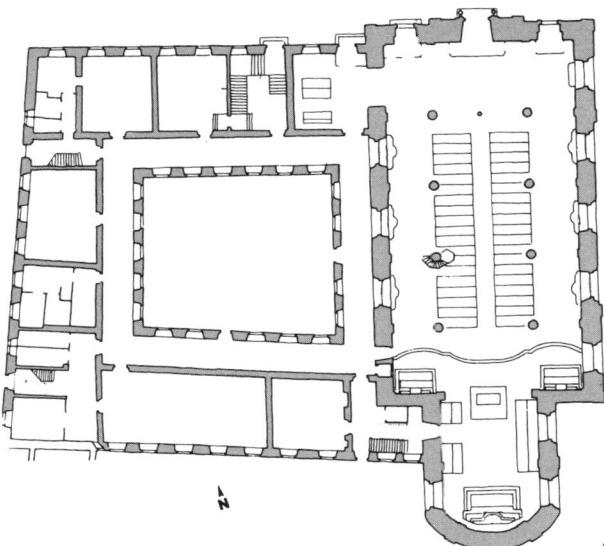

Maxkirche, Grundriß

auf den figürlichen Stuck unter der Orgelbühne – gelenkt. Das Joch unter der Orgelbühne ist in acht gleiche rechteckige – vier figürliche und vier ornamentale – kreuzgratgewölbte Felder unterteilt. Die Datierung dieser Stuckdekoration ist durch die Erbauungszeit der Kirche gegeben – zwischen 1737 und 1740.

Eine Madonna mit Sternenaureole, auf der Weltkugel mit Mondsichel stehend, schmückt den Mittelgurt. Maria und das quergelagerte Kind reichen je einen Kranz in die benachbarten Felder. Die übrigen Gurte dieser Felder sind mit zarten Bandelwerk-Arabesken stuckiert.

Die zwei Felder zur Linken der Madonna sind dem hl. Johannes von Nepomuk gewidmet. Man sieht den barhäuptigen Prager Generalvikar auf den Wolken kniend mit Buch und Kreuz zu seinen Füßen. In seiner Rechten hält er als Symbol der Verschwiegenheit die Zunge. In den anderen Kappen tragen je zwei Engel verschiedene Attribute des Heiligen: ein Buch mit drei Siegeln, darüber die päpstliche Tiara bzw. Märtyrerpalme; einen Kelch mit Hostie und Birett; ein Engel mit Schweigegestus hält Kreuz und Schlüssel. In den

Gewölbekappen des zweiten Feldes sind wohl die für den hl. Johannes charakteristischen Tugenden als Personifikation dargestellt. Die Gerechtigkeit (Justitia) wird durch einen Engel mit Schwert und Waage vertreten; die Standhaftigkeit (Constantia) als eine weibliche Gestalt, die an einen Säulenstumpf gelehnt ist, an ihrer Seite ein Schild; eine ebenfalls weibliche, mit langem Gewand bekleidete Gestalt, die sich auf einen Baumstumpf stützt und mit zwei Fingern der Rechten zu ihren geschlossenen Augen, mit der Linken auf ihre Stirn zeigt, personifiziert möglicherweise die Furcht vor dem Herrn (Timor Domini); eine weitere allegorische Gestalt mit Mauerkrone vollführt einen Schweigegestus und symbolisiert damit die für den hl. Johannes von Nepomuk spezifische Tugend – die Verschwiegenheit (Silentium).

Die beiden rechten Felder sind dem hl. Antonius von Padua zugeordnet. Der Franziskanermönch hält in seiner Rechten die mit einem Strahlennimbus umgebene Zunge als Hinweis auf seine Predigertätigkeit. Die drei Kappen zeigen einen Engel mit Posaune, zwei Engel mit den kanonischen Attributen des Heiligen – ein Lilienzweig und ein aufgeschlagenes Buch – und einen dritten Engel, der ein Schriftband trägt, auf dem seit der Restaurierung 1977 die Anfangsworte eines lateinischen Gebetes zu lesen sind. Im zweiten Feld trägt wieder ein Engel ein Schriftband, auf dem das Gebet, mit dem man den Heiligen um Hilfe bat, fortgesetzt wird. Die übrigen drei Kappen zeigen drei Personen, die wohl die Wunderheilungen bzw. die Nöte, gegen die der hl. Antonius hilft, symbolisieren.

Das ikonographische Programm unter der Orgelbühne bezieht sich also auf die Haupttätigkeit der Franziskaner, nämlich Beichtabnahme und Predigt, die durch die Heiligen Johannes von Nepomuk und Antonius von Padua versinnbildlicht werden.

Der schöne helle Innenraum mit den zarten Stuckierungen in den Gewölbefeldern ist sparsam eingerichtet. Manches von der ursprünglichen Ausstattung ging im Laufe der Zeit verloren, den empfindlichsten Verlust stellen dabei die Altäre dar.

Das heute den Chor schmückende **Altargemälde** stammt aus der abgebrochenen Kapuzinerkirche und wurde der Maxkirche 1813 nach einer Restaurierung überwiesen. Der Kapuzinerpater Damian, der auch unter den Hofkünstlern Johann Wilhelms genannt wird, schuf diese Anbetung der Hirten, die einen starken Rubens-Einfluß verrät. Die beiden Seitenaltäre aus der Zeit um 1700 wurden in Unterfranken erworben.

Von der ursprünglichen Einrichtung sind die schöne geschnitzte **Kanzel** von 1737, das **Laiengestühl** von 1741 und die sechs **Beichtstühle** erwähnenswert. Besondere Aufmerksamkeit verdient der neunteilige barocke **Orgelprospekt** des Kölner Orgelbauers *Ludwig König*. Diese Orgel, 1753–55 erbaut (heute mit neuem Werk), begründete eine lange Tradition von Kirchenmusik-Aufführungen in St. Maximilian. Schon im 18. Jh., vor allem aber im vorigen Jahrhundert, als *Felix Mendelssohn-Bartholdy* und *Robert Schumann* als Generalmusikdirektoren in Düsseldorf wirkten, war St. Maximilian mit seiner Orgel eine bevorzugte Stätte der geistlichen Musik.

Das zweireihige **Chorgestühl** des ausgehenden 17. Jh.s mit geschnitzten Knorpelornamenten an den Wangen stammt noch aus der ersten Franziskanerkirche. Im Chor befindet sich auch ein hervorragendes mittelalterliches **Lesepult,** das ursprünglich aus der Zisterzienserabtei Altenberg stammt und seit 1804 im Besitz der Maxkirche ist. Dieses Pult wurde im Auftrag des Altenberger Abtes Johannes von Koedinghoven 1449 gefertigt, wie die Inschrift auf dem Sockelgesims bezeugt. Das bronzene maasländische Evangelienpult mit spätgotischem architektonischen Sockel ist den bronzenen Adlerpulten im Aachener Münster, in der Kölner Severinskirche und dem in der Pfarrkirche zu Erkelenz eng verwandt.

Die **barocken Bildwerke,** die den Kirchenraum schmücken, gehören mit einer Ausnahme der zweiten Hälfte des 18. Jh.s an: zu Seiten des Hochaltars Maria Immaculata (1757) und der hl. Josef mit dem Jesuskind; an den Pilastern der Seitenschiffe fünf Franziskanerheilige des ausgehenden 18. Jh.s und eine Statue der hl. Barbara, die in den Umkreis der Bildwerke von Gabriel de Grupello gehört. Zahlreiche qualitätvolle barocke Bildwerke neben interessanten barocken Gemälden sind noch im Pfarrhaus deponiert bzw. im ehemaligen Kreuzgang aufgestellt.

Im angrenzenden Kloster (heute dienen die Gebäude der Pfarrgemeinde) zeigt das **ehemalige Sommerrefektorium** (Antoniussaal) eine ungewöhnlich reiche **Stuckdecke** mit Szenen aus dem Leben des hl. Antonius von Padua, die als Stuckzyklus nördlich der Alpen einmalig sind. Die Stirnwand des relativ niedrigen Raumes schmückt ein stuckierter Baldachin mit einem großen Kruzifix, das noch dem Rubensschen Vorbild verpflichtet ist (Abb. 33). Die flache Decke überspannt ein kompliziertes Rahmenwerk, in dem die wichtigsten Szenen nach der Heiligenlegende dargestellt sind. Die Entstehungszeit dieser Stuckdekoration wird im zweiten Viertel des 18. Jh.s vermutet.

Der **Kirchenschatz** von St. Maximilian kann sich mit den Schätzen von St. Lambertus und St. Andreas nicht messen; dafür besitzt die Kirche aber einige Schatzstücke von ungewöhnlicher Qualität. Viele dieser Schatzstücke sind erst 1804 aus Altenberg in den Besitz von St. Maximilian gelangt, so z. B. die spätgotischen Paramente, die durch Wappen als fürstliche Stiftungen ausgezeichnet sind und für die Grabkirche des bergischen Hauses in Altenberg bestimmt waren. Eine hervorragende Statue der Maria Immaculata aus dem Umkreis von Gabriel de Grupello gehört ebenfalls zum Schatz der Kirche.

Ein erst in den zwanziger Jahren entstandener Raum – heute **Andachtskapelle** – war ursprünglich den im Ersten Weltkrieg gefallenen Gemeindemitgliedern als Gedächtniskapelle bestimmt (mit einem Heldendenkmal von Fritz Coubillier und Fenstern nach Entwürfen von Jan Thorn-Prikker). Die Ausstattung der Kapelle, die an der Stelle der Klosterpforte entstand, vervollständigt eine Nachbildung des Neuburger Gnadenbildes ›Maria mit dem Gnadenauge‹.

Die Maxkirche verlassend, biegen wir nach rechts und betrachten auf dem kleinen **Maxplätzchen** den seit 1982 hier aufgestellten **Heimatbrunnen** des Bildhauers *Karl Heinz Klein*. Fünf Reliefplatten an schlanken Säulen schildern die wichtigsten Ereignisse der Düsseldorfer Geschichte: 1288 – Graf Adolf verleiht dem Dorf die Stadtrechte; 1710 – Johann Wilhelm plant den Ausbau der Neustadt; 1811 – Napoleon steht vor dem Berger Tor; 1848 – Lorenz Cantador gründet die Bürgerwehr; 1945–82 – aus den Kriegsruinen wächst das neue Düsseldorf. Zwischen den Reliefs sind fünf Porträts bedeutender Düsseldorfer Bürger angebracht: Heinrich Heine, Fritz Henkel, Wilhelm Marx, Arthur Schloßmann und Louise Dumont.

Der Platz hat seinen Namen nach Maximilian Josef von Zweibrücken-Birkenfeld, Kurfürst von der Pfalz und Bayern, Herzog von Jülich und Berg (1799–1806), zu dessen Ehren auch die säkularisierte Franziskanerkirche als Pfarrkirche den hl. Maximilian Martyr als Patron erhielt.

Wir wenden uns nun in die CITADELLSTRASSE, die mit ihrer geschlossen erhaltenen Bebauung ein einmaliges Denkmalensemble darstellt (Abb. 29, 30).

Die Hälfte der linken Straßenseite nimmt die **St. Maximilian-Volksschule** ein, die sich direkt an den einen Backsteinflügel des ehemaligen Klosters anschließt. Schon 1673 hatten die Franziskaner in ihrem Kloster (dem Vorgängerbau des heutigen) eine Lehranstalt für theologische Studien gegründet, an der sieben Schüler zu studieren begonnen hatten. Als zwei Jahrzehnte danach der Westflügel des Klosters erweitert wurde, richteten die Patres auf der Grundlage eines fürstlichen Patents von 1697 in jenem Westflügel eine Laienschule ein, in der Logik, Physik, Metaphysik und später auch Kirchen-, Natur- und Völkerrecht sowie orientalische Sprachen gelehrt wurden.

Mit dem Neubau der Kirche und des Klosters in den dreißiger Jahren des 18. Jh.s entstand an der Citadellstraße ein langer Flügel, in dem dann die Lehranstalt untergebracht wurde. Im Jahre 1804, nach der Säkularisierung des Klosters, richtete man – neben dem Lyzeum – auch die ersten öffentlichen Schulen ein: eine Knaben- und eine Mädchenschule. Außerdem wohnten in dem Gebäude einige Lehrer. Das Lyzeum war in der napoleonischen Zeit die einzige höhere Schule der Stadt; zwischen 1808 und 1816 besuchte sie auch Heinrich Heine. Mit Einführung der Schulpflicht 1812 wuchs die Zahl ihrer Schüler stark an, und es zeigte sich, daß die Räumlichkeiten an der Citadellstraße völlig unzureichend waren, da die Klassen durchschnittlich 100 Kinder zählten. Obwohl im Jahre 1831 das Gymnasium in den vornehmen Neubau an der Alleestraße (heute H.-Heine-Allee, an der Stelle des heutigen Kaufhofs) verlegt wurde, konnte der Notstand nicht behoben werden, denn für die mittellosen Kinder entstand hier noch zusätzlich die Armenschule, auch *Max-Frei-Schule* genannt. Zunächst wurden zusätzliche Räume in den Nachbarhäusern angemietet, aber dann mußte die Schule wegen Baufälligkeit des Gebäudes geschlossen werden, und man zog in das *Vogtsche Haus* (Nr. 14) am Ende der Citadellstraße um. Unvorstellbar, daß in jenem Eckhaus zwischen 1851 und 1856 in neun Klassen 800 Kinder unterrichtet wurden!

Den Schulflügel an der Citadellstraße verkaufte man zum Abbruch, und 1853 legten der Stadtbaumeister E. Westhofen und der Baumeister Anton Schnitzler Pläne für einen Schulneubau vor. Die Stadt entschloß sich für den Schnitzlerschen Plan. Der Stadtverordnete *Anton Schnitzler* war ein bedeutender Architekt des Düsseldorfer Klassizismus. Als Nachfolger von Adolph von Vagedes ist er vor allem durch seine Mitwirkung bei der Stadtplanung bekannt. Neben einer Anzahl noch erhaltener Wohnhäuser ist die *Maximilian-Schule* sein einziges öffentliches Gebäude.

Der ursprünglich zweigeschossige, langgestreckte Schulbau mit einem schwach hervortretenden siebenachsigen, dreigeschossigen Mittelrisalit ist durch die 1883 erfolgte Aufstockung der Seitenflügel in seiner optischen Wirkung etwas nachteilig verändert worden. Rundbogige Türen und Fenster rhythmisieren die Straßenfront; die klare Gliederung ist jedoch an keinen historischen Stil angelehnt. Ein von Pilastern gerahmtes Portal mit gekuppelten Fenstern darüber hebt die Mittelachse hervor. Bänderputz von abwechselnder Schichthöhe – nur im Erdgeschoß des Mittelrisalits, aber in voller Höhe an den ursprünglich zweigeschossigen Flügeln – sollte optisch den höheren Mittelrisalit nicht zu schwer wirken lassen. Die Klassenzimmer sind von der Straßenseite abgekehrt. Die Rückfront des Gebäudes ist geschlämmt.

Gegenüber der Schule betrachten wir zuerst das **Haus Nr. 3** von H. Sandvoß aus dem Jahre 1875, das sich durch seine zurückhaltende, dem Düsseldorfer Spätklassizismus verpflichtete Fassade gut in das Ensemble der barocken Bauten einfügt. Die Ecke zur Schulstraße schmückte ein kleines barockes Giebelhaus ›Im Schenske‹, das 1911 der Verbreiterung der Schulstraße zum Opfer fiel. Das **Haus Nr. 5,** mit einem Hofflügel, entstand gegen Ende des 17. Jh.s und war ursprünglich zweigeschossig; in den zwanziger Jahren dieses Jahrhunderts wurde es aufgestockt und in den siebziger Jahren im Zuge der Neubebauung an der Schulstraße modernisiert; dabei sind auch die inzwischen verwahrlosten Flügel der ehemaligen Nesselrodschen Stallungen von 1725 beseitigt worden.

Das interessanteste Haus der Straße ist die **Nr. 7,** heute Haus der polnischen Kultur – **Ars Polona-Galerie** – mit Ausstellungsräumen und somit auch für den Besucher offen (Abb. 30). Der kurfürstliche Kammerfourier Johann Georg Steinier ließ es 1684 errichten. 1779 gelangte das Anwesen an den Hofrat Daniels, der es dem geänderten Zeitgeschmack entsprechend modernisieren ließ. Dieses Haus ist ein typisches Beispiel für die Wohnarchitektur der Johann-Wilhelm-Zeit. Die vierflügelige Anlage mit Binnenhof, ursprünglich mit einem Querflügel in Fachwerk und zwei niedrigen Gartenflügeln, nutzte die Grundstückstiefe optimal. Wie bei allen Häusern dieser damals wohl sehr begehrten Straßenseite reichte auch sein Grundstück bis zur damaligen Dammstraße, also fast bis zum Rhein. Infolgedessen besaßen die Wohnbauten dieser Straßenhälfte mehrere Hofflügel, große Gärten, Stallungen oder Hintergebäude.

Im 18. Jh. gehörte die Zitadelle zur bevorzugten Wohngegend Düsseldorfs. Viele wohlhabende Beamte (Goltstein, von Hagens, Stahl, von Pfeilsticker) ließen sich hier nieder. Sie bauten jedoch nur wenig um, statteten ihre Häuser vielmehr neu aus, wie Stuckdekorationen oder schöne Treppenhäuser noch heute beweisen.

So auch beim Haus Nr. 7. Sein Erscheinungsbild verrät vor allem im Obergeschoß der straßenseitigen Fassade und in der Innenausstattung der Räume (die von den polnischen Restauratoren vorzüglich instandgesetzt wurden) den Umbau des ausgehenden 18. Jh.s. Die Grunddisposition mit der symmetrischen Anordnung der Wohnräume um die Mittelachse gehört noch dem letzten Viertel des 17. Jh.s an.

Das Nachbarhaus **Nr. 9** mit der Jugendstilfassade entstand Anfang dieses Jahrhunderts anstelle eines vermutlich ähnlichen Hauses wie Nr. 7. Auch das in den dreißiger Jahren stark veränderte Haus **Nr. 11** gehört noch zum gleichen Typus wie Nr. 7, ist ebenfalls um 1684 entstanden und wie dort in der Mittelachse mit Eingang und Erker betont.

Die anschließende Gruppe **Nr. 13, 15, 17, 19, 21, 23, 25** der barocken, vorwiegend aus dem Jahre 1684 stammenden Häuser zeigt trotz mancher Veränderungen aus dem 18. bzw. Anfang des 19. Jh.s den Typus des dreigeschossigen Wohnhauses mit einem oder zwei Hofflügeln, mit oder ohne Toreinfahrt: solide, schlicht und wirkungsvoll als Gesamtbild.

Am Haus **Nr. 17,** dem sogenannten *Pfeilstickerschen Haus* (nach dem Besitzer im 18. Jh.), beachten wir eine reizvolle **Rokokotür.** Das Nachbarhaus **Nr. 18** war im 18. Jh. im Besitz des Jagdkapitäns Brügelmann aus Cromford bei Ratingen; mit dem Namen Cromford sind die Anfänge der Industrialisierungsepoche nicht nur in Deutschland, sondern auf dem gesamten europäischen Kontinent verbunden.

Als letztes Haus entstand die **Nr. 27,** nach den Ankersplinten im Jahr 1689. Es erhielt 1794 einen Anbau mit stichbogiger Toreinfahrt und wurde im 19. Jh. durch einen Ladeneinbau mit Schaufenster verändert.

Auf der gegenüberliegenden Straßenseite schließen an die Schule die barocken **Häuser Nr. 4, 6, 8 und 12** aus dem letzten Jahrzehnt des 17. Jh.s an. Die **Ecke zur Bäckerstraße** nimmt eine schöne dreiflügelige Anlage ein, die 1692–98 der kurfürstliche Festungsingenieur und Architekt *Michael Cagnon* als eigenes Wohnhaus errichtete. Um 1744, wohl in Zusammenhang mit dem Besitzerwechsel – das Haus kam an den Geheimrat Kleefisch –, wurde das Hauptgebäude umgebaut, aufgestockt und mit einem Mansarddach versehen. Das siebenachsige, dreigeschossige Wohnhaus zeigt einen dreigeschossigen Mittelrisalit mit Kolossalpilastern, Portikus und Balkon. Der zwölfachsige, zweigeschossige Flügel mit Toreinfahrt liegt zur Bäckerstraße hin.

Am Ende der Citadellstraße angelangt, haben wir uns hier als Abschluß das schöne, erst 1895 abgerissene *Berger Tor* vorzustellen. Unter Herzog Wolfgang Wilhelm 1620 als das Neue Berger Tor errichtet, wurde es von Ingenieurhauptmann van Douwen 1751 aufgestockt. Seine siebenachsige Fassade mit der breiten Tordurchfahrt hatte stadtseitig ein breites, von *Balthasar Spaeth* mit reichem Reliefschmuck dekoriertes Mittelfeld. Das Mittelfenster flankierten kriegerische Trophäen, und über dem Fenster befanden sich zwei vom Kurhut bekrönte Kartuschen mit den Monogrammen C T (Carl Theodor) und E A (Elisabeth Auguste).

An der südwestlichen, oberrheinischen oder Thomas-Bastion (heute unweit des Mannesmannufers) müssen wir uns noch einen anderen außerordentlichen Bau vorstellen: das *kurfürstliche Gouvernementsgebäude*. Es war eine große symmetrische, vierflügelige Anlage, die der Kurfürst Johann Wilhelm wohl um 1710 für einen seiner Günstlinge, den damaligen Festungsgouverneur Graf von Nassau-Weilburg, ausführen ließ. Die neunachsige Hauptfassade besaß einen dreiachsigen, durch einen Giebel mit reichem Trophäenschmuck ausgezeichneten Mittelrisalit. Das Gebäude spielte – wohl ähnlich wie das Statthalterpalais in der Mühlenstraße – eine beispielgebende Rolle für die Wohnhausarchitektur seiner Zeit. Die französischen Truppen brannten es bei ihrem Abzug 1762 nieder; nur ein Teil der Anlage bestand wohl noch bis zur endgültigen Schleifung der Festungswerke 1801.

Der Ausbau des Zitadellviertels geht zweifellos auf die Planung der Architekten *Michael Cagnon* und *Johann Paul Reiner* zurück. Die breit angelegte Hauptstraße mit ihren schönen Wohnbauten und den großen Palais' an den Endpunkten der Zitadelle – Palais Leerodt, Palais Nesselrode, Gouvernementsgebäude und Palais Spee – als harmonische Einrahmung der ganzen Anlage stellen eine bedeutende Leistung der damaligen Stadtbaukunst dar.

Wir folgen jetzt der BÄCKERSTRASSE nach links entlang der langen Fassade des **Palais Spee,** heute **Stadtmuseum.**

Das Stadtpalais an der Bäckerstraße wird nach den letzten Besitzern dieses Anwesens, den *Grafen Spee,* genannt. Die auf Schloß Heltorf bei Angermund ansässigen Freiherren und späteren Grafen von Spee nahmen schon seit dem Ende des 17. Jh.s wichtige Positionen am Düsseldorfer Hof ein. Im Laufe des 18. Jh.s erwarben sie auch in der Stadt einige Häuser, u. a. Altestadt Nr. 10, ein Grundstück an der Ritterstraße und zwei Häuser an der Orangeriestraße. Das unter dem Namen Palais Spee bekannte Haus Bäckerstraße Nr. 7–9 hat jedoch erst 1806 Karl Wilhelm Graf von Spee von seinem Schwager, dem Freiherrn von Hompesch-Bollheim, gekauft; dieser hatte es 1785 von der Gräfin Horion erworben.

Das Anwesen mit seiner bis heute nicht eindeutig geklärten Baugeschichte war der ehemalige Diemansteinsche Besitz. Zu Beginn des 18. Jh.s wird der kurpfälzische Obersthofkämmerer *Reichsgraf Adam Diemanstein* als Eigentümer genannt. Sein Wohnsitz lag auf der Bastion Maria Amalia, später auch als Bastion Diemanstein bekannt. Ob die Vorbesitzer dort schon ein Haus gebaut hatten, wissen wir nicht; ein Plan von 1688 zeigt an dieser Stelle noch Militärbaracken. Nach dem Tode Diemansteins fiel das ›auf hiesiger Citadelle gelegene ansehnliche Wohnhaus samt Hof, Garten und Stallungen‹ durch Erbgang der *Gräfin Horion* zu. Allgemein wird angenommen, daß wohl erst Graf Spee dem Palais sein heutiges Aussehen gab; allerdings gehören die ältesten Teile des Hauses noch dem ausgehenden 17. Jh. an, wie die zwei Kabinette mit stuckierten Kaminen und Stuckdecke im Ostteil beweisen, die eindeutig aus der Zeit stammen, als Graf Diemanstein Eigentümer des Hauses war.

Überdies nimmt man an, daß Graf Spee ein weiteres Haus (weitere Häuser?) hinzukaufte und sie dann zu einer Einheit zusammenfügte.

Das äußere Erscheinungsbild der zweigeschossigen Vierflügelanlage aus unverputztem Backstein mit einem langen Flügel entlang der Bäckerstraße gehört dem ausgehenden 18. Jh., wenn nicht schon dem beginnenden 19. Jh. an. Hochrechteckige Fenster in profilierten Sandsteinrahmen rhythmisieren die Fassade, die zusätzlich noch insgesamt drei rundbogige Toreinfahrten aufweist. Der rechtwinklige, zweiachsig vorspringende Ostflügel bildet von der Orangeriestraße her ein kleines Plätzchen, 1988 nach der Kurfürstin Anna Maria Luisa Medici benannt. Hier befindet sich auch der **Haupteingang** des Hauses mit einer schönen geschnitzten Tür aus der Zeit um 1800. Im Ostflügel beachten wir oberhalb der quadergerahmten Toreinfahrt eine **Gedenktafel** von W. Hoselmann aus dem Jahr 1936, die an die drei Grafen Spee (Admiral Maximilian Graf von Spee und seine beiden Söhne) sowie an die 2000 Gefallenen bei den Falklandinseln 1914 erinnert.

Neben der Toreinfahrt befindet sich der Eingang zum **Garten,** der der Öffentlichkeit zugänglich ist (Abb. 25). Vom Garten her sehen wir die Ostfassade, hinter der im Obergeschoß der **Gartensaal** (Abb. 24) liegt, zu dem eine vorgesetzte zwischenklige Treppe führt. Die Süd-(Garten-)fassade ist durch einen fünfachsigen Risalit mit bekrönendem Dreiecksgiebel betont.

Die aufgestockte alte Festungsmauer umschließt das ehemalige Speesche Grundstück, das eine reizvolle Grünoase in der Düsseldorfer Innenstadt bildet und mit seinem wassergefüllten **Speeschen Graben** – dem letzten sichtbaren Rest der Zitadelle – bis zur Einmündung der POSTSTRASSE in die HAROLDSTRASSE reicht. Der wohl erst durch den Grafen Spee angelegte Garten – vielleicht sogar von M. F. Weyhe Anfang des 19. Jh.s gestaltet – ist einerseits als Hausgarten auf das Gebäude hin konzipiert, zum anderen bildet er an der Ostseite des Grundstücks einen ›romantischen Wandelhain‹, der den Besucher mit seinem alten Baumbestand aus riesigen Platanen, Ahornbäumen, Blutbuchen und Ulmen erfreut.

1963 hat die Stadt das im Zweiten Weltkrieg stark beschädigte, im westlichen Teil sogar bis auf die Umfassungsmauern zerstörte Palais erworben und dem **Stadtmuseum** übergeben. Das schon 1874 gegründete *Stadtgeschichtliche Museum* ist eine der ältesten Institutionen dieser Art im Rheinland, besaß jedoch seit seiner Gründung nie ein eigenes Museumsgebäude. Es war zuerst im Palais Hondheim, dann im ehemaligen Galeriegebäude am Burgplatz und danach im umgebauten Lagerhaus am Rhein zusammen mit der Pfandleihanstalt untergebracht. 1928 fand die Sammlung eine Unterkunft im Kunstgewerbemuseum am Grabbeplatz. Nach dem Krieg konnte in verschiedenen Wechselausstellungen im Jägerhof nur ein Teil des überaus reichen Bestandes gezeigt werden.

Seit 1978 ist auch der – im Zweiten Weltkrieg niedergebrannte – westliche Flügel des Palais' äußerlich in alter Form wiedererrichtet, so daß das Stadtmuseum seit über 100 Jahren nun erstmals den Großteil seines Besitzes der Öffentlichkeit zugänglich machen kann.

Das Themengebiet dieses ältesten städtischen Museums umfaßt die Geschichte der Stadt Düsseldorf, gleichzeitig aber auch die des zu ihr gehörenden politischen Raumes. Vor- und frühgeschichtliche Funde gehören dazu, die von P. Clemen 1894 folgendermaßen charakterisiert wurden: ›Eine bedeutende Sammlung von römischen, germanischen und fränkischen Funden an Thongefäßen, Gläsern, Metallarbeiten; nächst dem Provinzialmuseum zu Bonn die größte derartige Sammlung am Niederrhein...‹. Des weiteren eine Münzen- und Medaillensammlung mit annähernd 3000 Stücken, mehr als 2000 Gemälde, eine über 30000 Exemplare umfassende Graphikkollektion, eine umfangreiche Fotothek, aber auch über 500 Möbelstücke, hervorragende Goldschmiedearbeiten, Waffen, Geräte, Kostüme sowie eine Autographen- und Urkundensammlung. In neuerer Zeit kam auch die jüngste Geschichte der Stadt hinzu, vor allem die Zeit zwischen den beiden Weltkriegen sowie die Düsseldorfer Künstler des 20. Jh.s mit dem Schwerpunkt auf der Kunst im Widerstand. Dem Stadtmuseum sind außerdem die im Schloßturm untergebrachte Sammlung zur Rheinschiffahrt (Schiffahrt-Museum) und das in der Zeit des Spätrokoko erbaute Jagd- und Lustschloß Benrath unterstellt.

Die Geschichte der Stadt Düsseldorf von ihren Anfängen bis heute, ihre Kultur, ihre bürgerliche und zum Teil auch höfische Kunst sowie ihre wirtschaftliche Ausstrahlung und Bedeutung ist museal nirgendwo besser dokumentiert als hier. Inzwischen entsteht für die ständig wachsenden Bestände des Museums ein Erweiterungsneubau nach Entwürfen des Schweizer Architekten Nikolaus Fritschi. Der mit viel Einfühlungsvermögen für die Bedürfnisse des Museums, aber auch für die historische Situation und das städtebauliche Ensemble der Citadellstraße entworfene Neubau an der Berger Allee soll 1990 eröffnet werden.

Nach dem Verlassen des Palais Spee beachten wir linkerhand eine kleine Stichstraße; die BÄCKERGASSE (Abb. 31). Ihre Häuser waren ursprünglich Hinterhäuser der Citadellstraße. Die Gasse erhielt – ebenso wie die Bäckerstraße – ihren Namen nach der Kommiß-Bäckerei, die sich neben dem Berger Tor befand.

An der Ecke ORANGERIESTRASSE erhebt sich das **ehemalige Palais Vittinghof gen. Schell.** Die ursprüngliche Zweckbestimmung des auf einem ungewöhnlich großen Grundstück um 1710 errichteten Gebäudes ist unbekannt (vielleicht Gießhaus für Geschütze, als die Zitadelle noch militärisches Gelände war?). *Freiherr von Vittinghof gen. Schell* kaufte das Anwesen 1808 und ließ es um 1830 durch einen unbekannten Architekten (H. J. Freyse?) umbauen. Leider entstellt das neue Mansarddach das Gebäude, von dessen Innenausstattung nichts erhalten blieb. Aber das schöne, von ionischen Doppelsäulen flankierte **Portal** mit prächtig geschnitzter Tür, die mit Rosetten, Girlanden und einer Vase im Oberlicht geschmückt ist, scheint unter dem Einfluß von Schloß Benrath entstanden zu sein.

Das Palais ist das letzte Gebäude der ORANGERIESTRASSE; die Bezeichnung erinnert an die *kurfürstliche Orangerie:* ein Gewächshaus in einem kurfürstlichen Gartengelände. Als die Franziskaner um 1720 den jetzigen Kirchenbau errichten wollten, mußten sie lange mit der fürstlichen Verwaltung um dieses Gelände verhandeln; erst nach dem Abbruch der nördlichen Hälfte der Orangerie konnten sie 1735 den Grundstein zum Kirchenneubau legen.

Die kleine Grünanlage südlich der Maxkirche wird von der 1873 aufgestellten **Mariensäule** dominiert: dem einzigen öffentlichen religiösen Denkmal der Stadt (Abb. 34). Die Mariensäulen des 19. Jh.s setzen die Tradition der barocken Bildwerke dieses Themas fort, die vor allem im süddeutschen Raum und in dem Gebiet der ehemaligen österreichisch-ungarischen Monarchie verbreitet sind und mit der gegenreformatorischen Verehrung der Muttergottes zusammenhängen. Der äußere Anlaß zur Errichtung der Mariendenkmäler im 19. Jh. war die Verkündung des Dogmas von der Unbefleckten Empfängnis Mariens durch Pius IX. im Jahr 1854. Bald darauf, auch als Ausdruck des öffentlichen Bekenntnisses zur Kirche, wurden in Köln, Aachen und anderen Städten des Rheinlandes die ersten Mariensäulen aufgestellt. Dem 1859 gegründeten Düsseldorfer ›Verein zur Errichtung einer Mariensäule‹ bereitete der Aufstellungsort große Schwierigkeiten. Nachdem schon 1860 der Entwurf des Bildhauers Gottfried Renn aus Speyer ausgewählt wurde (die figürlichen Arbeiten sollte Josef Reiß, die ornamentalen Teile Rechmann ausführen), dauerte es noch zwölf Jahre, bis der Grundstein gelegt werden konnte. Der ursprünglich vorgesehene Friedrich-(jetzt Grabbe-)platz wurde wegen der möglichen Beleidigung der evangelischen Bevölkerung verworfen, und man entschied sich schließlich für das Plätzchen südlich der Maxkirche. Die Einweihung der Mariensäule 1873 fällt schon in die Anfänge des Kulturkampfes, der Auseinandersetzung zwischen der Kirche und dem preußischen Staat.

Im Gegensatz zu Köln, wo 1858 eine neugotische Mariensäule aufgestellt wurde, wählte man in Düsseldorf die ›byzantinische Lösung‹, wie damals der neuromanische Entwurf bezeichnet wurde, eine Entscheidung, die den Kölner Neugotikern zutiefst mißfiel.

Über einem hohen Sockel, auf dem ein tabernakelartiger kubischer Unterbau mit vier Propheten unter romanischen Arkaden ruht, erhebt sich ein kurzer Pfeilerschaft, der durch einen Ring mit der Inschrift SANCTA MARIA SINE LABE CONCEPTA ORA PRO NOBIS, ein Hinweis auf das verkündete Dogma, unterbrochen wird. Ein großes Kapitell mit geflügelten Engelsköpfchen trägt die Figur der Immaculata, die mit kleinen Abweichungen der von Eduard von Steinle für Köln entworfenen Marienstatue verpflichtet ist. Als Material wurde Trierer Sandstein gewählt. Die elegischen Prophetenfiguren mit fast unlesbaren Schriftrollen wurden 1965 restauriert und durch Kopien ersetzt; die Originale sind im Kreuzgang der Maxkirche aufgestellt.

Hiermit endet die Geschichte der Düsseldorfer Zitadelle und ihrer Denkmäler. Nach Schleifung der Befestigung Anfang des 19. Jh.s wurde die Zitadelle in eine Neuplanung miteinbezogen, um allmählich einerseits mit der Altstadt und andererseits mit der Karlstadt zu verschmelzen. Als dann Ende des 19. Jh.s das Rheinufer gestaltet wurde, erhielt sie zum Rhein hin und an der Berger Allee eine repräsentative Bebauung.

Mit einem kleinen Rundgang um die Zitadelle, in den auch die Bebauung des MANNESMANN- und RATHAUSUFERS einbezogen wird, vergegenwärtigen wir uns noch einmal die Größe dieser militärischen Anlage des 16. Jh.s.

Am Speeschen Graben entlang durch die POSTSTRASSE, die schon zu der klassizistischen Stadterweiterung – der Karlstadt – gehört, gehen wir bis zur HAROLDSTRASSE. Diese verdankt ihren Namen dem *Freiherrn Edmund von Harold* (1737–1808), der hier wohl eines der ersten Häuser erbaute. Harold, in Dublin geboren, war vor allem durch die Übersetzung der Ossian-Gedichte nach James Macpherson bekannt. Die Poststraße hat ihren Namen von dem königlichen Postamt, dessen Direktor Wilhelm Maurenbrecher die Post von der Zoll-straße in das heute nicht mehr existierende Gebäude Poststraße Nr. 1 verlegen ließ (Nr. 4 und 5 waren die Postwagenwerkstätten).

In der Haroldstraße biegen wir nach rechts und haben links vor uns das **Innenministe-rium des Landes Nordrhein-Westfalen,** einen Gebäudekomplex der Architekten *Hentrich, Petschnigg und Partner* (1980), sowie den von *H. Deilmann* entworfenen **Fernmeldeturm** (1982), mit 236 m das höchste Bauwerk der Stadt, und die 560 m lange **Rheinkniebrücke** von *Prof. E. Tamms,* die seit 1969 über eine 320 m weite Schiffahrtsöffnung die südliche Innen-stadt und die Friedrichstadt mit dem linksrheinischen Stadtteil Oberkassel verbindet (Abb. 2, 88). Die Brücke ist an zwei 115 m hohen tragenden Pfeilern aufgehängt und mit Schrägsei-len verspannt.

Neben der Brücke, auf dem Gelände des ehemaligen Berger Hafens, steht das 1988 fertiggestellte neue **Landtagsgebäude,** errichtet nach Plänen der Architekten *F. Eller, E. Moser und R. Walter:* ein mächtiger, aufgebrochen amphitheatralischer Komplex (Farb-abb. 1, Abb. 89). Daneben das 1990 fertige WDR-Studio von dem Architekten Rüping.

An den auf der rechten Seite gelegenen **Ministerien** für Wirtschaft, Mittelstand und Verkehr sowie für Arbeit, Gesundheit und Soziales des Landes Nordrhein-Westfalen vor-bei, biegen wir rechts zum MANNESMANNUFER ein. An der Ecke befinden sich das **Haus des Ministerpräsidenten** und die **Staatskanzlei des Landes Nordrhein-Westfalen.** Beide Bau-ten wurden 1910–11 von dem Düsseldorfer Architekten *H. v. Endt* als Verwaltungsgebäude für die Rheinprovinz bzw. als Wohnhaus des Landeshauptmanns erbaut. Das fünfflügelige, viergeschossige Verwaltungsgebäude mit zwei Innenhöfen und das zweigeschossige Palais in neoklassizistischen Formen an der Ecke sind Beispiele des offiziellen konservativen Bauens für den Staat, den Bauten für die preußische Regierung an der Cecilienallee durchaus ver-gleichbar.

Daneben entstand nur ein Jahr später (1911–12) das **Verwaltungsgebäude der Mannes-mann Röhren-Werke AG:** ein vorbildlicher Bau der Neuen Sachlichkeit. Sein Schöpfer *Peter Behrens,* der 1903–07 als Direktor an der Düsseldorfer Kunstgewerbeschule wirkte, gehört zu den bedeutenden Künstlerpersönlichkeiten der klassischen Moderne; er war Maler, Designer, Mitbegründer der Vereinigten Werkstätten in München, Mitglied der Künstlerkolonie in Darmstadt und nach seiner Tätigkeit in Düsseldorf seit 1907 Architekt und künstlerischer Berater der AEG in Berlin, für die er, neben dem Design sämtlicher Produkte, die ersten modernen Industriebauten errichtete. Während der Düsseldorfer Zeit vollzog sich seine Entwicklung vom Maler und Designer zum Architekten. Bedauerlicher-weise ist von seiner Tätigkeit in Düsseldorf sehr wenig erhalten. Er gestaltete zusammen mit den Lehrern der Kunstgewerbeschule F. H. Ehmcke und R. Bosselt den Lesesaal der Biblio-thek am Grabbeplatz, der auf der Weltausstellung in St. Louis 1904 gezeigt und im Krieg zerstört wurde (vgl. S. 86); er entwarf den architektonischen Garten am Kunstpalast wäh-rend der Kunst- und Gewerbeausstellung 1904 und beteiligte sich an zahlreichen Wettbe-werben. Sein einziges erhaltenes Baudenkmal in der Stadt ist das monumentale Mannes-mann-Verwaltungsgebäude am Mannesmannufer.

Ursprünglich war es ein allseitig freistehender, mehrflügeliger, viergeschossiger Komplex: ein Stahlrohrbau mit Natursteinverkleidung, hohem rustizierten Sockelgeschoß und durch breite Gesimsstreifen gegliederten Obergeschossen. Die Obergeschosse sind gekoppelt; eine durchgehende Pfeilerfolge trennt die schmalen, hochrechteckigen Fenster. Ein säulenflankiertes Hauptportal führt zu dem auch im Inneren nobel gestalteten Bau mit großzügig geführten Marmortreppenhäusern. Eine gewisse Monumentalität wird durch die Geschlossenheit des Baukörpers, die Schmucklosigkeit, die Funktionalität und den strengen Rhythmus der Fassaden erreicht. Das Mannesmann-Verwaltungsgebäude wurde zum Prototyp der Bürohausarchitektur, die, ohne tragende Wände konzipiert, jederzeit variable Raumstrukturen durch Addieren der kleinsten Büroeinheit erlaubte.

Ein moderner Erweiterungsbau des Konzerns, das **turmartige Hochhaus** von den Architekten *P. Schneider-Esleben* und *Dr. Knothe* (1956–58), war mit seinen 88 m vor der Errichtung des Fernmeldeturmes das höchste Gebäude der Rheinfront. Den kleinen Platz vor dem Neubau schmückt eine **geometrische Brunnenanlage** (1982) von *Roland Weber,* gebildet aus vier Edelstahlbecken mit vier Quellbrunnen. Davor befindet sich die 1961 von dem Akademieprofessor *Norbert Kricke* für die Mannesmann AG – wohl aus ihrem berühmtesten Produkt, den glänzenden nahtlosen Stahlrohren – geschaffene **Plastik ›Bewegung‹** auf einem hohen quadratischen Sockel, die 1967 auf der Weltausstellung im kanadischen Montreal die moderne Kunst Düsseldorfs repräsentierte (Farbabb. 34).

Wir biegen nun in die kurze THOMASSTRASSE ein und erreichen die BERGER ALLEE: eine ehemalige Ausfallstraße nach Süden, benannt nach dem Berger Tor. Nach 1801 wurde die Allee, wahrscheinlich von M. F. Weyhe, bepflanzt, aber erst um 1900 bebaut. Die noch erhaltenen **Jugendstil-Reihenhäuser** errichtete 1905–07 der Architekt W. Lenz (Farbabb. 5). An der Ecke biegen wir in die BÄCKERSTRASSE ein und gelangen zum RATHAUSUFER – wie dieser Teil der Rheinfront jetzt heißt. Auch hier stehen, ähnlich wie in der Berger Allee, viergeschossige **Jugendstilhäuser** mit abwechslungsreichen Dächern, Erkern und Giebeln, die zum Rhein hin eine lebendige großbürgerliche Schaufront bilden. An der Ecke SCHULSTRASSE angelangt, haben wir den Ausgangspunkt unserer Besichtigung wieder erreicht.

Die Karlstadt

Die Karlstadt, obwohl nach dem Kurfürsten Carl Theodor benannt, während dessen Regierungszeit sie bebaut wurde, verdankt ihre Entstehung letztlich dem Kurfürsten Johann Wilhelm. Schon als Regent 1684 trug er sich mit dem Gedanken, seine Residenzstadt und die Festung Düsseldorf zu erweitern. Drohende Kriegsgefahr vereitelte zunächst seine Pläne, und erst Ende der neunziger Jahre des 17. Jh.s und im Jahre 1709 konnte er sie wieder aufgreifen. Diese Stadterweiterung – auch *Neustadt* oder *Extension* genannt – war in ihrem Umfang so außergewöhnlich, daß sie noch unlängst in der Forschung als phantastisch galt: Die Stadtfläche sollte auf das Vierfache ihrer Größe anwachsen. Interessant in diesem Zusammenhang ist, daß der kurfürstliche Sprachsekretär Giorgio Maria Rapparini 1697 eine Gedenkmedaille für diese Erweiterung entworfen hat und sogar vorschlug, den Namen der Residenzstadt Düsseldorf in ›Düsselstadt‹ umzuwandeln. Urheber des Erweiterungsplans war der kurfürstliche *Hofbaumeister Michael Cagnon.* Der Erweiterungsplan sah eine Ausdehnung der Stadt in Form eines großen Bogens vor, der zuerst etwas östlich der heutigen

Ausbau der östlichen Festungswerke. Ölgemälde von H. E. Beckers, 1735

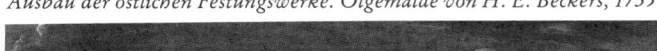

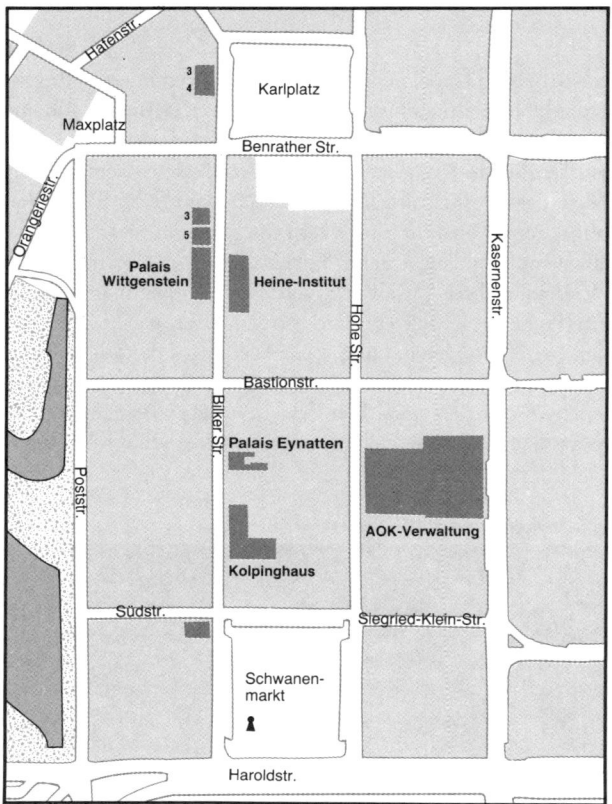

Königsallee mit dieser parallel verlaufen sollte, dann über den heutigen Graf-Adolf-Platz bis hin zum Ständehaus, weiter in westlicher Richtung über den heutigen Fürstenwall bis fast zur Düsselstraße und zum Rheinufer. Vielleicht sollte hier nach Plänen von Domenico Martinelli (?) oder Graf Matteo Alberti ein mehrflügeliges, zum Rhein hin geöffnetes Schloß entstehen. Die eigentliche Hauptachse war eine der Königsallee ähnliche Allee mit einem mittleren Wassergraben, der in Höhe der heutigen Bastionstraße rechtwinklig nach Westen abbog und sich mit dem Graben der Zitadelle vereinigte. Große rechteckige Bauquadrate und zwei große Plätze bildeten diese Neustadt.

Wichtige Voraussetzung für die Besiedlung eines so immensen Gebietes war ein Befestigungsgürtel, für den allerdings, wie für so manche Projekte des Kurfürsten, die Mittel fehlten. Als der Hofbaumeister Michael Cagnon schon 1700 starb, wurde der Hofarchitekt *Jakob Dubois* sein Nachfolger, der das Projekt aber wohl nicht mehr mit gleichem Eifer betrieb wie sein Amtsvorgänger. Trotz vieler Vergünstigungen fand der Aufruf zur Neuansiedlung auch bei der Bürgerschaft wenig Interesse. Ein Grundstein – besser Gedenkstein – am Stadtbrückchen erinnert an den Bau der Circumvallationsmauer, die die Neustadt umgeben sollte. Aber nur ein Bruchteil des großzügigen Plans konnte verwirklicht werden, und zwar die *äußere Extension* rechts und links der Neusser Straße, die Neustadt, und die *innere Extension*, die spätere Karlstadt.

Südlich der Wallstraße entstand ein Platz, der mit der Altstadt durch das schon erwähnte *Stadtbrückchen* am Ende der Wallstraße verbunden war. Hier ließ der Kurfürst als erstes bereits 1701 nach Plänen von Michael Cagnon den Bau der *Extensionskaserne* beginnen, die auch der heutigen Kasernenstraße ihren Namen gab: ein schlichter vierflügeliger Bau mit einem großen Innenhof. Daneben entstand 1709–12 das *Hubertushospital* mit einer schönen Kirche nach Plänen des Jesuitenpaters *Ferdinand Orban;* hier lebten alte und pflegebedürftige Bürger; auch eine Schule für arme Kinder wurde eingerichtet. Weiterhin sollte das neue Hospital kranke Soldaten bzw. Invaliden und deren Angehörige aufnehmen. Der Tod des Kurfürsten machte allen Projekten ein Ende. Der weitere Ausbau der Stadt und der Festung

Plan der Karlstadt. Ing. Hauptmann Euler, 1783

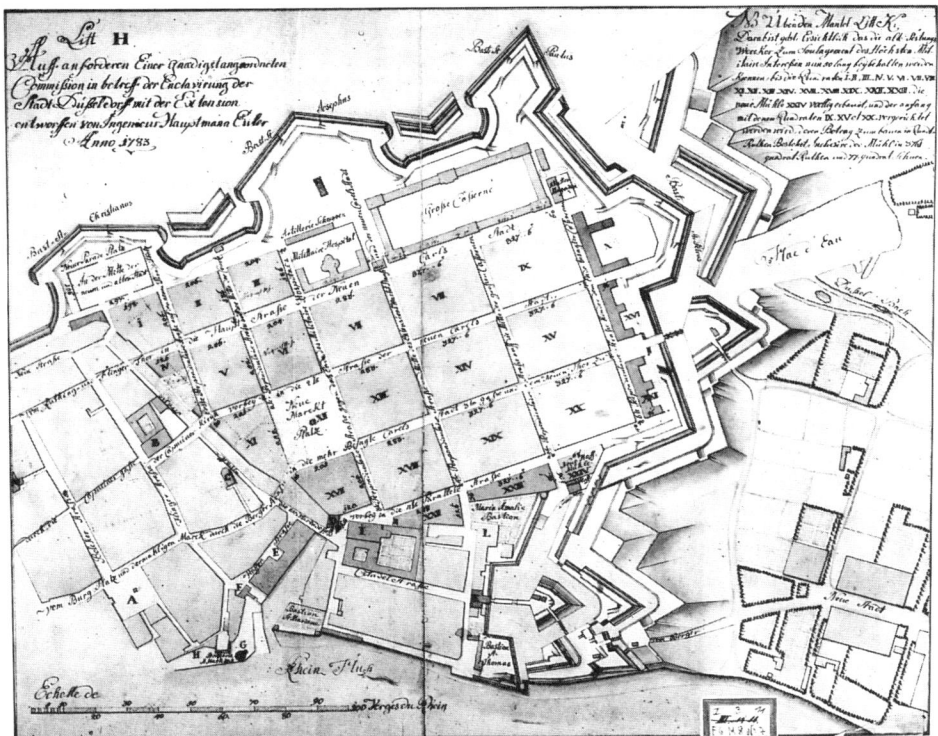

wurde zurückgestellt, die begonnene Befestigung nur um diese zwei Gebäude ausgebaut (1725, 1734) und zur Zitadelle geführt, wodurch das Terrain von der eigentlichen Stadt abgeschnitten blieb.

Erst Johann Wilhelms Großneffe, Kurfürst Carl Theodor, griff 1756, 1764 und schließlich 1772 die Pläne für die Stadterweiterung wieder auf, da die Stadt dringend neuen Wohnraum brauchte. Denen, die auf diesem Gelände Häuser errichten wollten, wurden Steuerfreiheiten zugesichert. Um die Baumaßnahmen zu ermöglichen, mußten jedoch die Festungswerke südlich der Wallstraße gesprengt und abgetragen werden.

Inzwischen hatten die Militärs auch das Hospital zur Kaserne umfunktioniert. Die ehemalige Hospitalkirche wurde zur Garnisonskirche. Das Hubertushospital verlegte man 1767 von hier in die Neusser Straße (Nr. 25), und zwar in das ehemalige Haus des Hoffaktors *Joseph Jakob van Geldern*, des Ur-Urgroßvaters Heinrich Heines, das als eines der ersten Häuser in der sogenannten äußeren Extension Anfang des 18. Jh.s nach Entwürfen von Jakob Dubois entstanden war.

Es dauerte noch Jahre, nicht zuletzt wegen der Auseinandersetzungen mit den Militärs, bis schließlich 1782 sieben Entwürfe für den neuen Stadtteil ausgearbeitet und Beschlüsse gefaßt werden konnten. Zum Baudirektor der Karlstadt wurde der Ingenieur-Obrist Wilhelm Regnier ernannt, und man entschied sich, den Plan ›H‹ des Ingenieur-Hauptmanns Euler, der besonders kostengünstig war, mit kleinen Änderungen zu verwirklichen. ›...Jedem, welcher daselbst zu bauen Lust hat, zur Hinsetzung eines, als viel die Höhe und Zierlichkeit betrifft, zwar willkürlichen, dennoch aber anständigen Gebäudes...‹ (Verordnung des bergischen Kanzlers Graf von Nesselrode, 1787), sollte ein Platz zugewiesen werden. Die Straßen mußten geschlossen bebaut und binnen eines vorgeschriebenen Zeitraums fertiggestellt werden unter Einhaltung einer gewissen Höhe.

Trotz vieler Schwierigkeiten begann man nun zu bauen. 1796 war die Karlstadt durchlaufend numeriert, und bald darauf kamen auch die heutigen Straßenbezeichnungen in Benutzung. Es waren vornehmlich Kaufleute und Handwerker, Beamte, Ärzte und Offiziere, die sich hier niederließen.

Die bereits existierende *Kasernenstraße* bedingte die Aufteilung des Gebiets in Bauquadrate. Von der Flinger Straße aus verlief der zweite Straßenzug, die *Mittel-* und *Hohe Straße*, parallel zur Kasernenstraße nach Süden und als dritte weiter westlich die *Bilker Straße* in Fortsetzung der Berger Straße. Dazwischen lag der *Carlmarkt,* der spätere Karlplatz. Von der Kasernenstraße aus nach Westen wurden die Querstraßenführungen für die *Graben-, Benrather* und *Bastionstraße* angelegt. 1794 war die Karlstadt bis zur Bastionstraße bebaut. Dahinter lagen noch die Festungswerke und der große, von der Düssel gespeiste *Cameralweiher,* der erst nach der endgültigen Schleifung der Festungswerke in den Schwanenspiegel umgewandelt wurde. ›Ein neuer Theil von Düsseldorf, die Carlstadt, war erst seit meinem letzten Hierseyn entstanden, und setzte mich durch die Pracht ihrer Gebäude, die Regelmäßigkeit ihrer Straßen und besonders durch den großen, viereckigen Platz in Erstaunen, denn seinesgleichen sah ich niemals. Ein Pallast steht neben dem anderen, kein Pfuschwerk schändet oder erhebt das benachbarte Gebäude; nur reiche Leute konnten diese Stadt schaffen,

2   Stadtpanorama
◁ 1   Blick vom Fernmeldeturm über das neue Landtagsgebäude, 1988
  3   Blick auf Oberkassel

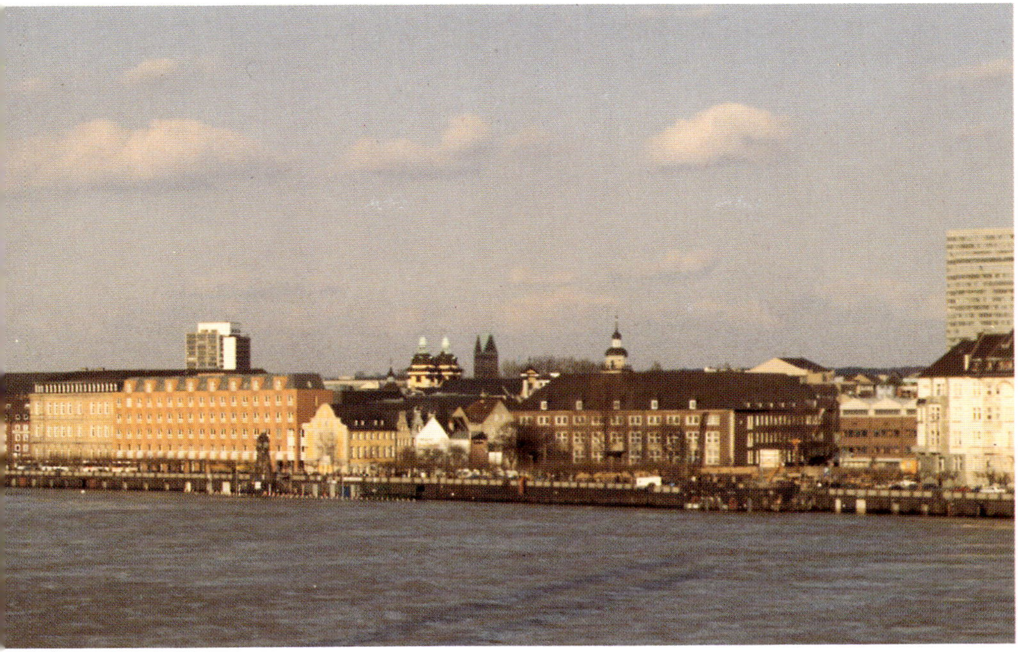

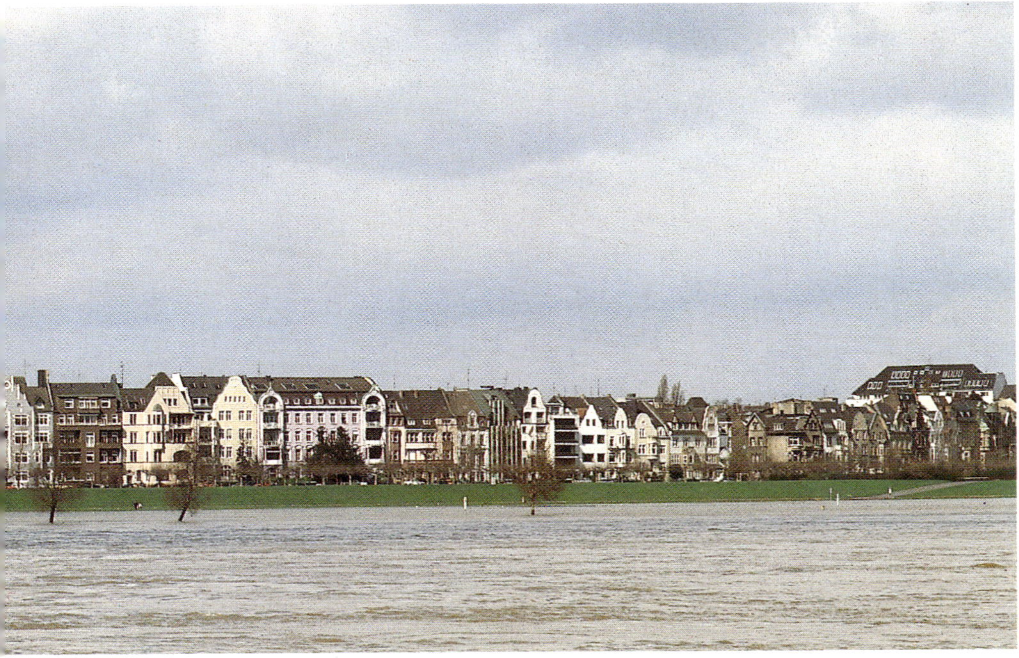

5 Jugendstilhäuser an der Berger Allee
4 Marktplatz mit Rathaus und Reiterstatue des Kurfürsten Johann Wilhelm von G. de Grupello, 1711/13

7   Altstadt-Häuser an der Marktplatz-Ostseite

8   St. Lambertus, Wandgemälde ›Madonna mit Engeln und Stiftern‹, Mitte 15. Jh.

9   Ehem. Stiftskirche St. Lambertus, Blick in den Chor

10   Brustschließe mit Wappen des Herzogs Wolfgang Wilhelm im Schatz von St. Andreas. H. Ernst, 1650

11   Kopf des hl. Candidus (oder Vitalis ?) im Schatz von St. Lambertus, um 1170 ▷

12 Ehem. Jesuiten- und Hofkirche St. Andreas mit dem herzoglichen Mausoleum

13 St. Andreas, Innenraum

14–17 Denkmäler im Hofgarten: OBEN K. L. Immermann; RECHTS G. Gründgens. UNTEN ›Aufsteigender Jüngling‹ (Heine-Denkmal von G. Kolbe, 1931); RECHTS Robert Schumann
18 Fontäne am Runden Weiher im alten Hofgarten; im Hintergrund Schloß Jägerhof

20 Innenhof der Deutschen Bank an der Königsallee mit Bronzeplastik ›Capricorn‹ von Max Ernst
◁ 19 Abendliche Königsallee mit Stadtgraben und Tritonengruppe
22 Blick über die Königsallee und die östliche Innenstadt mit dem Thyssen-Hochhaus
21 Der Kaufhof an der Königsallee, ehem. Warenhaus Tietz. M. Olbrich, 1907–09

24 In der Kö-Galerie. W. Brune, 1986

◁ 23 Kundenhalle der Deutschen Bank. Neubau Prof. Kraemer Sieverts & Partner / Prof. E. Birkelbach (Innengestaltung)

25 Ehem. Planetarium, heute Tonhalle. W. Kreis, 1925/26. Vorn rechts Statue der Pallas Athene von J. Knubel, 1926

26 Kunstmuseum im Ehrenhof. W. Kreis, 1925/26

27 Die 1985 eröffnete Landesgalerie (Kunstsammlung Nordrhein-Westfalen) am Grabbeplatz

28 In der Kunstsammlung Nordrhein-Westfalen

29   Das 1987 eröffnete naturwissenschaftliche Löbbecke-Museum + Aquazoo im Nordpark

30   Schauspielhaus und Thyssen-Hochhaus am Hofgarten ▷

32   Bertha-von-Suttner-Platz am Hauptbahnhof mit Edelstahlplastiken von Horst Antes, 1988

31   Regierungsviertel mit Schwanenspiegel und Kaiserteich

34 Mannesmann-Hochhaus. P. Schneider-Esleben, 1956–58. Plastik ›Bewegung‹ von N. Kricke, 1961

33 In der Tonhalle, ehem. Planetarium. Umbau Hentrich, Petschnigg & Partner, 1975–78

35 Romanische Kirche St. Lambertus in Kalkum

36 Schloß Kalkum

37   Museum Insel Hombroich: einer der von E. Heerich entworfenen Pavillons, 1984

39   Schloß Benrath. N. de Pigage, 1756–73 ▷

38   Schloß Benrath, Ansicht von Süden

und Baumeister vom ersten Fluge sie dem Auge so wohlthätig machen‹ (Joh. Moritz Schwager, Bemerkungen auf einer Reise, 1800). Schon 1791 wurden in diesem Stadtteil Laternen angebracht, und 1801 sorgten zwei Nachtwächter für Ruhe, aber noch 1807 mußte das Wäschetrocknen auf dem Karlplatz ausdrücklich verboten werden.

Nachdem Anfang des 19. Jh.s die Befestigung geschleift worden war, sollte das Festungsgelände für neue Straßen und Parks verwandt werden. So entstand am Stadtbrückchen ein kleiner Platz und als Fortsetzung der Breiten Straße der *Boulevard Napoleon*, die heutige Heinrich-Heine-Allee.

1841 eröffnete ein neuer Markt am *Schwanenmarkt*. Die Straßen der Karlstadt wurden bis zur Haroldstraße, teilweise sogar darüber hinaus, bebaut.

Die Wohnhäuser der Karlstadt, vor allem die der zuerst bebauten Planquadrate, gehören noch dem Spätbarock an. Neben schlichteren Bürgerhäusern sind hier noch einige mehrflügelige zweigeschossige Stadtpalais' (z. B. in der Bilker Straße) erhalten, deren breitgelagerte Fassaden durch übergiebelte Mittelrisalite ausgezeichnet sind. Für den weiteren Ausbau der Karlstadt war der Einfluß des an der Pariser École Polytechnique geschulten und an der englischen Reihenbauweise orientierten Baumeisters *Adolph von Vagedes* von nachhaltiger Bedeutung. Von seinen Wohnhäusern ist in Düsseldorf nichts erhalten; sein Stil wirkte jedoch unter der jüngeren Architektengeneration weiter, die die Gruppenfassade bevorzugte: die Verbindung mehrerer Häuser zu einer Einheit ohne Berücksichtigung einzelner Besitzeranteile bei der architektonischen Gliederung; im Wechsel von drei- bis fünfachsigen Häusern mit durchlaufenden Gesims- und Traufhöhen sind es glatte, nahezu ohne Gliederungselemente konzipierte Putzfassaden. Der strenge klassizistische Dekor wird mit bewußter Sparsamkeit nur auf die Eckhäuser verteilt. Dieser Häusertypus hielt sich bis weit in die zweite Jahrhunderthälfte hinein und hat auch große Teile der Friedrichstadt geprägt.

Soviel zur Entwicklungsgeschichte dieses Stadtteils. Da der östliche Bereich der Karlstadt mit seinen im wesentlichen nach dem Abbruch der Kaserne Anfang des 20. Jh.s entstandenen Bauten zur Innenstadt gehört, wird sich unsere Besichtigung auf einen Gang vom KARLPLATZ über die BILKER STRASSE zum SCHWANENMARKT beschränken.

Ausgangspunkt ist der täglich mit dem Obst-, Gemüse-, Fisch-, Wild-, Käse- und Blumenmarkt belebte KARLPLATZ. Die klassizistische Bebauung des ringsum mit Lindenbäumen bepflanzten Platzes verschwand bereits größtenteils zur Jahrhundertwende. Die überwiegende Zahl der Häuser stammte vom Hofbaumeister Peter Köhler. Um sich wenigstens eine Vorstellung davon machen zu können, werfe man einen Blick auf die Westseite des Platzes, wo noch **zwei Fassaden (Nr. 3/4)** von der ursprünglich einheitlichen Bebauung leidlich erhalten sind (vgl. auch Abb. 35).

An der Ecke zur Benrather Straße stand das vornehme *Domhardts Hotel*, das Ende des 19. Jh.s aufgestockt und aufwendig neubarock gestaltet wurde. An der Ostseite hielt die *Buchhandlung Christian Danzer* eine Leih- und Lesebibliothek von 700 Bänden zur Verfügung, und an der Südseite des Platzes stand die *Stahlsche Buch- und Kunsthandlung* den Interessierten offen.

Karlplatz mit Maxkirche im Hintergrund. Geschäftsanzeige des Hotel Domhardt, um 1830

Noch zu Beginn dieses Jahrhunderts war der Karlplatz eine bevorzugte Adresse. Nach den Zerstörungen des Zweiten Weltkriegs wandelte sich sein Gesicht jedoch grundlegend; heute dominieren die übliche Wiederaufbauarchitektur der fünfziger Jahre und ein entstellendes Parkhaus den Karlplatz.

Vom Karlplatz biegen wir in die BILKER STRASSE ein, die im nördlichen Teil ihren vornehmen Charakter mit weitgehend erhaltener Bebauung bewahrt hat (Abb. 36, 37). Obwohl auch hier vieles verlorengegangen ist, bezaubert diese typische Straße der Karlstadt noch heute jeden Besucher durch den ruhigen Rhythmus und die ausgewogenen Proportionen ihrer **Wohnhäuser.** Mehrere **Kulturinstitute** haben hier ihr Domizil gefunden, und in unmittelbarer Nähe ließen sich **Antiquitätengeschäfte** und **Galerien** nieder, so daß in der Bilker Straße ein wichtiges kulturelles Zentrum entstand.

Auf der rechten Seite beachten wir die **Nr. 3:** ein dreigeschossiges, siebenachsiges Haus des ausgehenden 18. Jh.s mit einer 1875 überarbeiteten Fassade; eine Zeitlang war hier die evangelische Schule untergebracht. Das Nachbarhaus **Nr. 5** erbaute Ende des 18. Jh.s der Hofrat Johann Wilhelm von Zantis als zweigeschossige Dreiflügelanlage. Es ist auch als Friedrich Conzens **Altes Haus** bekannt und beherbergt eine empfehlenswerte *Ausstellung alter Düsseldorfer Ansichten* (Abb. 37). Das Haus ist ein hervorragendes Beispiel der Wohnkultur des späten Rokoko und des beginnenden Klassizismus. Im gegenüberliegenden Gebäude **Nr. 4/6,** ebenfalls eine Dreiflügelanlage aus der gleichen Zeit, ist seit 1979 das

Literaturbüro der Landeshauptstadt untergebracht: die erste bundesdeutsche Institution dieser Art, die junge Autoren an Verlage vermittelt und Lesungen organisiert. Im gleichen Haus ist auch die *Robert-Schumann-Gesellschaft* und die *Robert-Schumann-Forschungs-stelle* beheimatet.

Das **Palais Wittgenstein, Nr.** 7–9 auf der rechten Straßenseite, ist Sitz des *Institut Fran-çais* und des *Kultur- und Bildungszentrums* der Stadt. Darüber hinaus ist es auch durch das *Düsseldorfer Marionettentheater* bekannt, denn seit 1956 spielte hier das schon 1925 in Köln gegründete Theater der Brüder Zangerle mit Puppen von 1 m Größe und handgeschnitzten Köpfen klassische und volkstümliche Stücke für groß und klein. Das Haus wurde für den Weinhändler Heinrich Huyssen gebaut, der aus einer angesehenen Essener Familie stammte. Spätere Besitzer waren der Senatspräsident von Kylmann und eine kurze Zeit auch Prinz Alexander von Sayn-Wittgenstein. 1878 befand sich hier die Weinhandlung und das Champagner-Depot von Eduard Hauth. Dieser ließ zunächst den Hof unterkellern, und später fiel auch der Garten der Vergrößerung des Weinunternehmens zum Opfer; dafür wurde aber ein großer Dachgarten angelegt. Hauth ließ auch die schönen schmiedeeisernen Torgitter mit Weinlaub und Trauben anbringen. Seit der grundlegenden Modernisierung des Hauses 1974 ff. (von A. Terhoeven) schmückt den Hof die **Bronzeplastik ›Daphne‹** von Hermann König. Das Nachbarhaus **Nr. 11** ist die städtische *Clara-Schumann-Musikschule;* ursprünglich war hier die Brauerei und Bäckerei von Adam Kux.

Auf der linken Seite beachten wir die **Nr. 12 und 14.** Beide gegen Ende des 18. Jh.s errichteten Wohnhäuser haben von P. Wies d. J. 1878 überarbeitete Fassaden. In dem Haus Nr. 14 wohnte seit 1819 Prinz und Altgraf Franz Wilhelm von Salm-Reifferscheid. Bis 1821 lebte bei der gräflichen Familie die Dichterin Luise Hensel als Gesellschafterin. Im Haus Nr. 12 befand sich zuvor das Dumont-Lindemann-Archiv (Theatermuseum der Stadt Düsseldorf), das 1988 in das Hofgärtnerhaus umgezogen ist. Beide Häuser zusammen sind heute Sitz des **Heinrich-Heine-Instituts.** Neben einer ständigen Heine-Ausstellung umfaßt das Institut die größte Sammlung aus dem Leben und Werk des Dichters – fast 5000 Bände, den handschriftlichen Nachlaß sowie seine Korrespondenz. Darüber hinaus sind hier auch die Autographen-Sammlung und das ›Rheinische Dichterarchiv‹ mit zahlreichen Nachlässen untergebracht.

An die Düsseldorfer Zeit des Musikdirektors *Dr. Robert Schumann*, der seit September 1852 mit seiner Familie im Hause des Weinhändlers Aschenberg (Haus Nr. 15) wohnte, erinnert eine am Haus angebrachte Gedenktafel. Schumann komponierte in den Düsseldorfer Jahren die ›Rheinische Sinfonie‹, das Cellokonzert und die Violinsonaten.

Wir überqueren die BASTIONSTRASSE, die bei Entstehung der Bilker Straße die Grenze bildete, bis zu der die Bebauung im Jahre 1794 reichte. Der weitere Ausbau erfolgte erst nach der endgültigen Beseitigung der Befestigungsanlagen in den ersten Jahrzehnten des 19. Jh.s. Wir folgen der BILKER STRASSE weiter in südlicher Richtung. Die Bebauung der linken Straßenseite ist im wesentlichen erhalten. **Haus Nr. 30,** das den vornehmen Namen **Palais Eynatten** trägt, wurde vom Schreinermeister W. Weidenhaupt erbaut. Es gehörte einer Gräfin Goltstein, später dann einem Freiherrn von Eynatten, der es auch umbauen ließ.

*Clara und Robert
Schumann. Stahlstich*

Ein Stück weiter zeigen die erhaltenen Fassaden der **Häuser Nr. 38–42,** von Maurermeister H. Engels erbaut (zusammen mit **Nr. 36, heute Kolpinghaus**), die schlichte Form der Reihenhausbebauung der Karlstadt.

›Der schöne, nahe den neuen Anlagen, dem Schwanenspiegel und dem Kaiserteich gelegene Platz mit einem Ausblick auf das prächtige Provinzial-Ständehaus ist noch nicht alt; alte Düsseldorfer besinnen sich noch der unter dem Namen Kachelloch bekannten Wüstenei alldort‹ (H. Ferber). Der **Schwanenmarkt,** von dem hier die Rede ist, entstand erst Ende der dreißiger Jahre des vorigen Jahrhunderts. Er liegt an der Stelle der versumpften Reste der Festungsgräben, die die Bewohner am Ende der Bilker und der Hohen Straße auf ihre Kosten auffüllen und planieren ließen. 1841 wurde dann auf dem neu entstandenen Platz ein ›Speisemarkt‹ eröffnet, aber ein Marktbetrieb fand hier nur kurze Zeit statt. Die rechteckige klassizistische Platzanlage, die nach dem Entwurf von Adolph von Vagedes in den Stadtbauplan von 1831 aufgenommen wurde, liegt in der Achse des Karlplatzes als Südabschluß der Karlstadt. Sie ist auch in axialem Bezug zum jenseits der ebenfalls von Vagedes geplanten

HAROLDSTRASSE gelegenen *Schwanenspiegel* und *Kaiserteich* konzipiert. Von hier aus hat man einen herrlichen Blick auf das ehemalige *Ständehaus,* den späteren *Landtag von Nord-rhein-Westfalen.*

Die ursprüngliche Bebauung des Platzes ist nur noch im westlichen und nördlichen Teil vorhanden. Beachtenswert das 1836 nach einem Entwurf von *Anton Schnitzler,* einem der engsten Mitarbeiter von Vagedes, erbaute hübsche dreigeschossige **Eckhaus zur Südstraße** mit korinthischen Kolossalpilastern und rundbogigen Fensteröffnungen (Abb. 39). Wahr-scheinlich errichtete Schnitzler 1836 auch das Göringsche Doppelhaus Nr. 4/5, von dem jedoch nur der rechte Teil, **Nr. 5,** mit seiner klassizistischen Putzfassade und Kolossalpila-sterrahmung des Balkons über der Toreinfahrt in der rechten Außenachse erhalten ist. An der Nordseite entstanden nach 1833 die **Häuser Nr. 12, 13 und 14.** Das letztgenannte bekam 1901 eine neue, mit neugotischen und Jugendstilornamenten versehene Fassade. Inmitten des Platzes, von Grün umgeben, liegt seit 1981 das zum 125. Todestag des Dichters enthüllte **Heine-Monument** von Bert Gerresheim: Heinrich Heines Totenmaske als begehbare phy-siognomische Vexierlandschaft. Die vom Bildhauer als ›Fragemal‹ konzipierte Landschaft aus zwei monumentalen ruhenden Gesichtshälften bietet eine Vielzahl von Betrachtungs-möglichkeiten.

Das bei seiner Aufstellung in der Bevölkerung umstrittene Kunstwerk ist bereits der dritte Versuch, dem berühmtesten Sohn der Stadt ein würdiges Denkmal zu setzen. Die Geschichte der Errichtung eines Heine-Denkmals in Düsseldorf ist leidvoll und begleitet von Widersprüchlichkeiten und Vereitelungen. Schon 1887 hatte die österreichische Kaise-rin Elisabeth der Stadt ein Heine-Denkmal schenken wollen. Jener ›Loreley-Brunnen‹ von Ernst Herter durfte aber in Düsseldorf nicht aufgestellt werden und fand im Jahre 1898 in New York seinen Platz. Später wurden mit dem ›Aufsteigenden Jüngling‹ von Georg Kolbe im Ehrenhof (1949) und der ›Harmonie‹ von Aristide Maillol auf dem Napoleonsberg (1953) noch zwei weitere Versuche unternommen, Heinrich Heine zu ehren. Beide Kunstwerke zeigten jedoch den zu Ehrenden nicht in Person, und dies war es wohl, was dem aus dem ausgehenden 19. Jh. überlieferten Verständnis eines Monuments seinerzeit nicht entsprach.

Den Wunsch, eine direkte und unmittelbare Beziehung zu der Person des Dichters im Denkmal zu schaffen, hat nun *Bert Gerresheim* mit seinem Denkmal erfüllt und dabei neue Maßstäbe für ein modernes Persönlichkeitsdenkmal gesetzt. Dieses dritte Heine-Denkmal verdankt die Stadt der Privatinitiative des Bankiers Stefan Kaminski, der es bei dem Düssel-dorfer Bildhauer in Auftrag gegeben hat. Auf der Rückseite des Kopfes sind die Namen des Stifters, der Förderer und des Bildhauers eingraviert.

Die City

Vom SCHWANENMARKT erreichen wir durch die kurze SIEGFRIED-KLEIN-STRASSE die KASERNENSTRASSE, die schon zu Zeiten des Kurfürsten Johann Wilhelm im Rahmen seiner ›Extension‹ angelegt und bebaut wurde (vgl. Abb. 58). Die große *Kaserne,* die der Straße den Namen gab, und das *Hospital* entstanden zu Beginn des 18. Jh.s (vgl. S. 159). Hinter diesen Bauten lag seit Anfang des 19. Jh.s der große *Exerzierplatz,* der bis zur Westseite der Königsallee reichte. Als um 1900 die Kaserne abgetragen wurde, änderte sich das Gesicht der Straße grundlegend. Die Stadt gewann ein ungewöhnlich großes Baugelände und beschloß, hier ein repräsentatives großstädtisches Viertel zu errichten.

Obwohl der jetzt folgende Bereich stadtgeschichtlich größtenteils noch zur Karlstadt gehört, muß er durch die Art seiner Bebauung zum Verwaltungs-, Geschäfts- und Bankenzentrum der Innenstadt gezählt werden. Die noch erhaltenen Bauwerke veranschaulichen eindrucksvoll den wichtigsten strukturellen Umbruch in der neueren Stadtentwicklung, nämlich den Wandel Düsseldorfs zum Verwaltungs-, Handels- und Bankenzentrum der Region, auch ›Schreibtisch des Ruhrgebiets‹ genannt.

An der Einmündung der SIEGFRIED-KLEIN-STRASSE in die KASERNENSTRASSE – dort, wo heute das von den Architekten Hentrich, Petschnigg und Partner errichtete **Handelsblatt-Haus** steht – befand sich die noch ganz dem ausgehenden 19. Jh. verpflichtete *neuromanische Synagoge* von Josef Kleesattel, die 1904 eingeweiht wurde und 1938 in der ›Kristallnacht‹ ausbrannte (vgl. Abb. 42). Eine Gedenkstätte von Thomas Fürst mit der Ansicht der Synagoge und einer älteren Bronzetafel von H. Maes und K. Räder erinnert an das Schicksal der jüdischen Gemeinde zu Düsseldorf und ihrer Kultstätte.

Gegenüber dem Neubau des Handelsblatt-Verlages, an der Stelle des kriegszerstörten Schauspielhauses, steht die in den Jahren 1953–56 von den Architekten *K. Berlitz* und *Dr. R. Wolters* errichtete **Industriekreditbank.** Das alte, kriegszerstörte *Schauspielhaus* gehörte zu den wohl skurrilsten Bauwerken der Stadt (vgl. Abb. 43). Das Bühnenhaus war ein kastellartiger, zinnenbekrönter Ziegelbau, dem an den beiden Schauseiten repräsentative Louis XVI-Bauten vorgelagert waren. Das 1905 eröffnete Theater war von dem Berliner Architekten *Bernhard Sehring* errichtet worden, von dem auch das Theater des Westens in Berlin stammt. Das Schauspielhaus war die Wirkungsstätte der beiden Theaterreformer *Louise Dumont* und *Gustav Lindemann,* die Düsseldorf von 1905 bis 1932 zu einem beispielhaften Theaterzentrum machten. Eine kleine Bronzetafel an dem kreisförmig gerundeten Bau der Industriekreditbank erinnert an das Schauspielhaus und seine beiden Gründer und Leiter.

Das benachbarte Gebäude Nr. 36 ist das **Walzstahlhaus:** das 1936–40 von den Architekten *Karl Wach* und *Heinrich Roßkotten* errichtete Verwaltungsgebäude der Stahlindustrie (Abb. 54). Seine in rotem Sandstein vorgeblendete Fassade mit seitlich angebrachten Plastiken von Stahlarbeitern verrät eine zeittypische Formulierung der Bürohausarchitektur mit strikter vertikaler Gliederung, mittlerer Eingangshalle und mittlerem zweigeschossigen Dachaufsatz.

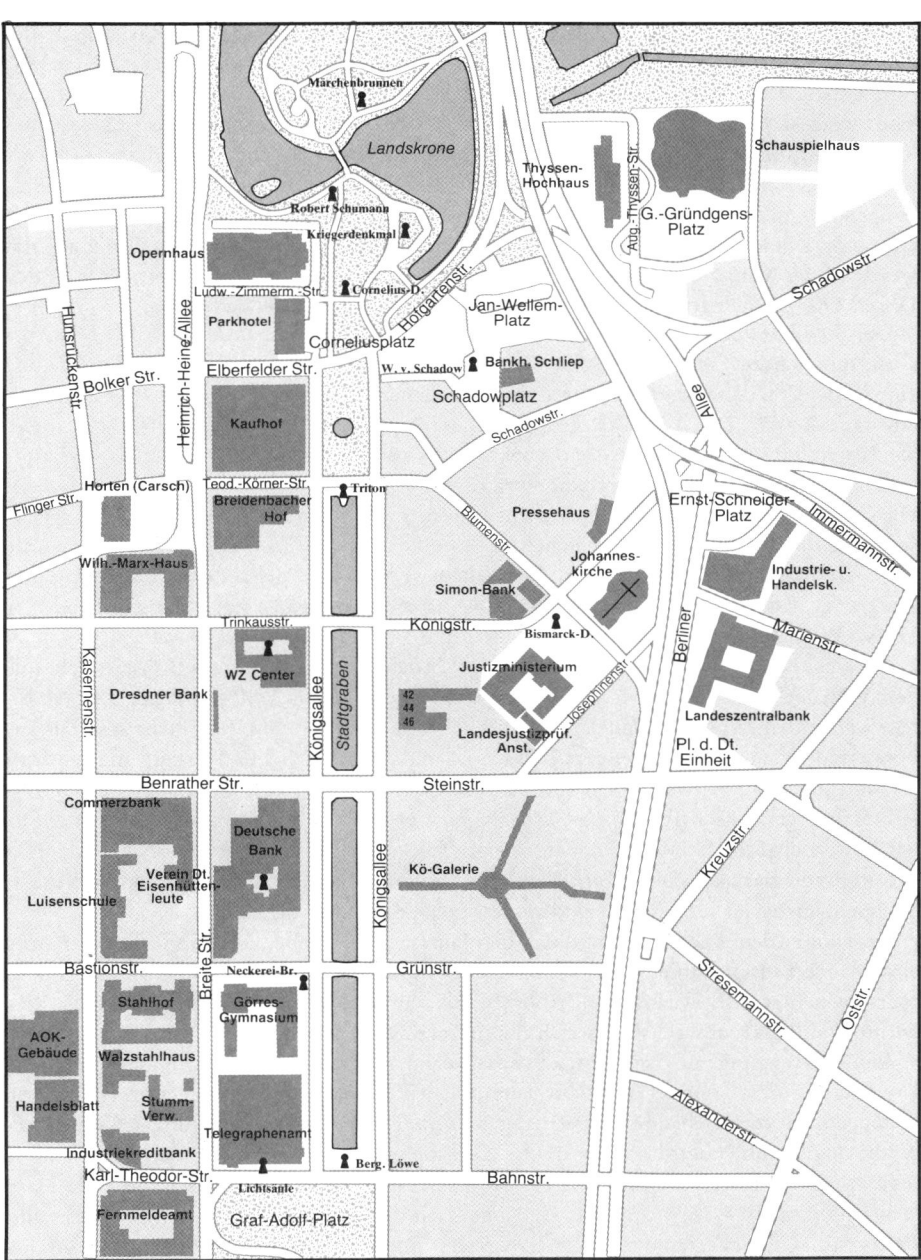

Als wichtigste bauliche Unternehmung der Kasernenstraße entstand zu Beginn des 20. Jh.s der **Stahlhof** an der Ecke zur BASTIONSTRASSE (Abb. 44). Das 1904 geplante Verwaltungsgebäude des Stahlwerkverbandes sollte das größte und monumentalste Bauwerk der Stadt werden, denn es war für die Organisation eines der wichtigsten Industriezweige des Reiches bestimmt. Da sich auch andere Städte um die Niederlassung des Verbandes beworben hatten, schaltete Düsseldorf die Mitbewerber durch außerordentlich günstige Bedingungen, die man dem Stahlwerkverband anbot, aus. Hätte der Verband sich dennoch für eine andere Stadt entschieden, wäre das Gebäude von der städtischen Verwaltung genutzt worden. Der Verwaltungsbau, der Platz für 400–500 Beamte bieten sollte, wurde in den Jahren 1906–08 von dem königlichen Architekten *Johannes Radke* errichtet.

Der Stahlhof zeigt auf den ersten Blick die Tradition der Rathausarchitektur. Die Aussicht, möglicherweise als städtisches Gebäude genutzt zu werden, spielte bei der Planung eine Rolle. Von daher sind auch die aus verschiedenen Stilepochen kompilierten Hoheitszitate zu erklären. Die malerisch gruppierte, stark gegliederte Vierflügelanlage aus rotem Sandstein, mit kupfernem Dachreiter bekrönt, ist zur Bastionstraße orientiert. Die Hauptfront ist in barocker Weise durch die stark hervortretenden Risalite ehrenhofartig gestaltet. Die Formensprache des Bauwerks bedient sich einer Mischung aus großformatigem Jugendstildekor und historistischen Elementen. Die noble und luxuriöse Innenausstattung wurde vom Architekten selbst entworfen. Bemerkenswert ist das Gebäude als exemplarisches Zeugnis großstädtischer Architektur; es ist das erste monumentale Verwaltungsgebäude der Düsseldorfer Innenstadt. Zur Zeit ist der Stahlhof *Sitz des Verwaltungsgerichts.*

Auf der anderen Straßenseite entstand 1904/05 das viergeschossige, fünfachsige **Gebäude der AOK** (Allgemeine Ortskrankenkasse) von *Hermann vom Endt* (Abb. 52). Der Architekt wählte den Typus des Ende des 19. Jh.s beliebten Wohn- und Geschäftshauses. Die aus bossierten Quadern vorgeblendete Fassade ist mit einem Giebel und Erkern mittelbetont und mit Jugendstilornamenten dekoriert. 1928–30 wurde die AOK durch die Düsseldorfer Architektengemeinschaft *Schöffler, Schloembach und Jacobi* erweitert. Dieses Bauwerk ist das beste Beispiel des ›Neuen Bauens‹ in der Stadt. Die Fassade mit ihrem akzentuierten Wechsel von Backstein und Werkstein, von horizontalen Fensterbändern und vertikalem Treppenhausteil ist auf bewußte und ausgewogene Kontraste angelegt.

Gegenüber dem Stahlhof steht die in den Jahren 1905–07 ebenfalls von *Johannes Radke* entworfene **Luisenschule:** ein viergeschossiger Eckbau mit giebelbekrönten Risaliten und sparsamen Jugendstilornamenten (Abb. 45). Sie wurde einige Jahre später (1911–13), wiederum von Radke, abwechslungsreich erweitert (Kasernenstraße 30).

An der Kreuzung zur BENRATHER STRASSE wenden wir uns nach rechts und passieren die Erweiterung der Commerzbank bis zur nächsten Ecke, wo wir in die BREITE STRASSE einbiegen, die vom Gebäude des ehemaligen *Barmer Bankvereins*, der heutigen **Commerzbank,** eingenommen wird (Abb. 46). Der Bau ist exemplarisch für die deutsche Bankarchitektur vor dem Ersten Weltkrieg. Erbaut von den Architekten *Carl Moritz* und *Ernst Stahl* in den Jahren 1911–12, wurde das Gebäude nach dem Abbruch der Garnisonskirche um 1920 erstmals erweitert und nach den Kriegszerstörungen 1966–67 erneut umgebaut (Architekten Hentrich und Petschnigg). Der zur Kasernenstraße gelegene Teil ist durch eine Glasbrücke mit dem gegenüberliegenden Gebäude, einem zwölfgeschossigen Hochhaus des Architekten *Paul Schneider-Esleben* aus den Jahren 1962–65, verbunden. Das ursprüngliche Gebäude ist im Kern ein zweigeschossiger Eckbau mit attikaartiger Brüstung, dessen Werksteinfassaden mit kannelierten Kolossalpilastern rhythmisiert sind. Den Kernbau umgibt ein höherer Winkelbau, der vertikal durch lisenenartige Streifen und eingetiefte Fensterfelder gegliedert ist. Der Eingang wird durch ein Tempietto betont. Über dem runden Eingangsraum, der zum Kassensaal führt, steht ein offener Tambour aus kannelierten Säulen, den eine Kuppel bekrönt. Die Intention der Architekten, den speziellen Zweck des Gebäudes, das als Verwaltungsbau gleichzeitig besonders repräsentative Räume für den Publikumsverkehr benötigt, nach außen in Erscheinung treten zu lassen, ist hier vorbildlich verwirklicht.

Von der Ecke aus einige Schritte in Richtung Norden lag eine weitere bemerkenswerte Bank, die ehemalige *Rheinisch-Westfälische Disconto-Gesellschaft*, heute **Dresdner Bank.** Von dem 1906 ebenfalls von dem Kölner Regierungsbaumeister *Carl Moritz* und seinem Atelier errichteten Gebäude ist leider nur die **Fassade** erhalten und in einen Neubau integriert (Abb. 48). Im Gegensatz zur jüngeren Commerzbank, einem Eckbau, mußte sich diese Bank inmitten der umliegenden Bebauung behaupten. Der monumentalen Fassade liegt ein klassischer Kanon zugrunde: Dorische Kolossalpilaster verbinden die drei Geschosse; der Eingang liegt in der breiten Mittelachse, die durch das doppelte Giebelmotiv akzentuiert wird; die figürliche Bauplastik mit den beiden antikisierenden Reliefs und den zwei thronenden Figuren am Giebel weist auf die Funktion des Gebäudes hin.

Die architektonische Formensprache dieses Bankgebäudes markiert einen wichtigen Schritt in der stilistischen Entwicklung vom Jugendstil zum Neoklassizismus, dem ›imperialen Stil‹ der Jahre kurz vor dem Ersten Weltkrieg, der in Düsseldorf besonders gepflegt wurde. Das Bankgebäude liegt auf dem Gelände zweier Grundstücke. Das eine gehörte der Gräfin Berghe zu Trips, die es der Disconto-Gesellschaft verkaufte. Auf dem Nachbargrundstück unterhielten bereits um 1865 der Bankier L. H. Prag und später L. Scheurer ein Bankgeschäft. Da in unmittelbarer Nähe Anfang des 20. Jh.s noch eine Reihe weiterer Banken entstanden, bürgerte sich allmählich die Bezeichnung **Bankenviertel** für diesen Stadtbereich ein.

Ein wenig weiter nördlich (auf der Höhe Grabenstraße) mündet die BREITE STRASSE in die HEINRICH-HEINE-ALLEE ein, die Prachtstraße des beginnenden 19. Jh.s, vormals Boulevard Napoleon, später Alleestraße. Als breite, ursprünglich mit Baumreihen bepflanzte Allee ist sie 1802 von *Caspar Anton Huschberger* und *Maximilian Friedrich Weyhe* auf dem Gelände der ehemaligen Festungsanlagen konzipiert worden, und ab 1806 hat Adolph von Vagedes die Bebauung als einheitliche klassizistische Reihenarchitektur mit Gruppenfassaden geplant. Die Allee bildete die östliche Begrenzung der Altstadt gegen den Hofgarten, sollte aber der Mittelpunkt der Stadt werden und gleichzeitig deren Hauptverkehrsachse (vgl. Abb. 40/41). Ihre vornehme klassizistische Erstbebauung schufen im wesentlichen die Mitarbeiter von Vagedes: A. Schnitzler d. Ä. und sein Sohn, J. Custodis u. a. Neben schlichten Wohnhäusern standen hier das *Palais Loë-Wissen*, das *Palais der Grafen Solms* und das 1812 von Adolph von Vagedes erbaute *Hotel Breidenbacher Hof.* Im letzten Viertel des 19. Jh.s änderte sich allmählich der noble Charakter der Allee. Man errichtete hier einige gründerzeitliche Wohnhäuser, 1873–75 den *Neubau des Theaters* von *Ernst Giese* (an der Stelle der heutigen Deutschen Oper am Rhein) und 1882 die *Kunsthalle* (vgl. Abb. 41). Auch der Straßenbahnverkehr veränderte viel. Die Grünflächen wurden reduziert, dafür wurden Denkmale für bedeutende Persönlichkeiten aufgestellt. Am Südende der Allee entstand unweit des heutigen Standorts ein hölzerner *Musikpavillon.* Mit dem *Warenhaus Tietz,* an der Stelle des königlichen Gymnasiums (heute Kaufhof an der Kö) errichtet, begann dann eine grundlegende Veränderung, die der Allee durch monumentale Bauwerke großstädtischen Charakter verlieh.

Auf der linken Seite, gleichsam als Auftakt der Allee und ›point de vue‹, erhebt sich das 1922–24 von dem Architekturprofessor der Düsseldorfer Kunstakademie *Wilhelm Kreis* erbaute erste deutsche Hochhaus: das **Wilhelm-Marx-Haus** (Abb. 55). Das Bürogebäude mit Erdgeschoßläden wurde nach dem legendären Oberbürgermeister der Stadt, *Wilhelm Marx* (1899–1910), benannt. Der Architekt W. Kreis bewältigte hier zweierlei zugleich: Die neue Bauaufgabe des Hochhauses (zur selben Zeit baute J. Koerfer das erst 1925 fertiggestellte Hochhaus am Hansaring in Köln) und ein kompliziertes städtebauliches Problem, denn die Allee endet hier auf dem Gelände der ehemaligen Beuthschen Bastion in einer platzartigen Verbreiterung. Der sechsgeschossige Winkelbau mit zwölfgeschossigem Eckturm auf kreuzförmigem Grundriß wurde in Eisenbetonkonstruktion mit Backsteinverkleidung ausgeführt und nutzte optimal die Platzsituation. Die horizontale Gliederung durch Betongurte und das Maßwerkmotiv als Abschluß des Turms sind der gotischen Baukunst verpflichtet. Früher war in dem Gebäude auch die Düsseldorfer Börse eingerichtet, deren *Börsensaal* (im Krieg zerstört) Jan Thorn-Prikker expressionistisch gestaltet hatte. Bei der Neugestaltung des benachbarten Carsch-Hauses wurde kürzlich der eine Flügel des Wilhelm-Marx-Hauses bis zur Kasernenstraße hin verlängert. In diesem neuen Flügel fand das **Filminstitut** der Landeshauptstadt – eine 1979 gegründete Institution – mit dem eigenen Kino ›Black Box‹ sein neues Domizil. Hier werden neben besonderen Filmen, Filmzyklen und Filmklassikern auch Filmemacher und Filmschaffende vorgestellt.

Das aus verkehrstechnischen Gründen etwa 100 m von seinem ursprünglichen Standort neu errichtete Warenhaus Horten (Architekten Hentrich, Petschnigg und Partner sowie Rhode, Kellermann, Wandrowsky & Partner) hat mit dem ursprünglichen **Warenhaus Carsch** nur die äußere Form der Fassaden gemeinsam. Das 1913–15 erbaute fünfgeschossige Gebäude in Eisenbetonkonstruktion mit Sandsteinverkleidung war der am besten erhaltene Bau des auf Warenhäuser spezialisierten Düsseldorfer Architekten *Otto Engler.* Der Einfluß des gegenüberliegenden Warenhauses Tietz von J. M. Olbrich, dessen Vollendung nach Olbrichs Tod ebenfalls Engler übernahm, wird vor allem in der charakteristischen Vertikalgliederung der dreiteiligen Fensterbahnen deutlich, nur wählte der Architekt die für die Zeit vor dem Ersten Weltkrieg typische Formensprache des monumentalen Neoklassizismus.

Auf der linken Seite beachten wir noch das **Hotel Breidenbacher Hof.** Wie schon erwähnt, erbaute A. von Vagedes 1812 das erste Hotel dieses Namens. 1872 wurde von den

Hotel ›Breidenbacher Hof‹. Foto um 1890

Architekten Boldt & Frings ein neues Hotelgebäude errichtet, das schon 1899–1901 von den
Architekten Klein & Dörschel neubarock umgestaltet wurde. Den interessantesten Zustand
schuf jedoch der damalige Architekturprofessor der Düsseldorfer Kunstakademie *Emil Fahrenkamp*, der es 1927–28 erneut umbaute. Es entstand ein stark horizontal betonter, viergeschossiger Bau mit tuffsteinverkleideten Fassaden und eleganter Einrichtung. Im Zweiten
Weltkrieg total zerstört, wurde er 1949/50 nach neuen Plänen von Fahrenkamp im repräsentativen Stil des Dritten Reiches wiederaufgebaut. (Zum benachbarten *Kaufhof* siehe Königsallee, S. 211).

Das letzte Gebäude auf der rechten Seite ist das **Opernhaus.** 1873–75 von dem Architekten *Ernst Giese* im Neorenaissance-Stil und nach dem Vorbild der Semperschen Dresdner
Hof-Oper als Stadttheater erbaut, wurde es 1891 an der Hofgartenseite erweitert und 1906
von *H. vom Endt* im Inneren umgestaltet. Nach den schweren Beschädigungen im Zweiten
Weltkrieg war es bereits 1944 instandgesetzt und wieder bespielbar. 1946 diente es dem
neugegründeten Landtag vorübergehend als Sitzungsort. Mitte der fünfziger Jahre hat man
den alten Zuschauerraum abgebrochen und durch einen Neubau nach Plänen der Architekten *Paul Bonatz, Julius Schulte-Frohlinde* und *Hahn* ersetzt.

Das Opernhaus beherbergt die **Deutsche Oper am Rhein,** die durch den langjährigen
Intendanten Grischa Barfuß zu einer berühmten und auch international renommierten Insti-

tution wurde. Durch eine erfolgreiche Zusammenarbeit mit der Nachbarstadt Duisburg konnte sie ihren Wirkungskreis sogar noch erweitern. Neben dem klassischen Repertoire gehört auch das zeitgenössische Musiktheater zum Spielplan. Besonderer Beliebtheit erfreuen sich die Opernzyklen wie z. B. Wagner- oder Rossini-Aufführungen. Von gleichermaßen hohem Niveau ist auch das Ballett der Deutschen Oper.

Wir kehren nun von der Heinrich-Heine-Allee wieder zurück und setzen unseren Rundgang durch die BREITE STRASSE von der Kreuzung BENRATHER STRASSE in südlicher Richtung fort.

Neben der Commerzbank erbaute *Hermann vom Endt* 1909/10 das **Verwaltungsgebäude des Vereins Deutscher Eisenhüttenleute** mit neobarock-neoklassizistisch geprägter Werksteinfassade. Das *Gebäude des Allgemeinen Schaaffhausen'schen Bankvereins* (heute ebenso wie das des Eisenhüttenvereins Sitz des *Landesministeriums für Stadtentwicklung, Wohnen und Verkehr*) auf dem Eckgrundstück war 1906 ebenfalls von vom Endt errichtet worden. Im Krieg stark beschädigt, wurde es nur vereinfacht wieder aufgebaut. Es wiederholte den Typus der 1903/04 von Martens an der Westseite der Königsallee errichteten neobarocken Deutschen Bank.

Wir überqueren die BASTIONSTRASSE am Stahlhof vorbei und befinden uns vor dem **Verwaltungsgebäude des Stumm-Konzerns** (Abb. 49, vgl. Abb. 43). Der unmittelbar an den Stahlhof angrenzende Gebäudeteil stellt dessen Erweiterung dar. Das Verwaltungsgebäude des Stumm-Konzerns aus den Jahren 1923–25 ist das Werk des Stuttgarter Architekten *Paul Bonatz*, von dem auch der berühmte Stuttgarter Hauptbahnhof stammt. Neben dem niedrigen Pförtnerhaus, das einen rechteckigen Hof mit einem fünfgeschossigen Winkelbau zur Straße hin abriegelt, ragt das neungeschossige Hochhaus empor, dessen Haupteingang von einem zierlichen Werksteinportikus betont wird. Die schlichten Kuben, in Eisenbetonkonstruktion mit Backsteinverkleidung ausgeführt, werden durch den strengen Rhythmus der Spornpfeiler konsequent vertikal gegliedert. Neben den Bauten von A. Fischer und E. Körner in Gelsenkirchen und Essen sowie den Bauten von Peter Behrens in Oberhausen gehört das Stumm-Haus zu den wichtigen Beispielen des rheinischen Backsteinexpressionismus.

Am Ende der Breiten Straße angelangt, beachten wir noch zwei Postbauten. Auf der rechten Seite das **Fernmeldeamt,** 1952–58 von den Architekten *Hentrich und Heuser* errichtet, das zur Karl-Theodor-Straße hin noch eine interessante neoklassizistische Monumentalfassade mit mittlerer Kolossalordnung von den Architekten *Langhoff und Agatz* aus dem Jahre 1921 besitzt. Schon Mitte des vorigen Jahrhunderts war dieser Teil der Breiten Straße der Post vorbehalten. 1856–59 baute *Carl Adolf Krüger* hier im Stil der florentinischen Renaissance die erste *Oberpostdirektion*, die in der Folgezeit mehrmals erweitert, zum *Telegraphenamt* umfunktioniert und schließlich durch einen Neubau ersetzt wurde. Das zweite Postgebäude (am Graf-Adolf-Platz) ist die **Erweiterung des Telegraphenamtes,** nach Plänen der Architekten Hentrich, Petschnigg und Partner 1975–78 entstanden. Der Vorgängerbau war die zweite Oberpostdirektion, die hier nach Umwandlung der alten zum Telegraphenamt von Baurat *Oertel* im Stil der Weser-Renaissance errichtet worden war.

Bergisch-Märkischer Bahnhof am Graf-Adolf-Platz. Ölgemälde von J. A. S. Nikutowski, 1886

Der GRAF-ADOLF-PLATZ ist der ehemalige Südabschnitt des Exerzierplatzes zwischen der Breiten Straße und der Königsallee, der nach dem Abbruch der Kaserne unbebaut blieb. Er wird von zwei Plastiken geschmückt: vor dem Fernmeldeamt die **Lichtsäule** des Nagel-Künstlers *Günther Uecker* aus dem Jahre 1981: ein 26 m hoher, schlanker Metallkörper, mit 300 computergesteuerten Strahlern besetzt, die auf die Funktion des dahinterliegenden Gebäudes, das Senden von Impulsen, hinweisen (Abb. 50). In dem Blumengarten-Abschnitt des Platzes, in der Achse des Wassergrabens der Königsallee, steht als Leihgabe der städtischen Kunstsammlungen die von dem Berliner Bildhauer Walter Schott 1898 geschaffene **Ballspielerin** (Kugelspielerin). Von der anmutigen bronzenen Jugendstilfigur sind – neben zahlreichen kleinformatigen Repliken – noch zwei weitere Güsse in Berlin und in New York erhalten. Das Düsseldorfer Exemplar ist ein Geschenk von Gustav Herzfeld an die Stadt im Jahre 1902.

Am Südende der **Königsallee** angelangt, betrachten wir die wohl berühmteste Straße der Stadt von hier aus nach Norden blickend (Abb. 59, Farbabb. 22).

1802–04 wurde von Hofbaumeister *K. A. Huschberger*, Gartenmeister *M. F. Weyhe* und Wasserbaumeister *C. W. G. Bauer* an Stelle der Festungswerke ein *Stadtgraben* – 5 m tief und 31 m breit – mit einer Allee angelegt, die 1807 zuerst den Namen *Neue Allee,* später *Kastanienallee* erhielt, nach den Bäumen, die diese öffentliche Promenade säumten. Der Stadtgraben war die östliche Grenze der Stadt zum Umland, denn schon im 18. Jh. befanden sich jenseits des Befestigungsrings im Osten zahlreiche Gärten. Über den Stadtgraben errichtete man bald darauf zwei Brücken, die mit Wachhäuschen versehen wurden, um Zoll zu erheben.

1822 legte *Adolph von Vagedes* einen Erweiterungsplan Düsseldorfs vor, der eine Ausweitung der Stadt nach Osten vorsah; dieser Plan wurde jedoch nicht angenommen. Mittlerweile begann man aber jenseits des Stadtgrabens bereits zu bauen. Als daher 30 Jahre später (1854) ein Bebauungsplan von *Anton Schnitzler* aus dem Jahre 1840 genehmigt wurde, der viele Anregungen von Vagedes beinhaltete und vorsah, den regelmäßigen Straßenraster der Karlstadt fortzuführen, war es dafür bereits zu spät: Die rege, aber planlose Bautätigkeit hatte alle Entwürfe längst überholt.

Auch am Südende fing man an zu bauen, vor allem, nachdem im Jahre 1838 hier der *Bergisch-Märkische Bahnhof* (auch Elberfelder Bahnhof genannt) errichtet worden war. Kurze Zeit später, 1845/46, entstand am Südende der Allee zusätzlich der *Köln-Mindener Bahnhof*. Nach und nach siedelten sich Handwerksbetriebe und Kleinindustrie südlich der Bahnhöfe an. Aus diesem Grunde berücksichtigte Schnitzlers Plan auch den Südosten der Stadt, die Friedrichstadt. Hier sollte ebenfalls das rechteckige Straßenraster bis zum Fürstenwall fortgesetzt werden.

Bis zum Besuch von König Friedrich Wilhelm IV. von Preußen im Jahre 1848 war zwar die Ostseite der Allee bebaut, nicht aber die Westseite, die ehemalige Kanalstraße, weil der Exerzierplatz fast die Hälfte der Straßenfront einnahm. Drei Jahre nach dem Königsbesuch wird als eine Art Entschuldigung oder Wiedergutmachung für den Vorfall der Majestätsbeleidigung – der König war auf dieser Allee mit Pferdeäpfeln beworfen worden – die Ostseite der inzwischen als Mittelallee bekannten Straße in Königsallee umbenannt.

Ähnlich den Straßenzügen der Karlstadt bestand die Bebauung der Ostseite der Königsallee überwiegend aus klassizistischen Wohnhäusern, von Nachfolgern des Adolph von Vagedes erbaut, und einigen jüngeren Wohnbauten in Neorokoko-Stil. Östlich der Königsallee wuchs die Stadt ungehindert weiter. In der zweiten Hälfte des 19. Jh.s entstand hier die neue Mittel- oder Innenstadt. Erst der nur teilweise berücksichtigte Stübben-Plan von 1884 bot durch die Verlegung der Bahntrasse der nunmehr verstaatlichten Eisenbahn mit dem 1891 eingeweihten Hauptbahnhof dem planlosen Wachstum Einhalt.

Gegen Ende des 19. Jh.s wandelte sich dann auch der Charakter der klassizistischen Allee grundlegend, sie wurde nun zur Wohn- und Geschäftsstraße. Neben dem Gasthaus ›Zum grünen Esel‹, das schon Anfang des Jahrhunderts an der Ecke zur Grünstraße entstand, eröffneten bald weitere Gasthäuser, Cafés und Hotels (darunter auch das berühmte Hotel Kaletsch und der Zweibrücker Hof). Die einzelnen Hausbesitzer vermieteten die Erdgeschosse ihrer Wohnbauten zu gewerblichen Zwecken, und so entstanden Läden und Geschäfte mit großflächigen Schaufenstern. Die Ladenbesitzer versuchten bald darauf, in der Nähe ihrer Geschäfte Wohnungen zu finden, und auch Ärzte, Anwälte, Architekten und Kunsthändler wollten sich in der neuen Geschäftsstraße niederlassen. Dies führte zunächst zu einer Aufstockung, dann zum Abbruch und Neubau der Häuser.

Um die Jahrhundertwende, nach dem Abbruch der Kaserne, wurde auch die Westseite der Allee neu gestaltet, jedoch mit deutlich unterschiedlichem Charakter. Weniger Geschäfte als öffentliche Bauten, Banken und Verwaltungsgebäude prägten ihr Aussehen. Die seit dem ausgehenden 19. Jh. aufgestellten Plastiken, Brunnen und Brücken sind als adäquate

Königsallee Ende des 19. Jh.s. Ölbild eines unbekannten Künstlers

Bereicherung der fast 1 Kilometer langen, repräsentativen großstädtischen Königsallee zu sehen.

Am Südende des Stadtgrabens steht das bronzene Wappentier der Stadt, der **Bergische Löwe,** 1963 von Prof. *Philipp Harth* geschaffen und von der Trinkaus-Bank gestiftet (Abb. 64). Die Balustraden und die Obelisken hinter dem Sockel stammen noch aus den Jahren 1903/04 nach Plänen von W. Farthmann. Der Bronzelöwe hatte zwei Vorgänger: Der erste war aus Holz und eine Schöpfung des Bildhauers Johannes Knubel aus dem Jahre 1916. Jeder, der für die Kriegskosten Geld spendete, durfte diesem ›Wahrzeichen der vaterländischen Opferfreude‹ einen Nagel einhämmern (sein eiserner Kopf heute im Stadtmuseum). 1934 wurde ein zweiter hölzerner Löwe aufgestellt, der einem Fliegerangriff 1942 zum Opfer fiel. Von hier aus geht der Blick auf die **Landesversicherungsanstalt** am Südende der Königsallee: ein 123 m hohes Gebäude des Architekten *Harald Deilmann* aus dem Jahre 1978.

Wir spazieren nun an der Westseite der Königsallee Richtung Norden. In der Nähe des Postgebäudes entstand im Zusammenhang mit der Bebauung des Kasernengeländes das ehemalige **Hohenzollern-,** jetzt **Görresgymnasium.** Der Erbauer des Stahlhofes, der königliche Baurat *Johannes Radke,* errichtete 1906 den viergeschossigen neubarocken Werksteinbau, der zur Bastionstraße hin orientiert ist. Dem Schulbau wurde dieser Platz als

Gartenseite des Hauses Puricelli, Königsallee 49. Zeichnung des Architekten Gabriel von Seidl, 1905

Kriegszerstörtes Wohn- und Geschäftshaus an der Königsallee (Nr. 96) von den Architekten Klein & Dörschel

Ersatz für das alte Gymnasium an der Heinrich-Heine-Allee, das dem Warenhaus Tietz weichen sollte, zugewiesen. Leider ist das Schulgebäude nach den Zerstörungen des Zweiten Weltkrieges nicht in seiner ursprünglichen Form wiederhergestellt worden. Seine malerische Wirkung ging durch die neue Dachlösung (ohne die Giebel über den Risaliten und ohne den hohen bekrönten Treppenhausteil) verloren. Der Erweiterung der Schule entlang der Königsallee ist auch die ehemalige Direktorenwohnung zum Opfer gefallen. An der Ecke der BASTIONSTRASSE, hinter Sträuchern etwas versteckt, liegt der **Neckerei-Brunnen** von dem Bildhauer *Gregor von Bochmann d. J.*, den der Verschönerungsverein 1909 der Stadt schenkte. Das Schulkollegium brachte seinerzeit jedoch moralische Bedenken vor, und so erhielt der größere der beiden nackten Knaben nachträglich einen Lendenschurz.

Einige Schritte weiter in nördlicher Richtung betrachten wir zwei vornehme **ehemalige Patrizierhäuser,** heute einbezogen in die **Deutsche Bank** (Abb. 60, 61). Das Haus Königsallee Nr. 51 erbaute der auf Warenhausarchitektur spezialisierte Düsseldorfer Architekt *Otto Engler* 1906 für den Düsseldorfer Schraubenfabrikanten Schaurte. Es war ursprünglich ein vornehmes, schlichtes zweigeschossiges Gebäude mit einem Mezzaningeschoß und hohem Mansarddach. Ein flacher abgerundeter Mittelrisalit betont den Mitteleingang der sechsachsigen neobarocken Werksteinfassade mit Kolossalpilastergliederung. Auf dem benachbarten Grundstück errichtete 1906 der Münchener Architekt *Gabriel von Seidl* für Frau Elodie Puricelli eine ursprünglich zweigeschossige, neunachsige Villa mit sparsamem Neorenaissance-Dekor, einem ursprünglich mit Hauben besetzten Dach und hohen Neorenaissance-Schornsteinen. Ein seitliches, heute zugesetztes Portal führte in das Haus, das in den Jahren vor dem Ersten Weltkrieg Anziehungspunkt der Düsseldorfer Gesellschaft war. Seine Besitzerin war eine berühmte Kunstsammlerin; in der Düsseldorfer Villa war auch ihre Sammlung untergebracht, die zusammen mit dem luxuriösen Mobiliar des Hauses 1932 bei dem Kölner Auktionshaus Lempertz versteigert wurde.

Den Umbau beider Villen zu Büros des Vorstandes der Bank führte 1980 das Kölner Architekturbüro Prof. Kraemer Sieverts & Partner aus. Dabei wurden die ursprünglichen Dächer dreigeschossig ausgebaut. Von Prof. Kraemer Sieverts & Partner stammt auch der anschließende Neubau der Deutschen Bank (Nr. 47) sowie der rückwärtige Erweiterungsbau Breite Straße/Ecke Bastionstraße. In dem Neubau **Nr. 47** ist die von *Prof. Ellen Birkelbach* architektonisch gestaltete neue Kundenhalle untergebracht, von der man den zwischen den Häusern liegenden Gartenhof betreten kann, in dem die Bronzeplastik ›Capricorn‹ von *Max Ernst* aufgestellt ist (Farbabb. 20, 23). An der Ecke BENRATHER STRASSE folgt der neobarocke Winkelbau der **Deutschen Bank** mit Eckeingang und neuer höherer Kuppel, dessen Werksteinfassaden durch kolossale Pilaster bzw. Halbsäulenordnung akzentuiert sind (Abb. 59). Die Deutsche Bank wurde 1903/04 von *W. Martens* erbaut.

Fast in der Mitte angelangt, können wir von dieser Straßenseite aus die verschiedenen Geschäfte, Boutiquen, Kunst- und Modesalons, Cafés mit sommerlichen Straßenterrassen, die berühmt gewordene **Kö-Galerie** (Nr. 60) von *Walter Brune* (Farbabb. 24) und die flanierenden Menschen an der Kö-Ostseite der Allee beobachten. Eine kleine Gruppe von Häusern **(Nr. 42, 44 und 46)** der gegenüberliegenden Seite verdient unsere Aufmerksamkeit (Abb. 56, 57). Sie gehören zur Zweitbebauung der Allee. Die Nr. 42 und 46 erbaute der Düsseldorfer Architekt *Hermann vom Endt* im Jahre 1910 bzw. 1913, das mittlere Haus (Nr. 44) das Architektenteam *Nestler/Jüngst* 1913. (Im Haus Nr. 46 die seit 1867 auf Malerei des 19. Jh.s spezialisierte *Galerie Paffrath*.)

Etwas nördlicher, weiter der Kö-Westseite folgend, liegt an der Ecke TRINKAUSSTRASSE das **Girardet-Haus,** das Verlagshaus des General-Anzeigers und später der Düsseldorfer Nachrichten, heute **WZ Center,** ebenfalls von *Hermann vom Endt* 1905–09 als Bürogebäude mit Erdgeschoßläden errichtet (Abb. 51). Die Vierflügelanlage an der Ecke zur Trinkausstraße wurde in Skelettkonstruktion mit Rasterfassaden in hellgrauem Muschelkalk ausgeführt und war ursprünglich zur Königsallee hin mit einem barockisierenden, figürlich geschmückten Giebel hervorgehoben. Im Flügel zur Trinkausstraße befand sich damals das *königliche Amtsgericht.* Trotz einiger historisierender Elemente fallen an den Fassaden die zu einem flächigen Dekor erstarrten Jugendstilornamente besonders auf. Um 1925 wurde das Gebäude erstmals umgebaut und erweitert; 1980 haben es die Architekten *Jung* und *Schuba* unter Beibehaltung der Fassaden neu gestaltet. Es entstand eine **Passage** mit exklusiven Geschäften, Boutiquen und Cafés. Den großen Innenhof schmückt eine 7 m hohe **Brunnenplastik** des Schweizer Bildhauers André Bucher ›Begegnung und Dialog‹. Auf der

Die Johanneskirche. Ölbild von Franz Stegmann, 1891

gegenüberliegenden Seite blicken wir in die Einmündung der Königstraße und auf die grünbehelmte evangelische Johanneskirche.

An der rückwärtigen Fassade des Hotels Breidenbacher Hof vorbei gehen wir bis zur nächsten Ecke. Dort, wo die altstädtische FLINGER- resp. THEODOR-KÖRNER-STRASSE und die innenstädtische SCHADOWSTRASSE (an der Ostseite) einmünden, erweitert sich die 85 m breite Königsallee zu einem platzartigen Raum vor dem Hofgarten. Hier, an ihrem Anfang, ist die Königsallee wohl am schönsten und belebtesten. Von der halbrunden Plattform über dem Stadtgraben können wir die 1902 auf Anregung des Düsseldorfer Verschönerungsvereins von *Fritz Coubillier* geschaffene, monumentale neobarocke **Tritonengruppe** bewundern (Farbabb. 19). Der Triton, eine Meeresgottheit, stößt seine Lanze gegen einen riesigen wasserspeienden Fisch. In nördlicher Richtung erblicken wir links die Jugendstilfassaden des Kaufhofs, dahinter das Parkhotel (heute Steigenberger Parkhotel) am CORNELIUSPLATZ mit dem schönen Schalenbrunnen, den Hofgarten und im Hintergrund rechts das ›Drei-Scheiben-Haus‹, das Verwaltungsgebäude der Thyssen-Röhren-Werke. Das Gebäude, mit dem die Bebauung an der OSTSEITE DER KÖNIGSALLEE beginnt, ist die 1924 von den Architekten *Carl Moritz* und *Betten* als siebengeschossiges Eckhochhaus errichtete ehemalige Filiale der Darmstädter- und Nationalbank (heute **Dresdner Bank**). An der Ecke SCHADOW-STRASSE folgt das von *Hermann vom Endt* 1909–11 erbaute, leider zu stark veränderte **Hohenzollernhaus.**

Eines der wichtigsten Baudenkmäler nicht nur der Allee, sondern der ganzen Stadt, ist der **Kaufhof,** das vormalige *Warenhaus Tietz* von *Josef Maria Olbrich* aus den Jahren 1907–09 (Farbabb. 21). Der mit Bedacht ausgewählte Bauplatz liegt an den beiden schönsten Straßenräumen, der im frühen 19. Jh. angelegten Heinrich-Heine-Allee und der Königsallee, und stellt so gleichsam eine Verbindung zwischen der historischen Altstadt und dem im späten 19. Jh. entstandenen Geschäftsviertel um die Schadowstraße dar. Der Architekt Josef Maria Olbrich, ehemaliger Mitarbeiter Otto Wagners in Wien und später in Darmstadt tätig, ging aus dem zweiten engeren Wettbewerb als Sieger hervor. Als Vorgabe diente ihm der Grundrißentwurf des Düsseldorfer Preisträgers Otto Engler.

Dem monumentalen Gebäude, das in der Nachfolge des Warenhauses Wertheim in Berlin von A. Messel steht, lag ein Rechteckraster aus quadratischen Stützen, um drei rechteckige Lichthöfe gruppiert, zugrunde. Der fünfgeschossige Baukörper hat ein Stahlbetonskelett, das mit Muschelkalk verkleidet wurde. Mittelpunkt der Gesamtanlage war der große, vier Geschosse hohe *Lichthof*, zu dem sich die Verkaufsräume galerieartig öffneten. Die Innenräume besaßen eine überaus luxuriöse Ausstattung. Verschiedene exotische Hölzer, Marmor, Bronze und Glas waren die dominierenden Materialien. Bei einem Bombenangriff 1942 brannte das Innere des Warenhauses vollständig aus.

Der Außenbau nimmt deutlich auf die städtebauliche Situation Bezug. Längsseiten und Front zur THEODOR-KÖRNER-STRASSE sind verschieden ausgebildet. Der bis zum vierten Geschoß einheitlich durch beherrschende Vertikalgliederung gestaltete Bau zeigt in der Dachzone zu den beiden Alleen hin zwei höhere, durch Mansarddächer betonte Seitenflügel. Diese sind durch mächtige einschwingende Giebel mit aus Menschenkörpern gebildeten

211

Lichthof im Warenhaus Tietz, J. M. Olbrich, 1909

Masken ausgezeichnet. Zwischen dem Pfeilerrhythmus fassen dreigliedrige Fensterbahnen die drei Obergeschosse zusammen. Schaufensterreihen, von Eingängen unterbrochen, bilden das Erdgeschoß. An der Schmalseite tritt das Obergeschoß hinter einer Brüstung zurück; das Dach schmükken überkuppelte Dachhäuser. An der rückwärtigen Längsseite ist ein Parkhaus von dem Architekten Wunderlich aus dem Jahr 1959/60 angebaut, dessen Fassaden 1985 postmodern umgestaltet wurden.

Das Warenhaus ist trotz des unersätzlichen Verlustes an Innenausstattung und trotz der neueren Veränderungen das markanteste Beispiel der beginnenden modernen Architektur in Düsseldorf. Seine Bedeutung liegt vor allem in der allmählichen Überwindung des Jugendstils und der Hinwendung zum Funktionalismus, aber auch in seiner Vorbildrolle für zahlreiche Warenhäuser der Zeit. Das Warenhaus war Olbrichs letztes größeres Werk; seine Vollendung erlebte er nicht mehr.

Unweit, am CORNELIUSPLATZ, einer um 1880 gestalteten Platzanlage, beachten wir das 1902 anläßlich der großen Industrie- und Gewerbeausstellung erbaute **Parkhotel.** Das viergeschossige, dreiflügelige Werksteingebäude mit seiner reichen Gliederung in neobarocken Formen wurde von der Architektengemeinschaft *Kayser/von Großheim/Wöhler* errichtet. Heute ist die Dachzone nach dem Geschmack der fünfziger Jahre verändert. Der **Schalenbrunnen** am Corneliusplatz wurde 1882 im Auftrag der Bürgerschaft von dem Bildhauer *Leo Müsch* mit reichem Figurenprogramm in neobarocken Formen geschaffen. Die technische Voraussetzung für das Funktionieren einer solchen Anlage war erst mit dem Bau des ersten Düsseldorfer Wasserwerks 1870 in Flehe und der Verlegung einer Wasserleitung gegeben.

Nur einige Schritte von der Fontäne entfernt steht das **Cornelius-Denkmal** aus dem Jahre 1879, eines jener für die Zeit nach der Reichsgründung typischen Monumente für bedeutende Persönlichkeiten des öffentlichen Lebens. Den Anlaß gab das fünfzigjährige Jubiläum der Neugründung der Düsseldorfer Kunstakademie, das man mit der Errichtung von Denkmälern für die beiden ersten Direktoren Peter von Cornelius und Wilhelm von Schadow begehen wollte. Das Monument ist ein Werk des Dresdener Bildhauers *Adolf Donndorf*. Die Bronzestatue des Malers Peter von Cornelius, mit einem Griffel in der Rechten und einem weiten Umhang um die Schulter, folgt dem Typus des 1845 vollendeten Beethoven-Denkmals von E. Hähnel in Bonn. Zu Seiten des hohen Postaments sitzen die Bronzefiguren der Poesie und der Religion. Das Relief der Vorderseite zeigt die Personifikation der Malerei. Auf dem kleineren Relief darunter sind Natur und Genius dargestellt, die beiden wichtigsten Voraussetzungen der Malerei. Auf der Rückseite soll symbolisch die Vereinigung des deutschen Geistes mit der Antike durch Faust und Helena angedeutet werden. Zu Füßen des Malers sind vier kleine Tafeln angebracht, die auf die wichtigsten Stätten seines Wirkens Bezug nehmen: Düsseldorf, Rom, München und Berlin. Ursprünglich war das Denkmal etwas weiter südlich aufgestellt; an seinem jetzigen Standort befindet es sich seit 1937, als die gärtnerischen Anlagen an der Landskrone und vor dem Parkhotel neu gestaltet wurden.

Unweit vom Cornelius-Denkmal, an der Rückseite der Deutschen Oper, betrachten wir eine moderne Skulptur von *Henry Moore,* dem weltberühmten englischen Bildhauer: **Reclining Figure in Two Parts,** eine monumentale, zweigeteilte weibliche Gestalt aus dem Jahr 1969. Sie ist eine Dauerleihgabe der Stadtsparkasse Düsseldorf. In unmittelbarer Nähe steht auch das 1956 enthüllte **Robert-Schumann-Denkmal** von *Karl Hartung* (Farbabb. 17).

Wir kehren zurück an das Ufer der Landskrone – so der Name der Wasseranlage aus den ehemaligen Wassergräben, die von der nördlichen Düssel gespeist wird – und wenden uns dem letzten Denkmal dieses Bereichs zu, dem wohl berühmtesten **Kriegerdenkmal** der Stadt, das für die Gefallenen des Deutsch-Französischen Krieges 1870/71 errichtet wurde. Die 1892 von dem in Berlin ansässigen Bildhauer *Karl Hilgers* in weißem Marmor ausgeführte Gruppe zeigt einen auf einem Sarkophag liegenden sterbenden griechischen Jüngling, zu dem ein Löwe aufblickt. Der Löwe ist sowohl das Sinnbild der Tapferkeit als auch das Wappentier Düsseldorfs. Hinter dem Denkmal steigt kulissenartig die Fassade des fast 95 m hohen Verwaltungsgebäudes des Thyssen-Konzerns auf (siehe S. 214).

Wir kehren zurück und biegen nach links zum SCHADOWPLATZ ab, benannt nach dem Maler *Wilhelm von Schadow*, der 1826–59 die Düsseldorfer Akademie leitete und unweit von hier in der Schadowstraße Nr. 54 wohnte. Das Wohnhaus, in dem später der Maler A. Achenbach lebte, ist im Zweiten Weltkrieg zerstört worden. Der dreieckige Schadowplatz war seit der Schleifung der Befestigungsanlagen projektiert und auch im Bebauungsplan von 1854 enthalten. Im Zusammenhang mit dem neu geschaffenen Jan-Wellem-Platz und der 1962 vollendeten Hofgarten-Hochstraße, die den Verkehr aus den im Zuge der Nachkriegsplanungen entstandenen Achsen Berliner Allee und Immermannstraße aufnimmt, wurde der Platz als ein neuer Fußgängerbereich gestaltet. An der Ostseite (Schadowplatz Nr. 14) steht eines der wenigen noch in der Tradition des ausgehenden 19. Jh.s errichteten Bankgebäude: das 1896–97 von *Kayser/von Großheim/Wöhler* im neobarocken Stil erbaute **Bankhaus Schliep.**

In der Platz-Mitte auf einem Podest ›das großflächig und zugleich sorgfältig modellierte Bildnis‹ (P. Bloch) des Akademiedirektors Wilhelm von Schadow aus dem Jahre 1869, das von *August Wittig* geschaffen wurde, der selbst Professor der Bildhauerklasse der Düsseldorfer Akademie war. Die kolossale **Bronzebüste** ist ein Beispiel der Bildniskunst der zweiten Hälfte des 19. Jh.s, die durch Monumentalisierung die ursprünglich intime, lebensgroße und für Innenräume bestimmte Büste des Klassizismus zum öffentlichen Denkmal erhebt. Einige Schritte von hier entfernt beachten wir noch den **Salinenbrunnen** aus dem Jahre 1965 von Max Kratz.

Nördlich vom Schadowplatz liegt der JAN-WELLEM-PLATZ, benannt nach dem Kurfürsten Johann Wilhelm von der Pfalz. Dieser Platz ist ein Knotenpunkt der nach allen Richtungen fahrenden Straßenbahnen.

Wir gehen unter der Hochstraße weiter in Richtung SCHADOWSTRASSE, einer beliebten Einkaufsstraße, und biegen nach Norden zum GUSTAV-GRÜNDGENS-PLATZ ein, benannt nach dem Schauspieler und langjährigen Düsseldorfer Theaterintendanten.

Der Platz wird vom ehem. Verwaltungsgebäude der Phoenix Rheinrohr AG, auch ›Drei-Scheiben-Haus‹ genannt, sowie vom neuen Schauspielhaus beherrscht. Das international beachtete, 1957–60 von den Architekten *Hentrich, Petschnigg und Partner* errichtete **Thyssen-Hochhaus** besteht aus drei schmalen, gegeneinander versetzten Scheiben (Abb. 63, Farbabb. 30). Die in der Mitte liegende Kernzone mit Lifts, Treppenhäusern und Sanitärräumen wird zu beiden Seiten von Büros umgeben. Sie befindet sich an der Stelle, wo sich der Mittel- und die beiden Seitentrakte berühren, eine Lösung, für die das kurz zuvor fertiggestellte Pirelli-Haus in Mailand Vorbild war. Der Bau ist in Stahlrohrkonstruktion mit Curtain-Wall – einer Vorhangfassade – aus Glas und Aluminiumsprossen bzw. an den Schmalseiten aus gefaltetem Stahlblech ausgeführt. Die turmartig wirkenden Schmalseiten sind zum Wahrzeichen des modernen Düsseldorf geworden.

An der Nordwestseite des Hochhauses steht seit 1971 eine **kubistische Plastik** des berühmten spanischen Bildhauers *Eduardo Chillida* aus wetterfestem Edelstahl, eine Schenkung der August-Thyssen-Hütte.

Das benachbarte **Schauspielhaus** aus den Jahren 1965–70 von *Bernhard Pfau*, einem der wichtigsten Vertreter der modernen Architektur der Nachkriegszeit in Düsseldorf, ist mit seinen schwingenden plastischen Formen in bewußtem Kontrast zu dem Verwaltungsbau entstanden (Farbabb. 30, Abb. 83). Einer kolossalen modernen Plastik gleicht das in großzügigen Kurven breitgelagerte und mit weißen Kunststoffpaneelen verkleidete Gebäude, das zwei Theater beherbergt. Das Große Haus (mit 1036 Plätzen) ist zum Hofgarten hin orientiert, das Kleine Haus (mit 200 Plätzen) zum Gustaf-Gründgens-Platz. Die von drei Neben- und einer Hinterbühne umgebene Hauptbühne bildet den Mittelpunkt und höchsten Gebäudeteil des Schauspielhauses, das als einer der modernsten Theaterbauten in Deutschland gilt.

Wir verlassen den Theatervorplatz in südlicher Richtung und erreichen über die Berliner Allee den ERNST-SCHNEIDER-PLATZ mit dem **Hochhaus der Industrie- und Handelskammer,** das auch Sitz der *Rheinisch-Westfälischen Börse* ist. 1956/57 von den Architekten *K. Gutschow und G. Nissen* errichtet, gehört es zu den Bauten der fünfziger Jahre, die an die modernen Projekte der zwanziger Jahre anzuknüpfen suchen. Dahinter, auf dem PLATZ DER DEUTSCHEN EINHEIT mit dem 1988 aufgestellten Brunnen von *Heinz Mack* (Abb. 62, Umschlagrückseite) befindet sich der Baublock der **Landeszentralbank** von Friedrich-Wilhelm Kraemer (1964) und gegenüber das achtzehngeschossige Hochhaus der *Stadtsparkasse* von *Kraemer, Pfennig und Sieverts* (1964).

Wir überqueren die BERLINER ALLEE und erreichen den MARTIN-LUTHER-PLATZ, der von der evangelischen Johanneskirche beherrscht wird.

An der Stirnseite des Platzes erblicken wir die **Simonbank** von den Architekten *Kraemer, Pfennig und Sieverts* aus den Jahren 1968–70, in deren Erdgeschoß passagenartig Luxusgeschäfte und ein Café untergebracht sind. Auf der Grünfläche vor dem Gebäude erhebt sich auf hohem Postament das **Bismarck-Denkmal** der Bildhauer *August Bauer* und *Johannes Röttgen* von 1899. Der Eiserne Kanzler, ›eine kraftvolle Gestalt in imponierender Haltung‹, ist in schlichtem Rock mit Helm dargestellt. Zu Seiten des Sockels sitzen ein Krieger mit Schwert, in der Linken ein Bündel Eichenstäbe haltend, und eine weibliche Figur, die Personifikation der Industrie, die sich auf einen Hammer stützt, zu ihren Füßen ein Anker. Das Bismarck-Denkmal gehörte ursprünglich neben dem *Reiterdenkmal Kaiser Wilhelms I.* und dem im Krieg zerstörten *Moltke-Denkmal* zur bildhauerischen Bereicherung der Heinrich-Heine-Allee, denn auch Düsseldorf wollte in dieser Allee eine kleine Wiederholung der Berliner Siegesallee besitzen. Mit den Denkmalen Kaiser Wilhelms, Bismarcks und Moltkes, seinen politischen bzw. militärischen Helfern bei der Gründung des Zweiten deutschen Reiches, wurden 1896 in Düsseldorf, wie in zahlreichen anderen deutschen Städten, diese offiziösen Monumente als Demonstration nationaler Gesinnung aufgestellt. Die Reiterstatue des Kaisers wanderte 1961 zum Jan-Wellem-Platz und von dort 1964 zum Platz der Deutschen Einheit. Hier mußte sie wiederum Bauarbeiten weichen und fand schließlich 1988 einen neuen Aufstellungsort in der Nachbarschaft des Bismarck-Denkmals, das schon 1963 seinen Platz vor dem Justizministerium erhalten hatte.

Das heutige **Justizministerium** entstand 1856–59 nach Plänen des Regierungs- und Baurats *C. A. Krüger* als *Landgerichtsgebäude* (Abb. 53). Es ist ein dreigeschossiges verputztes Backsteingebäude im Stil des Berliner Klassizismus. Die dreizehnachsige Fassade gliedert ein fünfachsiger, weit vortretender Mittelrisalit mit Kolossalpilastern, in dem sich die mittlere, auf einem strengen Quadratraster aufgebaute Treppenhalle befindet. Ursprünglich war das Gebäude mit einer hohen, figürlich geschmückten Balustrade abgeschlossen. Das Justizministerium und das benachbarte **ehemalige Staatsarchiv** (1877) sind die einzigen erhaltenen Bauten des an der Berliner Bauakademie unter Schinkel geschulten Architekten C. A. Krüger in Düsseldorf.

Das Justizministerium ist auf die Längsachse der evangelischen **Johanneskirche** bezogen (Abb. 84). Seit sich 1824 die lutherische und die reformierte Gemeinde vereinigt hatten, gab es in Düsseldorf nur noch eine evangelische Kirchengemeinde, deren Mitgliederzahl beträchtlich wuchs. Schon 1859 wurde der Bauplatz auf dem ehemaligen Königsplatz östlich der Königsallee für einen Kirchenbau ausgesucht, der dem wachsenden Raumbedürfnis Rechnung trug. Der Neubau sollte äußeres Zeichen und Dank für die Vereinigung sein; man wollte eine große evangelische Kirche bauen, die sich nun nicht mehr hinter den Häuserfronten verstecken mußte.

1875 wurde der Grundstein gelegt, nachdem die Pläne von der Berliner Architektengemeinschaft *Kyllmann und Heyden* erarbeitet worden waren. Der finanzielle Aufwand für den Bau betrug 1 Million Mark. Die Kirche galt seinerzeit mit 61 m Länge und dem 85 m hohen Turm als eine der aufwendigsten und stattlichsten evangelischen Kirchen in ganz Deutschland.

Die Johanneskirche ist eine dreischiffige, kreuzförmige Emporenkirche im Berliner Rundbogenstil mit Kapellen in den Kreuzarmwinkeln und eingestelltem Westturm. Das Äußere wird vom Einklang und Zusammenspiel des Backsteins mit der Werksteingliederung und dem grünpatinierten Turmhelm bestimmt. Der Ziegelrohbau ist im Konstruktiven der Gotik, in der Formensprache der florentinischen Renaissance und dem Klassizismus verpflichtet.

Das Innere ist nach den schweren Kriegsbeschädigungen stark verändert (Architekt G. Rehder, 1951–53). Die reiche architektonische Gliederung des Raums ersetzte man durch vereinfachte moderne Formen, wie z. B. die schönen ionischen Säulen, die ursprünglich in Anlehnung an Schinkels Entwurf zur Werderschen Kirche die Emporen trugen. Das Westjoch wurde in sechs Geschosse unterteilt, um Raum für das Gemeindezentrum zu gewinnen.

Man betritt die Johanneskirche durch das Hauptportal unter dem Turm. Die **Eingangshalle** ist gleichzeitig Ehrenhalle für die Gefallenen beider Weltkriege. Ein eisernes Tor von *Prof. A. Rickert,* das Zinnintarsien mit dem Thema der klugen und törichten Jungfrauen schmücken, führt zum Kirchenvorraum, in dem Klub- und Besprechungsräume untergebracht sind.

Den schlichten und sparsam gestalteten Kirchenraum dominiert der überlebensgroße **Holzkruzifixus** über dem Altar (Prof. A. Rickert). Seit 1954 hat die Johanneskirche eine neue Orgel von R. von Beckerath/Hamburg, die 1975 umgebaut und 1984 erweitert wurde.

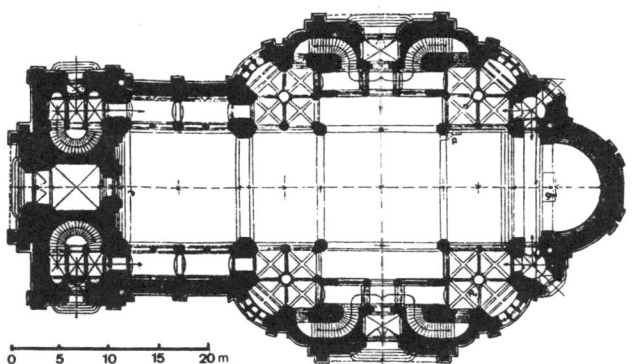

Johanneskirche, Grundriß

Auf dem Platz südlich der Kirche steht der **Kugelbrunnen** des Bildhauers *F. Werthmann,* 1966 aufgestellt. Hier liegt auch der Eingang zum **Bachsaal** der Kirche, in dem musikalische Veranstaltungen stattfinden.

Westlich der Kirche steht das 1924–25 von den Architekten *Tietmann und Haake* erbaute **Pressehaus** (Droste-Verlag), ein Beispiel für expressionistischen Backsteinbau (Abb. 84). Sein gestaffelter Treppengiebel ist an den spätgotischen Schaufassaden orientiert.

Wir kehren über die JOSEPHINENSTRASSE (ehemalige Schnabelstraße), vorbei an dem Gebäude der **Landesjustizprüfungsanstalt** (ehemals Staatsarchiv), einem dreigeschossigen Backsteinbau im Stil des Berliner Klassizismus von *C. A. Krüger,* und dem **Haus Josephinenstraße Nr. 9** aus dem Jahre 1887 mit reicher Fassade in den Formen der deutschen Renaissance zurück zur STEINSTRASSE und von dort über die Ostseite der Königsallee zum GRAF-ADOLF-PLATZ. Von hier aus sind es nur einige Schritte zum Südende der Kasernenstraße, dem Ausgangspunkt unserer Wanderung durch die Düsseldorfer Innenstadt.

Darüber hinaus können wir noch einen kleinen Spaziergang über die GRAF-ADOLF-STRASSE zum KONRAD-ADENAUER-PLATZ mit dem **Hauptbahnhof** aus den Jahren 1932–36 unternehmen. Das Bahnhofsgebäude, nach Plänen von Architekt Behne und der Reichsbahndirektion Wuppertal errichtet, ist ein Betonskelettbau mit Backsteinverkleidung. Eine streng symmetrische Fassade mit der Eingangshalle als betontem Mittelteil erhält ihr Gegengewicht in dem schlanken Uhren- und Wasserturm. Im Eingang erinnert eine Bronzetafel daran, daß 1838 die erste westdeutsche Eisenbahn Düsseldorf mit Erkrath verband.

Seit 1985 hat der Hauptbahnhof eine neue Rückseite bekommen oder präziser: eine zweite Schauseite nach Osten. Auf dem ehemaligen Industriegelände hinter den Bahngleisen entstand nach Entwürfen der Architektengemeinschaft *Deilmann, Kalenborn und Spengelin* der BERTHA-VON-SUTTNER-PLATZ, der als Zentrum für die südöstliche City gedacht ist. Eine besondere Bereicherung des von hoher postmoderner Bebauung umschlossenen Platzes stellen die **Edelstahl-Plastiken** des Darmstädter Künstlers *Horst Antes* dar (Farbabb. 32, Abb. 85). Gegenüber dem Bahnhof befindet sich der **Verkehrsverein** der Stadt Düsseldorf mit der Abfahrtstelle für Stadtrundfahrten.

Die eigentliche Innenstadt, der Bereich westlich vom Bahnhof bis zur Königsallee, der bis zu den Zerstörungen des Zweiten Weltkriegs eine hübsche spätklassizistische und historistische Bebauung aufwies, veränderte sich durch den Wiederaufbau nach dem Krieg am stärksten und bietet dem heutigen Besucher keinen besonderen Anreiz.

217

Die nördliche Innenstadt

Der folgende Rundgang durch die nördliche Innenstadt beinhaltet zwei entwicklungsgeschichtlich verschiedene Gebiete: zum einen den alten kurfürstlichen Hofgarten in Pempelfort zwischen dem Ratinger Tor und dem Jägerhof sowie dessen Erweiterung auf dem Terrain der niedergelegten Stadtbefestigung und des alten Hafenbeckens; zum anderen das erst zu Beginn des 20. Jh.s im Zusammenhang mit der großen Industrie- und Gewerbeausstellung 1902 erschlossene und zur repräsentativen Bebauung bestimmte Gebiet am Rheinufer.

Wir beginnen unsere Besichtigung am östlichen Ende der RATINGER STRASSE: am **Ratinger Tor.** Das 1811–15 von *Adolph von Vagedes* errichtete klassizistische Tor wird von zwei dorischen Tempeln (Zollhäusern) gebildet, die ursprünglich durch eine Barriere aus Schlagbäumen und später durch Gitter verbunden waren. Die beiden Tempelbauten sind mit den Giebelseiten zueinander orientiert und an drei Seiten von gedrungenen dorischen Säulen umgeben (Abb. 65). In ihren ausgewogenen und aufeinander abgestimmten Proportionen sowie im Rhythmus der Säulenstellung ist die Doppelanlage nicht der gleichzeitigen klassizistischen Baukunst, sondern direkt der Antike verpflichtet. Das Ratinger Tor spielte eine Rolle als Vorbild bei Schinkels Neuer Wache (1818) und den Torhäusern am Leipziger Platz (1823) in Berlin sowie bei Klenzes Propyläen (1846) in München. In einem der beiden Tortempel fand die bekannte *Galerie Hella Nebelung* ihr Domizil (heute Galerie H. A. M. Hünermann).

Der Vorgängerbau des heutigen Tores lag etwas weiter westlich, etwa am Eingang der Mühlengasse. Das erste, schon 1397 erwähnte Ratinger Tor war ein viereckiger Torturm mit einem zweistöckigen Aufbau über dem gotischen Bogen der Durchfahrt. Im Jahre 1684 legte Kurprinz Johann Wilhelm den Grundstein zu einem neuen Tor direkt im Anschluß an den gotischen Turm, über dessen Aussehen wir leider wenig wissen. Der massive alte Turm blieb dabei bestehen und diente seit 1712 bis zu seinem Abbruch im Jahre 1807 als Unterbau für eine Windmühle. Zum Einzug des Kurfürsten Carl Theodor wurden um 1750 nach Entwürfen von Joh. Hubert van Douwen die Fassaden des Tors repräsentativ gestaltet. Bei der Anlage der Alleestraße (1808), heute Heinrich-Heine-Allee, brach man das alte Tor samt der Windmühle ab und brachte die Ratinger Straße auf die Breite der nach Osten führenden Maximilian-Weyhe-Allee. Eine herrliche Blickachse führt durch die Toranlage von Vagedes nach Osten am Hofgärtnerhaus vorbei zum Jägerhof und nach Westen durch den etwas gekrümmten mittelalterlichen Straßenzug der Ratinger Straße zum Turm der Kreuzherrenkirche.

Wir gehen weiter die HOFGARTENRAMPE bzw. FRITZ-ROEBER-STRASSE entlang zum Rheinufer. Gleich linkerhand steht das 1922–26 von dem Architekten *Prof. Karl Wach* als *Verwaltungsgebäude der Phoenix AG* erbaute heutige **Arbeitsamt.** Die damalige Bauherrin wünschte sich auf dem etwas höher gelegenen ehemaligen Festungsgelände hinter der Kunstakademie ›alles andere … als ein Verwaltungsgebäude eines großen Industrieunternehmens‹ (R. Klapheck). Das Grundstück mit altem Baumbestand liegt auf dem ehemaligen Bollwerk,

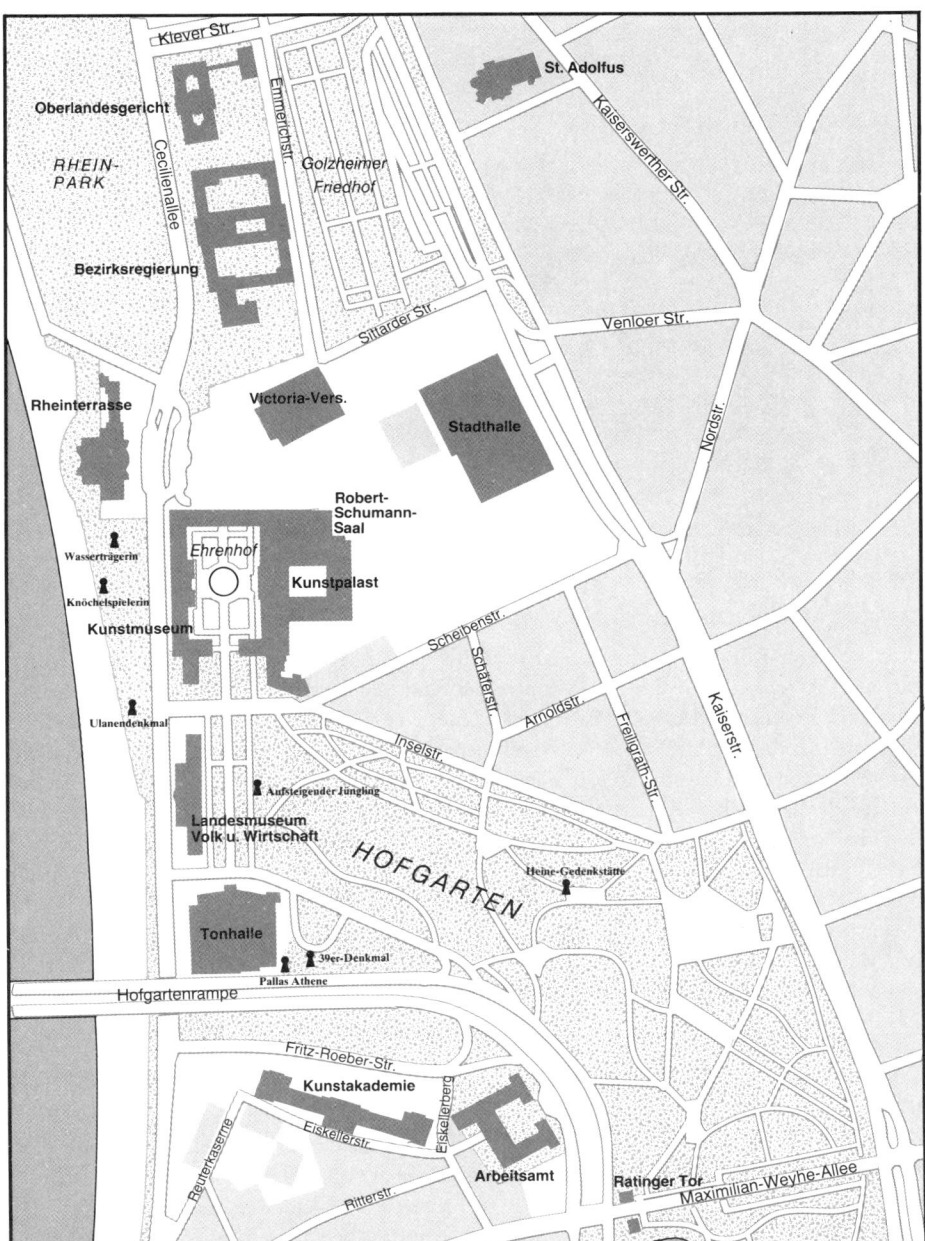

Klever Str.

Oberlandesgericht

RHEIN-
PARK

St. Adolfus

Kaiserswerther Str.

Cecilienallee

Emmericher Str.

Golzheimer
Friedhof

Bezirksregierung

Sittarder Str.

Venloer Str.

Rheinterrasse

Victoria-Vers.

Stadthalle

Nordstr.

Robert-
Schumann-
Saal

Wasserträgerin

Ehrenhof

Knöchelspielerin

Kunstpalast

Kunstmuseum

Scheibenstr.

Schäferstr.

Arnoldstr.

Freiligrathstr.

Kaiserstr.

Ulanendenkmal

Inselstr.

Aufsteigender Jüngling

Landesmuseum
Volk u. Wirtschaft

HOFGARTEN

Heine-Gedenkstätte

Tonhalle

39er-Denkmal

Pallas Athene

Hofgartenrampe

Fritz-Roeber-Str.

Kunstakademie

Reuterkaserne

Eiskellerstr.

Eiskellerberg

Arbeitsamt

Ratinger Tor

Maximilian-Weyhe-Allee

Ritterstr.

Das Ratinger Tor von Adolph von Vagedes. Stahlstich, 1838

dem Ratinger Rondell, dessen Kasematten bis etwa 1880 als Eiskeller dienten und dem kleinen Plätzchen sowie der Straße hinter der Kunstakademie den Namen gaben (EISKEL-LERBERG, EISKELLERSTRASSE). Wach entwarf hier eine weitläufige, barock anmutende Drei-flügelanlage, die zur Straße hin mit zwei niedrigen Pavillons und einer Mauer abschließt. Den Mittelteil des Haupttraktes, in dem auch die Sitzungssäle untergebracht waren, betont ein neoklassizistischer Mittelrisalit mit großen Oculi unter einem Dreiecksgiebel. Den gro-ßen Hof umgeben an drei Seiten Arkaden (heute zum Teil zugesetzt). Das Arkadengeschoß ist mit großen glasierten Keramikplatten verkleidet und in den Bodenzwickeln des Mittel-teils mit Reliefs von Prof. Gies (Berlin) geschmückt. Eine formal schlichte, jedoch sehr elegante Innenausstattung ist noch weitgehend erhalten: z. B. Portalrahmungen aus Traver-tin, Marmorfußböden oder eine Reihe von Beleuchtungskörpern. Schon bald nach Fertig-stellung verkaufte die Phoenix AG das Gebäude, das seitdem als Arbeitsamt genutzt wird. Als in den fünfziger Jahren eine Erweiterung des Arbeitsamtes durchgeführt wurde, ver-schwanden die eigenwilligen Dächer der Pavillonbauten.

Die architektonische Sprache dieses Bauwerks stellt eine interessante Variante zu den Verwaltungsbauten der zwanziger Jahre in der Stadt dar. Aber auch im Werk des Architek-ten nimmt es eine wichtige Stellung ein. Wach, der kurz darauf in Gemeinschaft mit dem Architekten H. Roßkotten die vorbildlich moderne evangelische Matthäi-Kirche erbaute, war auch Schöpfer der 1974 abgebrochenen Neuen Kunstakademie auf dem Gelände der Rheinwiesen in Stockum. Das Motiv des neoklassizistischen Mittelrisalits mit Erdgeschoßarkaden hatte er schon beim Hauptgebäude der Neuen Kunstakademie von 1913/14 vorweggenommen.

Der FRITZ-ROEBER-STRASSE folgend (benannt nach dem Malereiprofessor und späteren Direktor der Kunstakademie), erreichen wir die 1875–79 von *Hermann Riffart* erbaute **Staatliche Kunstakademie,** die Hochschule für bildende Künste (Abb. 67, vgl. Abb. 66). Das dreistöckige, 158 m lange, dem Renaissancestil verpflichtete Gebäude verrät unmißverständlich das Rastersystem eines Zweckbaus in der Tradition von Schinkels Berliner Bauakademie. Die reichere, symmetriebetonte und zum Hofgarten hin orientierte Schaufront wird von einem flachen Mittelrisalit und kräftig hervortretenden Seitenrisaliten gegliedert. Dem rustizierten Erdgeschoß mit großen Rundbogenfenstern folgt ein niedrigeres, von Rechteckfenstern beleuchtetes erstes Obergeschoß. Das darüberliegende eigentliche Hauptgeschoß ist durch größere Höhe ausgezeichnet und durch Pilasterpaare rhythmisiert. Das Obergeschoß wie auch die gesamte Rückfront verblenden hellgelbe Ziegel. Die Risalite ragen in die Attikazone hinein, und eine Balustrade, das Walmdach verdeckend, bekrönt das Gebäude. Über dem Erdgeschoß zieht sich ein Fries entlang, auf dem 62 Namen von bedeutenden Künstlern aller Epochen eingemeißelt sind. Die Nischen der beiden Obergeschosse schmücken seit 1890 farbige Mosaiken nach Entwürfen von *Prof. Adolf Schill:* Flammenschalen mit Kandelabern bzw. Künstlerporträts in dekorativen Rahmungen. Der Eingang liegt an der östlichen Schmalseite. 1895 malte Peter Janssen die Wände und die Decke der etwas später eingefügten Aula mit allegorischen Gemälden aus, die leider der Kriegszerstörung zum Opfer fielen. Als 1897 der im Norden vorgelagerte Sicherheitshafen zugeschüttet wurde, erbaute 1898/99 Baurat Bongard dort ein eingeschossiges Atelier für Tierstudien. Nach dem Krieg erhielt die Aula eine moderne Ausstattung, und 1956 entstand nach einem Entwurf von *Prof. Rudolf Schwarz* ein Ateliergebäude an der Westseite.

Die *Düsseldorfer Kunstakademie* als Institution blickt auf eine über 200jährige Geschichte zurück. Entstanden während der Regierungszeit des Kurfürsten Carl Theodor aus der privaten Zeichenschule des Galerieinspektors *Lambert Krahe,* wurde sie mit landesherrlicher Unterstützung 1773 zur Akademie der schönen Künste erhoben mit Krahe als erstem Direktor. Sie gehörte zu den höfischen Kunstschulen, wie sie nach dem Modell der schon 1648 gegründeten Académie des Beaux Arts in Paris überall in Europa entstanden: so 1696 in Berlin, 1725 in Wien, 1733 in Stockholm, 1752 in Mannheim (am Hofe Carl Theodors), 1764 in Dresden und Leipzig, 1770 in München und 1775 – zwei Jahre später als in Düsseldorf – in Kassel. Die Gründung solcher Institutionen entsprach dem spätbarocken Repräsentationsbedürfnis der Herrscher und trug wesentlich zur Reputation der aufgeklärten Landesherren bei. Carl Theodor gründete in Mannheim die ›Academia Theodora Palatina‹, zu deren Mitgliedern Lessing, Klopstock und Schiller gehörten. In Düsseldorf begründete die Verbindung der weltberühmten kurfürstlichen Galerie und der Kunstakademie den Ruf des Ortes als Stadt der Künste. Die Attraktivität der Galerie für die fremden Besucher schlug sich in zahlreichen Reisebeschreibungen des 18. Jh.s nieder. Für die Studenten der Akademie bot die Sammlung neben dem Studium der berühmtesten Bilder auch die Möglichkeit des Kopierens und Nachstechens. Allerdings fehlten in Düsseldorf die höfischen Aufträge

Schloß mit Galeriegebäude, vor 1872, Sitz der Kunstakademie

und Auftraggeber. 1794–1801 war die Galerie vor den Franzosen evakuiert worden. Seit ihrer Überführung nach München, wo die Galeriebestände als Wittelsbacher Hausbesitz schließlich verblieben und wo sie bis heute einen wesentlichen Teil der Alten Pinakothek bilden, begann auch der Exodus der Düsseldorfer Künstler in die bayerische Hauptstadt. Als Entschädigung für die nach Köln abgewanderten Justizbehörden und die Gründung der rheinischen Universität in Bonn erhob die preußische Regierung 1819 die Kunstakademie zur ›Zentralanstalt für die Kunstbildung in den Rheinlanden und zur Beförderung der Kunstentwicklung‹. Zum ersten Direktor wurde *Peter Cornelius* berufen. Unter seinem Nachfolger *Wilhelm von Schadow* (von 1826 bis 1859) erlangte die Düsseldorfer Akademie mit ihrer ›*Düsseldorfer Malerschule*‹ weltweiten Ruhm; ihr Ruf reichte bis in die USA, nach Skandinavien, ins Baltikum und nach Rußland. Großes Interesse an jener Institution nahm auch der Hof des Prinzen Friedrich von Preußen. Die soziale Stellung der Künstler stieg; die Künstlerschaft beteiligte sich am gesellschaftlichen Leben der Stadt, und das nicht nur mit ihren berühmten Künstlerfesten. Es gab spektakuläre Karnevals- und Frühlingsfeste sowie Aufführungen ›lebender Bilder‹. 1844 formierte sich der ›*Künstlerverein*‹ (E. Leutze, K. F. Lessing, A. Achenbach u. a.), aus dem 1848 der ›*Malkasten*‹ hervorging.

Im Ausland hatten die Düsseldorfer Maler ihre Agenten. Schon 1849 gründete John Böker in New York die ›Düsseldorfer Gallery‹, und viele Händler vermittelten den Verkauf sowie Aufträge und Ausstellungen.

Die junge Kunst- und Akademiestadt förderte auch den postumen Ruhm ihrer Künstler: ›Wie anderenorts dem Fürsten und den Dichterfürsten Denkmäler gesetzt werden, so errichteten Künstlerschaft und Stadt hier nach einem ersten Denkmal, das dem Garten- künstler Weyhe gewidmet war, ihren Malerfürsten schon bald nach deren Tod Denkmäler‹

Akademiedirektor Peter von Cornelius. Stich von A. Krause nach einem Gemälde von O. Begas

Akademiedirektor Wilhelm von Schadow. Stich von Adolf Neumann nach einem Gemälde von Alexander Neumann

(I. Markowitz). In der zweiten Hälfte des 19. Jh.s bemühte man sich, in Düsseldorf monumentale Repräsentationsbauten für Kunst und Künstler zu errichten: 1874 zunächst die *Kunsthalle* (am Grabbeplatz) mit Unterstützung von Kaiser Wilhelm I.; nach dem Brand des Schlosses (1872), wo die Akademie untergebracht war, 1875 dann die *Kunstakademie;* 1902, anläßlich der großen Industrie- und Gewerbeausstellung, schließlich den *Kunstpalast.*

Um die Jahrhundertwende und in den ersten Jahrzehnten des 20. Jh.s, als das Wort ›akademisch‹ zum Inbegriff des Langweiligen, Altmodischen und Erstarrten wurde, befand sich die Düsseldorfer Akademie wie zahlreiche vergleichbare Institute in einer tiefen Krise. Ihr ›Lehrkörper‹ erscheint im Nachhinein von homogener solider Durchschnittlichkeit‹ (St. von Wiese). Die Reformversuche erschöpften sich in der Schaffung von Freilichtateliers bzw. in dem neuen Akademiegebäude (Neue Kunstakademie im Pavillonsystem von dem bereits erwähnten Karl Wach auf den Rheinwiesen in Stockum).

Erst die Berufung von bedeutenden Künstlern – *W. Kreis,* verbunden mit der Angliederung einer Architekturabteilung (1919), *E. Fahrenkamp, Jan Thorn-Prikker, Paul Klee* und *Ewald Mataré* – rettete die Akademie als Ausbildungsinstitution. In neuerer Zeit erlangte die Düsseldorfer Kunstakademie vor allem durch die *Zero*-Künstler und *Joseph Beuys* (1961–72) internationale Anerkennung.

Von der Kunstakademie sind es nur einige Schritte zum **Ehrenhof**: einem Komplex monumentaler Ausstellungsbauten, die 1925/26 für die Gesolei-Ausstellung (Gesundheitspflege, Soziale Fürsorge und Leibesübung) von Prof. *Wilhelm Kreis* errichtet wurden.

Schon im vorigen Jahrhundert (1811, 1837, 1852 und 1880) hatte sich Düsseldorf den Ruf einer wichtigen Ausstellungsstadt der Deutschen Monarchie erworben; doch erst die berühmte große Industrie- und Gewerbeausstellung 1902 brachte ihr auf diesem Sektor

Erinnerungsblatt an die Düsseldorfer ›Industrie-, Gewerbe- und Kunstausstellung‹, 1902

überregionale und übernationale Bedeutung. Für jene Ausstellung wurde das Gelände am Rheinufer zwischen der Kunstakademie und den weiter nördlich liegenden Bauten der Bezirksregierung und des Oberlandesgerichts bestimmt. Hier entstand 1902 der neobarocke *Kunstpalast* und der erste, zum Rhein hin orientierte *Kaiser-Wilhelm-Park*. Der Ausbruch des Ersten Weltkrieges vereitelte eine für 1915 geplante Ausstellung; erst wieder in den zwanziger Jahren konnte eine solche Initiative als wichtiges städtisches Projekt realisiert werden. Repräsentative Dauerbauten sollten die Rheinfront zwischen der Rheinbrücke und den Regierungsbauten städtebaulich wirksam schließen. Mit der Gesamtplanung und der Errichtung der Dauerbauten wurde der Architekturprofessor der Düsseldorfer Kunstakademie *Wilhelm Kreis* beauftragt. Die temporären Bauten der Hallen, Pavillons u. a. m. schufen namhafte Architekten der deutschen Moderne wie die *Brüder Taut, Peter Behrens, Bruno Paul,* aber auch Düsseldorfer Architekten wie *Tietmann* und *Haake, Otto Engler, Lyonel Wehner* u. a. Unter schwierigsten Bedingungen führte die schon 1921 gegründete Bürohausgesellschaft unter Leitung von Stadtbaumeister Robert Meyer sämtliche Bauten in neun (9!) Monaten aus. W. Kreis schuf hiermit ein einmaliges großstädtisches Gesamtkunstwerk, in dem sich Architektur, gärtnerische Anlagen und Skulptur zu einem Komplex verbinden.

Die Gebäude sind um einen parallel zum Rhein situierten Ehrenhof gruppiert. Im Süden erhebt sich das ehemalige *Planetarium,* das seit 1978 nach einem Umbau als *Tonhalle* dient. Im Westen, parallel zum Rheinufer, die *Museumsbauten:* das Wirtschafts- und das Kunstmuseum; gegenüber im Osten blieb der – von W. Kreis mit neuer Fassade versehene – neobarocke Kunstpalast von 1902 bestehen. Nach Norden ist die Anlage mit einem Durchgangsbau abgeschlossen und von einer Kolossalstatue der liegenden ›Aurora‹ von *Arno*

57 Königsallee 36–48, 1910/13
◁ 56 Sommer auf der Königsallee (vgl. Abb. 57)
58 Kasernenstraße mit Garnisonskirche, um 1896

59 Fassaden der Deutschen Bank. Umbau Kraemer Sieverts & Partner, 1982 (vgl. unten)
60 Ehem. Villa Schaurte, heute Deutsche Bank,   61 Ehem. Villa Puricelli, heute Deutsche Bank,
    Königsallee 51. O. Engler, 1906   Königsallee 49. Gabriel v. Seidl, 1906

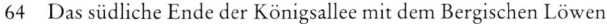

63 Thyssen-Verwaltung, sog. Drei-Scheiben-Haus am Hofgarten. HPP, 1957–60
62 Platz der Deutschen Einheit mit Landeszentralbank und Brunnenskulptur von Heinz Mack, 1988
64 Das südliche Ende der Königsallee mit dem Bergischen Löwen

65   Ratinger Tor. A. v. Vagedes, 1811–15

66   Die Kunstakademie, Holzstich nach Zeichnung von F. van Haanen, 1877
67   Kunstakademie, Ostfront. H. Riffart, 1875–79

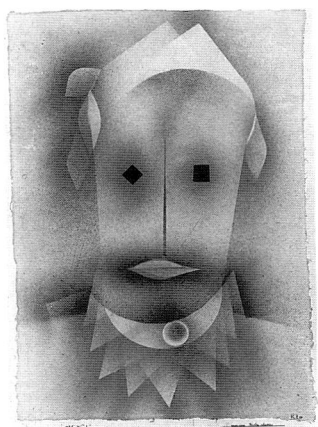

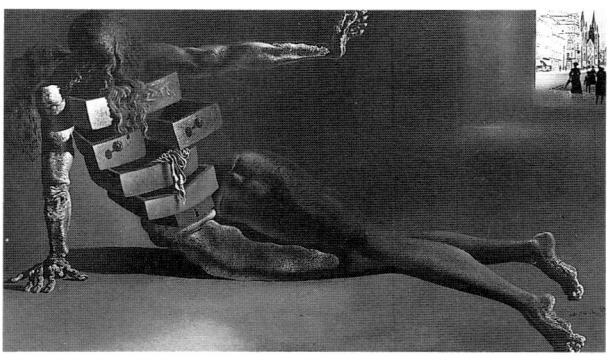

68–72 Kunstsammlung Nordrhein-Westfalen: OBEN Paul Klee, Monsieur Perlenschwein, 1925; Max Ern
Nach uns die Mutterschaft, 1927. MITTE Pablo Picasso, Frau im Lehnstuhl, 1941; Francis Baco
Liegende Figur Nr. 3, 1959. UNTEN Salvador Dali, Der anthropomorphe Kabinettschrank, 1936

73, 74   Kunstmuseum Düsseldorf: Links   Peter Paul Rubens, Venus und Adonis, um 1610. Rechts Jugend-
stilvase, Joh. Loetz Wwe., Klostermühle, um 1910
    75   Stadtmuseum: Arthur Kaufmann, Die Zeitgenossen, 1925. In der Mitte ›Mutter Ey‹

76 Rheinterrasse der Ehrenhof-Anlage. W. Kreis, 1926

77 Siedlung an der Kaiserswerther Straße, sog. Salz & Schmitz-Häuser. W. Dunkel. Foto Ende 20er Jahre

78 Konzertsaal der Tonhalle. Umbau Hentrich, Petschnigg & Partner, 1974–78

80 Schloß Jägerhof (Goethe-Museum). J. J. Couven, 1749–63
79 Hofgärtnerhaus (Dumont-Lindemann-Archiv). C. A. Huschberger nach N. de Pigage, 1802

81 Turm der alten Rochuskirche mit Erweiterungsbau von P. Schneider-Esleben, 1953/54

82 Die neuromanische katholische Pfarrkirche
St. Rochus. J. Kleesattel, 1898

83 Das Schauspielhaus am Jan-Wellem-Platz. B. Pfau, 1965–70

85　Der neugeschaffene Bertha-von-Suttner-Platz mit postmoderner Bebauung in Erweiterung des Haupt-
bahnhofs. F. Spengelin/H. Deilmann/H. Kallenborn, 1985

◁ 84　Evangelische Johanneskirche am Martin-Luther-Platz. Kyllmann/Heyden, 1875–81

Breker bekrönt. Die beiden Durchgänge zum Rhein sind jeweils von zwei Tortempeln gekennzeichnet. Dem gesamten Gebäudekomplex ist am Rheinufer die *Gaststätte Rheinterrasse* vorgelagert.

Sämtliche Bauten sind in Backstein mit Sandsteingliederung errichtet. Der Wechsel der verschiedenen langgestreckten, flachgedeckten Kuben rhythmisiert die Rheinfront, wobei die Kuppel des Planetariums sowie der überkuppelte Teil der Rheinterrasse die akzentuierenden Dominanten bilden. Die monumentale, klassizistisch wirkende Anlage zeichnet neben einem starken Einfluß der expressionistischen Backsteinarchitektur – die hohen abgeschrägten, etwas wehrhaften Sandsteinsockel erinnern an Kreis' frühe Denkmalsentwürfe – auch der Einfluß des zeitgenössischen Neuen Bauens aus, wie die zu Bändern aneinandergereihten Fenster zeigen. Einige formale Elemente antizipieren später in der NS-Architektur beliebte Stilmerkmale.

Die **Tonhalle,** das **ehemalige Planetarium,** bildet den Anfang unserer Besichtigung (Farbabb. 25). Das Planetarium wurde von Anfang an als das herausragende Bauwerk des Gesamtkomplexes empfunden, wohl wegen der relativ neuen und konstruktiv anspruchsvollen Bauaufgabe – den Rundbau von fast 50 m Durchmesser überwölbte eine verstellbare Kuppel. Seine an Stalaktiten erinnernden Pfeiler waren motivisch wohl dem 1919 entstandenen Großen Schauspielhaus in Berlin von Hans Poelzig verpflichtet.

Ein Teil der ursprünglichen Innenausstattung wie das ›Grüne Gewölbe‹ wurde beim Umbau mit Neugestaltung des Inneren (1974–78, Hentrich, Petschnigg und Partner) erhalten (Farbabb. 33). Im Umgang (heute Foyer und Garderoben) kehrten die Zwickelbilder der Künstlergruppe ›Junges Rheinland‹ (J. Adler, A. Kaufmann, A. Uzarski u. a.), die von den Nationalsozialisten entfernt worden waren, wieder an ihren Platz zurück, und neue Kunstwerke wie die Lichtskulptur des Düsseldorfer Künstlers *Günther Uecker* oder die Saalbeleuchtung aus Hohlspiegeln im Zenit der Kuppel von *Adolf Luther* kamen hinzu. Die Tonhalle, die als Ersatz für ihren kriegszerstörten Vorgänger an der gleichnamigen Straße am 2. April 1978 eröffnet wurde, ist der größte Düsseldorfer Konzertsaal mit Platz für fast 2000 Zuhörer (Abb. 78). Die alte *Tonhalle* war die Heimstatt der ›Düsseldorfer Symphoniker‹, die in der europäischen Musikwelt einen hervorragenden Ruf genossen; berühmte Musiker und Dirigenten wie A. Rubinstein, J. Brahms und R. Strauss haben hier gastiert. Seit 1987 stehen sie unter der Leitung von Generalmusikdirektor David Shallon.

An der Südseite, auf der oberen Plattform des Rundbaus, beachten wir die neoklassizistische vergoldete **Bronzestatue der Pallas Athene** aus dem Jahre 1926 von *Johannes Knubel* (Farbabb. 25). Den nördlichen Terrassenaufgang schmücken wieder die Planetengruppen – Mars und Jupiter sowie Venus und Saturn – von *Carl Moritz Schreiner,* die 1933 entfernt worden waren. Von hier können wir die **Oberkasseler Brücke** gut betrachten. Für Interessierte befindet sich am rechtsrheinischen Landpfeiler eine Bronzetafel, die die Geschichte der fünf Brücken nach Oberkassel kurz skizziert. Die Rheinische Bahngesellschaft erbaute hier 1896–98 die erste Straßenbrücke über den Rhein. Ende des Zweiten Weltkrieges von den Deutschen gesprengt, wurde sie schon bald durch eine Pontonbrücke (Freemanbridge) ersetzt. 1946–48 entstand eine Dauer-Behelfsbrücke und 1969–76 die heutige Schrägseilbrücke, die 1976 in ihrer Gesamtheit um 47,5 m an den jetzigen Standort querverschoben wurde. Ihr Gestalter ist *Prof. Friedrich Tamms,* von dem auch die zwei in der Konstruktion verwandten Nachbarbrücken stammen. Die neben der Brücke 1985 aufgestellte **Nepomukfigur** von *B. Gerresheim* ist dem ermordeten polnischen Priester Popieluszko gewidmet.

Unweit der Tonhalle an der Südseite, in der Nähe des ursprünglichen Standortes, befindet sich der **Torso des Denkmals der 39er,** ein Ehrenmal für die Angehörigen des Niederrheinischen Füsilierregiments Nr. 39 aus dem Jahre 1926 von *Jupp Rübsam.* Das seit seiner Aufstellung leidenschaftlich umstrittene Denkmal war ebenfalls 1933 entfernt worden. Bei der Fertigstellung der Tonhalle wurden die Fragmente jedoch wieder aufgestellt.

Von hier sind es nur einige Schritte zu dem kleinen **Tortempel** an der Nordseite der Tonhalle. Die Rückwände sind mit **Mosaiken** des Akademieprofessors *Heinrich Nauen* geschmückt; sie stellen den Rhein ›als Träger des Lebens‹ und ›Spiegel der Schönheit‹, den Tanz sowie eine Madonna umgeben von den allegorischen Gestalten der Malerei und Baukunst, des Acker- und Weinbaus dar. Diese Mosaiken verschwanden wie auch die in den Tortempeln zwischen dem Wirtschafts- und dem Kunstmuseum 1933 hinter einem Rabitz-Putz, überstanden so den Krieg und wurden schon 1947 freigelegt.

Das **Landesmuseum ›Volk und Wirtschaft‹,** das ehemalige Reichswirtschaftsmuseum, ist eine moderne Bildungsstätte, die Einblicke in die Grundlagen und Zusammenhänge des wirtschaftlichen und sozialen Lebens vermittelt. Die Aufgabe des Museums ist die Darstellung der wirtschaftlichen und gesellschaftlichen Problematik Nordrhein-Westfalens und der Bundesrepublik Deutschland in nationaler und internationaler Sicht.

Auf der Hofgartenseite gegenüber dem Museumseingang ist seit 1949 die **Bronzeskulptur ›Aufsteigender Jüngling‹** von *Georg Kolbe* aufgestellt (Farbabb. 16). Kolbe schuf sie 1931 für ein nicht realisiertes Heine-Denkmal. Schon bald nach der Fertigstellung verschwand die Figur im Vestibül des Hetjens-Museums; erst nach dem Krieg wurde sie an dem schon zwei Jahrzehnte vorher für sie bestimmten Platz aufgestellt, jedoch ohne Bezug zu Heine. Zwischen Wirtschafts- und Kunstmuseum beachten wir an den Rückwänden der Tempelbauten abstrakte **Mosaiken** ›Der Tag‹ und ›Die Nacht‹ des niederländischen Künstlers *Jan Thorn-Prikker,* der 1923–26 Professor an der Malereiabteilung der Kunstakademie war. Von Thorn-Prikker stammt auch der Entwurf für das große Fenster im Vestibül des Kunstmuseums.

Das **Kunstmuseum,** im westlichen und nördlichen Trakt des Komplexes gelegen, beinhaltet den Kunstbesitz der Stadt (Farbabb. 26, Abb. 73, 74). Die Achse zwischen dem Kunstmuseum und dem gegenüberliegenden Kunstpalast akzentuiert das große kreisrunde Wasserbecken des Brunnens. Zwei weibliche Gestalten von *E. Gottschalk* aus dem Jahre 1926 flankieren den Eingang zum Kunstmuseum. (Zwei weitere Bronzeskulpturen ›Jugend‹ und ›Reife‹ von *B. Sopher* wurden 1940 eingeschmolzen.)

Das aus dem 1846 entstandenen *Galerieverein* hervorgegangene Kunstmuseum ist eines der größten Museen des Rheinlandes. Einen wichtigen Anteil bildet die Akademiesammlung, die seit 1932 dort als Dauerleihgabe ausgestellt ist. Die Bestände umfassen die beiden großen Gemälde von *P. P. Rubens* ›Venus und Adonis‹ (1610) und ›Mariä Himmelfahrt‹

(1619), die wie der Nachlaß des Hofbildhauers G. de Grupello an die kurfürstliche Zeit erinnern. Die Abteilung der alten Malerei wird von den Niederländern des 16. und 17. Jh.s neben italienischen und französischen Meistern des 18. Jh.s geprägt. Die Schwerpunkte des Museums jedoch bilden die berühmte Sammlung der **Düsseldorfer Malerschule** des 19. Jh.s mit Malern wie Achenbach, Cornelius, Hasenclever, Lessing, Schadow, Schirmer, Scheuren, Salentin u. a. und die Malerei des 20. Jh.s mit Werken der Expressionisten (Brücke, Blauer Reiter) sowie der Künstlervereinigung **Junges Rheinland** (Wollheim, Adler, Uzarski, Dix u. a.). Aber auch die neuere und zeitgenössische Kunst fehlt nicht. Gut vertreten sind die Düsseldorfer **Gruppe Zero** sowie verschiedene Strömungen der sechziger und siebziger Jahre und insbesondere die Neue Konkrete Kunst.

In der **Skulpturenabteilung** fallen neben dem Nachlaß des Hofbildhauers Gabriel de Grupello ausgezeichnete mittelalterliche Plastiken auf.

Das **Kupferstichkabinett** des Kunstmuseums zählt zu den größten in der Bundesrepublik. Neben Windsor und Paris ist dies die umfassendste Kollektion an römischen Handzeichnungen des Barock (vor allem Zeichnungen von Andrea Sacchi und Carlo Maratta), aber auch Druckgraphik der Dürerzeit und des Barock ist repräsentativ vertreten.

Besonders attraktiv und reichhaltig ist die **Glasabteilung** (über 3000 Exponate). Die 1940 angekaufte Sammlung Jantzen und die dem Museum geschenkte Sammlung des Düsseldorfer Architekten H. Hentrich geben eine fast lückenlose Übersicht der Glaskunst von der Antike bis zum Jugendstil (Abb. 74).

Der gegenüber dem Kunstmuseum gelegene **Kunstpalast** ist in seinem Kern 1902 nach Entwürfen der Architekten Bender, Rückgauer und Krafft entstanden. Es war ein langgestreckter, an ein barockes Schlößchen erinnernder Bau, den *W. Kreis* 1926 zu berücksichtigen und seinem Neubauplan einzugliedern hatte. Das bei seiner Entstehung etwa 2 Millionen Mark teure Gebäude für die Düsseldorfer Künstlerschaft versah W. Kreis mit einer Backsteinfassade, so daß es zusammen mit den übrigen Bauten eine geschlossene Anlage um einen streng symmetrisch gestalteten Ehrenhof bildet, der dem Komplex den Namen gab.

Der alte Kunstpalast mit seinem offenen Arkadenhof war Ort vieler berühmter Kunstausstellungen. Hier wurden 1904 bei der Internationalen Kunst-Ausstellung Werke von Auguste Rodin wie auch von Renoir, Degas, Monet und Munch gezeigt. Anläßlich dieser Ausstellung schuf *Peter Behrens* die *Jugendstil-Gartenanlage* mit dem *Restaurant Jungbrunnen*. Weitere Ausstellungen folgten 1907 und 1909, Städtebauausstellungen 1910 und 1912. Von der Fassade des alten Kunstpalastes ist der kleine Flügel, in dem früher das Restaurant des Kunstpalastes lag und heute das Kulturdezernat und Amt für Fremdenverkehr und Wirtschaftsförderung untergebracht sind, erhalten.

Im Kunstpalast finden jährlich die winterlichen Großen Düsseldorfer Kunstausstellungen statt, die einen Querschnitt des künstlerischen Schaffens der Region geben. In einem Teil des Palastes (Ehrenhof 3a) ist das Restaurierungszentrum der Landeshauptstadt Düsseldorf – Schenkung Henkel – untergebracht. Durch den Eingang Ehrenhof 4 gelangt man zu dem in den ersten Nachkriegsjahren entstandenen **Robert-Schumann-Saal**. Die beiden *Katzenbänke* am Eingang zum Kunstpalast schuf 1926 *Carl Moritz Schreiner,* der auch der Schöpfer des *Reliefs über dem Hauptportal* ist, in dem drei weibliche Gestalten die Malerei, Bildhaue-rei und Architektur darstellen.

Die **Rheinterrasse** war eine der Gaststätten der Gesolei-Ausstellung mit Weinrestaurant, Café und Gesellschaftsräumen (Abb. 76). Als bewußter Kontrapunkt ist die formenreichere Rheinterrasse dem Kunstmuseum vorgelagert. Ihr Zentrum war der ursprünglich expressio-nistisch gestaltete, kuppelgedeckte ovale Saal, den zur Straße hin zwei Türme flankieren.

In einem kleinen Garten südlich der Rheinterrasse beachten wir zwei **Plastiken der zwan-ziger Jahre:** die 1925 geschaffene ›Wasserträgerin‹ von *Bernhard Sopher,* die 1938 entfernt worden war und erst 1954 von der Witwe des Künstlers dem Kunstmuseum geschenkt wurde, sowie die ›Knöchelspielerin‹, die *H. Isenmann* dem Original von Sopher (1926) nachgebildet hat.

Von den Rheinterrassen erblicken wir in der Achse der INSELSTRASSE das 1929 enthüllte **Ulanendenkmal** von Richard Langer. Von hier aus erreicht man auch die **Anlegestelle der Köln-Düsseldorfer Rheinschiffahrtsgesellschaft.** Auf dem jenseits der Straße gelegenen ehemaligen Messegelände errichteten die Architekten Hentrich, Petschnigg und Partner – nachdem das neue Messe- und Kongreßzentrum in Stockum entstanden war – das Gebäude der **Victoria-Versicherung.**

Wir setzen unsere Besichtigung weiter nach Norden fort, entweder über das ROBERT-LEHR-UFER (benannt nach dem Oberbürgermeister Dr. Robert Lehr, 1924–33) am Rhein entlang oder durch die CECILIENALLEE. Vor uns liegt der 22 ha große **Rheinpark,** ein großstädtischer Uferpark, der nach der Hochwassersicherung 1926/27 durch den Gartendi-rektor *W. von Engelhardt* angelegt wurde. Einige interessante **Plastiken** wie die Hochwas-serschlange von R. Langer (1928), die begehbare Diabolo-Skulptur von F. Werthmann (1978), Schmuckvasen von 1928 und die Plastische Säule von K. Hartung (1963) zieren den Park, der eigentlich in der niederrheinischen Uferlandschaft ausklingen sollte.

Die Cecilienallee dominieren zwei neobarocke Bauten: die **Bezirksregierung** und das **Oberlandesgericht.** Durch ihre zu schloßähnlicher Monumentalität gesteigerten Formen belegen beide, daß der Neobarock, besonders seit dem Wettbewerb für das Berliner Reichs-tagsgebäude 1882, der bevorzugte Stil der preußischen Hoheitsbauten bis zum Ende der wilhelminischen Epoche geblieben ist. Das erste Gebäude, als Sitz des Regierungspräsiden-ten 1907–11 nach Plänen des Architekten *T. von Saltzwedel* erbaut, ist eine sechsflügelige Anlage mit drei Binnenhöfen und viergeschossigen Werksteinfassaden. Der Mittelrisalit mit figurenbekröntem Portal ist durch mächtige Kolossalsäulen ausgezeichnet. Darüber befin-det sich eine Attika mit Mansarddach und hoher Laterne. Rechts daran anschließend steht die dreigeschossige Werksteinvilla mit halbrunder Loggia, die als Wohnhaus des Regie-rungspräsidenten diente. Das nördlicher gelegene, 1910 entstandene Oberlandesgericht ist eine viergeschossige Vierflügelanlage nach Plänen der Architekten *P. Thoemer/H. Quast,* die auch die Dienstvilla des Gerichtspräsidenten 1911 erbauten. Das Gerichtsgebäude wurde 1957 durch einen Hochhausneubau erweitert.

An der Rückseite des Oberlandesgerichts, von der KLEVER STRASSE durchschnitten, erstreckt sich der fast 500 m lange **Alte Golzheimer Friedhof.** Der Platz wurde 1804 von

C. A. Huschberger und Wasserbaumeister *C. W. G. Bauer* ausgesucht und von *M. F. Weyhe* gärtnerisch gestaltet. Der Golzheimer Friedhof, nach der Ortschaft Golzheim benannt, war bis 1884 Düsseldorfs Hauptfriedhof. Staatsrat G. A. Jacobi charakterisiert ihn 1837 so: ›Der hiesige Friedhof gehört durch den symbolischen Ausdruck seiner erhabenen Lage im Angesicht des mächtig vorüberziehenden Stromes sowohl als durch die seiner Bestimmung wohl entsprechende Gestaltung der ihn umgebenden und an den Seiten schattend durchziehenden Baumreihen und Buschanlagen ohne Zweifel zu den schönsten Deutschlands.‹ Der Friedhof wurde bereits 1884 für Reihenbegräbnisse und 1897 dann auch für Erbbegräbnisse geschlossen. Bedeutende Persönlichkeiten und zahlreiche Düsseldorfer Künstler liegen hier begraben: der Dichter K. L. Immermann, die Maler A. Rethel und W. von Schadow, der Gartendirektor M. F. Weyhe, der städtische Musikdirektor und Komponist F. A. Burgmüller, der Archivar Th. Lacomblet, der Astronom J. F. Benzenberg u. v. a. m., ›Menschen, die durch hervorragende Leistungen auf verschiedenen Gebieten Düsseldorfs Bedeutung im 19. Jh. mitbegründet haben‹ (I. Zacher).

Die heute parkähnlich gestaltete, denkmalgeschützte Friedhofsanlage gehört als historische Stätte mit ihren zahlreichen klassizistischen und historistischen Grabmälern zu den bedeutendsten rheinischen Friedhöfen, vergleichbar dem Melaten-Friedhof in Köln oder dem Alten Friedhof in Bonn.

Über die KLEVER STRASSE erreichen wir wieder das Rheinufer und folgen der CECILIENALLEE nach Norden. Rechter Hand (Cecilienallee 5) beachten wir das **US-Generalkonsulat,** 1954/55 von *Skidmore, Owings & Merrill* (in Zusammenarbeit mit O. Appel) errichtet. Die Architekten – seinerzeit das größte Architekturbüro Amerikas – erbauten ein schlichtes, konstruktiv konsequentes, nur innenseitig ummanteltes viergeschossiges Hauptgebäude mit einer offenen Stützenhalle im Erdgeschoß (vgl. das US-Konsulat in München, Königinstraße).

Weiter nach Norden bis hin zur Theodor-Heuss-Brücke erstrecken sich, um den **Golzheimer Platz** gruppiert, **Siedlungsbauten der zwanziger Jahre,** die in der Nachfolge der Gesolei-Ausstellung und unter ihrem Einfluß entstanden sind. Diese Gruppe von Backsteinbauten, im Auftrag der Stadt von der Bürohausgesellschaft errichtet, ist von zahlreichen expressionistischen Motiven gekennzeichnet: Turmvorbauten, offene bzw. durch Turmhelme überdachte Balkone, Abtreppungen, wechselnde Backsteinverbände, oft Rhombenmuster bildend, und kleinsprossige weiße Fenster. Kleine Pavillons, durch Bögen markierte Durchfahrten und Durchgänge führen zu großzügigen Gartenhöfen. Diese Siedlung ist das Werk der Architekten *H. Schell, Prof. F. Becker* und *E. Kutzner* aus den Jahren 1924–26.

Weiter nördlich – KAISERSWERTHER, UERDINGER STRASSE und AM BINNENWASSER – finden wir noch eine vor allem städtebaulich bedeutende **Siedlung der späten zwanziger Jahre** (Abb. 77). Sie wurde im Auftrag der Bauherren Salz und Schmitz von dem Architekten *William Dunkel* im Zusammenhang mit der geplanten Überbrückung des Rheins erbaut. Je ein hoher elfgeschossiger Wohnturm mit anschließenden niedrigeren, abgetreppten Wohnblocks flankiert die Zufahrt zu der dann doch erst 1956/57 gebauten Brücke. Die dem Expressionismus verpflichtete Formensprache – wir bemerken auch hier die wechselnden

Backsteinverbände, Klinkerbänder, Dreieckserker und Abtreppungen – zeichnet auch diese Siedlung aus. Ähnlich den Gesoleibauten, sind die Erdgeschosse durchgehend in Haustein gestaltet und die hier befindlichen Hauseingänge und Läden vielfach mit expressionistischen Gittern versehen.

Die **Theodor-Heuss-Brücke,** auch **Nordbrücke** genannt, wurde als erste Nachkriegsbrücke 1956/57 von dem Architekten und Stadtplaner *Prof. Friedrich Tamms* errichtet. Vier schlanke, 40 m hohe Pylone mit jeweils beidseitig abgespannten Schrägseilen sind ihre konstruktiven Merkmale. Sie ist die älteste aus der ›Tammschen Brückenfamilie‹ der innerstädtischen Rheinbrücken, die in Konstruktion und Form miteinander verwandt sind.

Wir kehren über den Rheinpark zurück bis zur INSELSTRASSE und setzen unsere Besichtigung mit einem Spaziergang durch den Hofgarten fort.

Bei unserem nun folgenden Garten- und Parkrundgang werden wir nach den großstädtischen Anlagen des 20. Jh.s, Ehrenhof und Rheinpark, die verschiedenen historischen Gärten der Stadt kennenlernen: den Jacobi-Besitz als Beispiel des privaten Gartens, der als Treffpunkt der geistigen Zirkel der Aufklärungsepoche entstand; den alten fiskalischen Hofgarten als Beispiel für die ersten öffentlichen Grünanlagen; den Landschaftspark des beginnenden 19. Jh.s im städtischen Teil des Hofgartens.

Der heutige **Hofgarten,** eine etwa 26 ha große Parkanlage, besteht aus zwei verschiedenen Teilen: dem älteren, aus der zweiten Hälfte des 18. Jh.s stammenden Teil vor dem Jägerhof und dem zu Beginn des 19. Jh.s angelegten Terrain der ehemaligen Befestigungsanlagen, das

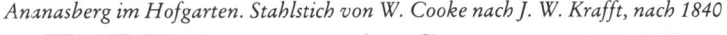

Ananasberg im Hofgarten. Stahlstich von W. Cooke nach J. W. Krafft, nach 1840

Nicolas de Pigage. Ölgemälde von Anna Doro-
thea Therbusch Lisiewska, 1763

Maximilian Friedrich Weyhe. Ölgemälde von
G. W. Volkhart, um 1842

in Form eines Viertelkreises vom Rhein aus die nördliche Altstadt begleitet und im Süden bis
zur Königsallee reicht.

Als gestaltete Gartenanlage entstand der **alte Hofgarten** während der Regierungszeit des
Kurfürsten Carl Theodor durch seinen Oberbaudirektor Nicolas de Pigage. Schon seit dem
ausgehenden Mittelalter besaßen die Landesherren außerhalb der Stadtmauer in Pempelfort
Ländereien, Höfe und wohl auch Häuser. Im 17. Jh. gab es hier einen Tiergarten, und eines
jener fürstlichen Anwesen war auch Sitz des bergischen Oberjägermeisters. 1694 wurde der
Amtssitz in einen wenig nördlicher gelegenen neuen Jägerhof verlegt und hier wohl um 1710
ein großes Jagdzeughaus errichtet, der spätere Marstall. 1748 beauftragte der Kurfürst den
Aachener Baumeister *Joh. Jos. Couven* mit der Errichtung eines neuen Gebäudes, da auch
der neue Jägerhof schon baufällig geworden war. Man begann 1749 nach den wohl von N. de
Pigage überarbeiteten und kostensparend vereinfachten Plänen, doch durch den Siebenjähri-
gen Krieg zogen sich die Bauarbeiten bis 1763 hin. Erst 1772 wurde in den ›Gülich und
Bergischen Wöchentlichen Nachrichten‹ die Fertigstellung des Jägerhofes bekanntgegeben.

Der *Jägerhof* folgt dem im 18. Jh. beliebten Bautypus des Lusthauses, der ›maison de
plaisance‹. Erst viel später wurde unter seinen fürstlichen Bewohnern die Bezeichnung
›Schloß‹ eingeführt. Das Gebäude lag inmitten von unzähligen privaten Gärten vor den
Toren der Stadt, unmittelbar davor erstreckte sich der Hofgarten: ein mit verschiedenen
Obstbäumen, Maronen und Linden bepflanztes Terrain, durch das die nördliche Düssel
floß, die wiederum in einen versumpften, mit der Landskrone verbundenen Teich mündete.
Außerdem gab es einen Gemüse- und Hopfengarten.

1769 ordnete Kurfürst Carl Theodor auf Anregung seines Statthalters Graf Goltstein an, daß auf dem Gelände des alten Hofgartens ›zu mehrerer Verschönerung und Ansehen der Stadt‹ sowie ›zur Lust der Einwohnerschaft ... ein angenehmer öffentlicher Spaziergang einzurichten‹ sei. Es war also kein Schloßgarten für den Jägerhof beabsichtigt, sondern eine Anlage zum Nutzen und Vergnügen der Allgemeinheit. Gleichzeitig bedeutete die Entstehung der Parkanlage Arbeit und Brot für die durch Mißernten und Teuerung notleidende Bevölkerung. Die *Pempelforter Promenade,* auch ›Düsseldorfer Elysium‹ genannt, entstand als eine Art kleiner Vorläufer zehn Jahre vor dem ersten großen Volksgarten Deutschlands – dem Englischen Garten in München. Beide Anlagen verdanken ihre Entstehung dem Kurfürsten Carl Theodor.

Der Hofgarten wurde nach nicht erhaltenen Plänen von *Nicolas de Pigage* gestaltet, die Ausführung oblag dem Oberkellner *J. P. Brosy.* Das Gelände wurde gerodet, geebnet und mit hohen Hecken umfriedet, die Düssel als südliche Begrenzung an den Rand verlegt, begleitet von einer Allee (der heutigen Seufzerallee). Vom Jägerhof zum nun regulierten Teich in Form eines rechteckigen Bassins führte eine breite dreibahnige Lindenallee. Sowohl von diesem als auch vom Bassin aus gingen dreistrahlige Blickachsen aus – patte d'oie –, die dem Garten eine strenge Symmetrie und Axialität gaben. Um das Bassin waren die vier pfälzischen Löwen, die Hauptlaster überwältigend, gruppiert. Es handelt sich hier um die Modelle für das Podest der Jan-Wellem-Reiterstatue von G. de Grupello auf dem Marktplatz. Seitlich der Mittelallee lagen die kleinteiligen, bewegten, von ondulierenden Linien durchzogenen Bosquets – englische Gärten, oder genauer: im angloisen Gartenstil gestaltete Flächen, denn dieser hatte den gradlinigen geometrischen Stil in der europäischen Gartenkunst abgelöst. Die Schlängelwege führten zu kleinen Plätzen, an denen steinerne Bänke,

Hofgärtnerhaus. Aquarellierte Federzeichnung von J. N. C. Scheuren, 1858

aber auch Statuen wie die Vier Jahreszeiten, Zwölf Monate, Herkules und Omphale oder Porträtbüsten und Vasen aufgestellt waren. Alle diese Bildwerke führte der Bildhauer *Joseph Bäumgen* aus, finanziert wohl aus den Erträgen der Sonntagskonzerte, die im Hofgarten seit 1774 stattfanden.

An der Nordecke lag das *Hofgärtnerhaus,* ebenfalls nach Plänen von Pigage durch den Baumeister *Rutger Flügel* erbaut. Es bildete den Eingang zum Park und beherbergte die Wohnung des Hofgärtners, der für Pflege und Unterhaltung der Anlage zuständig war und der hier außerdem Erfrischungen reichen durfte. Es war dies sozusagen das erste Gartenlokal; in dem schlichten einstöckigen Haus mit Mansarddach konnte man bei Regen Schutz finden. Im Jahr 1779 entstand im Hofgarten ein chinesischer Pavillon mit 16 kupfernen Glocken und Tieren auf dem Dach; den Pavillon hat 1782 J. Feldmüller mit chinesischen Vögeln und Drachen ausgemalt. Nach seiner Fertigstellung wurde auch das Hofgärtnerhaus erweitert.

Der in seiner ganzen Anlage zukunftweisende Düsseldorfer Hofgarten wurde bald zum Treffpunkt des gesellschaftlichen Lebens. ›Wie schön, wie herrlich ist es hier an den Sommermorgen und -abenden unter dem Gewäsch der neben an dahin rauschenden Düssel zu wandeln, wo Menschen von allerhand Stande, von allerhand Phisiognomien und Zuschnitten sich sammeln, sich gefällig unterhalten und sehen‹ (J. G. Lang, Reise auf dem Rhein, 1790).

Dem alten Hofgarten war jedoch nur ein kurzes Dasein vergönnt. Während der Napoleonischen Kriege wurde er durch den Bau von Schanzen verwüstet; 1796 sprengte man gar das Hofgärtnerhäuschen.

Nach der im Friedensschluß von Lunéville geforderten Schleifung der Festungswerke entschied man, das gewonnene Terrain zur Verschönerung der Stadt zu verwenden. 1803/04 kam der ehemalige kurkölnische Hofgärtner und Botaniklehrer *Maximilian Friedrich Weyhe* als Landschaftsgärtner nach Düsseldorf. Zu seinen ersten Aufgaben gehörte die Wiederherstellung des alten Hofgartens, den er unter Beibehaltung der Alleen im landschaftlichen Stil neu gestaltete. Dem hinzugewonnenen Gelände nördlich des neuen Hafens gab er die Form eines Landschaftsgartens mit abwechslungsreichen Baumpflanzungen in großzügigen Wiesen, durch die Reit- und Spazierwege führten. Durch Blickachsen verband er den alten – fiskalischen – mit dem neuen – städtischen – Hofgarten. Er legte auch einen Botanischen Garten an, der später dem Stadttheater (an der Stelle des heutigen Opernhauses) weichen mußte.

Unser Hofgarten-Spaziergang beginnt direkt hinter dem Garten des Museums ›Volk und Wirtschaft‹; von hier aus durchwandern wir zunächst den neueren Teil des Hofgartens in östlicher Richtung. Etwa auf der Höhe der Einmündung der FREILIGRATH- in die INSELSTRASSE erhebt sich auf einer kleinen Anhöhe – dem **Napoleonsberg** – die **Heinrich-Heine-Gedenkstätte.** Nach dem ›Aufsteigenden Jüngling‹ von Kolbe (siehe S. 242) war dies der zweite Versuch der Geburtsstadt Heines, ihren großen Sohn mit einem Denkmal zu ehren. 1953, zum 150. Geburtstag des Dichters, schenkte der Kunstverein für die Rheinlande und Westfalen zur Ehrung und Erinnerung an Heinrich Heine der Stadt den **Bronzeguß ›Har-**

monie‹ von dem französischen Bildhauer *Aristide Maillol* aus dem Jahre 1944. Den architektonischen Rahmen dieser Freianlage mit einer Treppenmauer, deren Kopfseite ein Reliefporträt Heines schmückt, schuf der Düsseldorfer Bildhauer Ivo Beucker. Etwas weiter in südöstlicher Richtung (hier bildet die KAISERSTRASSE die Hofgartenbegrenzung) sehen wir noch die **Plastik ›Röhrender Hirsch‹** aus dem Jahr 1909 von dem auf Tierdarstellungen spezialisierten Düsseldorfer Bildhauer J. Pallenberg.

An der Kreuzung von MAXIMILIAN-WEYHE-ALLEE, HOFGARTEN- und JÄGERHOFSTRASSE angelangt, erblicken wir an der Ecke zum alten fiskalischen Hofgarten das **ehemalige Hofgärtnerhaus**, in dem seit 1988 das **Dumont-Lindemann-Archiv**, das **Theatermuseum der Stadt Düsseldorf,** untergebracht ist (Abb. 79). Das Museum beschäftigt sich nicht nur mit dem Wirken der beiden Theaterreformer, sondern auch mit der traditionsreichen Theatergeschichte der Stadt. Düsseldorf war schon mit Immermanns ›Musterbühne‹ weit über seine Grenzen bekannt. Nachdem das Hofgärtnerhaus 1796 gesprengt worden war, erstand es schon 1802 neu nach Plänen des Architekten *C. A. Huschberger* durch den Baumeister *Peter Köhler,* wobei der Vorgängerbau von N. de Pigage als Vorbild diente. An den zweigeschossigen, verputzten Backsteintorbau schließt im stumpfen Winkel je ein Flügel an. Das Gebäude wurde im Zweiten Weltkrieg schwer beschädigt und nur in seiner äußeren Form wiederhergestellt, wobei man die Flügel um eine Achse verlängerte und die offene Tordurchfahrt verglaste. An der Gartenseite des Gebäudes ist eine Tafel zu Ehren des Gartendirektors Weyhe angebracht, die daran erinnert, daß er in diesem Hause von 1804 bis 1808 gewohnt hat.

Wir gehen in südlicher Richtung weiter zum **Runden Weiher,** dem ehemaligen Bassin des Hofgartens. Hier entstand schon 1871 die erste Düsseldorfer **Fontäne** (Farbabb. 18). Die heutige Fontäne stammt jedoch erst aus dem Jahre 1898 und entspringt einer barock anmutenden Plastik, die wegen der grünen Patina der ›Gröne Jong‹ genannt wird. Die Skulptur von *J. C. Hammerschmidt* aus den Jahren 1898–1900 stellt einen auf dem Felsen sitzenden Triton dar, der von einem aus der Tiefe auftauchenden Nilpferd gestört wird. Von hier aus verläuft eine breite Allee – die alte Hauptachse des Hofgartens von 1769 – zum Schloß Jägerhof, das wir an ihrem Ende erblicken.

Etwa in der Mitte unseres Spazierweges zum Jägerhof ist auf der rechten Seite das **Stephanie-Denkmal** aufgestellt. Prinzessin Stephanie war die Tochter des im Jägerhof residierenden Fürsten Karl Anton von Hohenzollern-Sigmaringen und wurde von der armen Bevölkerung wegen ihrer Mildtätigkeit besonders verehrt. Als sie 22jährig (1859) als Königin von Portugal starb, errichtete ihr die Stadt auf Anregung der Bürger dieses Denkmal. Der Schadow-Meisterschüler *Julius Bayerle* schuf die spätromantische Marmorbüste auf einer hohen Säule. Wegen der starken Verwitterung mußte sie bereits 1890 erneuert werden; *J. Tüshaus* übernahm den Auftrag, wobei er sich streng an das Original hielt. Alljährlich am Stephanietag wird die Prinzessin hier von den Schützenvereinen mit einer Huldigung geehrt.

Nach einigen Schritten begegnen wir einer weiteren spätromantischen Skulptur: dem **Denkmal für M. F. Weyhe,** den Schöpfer des Hofgartens, das von dem Kölner Bildhauer *C. Hoffmann* im Jahr 1850 gefertigt wurde. Es ist das erste für einen Künstler errichtete

Denkmal in Düsseldorf. Das aus gelblichem, stark verwitterten Sandstein geschaffene Monument stellt den genialen Gartenschöpfer sitzend mit einem weiten, umgeschlagenen Mantel dar, in seiner rechten Hand den Stift, in der linken den Plan des Hofgartens haltend.

Ein wenig weiter erhebt sich vor uns auf der anderen Straßenseite der **Jägerhof** (Abb. 80), der 1749–63 erbaut und nach den schweren Kriegsbeschädigungen nur äußerlich wiederhergestellt wurde (1950–55, Architekt H. Hentrich). Den freistehenden, verputzten, zweigeschossigen Backsteinbau mit einem dreiachsigen, vorgewölbten Risalit und flach hervortretenden Seitenrisaliten bekrönt ein hohes Mansarddach. Der höhere Mittelrisalit wird durch einen Blendgiebel abgeschlossen, den das kurfürstliche Wappen bildet, von je einem pfälzischen Löwen flankiert.

Seiner ursprünglichen Funktion als Amtswohnung des Oberjägermeisters diente das Gebäude nur bis 1795. 1811 wurde der Jägerhof für den Besuch Napoleons hergerichtet, und seit 1820 bewohnte ihn der Divisionskommandeur Prinz Friedrich Wilhelm Ludwig von Preußen. Da das Haus für dessen Hofhaltung zu klein war, wurde es zu einer Dreiflügelanlage erweitert. 1826–28 brach man die zwei niedrigen Flügel ab, und A. Schnitzler fügte nach Plänen des Architekten Adolph von Vagedes die dreigeschossigen, mit dem Hauptbau verbundenen Flügel an. Bei dem Umbau 1909/10, als der Jägerhof als Dienstwohnung der Oberbürgermeister eingerichtet wurde, sind diese Flügel wieder abgerissen worden. Damals wurde auch der alte *Marstall* (Jagdzeughaus) aus den Anfängen des 18. Jh.s beseitigt und durch eine *Orangerie* nach Plänen des Architekten W. Kreis ersetzt. An der neuen Orangerie waren auch die vorzüglich geschnitzten Giebelfelder angebracht, die bis auf einen kleinen Teil (heute im Stadtmuseum) 1943 verbrannten.

Seit 1987 beherbergt der Jägerhof das **Goethe-Museum** und die **Stiftung Ernst Schneider,** eine Spezialsammlung von Meißener Porzellan und kunstgewerblichen Exponaten (vor allem Silber und Möbel) des 18. Jh.s. Ein weiterer, größerer Teil der Sammlung Schneider befindet sich in Schloß Lustheim im Schleißheimer Schloßpark vor den Toren von München.

Schloß Jägerhof nach 1840 mit den 1828 errichteten Seitenflügeln. Stahlstich von W. Cooke nach J. W. Krafft

Das aus der *Sammlung Kippenberg* hervorgegangene Goethe-Museum ist neben Weimar und Frankfurt die dritte bedeutende Sammlung zu Goethes Leben und Werk, aber auch zu seiner Zeit und seinen Zeitgenossen. Nach dem Tode von Anton Kippenberg, Besitzer des Leipziger Insel-Verlages, im Jahre 1950 nahm die Stadt Düsseldorf die von Kippenbergs Töchtern als Stiftung eingerichtete Sammlung an, die 1956 zunächst im Hofgärtnerhaus eröffnet wurde. Alle wichtigen Epochen aus Goethes Leben, seine naturwissenschaftlichen Arbeiten, seine Tätigkeit als Theaterleiter, sein Wirken als Staatsmann und Berater bei den Bauten und Gartenanlagen in Weimar, aber auch seine Reisen in Deutschland, Italien und die Aufenthalte in den böhmischen Kurorten sind optisch faßbar. Wechselnde Ausstellungen mit literatur- und geistesgeschichtlichen Themen ergänzen die ständige Exposition.

Der dem Jägerhof zugehörige Garten wurde bis auf einen kleinen Hausgarten Opfer der städtischen Grundstückspolitik; man verwandelte ihn in die teuren Baugrundstücke der MALKASTENSTRASSE, die ihn vom Künstlervereinshaus ›Malkasten‹ trennt. Deren Bebauung ist ein gutes Beispiel für die großbürgerliche Wohnarchitektur der Wirtschaftsblüte vor dem Ersten Weltkrieg. Den vornehmen Hausteinfassaden mit zurückhaltenden, sowohl barocken als auch klassizistischen Motiven und Anleihen gelang es, sich der gehobenen Umgebung des Jägerhofes anzupassen.

In entgegengesetzter Richtung nach Norden beginnt am Jägerhof auch die PRINZ-GEORG-STRASSE, die doppelbahnig am begradigten Düssellauf entlangführt und um die Jahrhundertwende mit herrschaftlichen und Jugendstilhäusern bebaut wurde. Gleich an ihrem Anfang erhebt sich in dem spitzwinkeligen Grundstück zwischen Bagel- und Prinz-Georg-Straße der Turm der katholischen Pfarrkirche **St. Rochus**. Die von dem Düsseldorfer Architekten *Josef Kleesattel* 1898 errichtete neuromanische Kirche, nach dem Vorbild der staufischen Kirche St. Aposteln in Köln (vgl. Abb. 82), wurde 1943 bis auf den Turm zerstört. 1953 entschied man sich für einen Neubau. Ähnlich wie bei der Christus-Kirche in Bochum und der Berliner Gedächtniskirche wurde dabei der Turm erhalten und mit einem neuen Gotteshaus nach Plänen des Architekten *P. Schneider-Esleben* zu einer neuen Einheit verbunden (Abb. 81). Die moderne Kirche ist ein nahezu freistehender, dreiteiliger Zentralbau in Stahlskelettkonstruktion, der von einer kupfergedeckten, aus drei Paraboloidschalen gebildeten Kuppel bekrönt wird.

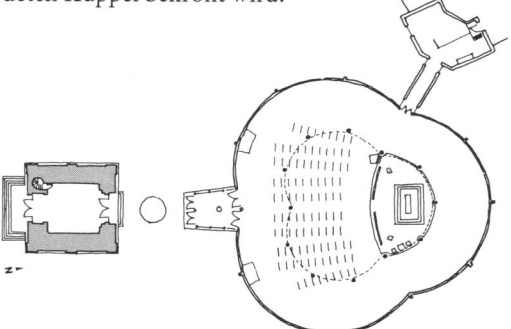

St. Rochus, Grundriß

Die **Innenausstattung** der Kirche verdient besondere Aufmerksamkeit. Sämtliche Ausstattungsstücke stammen von dem Bildhauerei-Professor der Düsseldorfer Kunstakademie *Ewald Mataré.* Die große, den Raum beherrschende Christusfigur, der Auferstandene, aus dem Jahre 1940/41 wurde ursprünglich für eine Kölner Kirche geschaffen, die ihn jedoch der abstrakten Formensprache wegen ablehnte. Im gleichen Jahr sind auch seine Kreuzwegstationen entstanden.

Weiterhin entwarf Mataré die Altarmensa, die Kanzel, die Sedilien, aber auch die Chorumfriedung, die Bronzeleuchter und Kerzenhalter. Zu den neuesten Ausstattungsstücken gehört die monumentale Bronzeplastik des Gekreuzigten, die anläßlich des Katholikentages 1982 in Düsseldorf der Bildhauer *Bert Gerresheim* schuf und die dann an der Turmfassade ihren Platz fand. Die am Arm Christi eingravierte Nummer erinnert an den im KZ ermordeten Maximilian Kolbe.

Weiter nördlich liegt an der Prinz-Georg-Straße ein wichtiges Kulturinstitut: die **Landesbildstelle Rheinland,** neben dem Rheinischen Bildarchiv in Köln die größte Foto- und Diasammlung der Region.

Das Nachbargebäude an der Ecke STOCKKAMPSTRASSE ist das *ehemalige Hauptstaatsarchiv,* vormals königliches Staatsarchiv, das von den Architekten Bongard und Kochs 1899–1901 errichtet wurde und aus einem zweigeschossigen Hauptgebäude und einem sechsgeschossigen Magazinteil besteht. 1975 wurde das Hauptstaatsarchiv in den Neubau an der Mauerstraße 55 verlegt, ein Teil der Bestände befindet sich im Schloß Kalkum.

Von hier aus kehren wir über die JACOBISTRASSE wieder zum Jägerhof bzw. zur MALKASTENSTRASSE zurück. Bis zur LOUISE-DUMONT-STRASSE im Süden und der PEMPELFORTER STRASSE im Osten erstreckt sich der **Malkastengarten,** ehemals **Garten des Hauses Jacobi.**

Die *Familie Jacobi* besaß um die Mitte des 18. Jh.s ein großes Grundstück in Pempelfort. Der Vater des Philosophen *Friedrich Heinrich Jacobi* und des Dichters *Johann Georg Jacobi* errichtete auf einem Teil dieses Grundstücks eine Zuckerfabrik, ein Gärtner- und Treibhaus sowie ein Wohnhaus für die Familie samt Dienerschaft, in dem man sich während der Sommermonate aufhielt. Als Friedrich Heinrich, der jüngere der Brüder, auf Empfehlung des Statthalters Graf Goltstein Mitglied der Hofkammer wurde, gab er das väterliche Unternehmen auf, um sich neben den Aufgaben eines Hofbeamten seinen philosophischen (Mendelssohn, Spinoza, Kant) und literarischen (seine Romane: ›Allwill‹ und ›Woldemar‹) Interessen zu widmen. Neben dem Grafen Goltstein, dem wichtigsten und leidenschaftlichen Vorkämpfer der Aufklärung, gehörte auch F. H. Jacobi zu den führenden Köpfen der ersten (vom Kurfürsten verbotenen) Freimaurerloge in Düsseldorf.

Als Zentrum des geistigen und literarischen Lebens in Deutschland erlangte der Wohnsitz der Brüder Jacobi durch die Besuche und Aufenthalte befreundeter Persönlichkeiten besondere Bedeutung. Mit den Worten des Historikers Joh. Baptist August Klein war das Pempelforter Haus ein Treffpunkt ›... der edelsten Geister Deutschlands, wo Göthe, Hamann, Herder, Wieland, Georg Forster, Heinse, Hemsterhuis, Fürstin Gallizin, Friedrich Leopold von Stolberg und viele Andere längere oder kürzere Zeit verweilten‹ (1835). Der rege Briefwechsel, getragen vom Freundschaftskult der Empfindsamkeit, dokumentiert die Rolle des Gastgebers F. H. Jacobi als intellektueller Anreger und Vermittler in der Geistesgeschichte des ausgehenden 18. Jh.s. Zu den prominenten Persönlichkeiten, die Pempelfort

Plan des Jacobi-Gartens in Pempelfort, 1. Hälfte 19. Jh.

Friedrich Heinrich Jacobi. Kupferstich von D. Heß nach einer Bleistiftzeichnung von F. Hemsterhuis, 1781

besuchten, gehörten Alexander und Wilhelm von Humboldt, Staatsminister Carl Freiherr von Hompesch zu Bollheim, der preußische Gesandte Chr. W. Dohm mit Familie u. v. a. m. Doch der herausragendste Gast war ohne Zweifel Johann Wolfgang von Goethe, der zweimal, 1774 und 1792, Pempelfort besuchte. Die Beziehungen zwischen Goethe und Jacobi belegen am besten Goethes Worte: ›Wir lieben uns, ohne uns zu verstehen‹ (H. Nicolai, Goethe und Jacobi). In ›Dichtung und Wahrheit‹ (1774) und ›Campagne in Frankreich‹ (1792) setzte J. W. von Goethe seinem Freund und Gastgeber F. H. Jacobi sowie dessen Haus und Garten ein literarisches Denkmal: ›Wir gelangten nach Düsseldorf und von da nach Pempelfort, dem angenehmsten und heitersten Aufenthalt, wo ein geräumiges Wohngebäude an weite wohlunterhaltene Gärten stoßend, einen sinnigen und sittigen Kreis versammelte. Die Familienmitglieder waren zahlreich und an Fremden fehlte es nie, die sich in diesen reichlichen und angenehmen Verhältnissen gar wohl gefielen ... Die schöne Ruhe, Behaglichkeit und Beharrlichkeit, welche den Hauptcharakter dieses Familienvereins bezeichneten, belebten sich gar bald vor den Augen des Gastes, indem er wohl bemerken konnte, daß ein weiter Wirkungskreis von hier ausging und anderwärts eingriff ... Kehrte ich dann wieder zu meinem Freunde Jacobi zurück, so genoß ich des entzückenden Gefühls einer Verbindung durch das innerste Gemüth‹ (Dichtung und Wahrheit).

Es erscheint paradox, daß sich ausgerechnet in diesem von Gärten und Landhäusern geprägten Teil von Pempelfort an den Ufern der Düssel außer der Zuckerfabrik des Vaters der Brüder Jacobi auch andere gewerbliche oder ›frühindustrielle‹ Unternehmen ansiedelten. Johann Gottfried Brügelmann, dessen Name mit der Geschichte der Industrialisierung eng verbunden ist – im benachbarten Ratingen (Cromford) ließ er die ersten mechanischen Baumwollspinnmaschinen auf dem Kontinent aufstellen –, errichtete in Pempelfort eine Schönfärberei. Nach und nach verschwanden die Gärten: einige Sommerhäuser wurden zu Gartenlokalen umgestaltet und die Stadtteile Pempelfort und Derendorf ausgebaut. Das Jacobische Anwesen war noch bis 1845 im Besitz der Familie, und auch der ›englische Garten‹, die von F. H. Jacobi um 1790 angelegte parkähnliche Gestaltung, blieb unverändert.

Als um die Mitte des 19. Jh.s dem Jacobischen Garten Parzellierung und Verkauf drohten, sah sich die Stadt Düsseldorf außerstande, das Anwesen zu erwerben. Oberbürgermeister Hammers forderte die Düsseldorfer Künstler auf, den denkwürdigen Ort zu retten. Die im Revolutionsjahr 1848 gegründete Künstlervereinigung, die sich später ›Malkasten‹ nannte, unternahm die ersten Versuche zur Rettung des weit über die Grenzen der Stadt bekannten Jacobischen Gartens, doch rechtliche Probleme und der hohe Kaufpreis standen dem

Besuch Goethes bei den Brüdern Jacobi. Lithographie von A. Lüttmann nach einem Gemälde von C. Jungheim, 1. Hälfte 19. Jh.

Festspiel im Malkasten anläßlich des Kaiserbesuchs. Holzstich von W. Beckmann

Besuch des Kaisers im Malkasten am 6. September 1877. Lithographie von W. Gause

Erwerb entgegen. Durch eine weltweite Bilderlotterie, an der sich alle Düsseldorfer Künstler beteiligten, aber auch durch die Unterstützung des Königs von Bayern, des Prinzgemahls der englischen Königin sowie der deutschen Kunstvereine und mit Hilfe zahlreicher Buchhändler wurde die notwendige Summe aufgebracht. Schon vorher hatten der berühmte Landschaftsmaler Andreas Achenbach und der Regierungsrat von Sybel den Kauf des Anwesens bis zur Klärung der rechtlichen Fragen und mit der Absicht der Übereignung an den Künstlerverein vorfinanziert. 1860 fand der feierliche Einzug des Malkastens in den Jacobi-Garten statt, und schon 1867 konnte ein neues Fest- und Gesellschaftshaus nach Plänen des Malkastenmitglieds Louis Blank eingeweiht werden. 1891 wurde an der Gartenseite eine von Regierungsbaumeister Schleicher entworfene breite Terrasse angelegt. Die letzte Erweiterung erfolgte 1929 nach Plänen des Architekten Josef Kleesattel.

Im Zweiten Weltkrieg bis auf die Umfassungsmauern zerstört, ist das **Malkasten-Haus** 1950–54 durch einen Neubau der Architekten *Hentrich und Heuser* ersetzt worden. Auch das nördlich anschließende **Wohnhaus der Familie Jacobi** wurde dabei in seiner ursprünglichen Form wiederaufgebaut. Am Eingang ist eine Muschelkalkstele aufgestellt mit der Büste des Philosophen F. H. Jacobi (1743–1819) von Emil Jungbluth, ein Geschenk des Künstlervereins Malkasten.

Der ehemalige Jacobische Garten ist kein öffentlicher Park, man kann ihn jedoch von der Gartenterrasse des Malkastenrestaurants aus betreten. Dieser kulturhistorisch bedeutsame Ort, der während der zweiten Hälfte des 19. Jh.s in den Sommermonaten ein alltäglicher Treffpunkt der Künstler – vor allem der Maler – war, Schauplatz phantasievoller Feste und Theateraufführungen, den 1877 anläßlich des Kaiserfestes der Kaiser selbst besuchte, zeigt noch heute seine der romantischen Zeit verpflichteten Motive: den Weiher, in dem schon 1860 eine Venusstatue aufgestellt wurde, den Düssellauf und den alten Baumbestand.

Etwas weiter in südöstlicher Richtung befindet sich in dem 1955 neu angelegten Teil des Hofgartens eine **Gedenkstätte für Louise Dumont,** Theaterleiterin und Schauspielerin (1862–1932). Eine Bronzebüste (ein Abguß nach dem im Dumont-Lindemann-Archiv befindlichen Original des Mailänder Bildhauers *Ernesto de Fiori*) bildet das Zentrum des von dem Architekten H. Hentrich entworfenen Denksteins.

An der nördlichen Düssel entlang gehen wir durch die GOLTSTEINSTRASSE in westlicher Richtung zurück. Das Grünparterre an der Goltsteinstraße zieren vier große **Schmuckvasen** aus Kalkstein: Kopien der großen Schmuckvasen aus dem Schloßpark in Versailles von C. J. Hammerschmidt, die der Kunstmäzen Prof. Georg Oeder 1910 der Stadt vermachte. Die Goltsteinstraße als südliche Begrenzung des Hofgartens wurde seit den sechziger Jahren des vorigen Jahrhunderts mit herrschaftlichen Wohnhäusern bebaut, aber nur wenige davon sind noch erhalten. Die **Nr. 16** sowie **Nr. 24/25,** deren Werksteinfassaden von Kayser/v. Großheim mit Neorenaissance- bzw. Neobarockdekor geschmückt wurden, dazwischen die **Häuser Nr. 18, 19 und 20,** 1864 von J. Krons erbaut, repräsentieren die ältere spätklassizistische Baukunst.

In dem Teil des Hofgartens hinter dem Schauspielhaus beachten wir noch die zwei Persönlichkeiten des Theaters gewidmeten **Denkmäler.** Das erste ist die Bronzestatue des

Begründers der Düsseldorfer Musterbühne, des Dichters **Karl Leberecht Immermann** (1796–1840). Das von Cl. Buscher geschaffene Standbild (Farbabb. 14) schmückte ursprünglich (von 1901 bis 1936) zusammen mit der Bronzeplastik des Komponisten *Felix Mendelssohn-Bartholdy* je eine Nische an der Eingangsfassade des Stadttheaters. 1940 kam die Immermannskulptur dann in den Hofgarten, die Figur des jüdischen Komponisten Mendelssohn wurde eingeschmolzen. Dem wichtigsten Repräsentanten des Düsseldorfer Theaterlebens nach dem Kriege, dem Generalintendanten der städtischen Bühnen, Regisseur und Schauspieler **Gustaf Gründgens,** ist die Stele von *P. Rübsam* aus dem Jahre 1984 gewidmet (Farbabb. 15). An der Rückseite des Schauspielhauses befindet sich eine schöne **Marmorbank mit Katzen** nach Entwurf von *Peter Behrens.* 1904 für seinen Garten auf der Gartenbauausstellung entworfen, ist sie hier seit 1905 aufgestellt.

Zurück zum ›Runden Weiher‹: Dort unterqueren wir die HOFGARTENSTRASSE durch die JÄGERHOFPASSAGE und befinden uns im südlichen Teil des Hofgartens, der hier bis in den Anfang der Königsallee hineinragt.

Schon 1801 legten der Hofbaumeister C. A. Huschberger und der Wasserbaumeister Chr. W. G. Bauer einen Plan vor, das Gelände mit Gräben und Teichen vor den Wällen in eine Gartenanlage zu verwandeln. 1806–08 entstanden dann die Entwürfe von M. F. Weyhe für die neuen Anlagen auf den beiden Halbinseln. Die beiden Teiche der Landskrone sollten in den neuen Hafen an der Nordseite der Kunstakademie abfließen. Im Südteil war der Botanische Garten situiert; der nördliche Teil, mit großzügigen Rasenflächen, Solitärbäumen und Baumgruppen bepflanzt, besaß eine kleine, aus dem Schutt der Festungswerke entstandene Anhöhe – den **Ananasberg** –, zu dem mehrere Wege führten. ›Weyhe schuf hier auf kleinem Terrain einen der schönsten Gärten der Zeit, von ebenso anmutigem und intimem Charakter wie offen und weitzügig durch die über den Garten gehenden Blickachsen‹ (I. Markowitz). Auf dem Ananasberg, von den Künstlern auch humorvoll ›Anispuckel‹ genannt, wurde 1836 das erste *Gartenlokal* eröffnet: ein schlichter hölzerner Pavillon, dessen Dachspitze eine Ananasfrucht zierte, die später dem Hügel und dem Sommerlokal den Namen gab. Das 1902 im Stil der spätbarocken Gartenhäuser erbaute Café und Restaurant erfreute sich bis zur Zerstörung 1943 großer Beliebtheit.

Am Fuße des Ananasberges ist seit 1905 der **Märchenbrunnen** des um die Jahrhundertwende berühmten französischen Bildhauers *Max Blondat* aufgestellt. 1904 während der Gartenbauausstellung in Düsseldorf gezeigt, gehörte er zu den beliebtesten Kunstwerken. Der Verschönerungsverein bemühte sich um ein Zweitexemplar für den Hofgarten, das 1905 aufgestellt wurde. Auch in Odessa, Zürich, Dijon und sogar in Denver existiert ein solcher Märchenbrunnen. Das Marmororiginal ist kürzlich in ein Warenhaus (Kaufhof) transloziert worden und wird hier durch eine Bronzegruppe ersetzt.

Über die ›Goldene Brücke‹, die 1845 von A. Schnitzler gestaltet wurde und eine ältere von A. von Vagedes ersetzt, erreichen wir die südliche Halbinsel. Von hier sind es nur wenige Schritte zum Ratinger Tor, dem Ausgangspunkt unserer Besichtigung.

Friedrichstadt und Unterbilk

Unser letzter Rundgang durch den südlich der Karlstadt und City gelegenen Stadtteil Friedrichstadt beginnt an der HAROLDSTRASSE/ECKE WASSERSTRASSE. Der Ausbau des zu Ehren des preußischen Königs Friedrich Wilhelm IV. benannten Stadtteils war durch den Bau- und Nivellementsplan von 1854 festgelegt. Im Anschluß an die wenigen ausgeführten Straßenzüge der barocken Neustadt, der schon unter dem Kurfürsten Johann Wilhelm von der Pfalz angelegten äußeren Extension, und nach Anlage der Karlstadt kam hier ein letztes Mal das klassizistische Prinzip des konsequent rechtwinkeligen Straßenrasters zur Anwendung.

Das südlich der Karlstadt gelegene, weitläufige versumpfte Terrain mit unregulierten Gewässern wurde schon zu Beginn des 19. Jh.s in das großzügige Konzept der öffentlichen Grünanlagen, die die ganze Stadt in Form eines Halbkreises umgeben sollten, einbezogen. In der ersten Hälfte des 19. Jh.s waren umfangreiche wasserbauliche Arbeiten notwendig, um das Wasser in Teichen zu sammeln. Durch schmale Landzungen getrennt, entstanden um 1835 nach Plänen von *M. F. Weyhe* die beiden Teiche **Schwanenspiegel** und **Kaiserteich**. Doch die Bebauung des neuen Stadtteils – im Volksmund auch Walachei genannt – setzte nur zögernd ein. Bedingt durch die Lage der Bahnhöfe am Südende der Königsallee, führten die Gleise der Bahnlinien durch die Haroldstraße und schnitten den neuen Stadtteil von der Innenstadt ab. Nur die als Verlängerung der Kasernenstraße geführte ELISABETHSTRASSE flankierte die Grünanlagen im Osten mit ihrer um 1850 entstandenen Bebauung aus spätklassizistischen Reihenhäusern. Gegenüber entstand nach der Jahrhundertmitte an den westlichen Teichufern die einseitig bebaute, vornehme WASSERSTRASSE, von der aus wir unseren Rundgang beginnen (Abb. 101, vgl. Abb. 99). Von der ursprünglichen Bebauung der Wasserstraße sind nur einige Häuser erhalten, vor allem, weil um die Jahrhundertwende eine Reihe von ihnen entsprechend dem veränderten Zeitgeschmack erweitert oder mit neuen Fassaden versehen wurden. Besonders reizvoll ist das **Haus Nr. 5** aus dem Jahr 1859, ein zweigeschossiges Eckhaus mit offenem Sparrengesims. Seine fünfachsige Fassade zur Wasserstraße ist durch einen übergiebelten Mittelrisalit betont. Das Haus wurde 1898/1901 von dem Düsseldorfer Architekten *Hermann vom Endt* umgebaut. Vom Endt baute auch das Nachbarhaus **Nr. 8** mit einer neoklassizistischen Werksteinfassade und säulenflankiertem Eingang. Die **Nr. 9, 10** und **12** (Abb. 100) stammen aus den sechziger Jahren des vorigen Jahrhunderts. Von hier aus führt die STÄNDEHAUSSTRASSE zum ehemaligen **Ständehaus**, dem späteren **Landtagsgebäude** (Abb. 87).

1824 bestimmte der preußische König Düsseldorf zum Sitz der neugegründeten Provinzialstände. Sie tagten zunächst in der alten Kanzlei neben dem Rathaus und später im Schloß. Nach dem Brand des Schlosses 1872 wurde eine neue Tagungsstätte gesucht. Ausschlaggebend für den Verbleib in Düsseldorf – man diskutierte auch eine Verlegung nach Koblenz – war der besonders reizvolle Bauplatz am Schwanenspiegel. Der Standort hatte axialen Bezug zu der spätbarocken und klassizistischen Stadterweiterung mit ihren Hauptplätzen Karlplatz und Schwanenmarkt und war überdies von einer weitläufigen und eindrucksvollen Naturkulisse mit Wasserflächen umgeben. Den 1874 ausgeschriebenen Wettbewerb für den

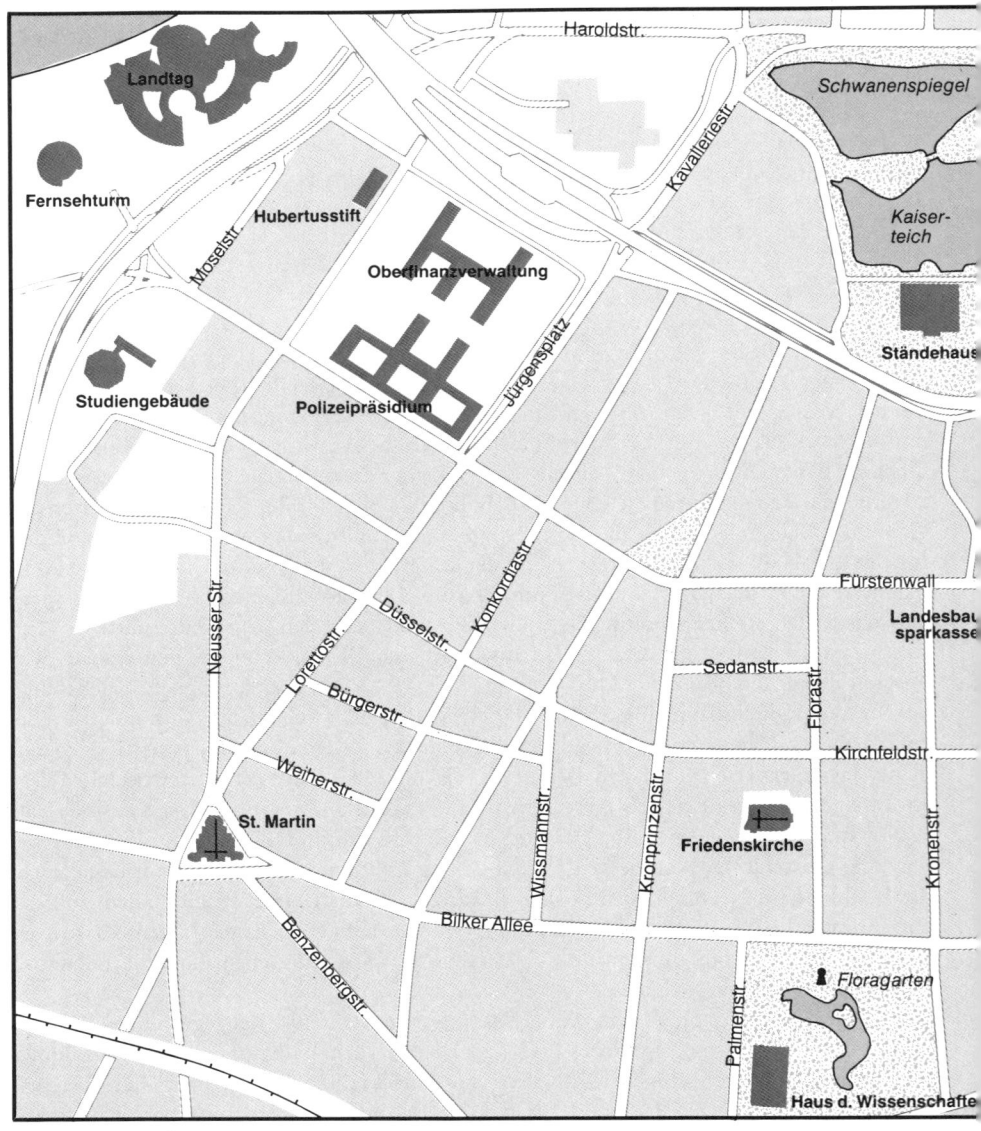

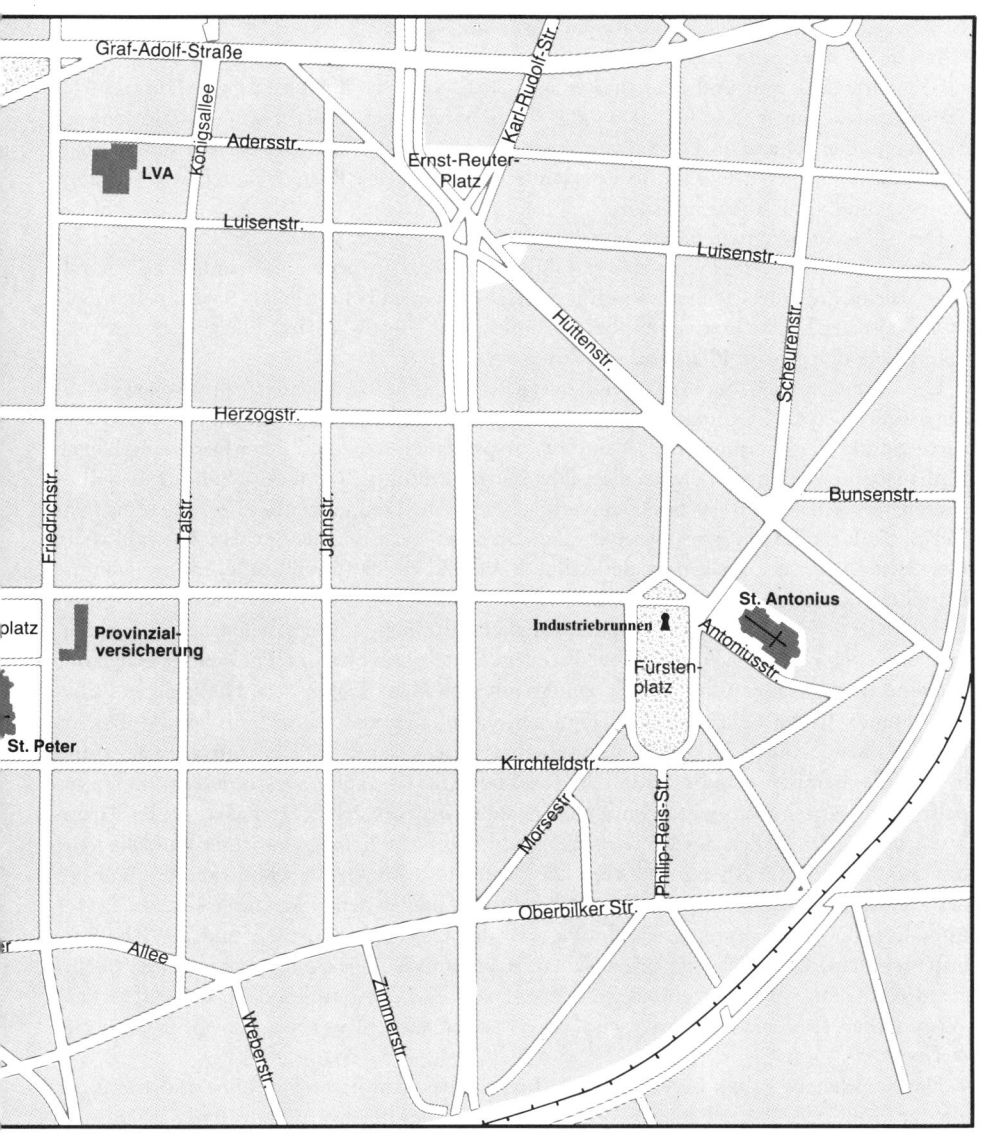

Graf-Adolf-Straße

LVA

Adersstr.

Königsallee

Karl-Rudolf-Str.

Ernst-Reuter-
Platz

Luisenstr.

Luisenstr.

Scheurenstr.

Hüttenstr.

Herzogstr.

Friedrichstr.

Talstr.

Jahnstr.

Bunsenstr.

St. Antonius

platz

Provinzial-
versicherung

Industriebrunnen

Fürsten-
platz

Antoniusstr.

St. Peter

Kirchfeldstr.

Morsestr.

Philip-Reis-Str.

Oberbilker Str.

Allee

Weberstr.

Zimmerstr.

Neubau gewann der Kölner Privatarchitekt *Julius Raschdorff*, Schöpfer von bedeutenden, teilweise zerstörten Bauten des rheinischen Historismus (Gymnasium St. Aposteln, Wallraf-Richartz-Museum und Stadttheater in Köln). Nach der Errichtung des Düsseldorfer Ständehauses wurde Raschdorff an die Technische Hochschule Berlin-Charlottenburg berufen und errichtete dort den gigantischen repräsentativen Staatsbau des Berliner Domes, das Mausoleum Friedrichs III. in Potsdam sowie zahlreiche Postgebäude (Erfurt, Braunschweig) und das Rathaus in Trier.

Das 1876–80 errichtete Ständehaus konzipierte Raschdorff gemäß dem Raumbedarf des Provinziallandtages, des Provinzialverwaltungsrates und der provinzialständischen Verwaltung als eine große freistehende Vierflügelanlage mit einem Hauptflügel von doppelter Tiefe zum Kaiserteich hin. Das erste Obergeschoß dieses Flügels, als Bel Etage ausgezeichnet, nahm dann den großen Plenarsaal mit Foyer auf.

Die Formensprache der vier differenziert gestalteten **Fassaden** ist der italienischen Hochrenaissance verpflichtet, der einige ›altdeutsche‹ Motive beigefügt wurden. Die Backsteinverblendung des Hauptgeschosses und die ursprünglich reich gestaltete Dachzone, die an Rathausbauten erinnert, belegen dies. Über einem kräftigen Rustikageschoß mit Rundbogenfenstern erhebt sich das backsteinverblendete, hohe Obergeschoß. Hier sitzen die Fenster in Säulenädikulen, mit abwechselnden Dreiecks- oder Segmentgiebeln abgeschlossen. Der Mittelrisalit der Hauptfassade ist durch zwei übereinanderstehende, säulengerahmte Rundbogenordnungen betont. Den breiten Drempelfries mit querovalen Fenstern schmücken reliefierte Festons. Der Bau war ursprünglich von einem steilen Satteldach mit Firstkämmen und einem Walmdach mit Giebel über dem Mittelrisalit bekrönt. Die heutige Dachzone entstand beim Wiederaufbau durch den Architekten Hans Schwippert. Die übrigen Fassaden rahmen flache Eckrisalite und Figurennischen. Besonders beachtenswert – obgleich heute ein bedeutender Teil dieses plastischen Schmuckes fehlt – ist das **Figurenprogramm,** in dem die rheinisch-ständische und die preußische Ikonographie verschmelzen. Im Drempelfries des Mittelrisalits halten Putten die Wappen der fürstlichen Herrschaften der Rheinprovinz. An den Ecken des Mittelrisalits standen bis zur Kriegszerstörung Landsknechte mit den Wappen der Rheinprovinzen. Die Seiten- und Rückfront schmücken die Wappen der Landtagsmarschälle und der rheinischen Städte, und an den Eckrisaliten sind die Personifikation der Verwaltung sowie die Figuren der Germania, Borussia und der Rhenania untergebracht. Über dem mit preußischem Adler und Königskrone geschmückten Giebel stand ein Genius mit ausgebreiteten Armen, von den Personifikationen der Arbeit und Wissenschaft flankiert. Die Erdgeschoßreliefs zeigen Szenen aus typischen rheinischen Gewerben.

Das Ständehaus ist ein hervorragendes Beispiel des Historismus in Düsseldorf und das einzige große preußische Bauvorhaben, das zwischen der Reichsgründung und der Jahrhundertwende am Rhein entstand.

Das 1943 schwer beschädigte Gebäude wurde 1947 – zunächst nur provisorisch – wiederhergestellt, um dem neuen Landesparlament Nordrhein-Westfalen als Domizil zu dienen, und 1949/50 schließlich unter Beibehaltung der wichtigsten Raumfolgen wiederaufgebaut.

Ein im Jahr 1975 veranstalteter Wettbewerb für die Erweiterung des Landtags zeigte jedoch, daß jede Veränderung eine Beeinträchtigung oder gar Zerstörung des Ständehauses und seiner Anlagen als Denkmal zur Folge gehabt hätte. Statt dessen wurde ein Neubau beschlossen. Das neue Landtagsgebäude auf dem Gelände des ehemaligen Berger Hafens (vgl. S. 155) ist im Herbst 1988 bezogen worden. In den verwaisten Landtag, das alte Ständehaus, wird nach gründlicher Sanierung der Ministerpräsident einziehen.

Im Zusammenhang mit dem plastischen Schmuck des Ständehauses ist die **Brunnengruppe ›Vater Rhein und seine Töchter‹** gegenüber dem Eingang zu sehen, die anläßlich des Besuchs von Kaiser Wilhelm I. im Jahre 1884 angeregt wurde (Abb. 86). Die Düsseldorfer Künstler *C. Janssen* und *J. Tüshaus* schufen für den kaiserlichen Besuch eine Festdekoration und erhielten später den Auftrag, ihr Werk in Bronze umzusetzen. Das monumentale neobarocke Denkmal wurde 1897 enthüllt. Ihrem Inhalt nach stellt die Gruppe die Huldigung der Rheinprovinz an den Kaiser dar. Die Rheinprovinz ist durch die bärtige Gestalt des Rheins personifiziert, die weiblichen Gestalten sind Verkörperungen der Nebenflüsse. Eine Vielzahl von Anspielungen und die Verbindung der Flüsse-Allegorie mit der Kaiserhuldigung läßt die Brunnenanlage als ein charakteristisches Denkmal der wilhelminischen Epoche erscheinen.

Eine wichtige Nachkriegsplastik, der große **Phönix aus der Asche** von *Ewald Mataré* in der Eingangshalle, nimmt symbolisch Bezug auf den Landtag.

Vom ehemaligen Ständehaus durch die STÄNDEHAUSSTRASSE gehend, erreichen wir die ELISABETHSTRASSE, der wir in südlicher Richtung bis zum KIRCHPLATZ folgen. Der heute von Hochhäusern umgebene Kirchplatz war seit Anlage der Friedrichstadt 1854 als einzige Freifläche ausgewiesen und wurde erst 1895 zur Errichtung der **St. Peterskirche** freigegeben. Für die Seelsorge in dem neuen Stadtteil war die alte St. Martin-Pfarre zuständig, doch mit dem raschen Wachstum der Friedrichstadt und dem Zuzug neuer Einwohner reichte diese bald nicht mehr aus. Eine gewisse Verbesserung der Situation trat ein, als 1866–69 die

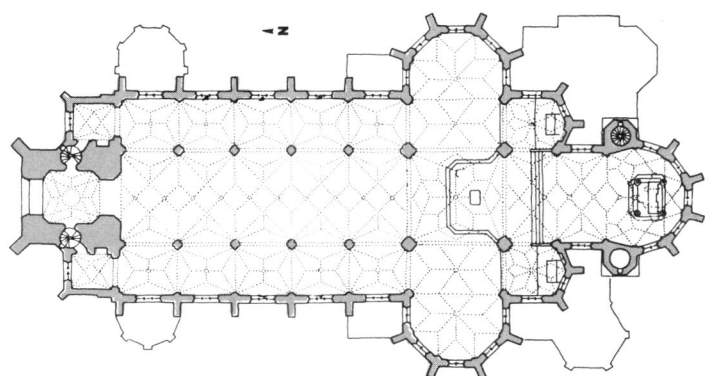

St. Peter, Grundriß

Dominikaner-Klosterkirche an der Herzogstraße nach Plänen des Wiener Dombaumeisters Friedrich von Schmidt errichtet wurde (sie mußte 1974 weichen, um Platz für den Neubau der Westdeutschen Landesbank nach Plänen des Architekten *Harald Deilmann* zu machen). 1890 erstand an der Friedrichstraße eine schlichte Notkirche für die Gemeinde, obwohl schon 1877 ein Wettbewerb für den Neubau einer Pfarrkirche ausgeschrieben worden war. Nach langen Verhandlungen um das Baugrundstück wurde schließlich der Entwurf von *Caspar Clemens Pickel* angenommen und 1895–98 die neugotische St. Peterskirche nach mehrfach veränderten Plänen durch den Architekten W. Pauen erbaut. Um diese Zeit zählte die Friedrichstädter Gemeinde etwa 20 000 Mitglieder.

Die hochgotischen Vorbildern verpflichtete dreischiffige Hallenkirche ist nach Süden orientiert. Das imposante, den Platz dominierende Gotteshaus mit zentralisierendem Polygonchor, Querhaus, Chorflankentürmen und Eingangsturm ist in Tuffstein ausgeführt. Die Architekturgliederungen sind auch im Innenraum in rotem Pfälzer Sandstein gearbeitet. Fünf querrechteckige Joche des Mittelschiffs und die quadratischen Joche der Seitenschiffe, die als Chorkapellen enden, bilden

St. Peter am Kirchplatz. Alte Postkarte, um 1906

das Langhaus. Die polygonale Chorform hat ihr Vorbild in St. Marien zur Wiese in Soest. Den Raumeindruck bestimmen die spätgotischen Sterngewölbe, wie sie von Peter Parler im Prager Veitsdom bekannt sind. Nach den schweren Kriegszerstörungen wurde die Kirche zunächst vereinfacht wiederaufgebaut; Lang- und Querhausgewölbe sind erst 1968–82 durch den Architekten W. Nitsch weitgehend rekonstruiert worden. Bei den Restaurierungsmaßnahmen beschlossen die Erzdiözese Köln und die Pfarrgemeinde, die Kirche als bedeutendes Beispiel der rheinischen Sakralbaukunst der Neugotik soweit wie möglich in ihrem ursprünglichen Zustand wiederherzustellen. So wurden auch die dekorativen Rankenmalereien in den Gewölben rekonstruiert, ebenso die monumentalen Heiligengestalten an den Innenwänden der Nebenchöre, links der hl. Petrus als Kirchenpatron, rechts der hl. Paulus, 1928 von Jos. Wahl gemalt.

Die Ausstattung der Kirche, die auf die Entwürfe des Architekten C. C. Pickel zurückgeht, ist bis auf den neugotischen **Baldachin-Hochaltar,** zwei **Seitenaltäre** und die **Beichtstühle** im Kriege verlorengegangen. Den Hochaltar – ein reicher neugotischer Altarschrein mit gemalten Flügeln von einem Rankenbaldachin überfangen – schnitzte *F. Langenberg* aus Goch, der auch der Schöpfer des Marien- und des Josefsaltares ist. Die gemalten Flügel schufen *W. Stucke* (Hochaltar) und *H. Lammers* (Seitenaltäre).

Die Kirche besitzt ›eine einzigartige, stilistisch homogene, programmreiche und im Material aufwendige Garnitur von Altargerät, die im Stil ganz auf Pickels Kirchenbau bezogen ist‹ (K. B. Heppe). Einige **neue Ausstattungsstücke** sind bei dem Wiederaufbau nach dem Krieg und anläßlich der Restaurierung in den letzten Jahren hinzugekommen. Die Fenster im Chor schuf *Franz Lünenburg, Robert Rexhausen* die im Haupt- und Querschiff. An den Turmecken wurden 1979 vier überlebensgroße Figuren aufgestellt: St. Peter von *Theo Heiermann*, David von *K. M. Winter*, Moses von *Elmar Hillebrand* und Johannes der Täufer von *Klaus Balke*.

Den freien Platz vor der Kirche, der an Wochentagen durch Marktstände belebt wird, rahmen an beiden Seiten moderne Hochhäuser: an der ELISABETHSTRASSE die 1959–62 von *H. Thoma* erbaute **Landesbausparkasse,** deren zugänglichen Vorhof eine Brunnenanlage von Norbert Kricke aus dem Jahre 1964 schmückt. Die Ostseite zeigt ein gutes Beispiel dafür, daß Bauten der fünfziger Jahre schon wieder verändert werden. Das Gebäude der **Provinzial-, Feuer- und Lebensversicherungsanstalten,** 1952–53 nach Plänen von *Prof. H. Schwippert* und der Architekten *Blank, Riphahn und Leuer* erbaut, erhielt bei Umbau und Modernisierung 1977–78 eine Fassade aus Glas und Marmor. Der anschließende Seitentrakt wurde bereits 1973–75 von den Architekten Hentrich und Petschnigg errichtet.

Wir folgen nun in östlicher Richtung dem FÜRSTENWALL, einer breiten Verkehrsachse der Friedrichstadt, die die südliche Grenze der Ende des 17. Jh.s geplanten Neustadt darstellt. Nach 1885 wurde sie bis zum FÜRSTENPLATZ fortgeführt. Dieser geht auf die Planung von *H. J. Stübben* von 1884 zurück. In seinem berühmten Stadtplan sind mehrere Plätze mit einer Reihe spitzwinklig zueinander angelegten Straßeneinmündungen anzutreffen. Der Fürstenplatz ist einer der wenigen, die sich bis heute erhalten haben. Seine gärtnerische Gestaltung ist das Werk des Gartendirektors *W. von Engelhardt.*

Eine wichtige Umgestaltung erfuhr der Platz durch die Verlegung des **Industriebrunnens** aus dem Kaiser-Wilhelm-Park hierher. Die monumentale Brunnenanlage mit überlebensgroßen Figuren hat *Fritz Coubillier* 1913 für die Kunstausstellung geschaffen (die Architektur des Brunnenbeckens stammt von G. Nestler). Vulkan, der göttliche Schmied, thront auf einem Amboß in der Mitte der Anlage und stützt seine Rechte auf den Schmiedehammer. Der Bergmann und der Hüttenarbeiter stehen ihm als Gehilfen zur Seite. Der Brunnen ›galt ... als das Wahrzeichen der mächtig aufstrebenden Stadt, deren Antlitz nicht zuletzt von den Kräften der Wirtschaft bestimmt worden ist‹ (H. Delvos). Der Industriebrunnen, das erste Monument der Arbeit in Düsseldorf, zeigt das gewandelte Selbstverständnis der Stadt, die nicht mehr nur ein Ort der schönen Künste sein wollte, sondern eine aufstrebende Wirtschaftsmetropole geworden war. Die Brunnenanlage wurde erst 1939 hier neu errichtet. Schon 1918 waren die Bronzefiguren erstmals beschlagnahmt worden, 1926 mußte der Brunnen der Ehrenhofanlage weichen. Während des Zweiten Weltkriegs drohte ein zweites Mal die Gefahr des Einschmelzens, doch das Denkmal konnte gerettet und 1950 wieder aufgestellt werden.

An der Ostseite des Fürstenplatzes erhebt sich die 1906–09 von *Wilhelm und Paul Sültenfuß* erbaute **St. Antoniuskirche.** Die etwas wehrhaft und burgartig wirkende dreischiffige neuromanische Werksteinbasilika mit halbrunder Apsis, Querhaus und mächtigem vierekkigen Hauptturm über dem nordwestlichen Seitenschiffjoch ist eine der jüngsten unter den historistischen Kirchen des Stadtgebiets.

Hinter der Eingangsfassade befindet sich die an einem mittelalterlichen Paradies orientierte Vorhalle mit Weihwasserbrunnen, von der aus die Gedächtniskapelle mit einer **Jugendstil-Pietà** zugänglich ist. Neben den erhaltenen Jugendstil-Seitenaltären der Muttergottes und des hl. Joseph bekam die Kirche nach den schweren Kriegsbeschädigungen auch moderne Ausstattungsstücke, wie die von Franke gestaltete Altarinsel (1967/ 68), den Aluminiumtabernakel in der Werktagskapelle des Chorhauses und die Chorfenster aus farblosem Glas von Wilhelm Buschulte.

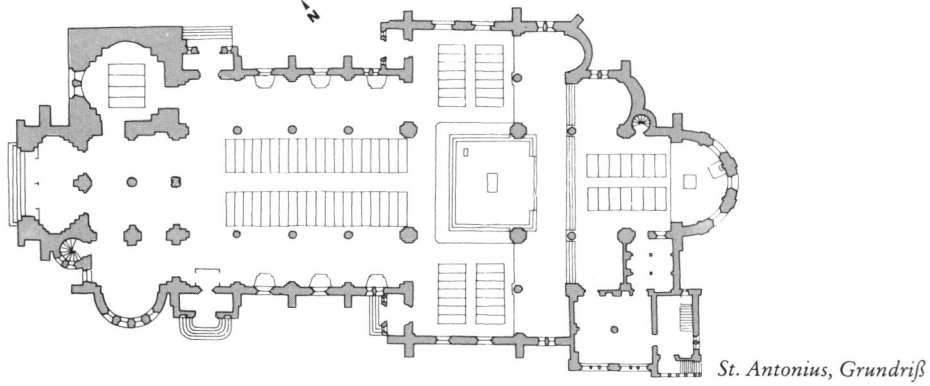

St. Antonius, Grundriß

Von hier aus durch die MORSESTRASSE erreichen wir die KIRCHFELDSTRASSE, der wir in westlicher Richtung folgen. Die Kirchfeldstraße ist eine typische Wohnstraße der Friedrichstadt. Sie ist in diesem Bereich erst um 1904 entstanden, wie die auf der linken Seite noch zusammenhängende Bebauung mit **Jugendstilhäusern** zeigt. An der Ecke zur FLORASTRASSE biegen wir links ein. Inmitten des Baublocks erhebt sich die **evangelische Friedenskirche,** 1896–99 von *G. Weidenbach* als dreischiffige Backsteinhalle mit Werksteingliederung und Turmfront errichtet (Abb. 90). Den Innenraum mit Emporen an den Längsseiten gliedern schlanke Rundpfeiler. Die Kirche war ursprünglich im Auftrag des preußischen Staates von *Eduard von Gebhard,* dem Professor für monumentale Malerei an der Düsseldorfer Kunstakademie, der auch 1884–91 das Kollegzimmer im Kloster Loccum mit Fresken versehen hatte, ausgemalt (vgl. Abb. 91). Der Maler hat dabei Szenen aus dem Alten und Neuen Testament in die Epoche der Reformation versetzt. Die seit ihrer Entstehung 1897 Aufsehen erregenden Fresken wurden 1907 vollendet. Gebhard hat damit ein spätes Gegenstück zur Apollinariskirche in Remagen geschaffen. Der Ausmalung der Friedenskirche wurden bald ausführliche Publikationen gewidmet. 1943 zerstörten zwei Bombenangriffe die Kirche bis auf die Umfassungsmauern, wobei der *Wandgemäldezyklus* bis auf kleine Reste verlorenging. Beim rekonstruierenden Wiederaufbau durch den Architekten *G. Reh-*

der, 1953, wurden die erhaltenen Reste auf neuen Trägern montiert und im Eingang sowie auf der Eingangswand der Kirche angebracht.

Wir überqueren jetzt die BILKER ALLEE und erreichen den **Floragarten,** eine durch Privatinitiative 1875 entstandene Gartenanlage der Friedrichstadt, zwischen der PALMEN- und KRONENSTRASSE. Das Grundstück in der Nähe des Bilker Bahnhofs hatte eine Aktiengesellschaft erworben, den Garten entwarf der Gartendirektor H. Grube. 1876 entstand hier nach Plänen des Architekten B. Tüshaus ein Festhaus mit Restaurant und großer Terrasse, das die Friedrichstädter für Konzerte, Bälle und gesellige Treffen nutzten. Der Garten besaß außerdem ein Gewächs- und ein Palmenhaus, erlesene Bäume und Sträucher, Blumen- und Rosenbeete. In der Mitte lag ein Teich mit einer kleinen pittoresken Insel. 1902 ging die Flora in das Eigentum der Stadt über. Nunmehr brauchte man kein Eintrittsgeld zu zahlen, ... ›die gärtnerischen Luxusanlagen wie das Palmenhaus mußten dabei leider aufgegeben werden, auch wird der Blumenschmuck jetzt einfacher gehalten‹, schreibt Gartendirektor J. Nauen 1904 in einer Publikation über die Stadt Düsseldorf.

An der Stelle des kriegszerstörten Festhauses steht heute das 1960 von *Prof. Hans Schwippert* erbaute **Haus der Wissenschaften** (Karl-Arnold-Haus), in dem bislang auch das WDR-Studio untergebracht ist. Das zweigeschossige, langgestreckte Gebäude ist Sitz der Arbeitsgemeinschaft für Forschung. Das Zentrum des Hauses bilden zwei Sitzungssäle für jeweils 400 bzw. 80 Personen. Im Park befindet sich seit 1941 die **Marmorgruppe ›Adam und Eva‹** von *P. Breuer* aus dem Jahre 1894, die als einziges Kunstwerk in der Zeit von 1938 bis 1946 in Düsseldorf aufgestellt wurde.

Wir gehen zurück zur BILKER ALLEE, um unseren Rundgang in westlicher Richtung fortzusetzen. Auf dem dreieckigen Platz am Ende der Bilker Allee erblicken wir die **St. Martinskirche,** die an einem bedeutenden historischen Ort steht. 1641 ließ Herzog Wolfgang Wilhelm hier eine der Gottesmutter geweihte steinerne Säule aufstellten, und 1686 erbaute Kurfürst Johann Wilhelm auf Wunsch seiner Gemahlin Maria Anna dann eine kleine Kapelle zur Anbetung eines wundertätigen Marienbildes, die der ›Casa di Loreto‹ nachgebildet war: dem legendären Wohnhaus der Heiligen Familie von Nazareth, das der Überlieferung nach im Jahre 1295 von Engeln aus dem Heiligen Land über Dalmatien in den italienischen Ort Loreto in den Marken getragen worden sein soll.

1698 wurde mit finanzieller Unterstützung der zweiten Gemahlin des Kurfürsten, Anna Maria Luisa, der Grundstein zu einer neuen Kapelle gelegt, die das ›Heilige Haus von Nazareth‹ überbaute. Diese *Loretto-Kapelle* war ein berühmter, von vielen Wallfahrern besuchter Pilgerort (vgl. Abb. 92). ›Vor dem Cölner Thor steht eine Capelle, so sehenswürdig ist, massen dieselbe nach dem Riß des Haußes zu Loretto erbauet, und mit schönen Mahlereyen ausgeziert ist‹ (Rheinischer Antiquarius, 1744). Seit 1812 nutzte man die neue Wallfahrtskapelle als Pfarrkirche, das im Inneren befindliche ›Heilige Haus von Nazareth‹ wurde abgebrochen. 1893–95 entstand hier ein Neubau der Pfarrkirche St. Martin durch den niederländischen Architekten Alfred Tepe, ein an spätgotischen Vorbildern orientierter Backsteinbau mit hohem Nordturm. In den Kriegsjahren 1943 und 1945 wurde die Kirche bis auf die Umfassungsmauern zerstört und 1951–52 unter Beibehaltung der Taufkapelle,

MARIA LAVRETANA
pro Nobis.

der Sakristei sowie einiger Teile der Außenmauern von den Architekten *A. und W. Diek-mann* wiederaufgebaut.

Im Eingang ist als bedeutendes Ausstattungsstück der Kirche das **Gnadenbild ›Hülfe der Christen‹** aus der Lorettokapelle aufgestellt. (Die unweit von hier gelegene Alt-St. Martins-kirche aus der zweiten Hälfte des 12. Jh.s siehe Stadtteil Bilk, S. 295 f.).

Durch die NEUSSER STRASSE kehren wir zum FÜRSTENWALL zurück. Auf der linken Seite erhebt sich ein schlankes zwölfgeschossiges Hochhaus: das **Studiengebäude,** 1965–66 von *Bernhard Pfau* errichtet. Der die Volkshochschule sowie die Verwaltungs- und Wirtschafts-akademie beherbergende Komplex wird aus dem einbündigen Hochhaus und dem vergla-sten, oktogonalen Flachbau gebildet, in dem Hörsäle und ein Auditorium für 500 Personen untergebracht sind.

Der NEUSSER STRASSE folgend, kommen wir zu dem an der Westseite gelegenen **Huber-tusstift.** Die Neusser Straße, die frühere Kölner Landstraße, entstand als ein wichtiger, schon zu Anfang des 18. Jh.s bebauter Straßenzug der äußeren Extension. Eines der ersten Häuser erbaute hier der Hoffaktor Joseph Jacob van Geldern, der Hofagent des Kurfürsten Johann Wilhelm und Ur-Urgroßvater Heinrich Heines. Das 1709–12 von *J. Dubois* errich-tete, stattliche Wohnhaus, ursprünglich eine Vierflügelanlage, von der nur die dreigeschos-sige, elfachsige Straßenfront mit mittlerer Toreinfahrt erhalten ist, diente seit 1773 als Hospital, als das 1709–12 errichtete kurfürstliche Hubertushospital von der Kasernenstraße hierhin verlegt wurde (Abb. 95, vgl. Abb. 96).

Gegenüber, auf dem heutigen JÜRGENSPLATZ, befanden sich früher die großen *Husaren-kasernen* aus den zwanziger Jahren des 19. Jh.s. 1929–32 bzw. 1939 sind auf dem ehemaligen Kasernengelände die zwei monumentalen Gebäudekomplexe des **Polizeipräsidiums** (Abb. 97) und der **Oberfinanzverwaltung** entstanden.

Die Nordseite des Platzes nimmt die mehrflügelige Anlage der Oberfinanzdirektion ein, die 1929–39 von dem Architekten *Weill* errichtet wurde. Mit ihrer Stirnseite nach Norden orientiert, ist sie mit dem südlich gelegenen und mit seiner Stirnseite nach Süden ausgerichte-ten Polizeipräsidium von dem Architekten *Schaefer* durch die sich gegenüberstehenden, einander zugewandten Höfe städtebaulich zu einer Einheit verbunden. Beide Backsteinbau-ten mit hohen Kalksteinsockeln repräsentieren die späte Phase der Düsseldorfer Verwal-tungsbauten zwischen den beiden Weltkriegen. Ihre sachliche, zweckorientierte Formen-sprache und die klare Reihung der Baukuben weisen zweifellos zu den Gesolei-Bauten von W. Kreis hin.

Vom Jürgensplatz die Rheinkniebrücke unterquerend, erreichen wir über die KAVALLE-RIESTRASSE die HAROLDSTRASSE und somit den Ausgangspunkt unseres Rundgangs durch die Friedrichstadt.

◁ *Die Loretto-Kapelle in Bilk mit Ansicht der Stadt Düsseldorf: Kupferstich von G. H. Schifflen, Anfang 18. Jh.*

Vororte / Stadtteile
(in alphabetischer Reihenfolge)

Angermund

Der nördlichste Ortsteil Angermund wurde erst im Zuge der kommunalen Neuordnung 1975 nach Düsseldorf eingemeindet.

Die Wasserfeste und spätere **Kellnerei Angermund** wird schon als ›castrum Angermond‹ nach der Mitte des 12. Jh.s unter den Erwerbungen des Kölner Erzbischofs Philipp von Heinsberg genannt. Bereits seit der Mitte des 13. Jh.s war sie als Lehen der Kölner Erzbischöfe im Besitz der Grafen von Berg, die hier um die Mitte des 14. Jh.s einen Verwaltungssitz für den Kellner einrichteten, der Pachten, Zinsen und Zölle erhob, das Rentenbuch führte und der Hofkammer einmal jährlich die Rechnung vorzulegen hatte. Die Gebäude dienten als eine Art herzogliche Vorratskammer, denn die Keller und Speicher nahmen die abgelieferten Naturalien auf.

Die am nordöstlichen Rand des Ortes gelegene, wasserumwehrte Kellnerei ist im Kern eine staufische Anlage. Die Burg wurde mehrfach um- und ausgebaut und der Turm 1715 abgebrochen. Den Zugang zu der Rechteckanlage mit abgerundeten Schmalseiten bildet ein rechteckiger Torbau von 1635 (nach schwerer Kriegszerstörung wiederaufgebaut), zu dem eine Backsteinbrücke führt. Aus staufischer Zeit stehen noch Teile der aus Kalkstein und Tuff errichteten Umfassungsmauer.

Ein dreigeschossiges Herrenhaus von 1780 birgt auf seiner Rückseite in voller Höhe die mittelalterliche Außenmauer; die Fensteröffnungen sind jedoch aus späterer Zeit.

1821 kaufte der Bürgermeister Ferdinand Baasel die in der französischen Zeit zum Domänengut erklärte ehemalige Kellnerei, die aber schon 1833 wieder in den Besitz des Grafen von Hatzfeld überging und seitdem als Försterwohnung und Wirtschaftshof diente. Im Jahr 1963 wurde sie nochmals verkauft, 1980 durch Feuer arg mitgenommen und 1982 zwangsversteigert. Unter Beibehaltung der denkmalgeschützten Umfassungsmauern sind heute moderne Wohnungen in die Anlage eingebaut.

Nordwestlich vom Ortskern liegt in der Angerniederung das **Wasserschloß Heltorf.** Der Hof ›Heletorpe‹ wird erstmals im 11. Jh. in einem Rentenverzeichnis des Klosters Kaiserswerth erwähnt. Der Besitz mit dem Ende des 17. Jh.s errichteten Schloß gehört seit dem 17. Jh. der Familie von Spee, die im 18. Jh. in den Reichsgrafenstand erhoben wurde.

Von der barocken Burg ist die 1696 errichtete Vorburg erhalten: eine dreiflügelige Backsteinanlage mit zwei rechteckigen Flankiertürmen und vorgesetztem Torturm mit geschweiften Hauben. Eine Brücke führt zu dem schönen bossierten Portal des Torturms. 1822–27 erbaute *Heinrich Theodor Freyse* für Graf Franz Anton von Spee einen breitgelagerten, dreigeschossigen klassizistischen Bau, das heutige Herrenhaus.

Franz Anton Graf von Spee, Mitglied des Staatsrates und Stadtparlaments in Düsseldorf, war eine vielseitige Persönlichkeit. Zusammen mit Prinz Friedrich von Preußen, dem Akademiedirektor Schadow u. a. gehörte er der Intendantur des Immermann-Theaters an, unterhielt freundschaftliche Beziehungen zum Musikdirektor Felix Mendelssohn-Bartholdy, der die Operndirektion am Stadttheater übernahm, und war außerdem ein großer Kunstfreund und Mäzen. Schon Anfang der zwanziger Jahre des 19. Jh.s hatte er bei der Düsseldorfer Kunstakademie die *Ausmalung des Gartensaales* in Schloß Heltorf in Auftrag gegeben. Der leider der Öffentlichkeit nicht zugängliche Raum wurde 1825 von *Carl Stürmer,* einem Schüler von Peter Cornelius, begonnen und 1841 von den Schadow-Schülern *C. F. Lessing, H. Plüddemann* und *H. Mücke* beendet. Die sechs großen Wandgemälde stellen Szenen aus dem Leben des Kaisers Barbarossa dar und gehören neben der Ausmalung des Aachener Rathaussaals (von Alfred Rethel) zu den wichtigsten Beispielen der romantischen Historienmalerei im Rheinland.

Das Herrenhaus wird von zwei Gebäuden flankiert: der turmartigen neugotischen Bibliothek von *Vincenz Statz* und der neuromanischen Schloßkapelle (1854) von *Rudolf Wiegmann.*

Westlich des Schlosses liegt der an den Wochenenden von Mai bis Oktober öffentlich zugängliche, herrliche **Park,** der mit seinen dendrologischen Seltenheiten eine besondere Stellung nicht nur am Niederrhein einnimmt. Die Anregung, das Lehm- und Sandgrubengelände in einen englischen Park umzuwandeln, ging von dem französischen Emigranten Abbé Biarelle aus, der in Heltorf Gast bei Karl Wilhelm von Spee war. Die Gestaltung des Parks wurde dem jungen Maximilian Friedrich Weyhe übertragen, der 1809 auch Teile des ›Dikkenbuschs‹ in sein Gartenkonzept miteinbezog.

Der Park hat eine Ausdehnung von fast 50 Hektar und ist mit 475 verschiedenen Gehölzarten bepflanzt. Einen besonderen Anziehungspunkt bilden die 1830–40 angepflanzten *Rhododendren,* die zu den ältesten in Deutschland gehören. Seltene Nadelexoten wie morgenländische Fichte, chinesische Spießtanne, Zeder und Sumpfzypresse, aber auch japanische Tempelbäume, Maiglöckchenbäume, Baum-Magnolien, Hickorys und Kamelien bereichern den ursprünglichen Bestand, dem jeder Besitzer von Heltorf besondere Liebe und Aufmerksamkeit schenkte.

Benrath

Der südöstlich des Zentrums gelegene, 1929 eingemeindete Stadtteil ist berühmt durch sein spätbarockes **Schloß** und den **Schloßpark,** die zu den Hauptsehenswürdigkeiten nicht nur Düsseldorfs, sondern des ganzen Rheinlandes gehören (Farbabb. 38, 39, Abb. 111, 112).

Die seit 1222 urkundlich erwähnten Herren von Benrode, die dem Ort seinen Namen gaben, besaßen hier ein festes Haus (Burg?), um das sich mehrere Höfe scharten. Eine Kirche soll bereits 1005 (?) erbaut worden sein. Wohl schon zu Ende des 13. Jh.s, sicher seit 1330, gelangten die Landesherren, die Grafen von Berg, in den Besitz von Benrath. Sie ließen hier eine große *Wasserburg* errichten, die des öfteren als Pfandobjekt diente und später auch Witwensitz der Herzoginnen gewesen ist. Nach dem Dreißigjährigen Krieg blieb die mittelalterliche Burg, die – wie die 1964 entdeckten Fundamente bezeugen – an der Stelle der späteren Orangerie lag und wahrscheinlich bis zu dem heutigen Spiegelweiher reichte, unbewohnt.

Der nachmalige Herzog Philipp Wilhelm aus dem Haus Pfalz-Neuburg hatte schon als Erbprinz vor 1651 einen Schloßneubau, den sogenannten *Prinzenbau,* im Benrather Wildpark errichten lassen. 1660 übertrug er ›Haus und Hof‹ zu Benrath seiner zweiten Gemahlin Elisabeth Amalie von Hessen-Darmstadt. Die Herzogin ließ hier ab 1662 durch den fürstlichen Baumeister Oberingenieur *Johann Lolio genannt Sadeler* aus Roveredo eine *Sommerresidenz* erbauen. Es entstand ein stattlicher Baukomplex, in den außer dem Prinzenbau der Tiergarten, Teiche und neue Gartenanlagen integriert waren.

Ein siebenachsiges belvedereartiges Hauptschloß mit zwei hohen Türmen erhob sich inmitten des langen Stauweihers. Der Hauptbau war über Brücken mit Bogengalerien mit den zweigeschossigen Türmen am Ufer verbunden. Die Hauptfassade im Süden betonte ein dreigeschossiger, dreiachsig vorspringender Mittelrisalit. Im Osten schlossen sich in der Art einer Vorburg um einen rechteckigen Hof gruppierte, zweigeschossige Bauten an, die sich zum Hauptschloß durch eine Bogengalerie öffneten.

Die herzogliche Familie hielt sich häufig in Benrath auf; das elfte Kind des Herzogspaares, Maria Sophie, die spätere Königin von Portugal, wurde 1666 in Benrath geboren. Da an der Düsseldorfer Residenz ein Garten fehlte, kam Benrath durch seine Lage inmitten von Wäldern und Ländereien besondere Bedeutung zu. Große Fischteiche wurden hier angelegt; in dem wohl schon seit 1657 entstandenen Tiergarten hegte man Hirsche und Wildschweine. Benrath wurde von der fürstlichen Familie insbesondere für Jagdaufenthalte bevorzugt.

Philipp Wilhelms Nachfolger, Kurfürst Johann Wilhelm, ließ durch seine italienischen Hofkünstler, die auch am Düsseldorfer Schloß tätig waren, einige Räume der heutigen Orangerie ausstatten. Zwei Gemälde von J. van Nikkelen aus dem Jahre 1715 im Besitz der Bayerischen Staatsgemäldesammlungen in München zeigen das alte Wasserschloß mit seiner Umgebung (Kopien der Münchener Originale im Düsseldorfer Stadtmuseum). Nur der nördliche Flügel der Vorburg (heute Orangerie) und ein Teil des Südflügels (Kapelle) sind noch von dieser interessanten Schloßanlage erhalten, die ›im brasilianischen ›Vrijhof‹ des Prinzen Johann Mauritz von Oranien ein nah verwandtes Gegenstück hatte‹ (K. B. Heppe).

Kurfürst Carl Theodor beschloß 1755, das durch Brand und Feuchtigkeit beschädigte und wohl auch seinen Vorstellungen nicht entsprechende Benrather Schloß durch einen zeitgemäßen Neubau zu ersetzen, den er zum Witwensitz seiner Gemahlin Elisabeth Auguste bestimmte. **Das neue Schloß** sollte an anderer Stelle entstehen und der Schloßpark neu gestaltet werden. Der Hauptbau der alten Anlage wurde abgerissen; die Vorburg ist später

87 Das ehemalige Ständehaus vom Kaiserteich aus gesehen. J. Raschdorff, 1876–80 (Dachaufbau von H. Schwippert)

◁ 86 Monumentalskulptur ›Vater Rhein und seine Töchter‹ vor dem ehemaligen Ständehaus. C. Janssen/ J. Tüshaus, 1897

88   Rheinkniebrücke, F. Tamms, 1969. Im Hintergrund Mannesmann-Verwaltung, LVA, rechts die Landes-
ministerien

89   Das 1988 fertiggestellte Landtagsgebäude. F. Eller/E. Moser/R. Walter

90, 91 Evangelische Friedenskirche in der Friedrichstadt, um 1906. G. Weidenbach, 1896–99. Rechts die kriegszerstörten Fresken von E. v. Gebhard, 1897–1907
92 Die 1893 abgebrochene Lorettokapelle des 18. Jhs. in Bilk an der Stelle der heutigen Pfarrkirche St. Martin

93   Der Oberbilker Marktplatz, um 1912

94   Graf-Adolf-Platz, um 1900

95 Das ehem. Geldernsche Haus, später Hubertushospital, in der Neusser Straße. J. Dubois, 1709–12

96 Die kriegszerstörte Hofseite des ehem. Hubertushospitals

97 Polizeipräsidium am Jürgensplatz. Architekt Schäfer, 1929–39
98 Siedlungskomplex Ecke Henrietten-/Karolingerstraße. O. Engler, Schmalhorst u. Mohr, 1927/28 (Aufnahme aus der Erbauungszeit)

99 Die Wasserstraße am Schwanenspiegel/Kaiserteich, Vorkriegszustand

100 Neubarockes Haus Wasserstraße 12

101 Häuser an der Wasserstraße

102 Blick auf Düsseldorf vom Oberkasseler Ufer, vor 1895

103 Oberkassel. Wohnbebauung am Kaiser-Friedrich-Ring

105, 106   Häuser am Kaiserswerther Markt. Links ›Im Schiffchen‹, 1733; rechts Altes Zollhaus, 1635
104   Kaiserswerth, ehem. Stiftskirche St. Suitbertus, 12./13. Jh.
107   Kaiserswerth, Ruine der staufischen Kaiserpfalz, 12. Jh.

108   Romanische Pfarrkirche St. Remigius in Wittlaer, 13. Jh.

109   Kaiserswerth, Suitbertus-Schrein im Kirchenschatz der Suitbertus-Basilika, 13. Jh.

110   Monumentaler romanischer Kruzifixus der ehem. Stiftskirche in Gerresheim, wohl Ende 10. Jh.

| 111   Schloß Benrath. N. de Pigage, 1756–73 ▷

für verschiedene Zwecke verwendet worden: der Nordflügel als Orangerie, die übrigen Flügel bis zum Abbruch (1896) als Kaserne.

Carl Theodor, ein aufgeklärter und auch in den ›Schönen Wissenschaften‹ gebildeter Herrscher, beauftragte den 32jährigen kurfürstlichen Oberbaudirektor *Nicolas de Pigage,* der für den Kurfürsten schon die Schlösser in Mannheim und Schwetzingen neu gestaltet hatte. Pigage, der am Hofe in Lunéville und Nancy sowie an der Privatakademie des Architekten J. F. Blondel in Paris ausgebildet war, wählte für Benrath die Form des Lustschlosses, einer ›maison de plaisance‹, wie von seinem Lehrer Blondel in dem richtungweisenden illustrierten Architekturlehrbuch beschrieben. Dieser Bautypus war durch den Wandel der höfischen Lebensformen bedingt, die im zu Ende gehenden Zeitalter des Absolutismus zunehmend privateren, der Natur und dem Landleben zugewandten Charakter annahmen. Das gilt auch für den Hof Carl Theodors, der ›in Benrath eine bescheidene, in der Natur gelegene fürstliche Wohnung wünschte, die auf sichtbare Repräsentation verzichtete, privaten Charakter hatte, aber mehr sein sollte als ein verspieltes Lusthaus für einen Tag und großzügig genug, um der unerläßlichen, wenn auch gelockerten Etikette und dem höfischen Zeremoniell noch zu genügen‹ (I. Markowitz).

Den Theorien Blondels folgend, schuf Pigage eine höchst persönliche Interpretation einer Maison de plaisance in enger Verbindung mit Gartenanlagen und Gewässern. Die landschaftliche Situation geschickt nutzend, disponierte er die neuen Bauwerke in der durch das alte Schloß vorgegebenen Nord-Süd-Achse. Das neue Schloß wurde weiter nördlich und etwas höher gelegen an der Südseite des runden Schloßweihers plaziert. Dem Hauptbau waren eingeschossige, mit Mansarddächern geschlossene Kavaliersbauten (für das adelige Gefolge) vorgelagert, jeweils auf dreieckigem Grundriß und mit konkav geschwungenen Flügeln zum Schloßweiher hin orientiert.

Die Gesamtanlage entstand nach einem einheitlichen Plan 1756–73 und zeigt eine der raffiniertesten Raumdispositionen des 18. Jh.s. Zentrum ist der große, runde Kuppelsaal des Schlosses: Um ihn sind rhythmisch und streng symmetrisch alle Innenräume gruppiert und ebenso alle Achsen des Schloßparks ausgerichtet. Die großzügig gestalteten, weitläufigen Gärten umgeben dreiseitig die im Halbkreis um den Schloßweiher angeordnete, fünfteilige Gebäudegruppe, bestehend aus dem Hauptbau – corps de logis –, den Kavaliersbauten und zwei flankierenden Torhäusern, die sich im Wasser spiegeln und ›alle in der Lieblingsfarbe des Kurfürsten pfirsichrot gefaßt‹ sind (W. Hansmann).

Über einer schmalen Terrasse erhebt sich der rechteckige Hauptbau in den Übergangsformen vom Rokoko zum Klassizismus. Breite, geschwungene Freitreppen, die von beiden Seiten auf die Mitte zuführen, leiten über zum Garten. Das äußerlich eingeschossige Schloßgebäude mit dem aus einem gebrochenen Mansarddach entwickelten geschwungenen Dach birgt im Inneren vier Geschosse mit insgesamt 80 Räumen, zwei Lichthöfen und sieben

Benrath, Altes Schloß. Gemälde von C. Wolff nach J. van Nikkelen

Treppen. ›Das bescheidene Häuschen am Weiher im Park ist der entzückendste Betrug, den man sich denken kann‹ (R. Klapheck).

Der auf den ersten Blick wie ein Labyrinth wirkende Grundriß verläßt jedoch nirgendwo die in der französischen Architektur des 18. Jh.s geforderten Prinzipien der ›clarité‹ und ›distribution‹. Die zweizeilige Anordnung, das ›appartement double‹ der französischen Lusthäuser hat Pigage beibehalten: Rechts und links der Mittelachse liegen die dem Kurfürsten und der Kurfürstin zugewiesenen, zum Garten hin orientierten Räume; seitlich des geräumigen Vestibüls an der Eingangsseite dann die der Ordonnanz. Das Zentrum bildet der von zwei großen, langgestreckten Gartensälen flankierte, runde Kuppelsaal à l'italienne, der auf der Gartenseite dreiseitig vorspringt, sich durch alle Geschosse erhebt und in der Dachzone durch ein achteckiges Belvedere ausgezeichnet ist. Mehr als die Hälfte der Gebäudetiefe nimmt das als Vorzimmer zum Festsaal gehörende große Vestibül ein, das im Außenbau an der Nordfront als dreigeschossig vorspringender und übergiebelter Mittelrisalit hervortritt. Im Giebel, an der in der französischen Architektur traditionellen Stelle, wird durch das Allianzwappen Kurpfalz-Jülich-Berg der Bauherr und sein Rang genannt.

Um das Vestibül ordnete Pigage, um zwei Lichthöfe gruppiert, die Nebenräume. ›Geradezu atemberaubend ist, wie die winzigen Nebengelasse – ovale oder sechseckige Gardero-

ben, Bade- und Toilettenräume mit ihren Durchgängen – ovale Lichthöfe und die Alkoven-
nischen der Schlafzimmer umspielen‹ (W. Hansmann).

Auch den plastischen Schmuck und das Dekor im Äußeren wie im Inneren hat Pigage
entsprechend der französischen Architekturtheorie dem ›Thema‹, der Zweckbestimmung
des Gebäudes untergeordnet. Den **Skulpturenschmuck** am Außenbau schuf der in Italien
ausgebildete Flame *Peter Anton Verschaffelt*, der seit 1758 Direktor der Mannheimer Akademie war. Die Diana-Gruppe an der Südseite veranschaulicht den Charakter des Bauwerks als
Jagdschloß: Die Göttin blickt auf das vor ihr liegende Jagdrevier. Die Giebelfüllungen an der
Ost- und Westseite, die durch die Personifikationen der Tageszeiten als Morgen- und Mit-
tagsseite bzw. als Abend- und Nachtseite unterschieden sind, zeigen Putten bei der Schaf-
schur bzw. den syrinxblasenden Hirtengott Pan. Die Skulpturen vor der Südfront stammen
aus der Werkstatt Verschaffelts: Flora, Ceres, Bacchus, Pan sowie der Jäger Meleager und
Atalante sind thematisch auf das Schloß bezogen. Im Schutz dieser antiken Göttergestalten
stehen die Wälder und Fluren, Gewässer und Tiere, aber auch die Ernte, die Blumen und
Früchte. Die Natur mit ihren vier Elementen – Erde, Wasser, Feuer und Luft –, das idylli-
sche ländliche Leben mit dem wiederkehrenden Rhythmus der Zeiten – den vier Tages- und
den vier Jahreszeiten – wird durch die Gestalten der antiken Mythologie personifiziert. ›In
solcher poetisierten, in der Imagination verklärten ländlichen Gegend schlägt der Fürst seine
Wohnung auf. Er lebt hier in Arkadia! einem Stück zurückeroberter heiler Welt‹ (I. Markowitz). Seine Wohnung schmücken Bilder mit arkadischer und bukolischer Thematik, die
damit das fürstliche Haus gleichzeitig poetisch deuten.

Schloß Benrath, Grundriß des Erdgeschosses mit Schmuckfußböden

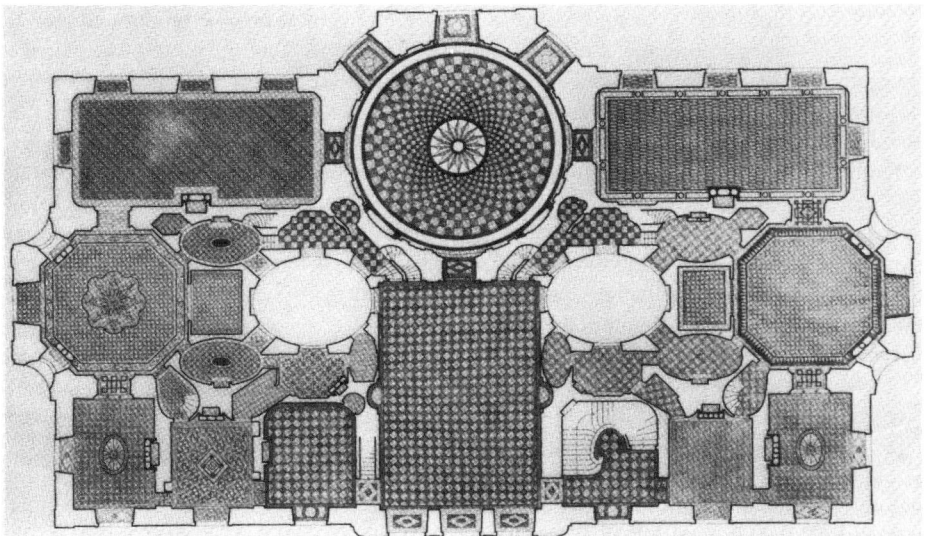

Die **Innenausstattung** des Schlosses entstand nach Entwürfen von Pigage. Die Dekoration der Räume zeigt überwiegend Louis-XVI-Formen, aber auch zahlreiche antike Motive, mit denen sich bereits die neue Stilepoche des Klassizismus ankündigt (Abb. 112). Für die Arbeiten waren vornehmlich Mannheimer Künstler und Handwerker verpflichtet worden: für die Stuckarbeiten *Giuseppe Antonio Albuzzio* und *Joseph Pozzi,* für die Holzschnitzereien *Matthäus van den Branden* und *Augustin Egell,* für die Malerarbeiten *Franz Anton Leidensdorfer,* zu dem noch aus Brühl der Maler *Johann Martin Metz* kam, für die Tischlerarbeiten *Franz Zeller.* Die Kamine lieferte der Mannheimer ›Marmorier‹ *J. Batz.* Die Deckengemälde schuf der erste Düsseldorfer Akademiedirektor *Lambert Krahe.* Die Deckenmalereien, programmatisch noch der spätbarocken Tradition folgend, zeigen in den beiden Gartensälen olympische Götter bzw. Apollo und Musen und in dem zweifach sich öffnenden Götterhimmel des Kuppelsaals die Ankunft Dianas, der Göttin der Jagd.

Die verlorene *Einrichtung* wird durch eine auf das Bauwerk und den Bauherrn bezogene Sammlung von Kleinkunst und Kunsthandwerk, zu der neben ausgezeichneten Arbeiten der französischen Möbelkunst auch eine Kollektion Frankenthaler Porzellans gehört, ersetzt. Im Vestibül sind zwei Tonskulpturen von Christian Meyer aufgestellt – Flora und Herkules –, die in einem Düsseldorfer Garten gefunden worden sind.

Der über 360 000 qm große, von aus dem Flüßchen Itter gespeisten Wassergräben umzogene **Schloßpark** ist die gestaltete Natur, in die hinein sich das Gebäude öffnet, indem sich die Enfilade der fürstlichen Räume in den ›Gartenräumen‹ fortsetzt. Seitlich, von den Schlafzimmern aus zugänglich, sind die Privatgärten des Kurfürsten und der Kurfürstin angeordnet: der französische Garten im Osten und der 1807 von dem Düsseldorfer Gartenarchitekten *Maximilian Friedrich Weyhe* bzw. 1841 wohl von *Josef Peter Lenné* neugestaltete englische Garten im Westen. Vor dem Vestibül im Norden liegt der Empfangsraum: ein durch den Schloßweiher bestimmter Freiraum. Auf den Kuppelsaal bezogen sind der 800 m lange Spiegelweiher – ein Kanal, der im Süden mit einer Terrasse endet – und die diagonale Achse des aus dem älteren, unregelmäßige Tiergarten des 17. Jh.s entstandenen Parkvierecks, die auf die Aussichtsbastion am Rhein zuläuft. Das große Parkviereck, das schon im 18. Jh. öffentlich zugänglich war, ist Jagdgarten und Bosquet zugleich. Ein Stern von acht radial von der Mitte ausstrahlenden Alleen, zwischen denen kleine Schlängelwege lagen, war für diesen geometrisch strengen ›angloisen‹ Garten charakteristisch. Im 19. Jh. soll er durch M. F. Weyhe oder J. P. Lenné in einen Landschaftsgarten umgestaltet worden sein. Im Süden ist die Reitbahn erhalten: ein 170 m langer, ovaler hippodromartiger Gartenraum, umgeben von zur Hecke geschnittenen Linden.

Der Bauherr hat das Schloß kaum benutzt, nur zweimal reiste er von Mannheim bzw. von München nach Düsseldorf. 1806–08 wohnte in Benrath Joachim Murat, Großherzog von Berg und Schwager Napoleons. In dieser Zeit erhielt das Schloß einen neuen Anstrich sowie neue Möbel, und die intarsierten Böden wurden instandgesetzt. 1811 besuchte Napoleon selbst das Schloß. Seit 1815 war Benrath im Besitz des preußischen Königshauses und diente des öfteren als Wohnung der Divisionskommandanten anläßlich der in der Umgebung stattfindenden Manöver, später den Fürsten von Hohenzollern-Sigmaringen als Sommersitz. 1911 erwarb die Gemeinde Benrath Schloß und Park, die mit der Eingemeindung Benraths 1929 in den Besitz der Stadt Düsseldorf übergingen. Heute dienen die großen Säle des Schlosses gelegentlich der Stadt und dem Land Nordrhein-Westfalen für repräsentative kulturelle Veranstaltungen sowie für Staatsempfänge.

In der europäischen Architekturgeschichte hat Benrath einen festen Platz. ›Benrath ist nächst Schloß Brühl der bedeutendste Rokokobau am Rheine und übertrifft den Jägerhof zu Düsseldorf wie die Bonner Schloßanlagen weit durch seine köstlichen Details, in denen einzelne Ornamente bereits den beginnenden Klassizismus andeuten ... Bei der Beurteilung des Baues darf man nicht übersehen, daß de Pigage eine ländliche Villa, einen Sommersitz, errichtete, und daß der Hauptbau nur ein Glied in der großen, auch von ihm herrührenden Gartenkomposition bildete‹ (P. Clemen). Benrath, das Werk eines genialen Architekten, ist eines der wenigen Beispiele des Lust- und Gartenschlosses des 18. Jh.s, dessen Gesamtanlage von Bauten, Gärten und Gewässern noch vollständig erhalten ist.

Auch in der deutschen Literaturgeschichte spielt Schloß Benrath eine Rolle: Das Vorbild für Fontanes Effi Briest hat hier gelebt. Aus Rücksicht auf die Personen verlegte der Dichter die tragische Geschichte nach Pommern, aber Landrat Instetten und Effi waren in Wirklichkeit der im Schloß einquartierte Rittmeister von Ardenne und seine Frau Else. Schloß Benrath ist auch Schauplatz einer Episode der Novelle ›Die Betrogene‹ von Thomas Mann, und Emil Barth beschreibt das labyrinthische Schloß in seinem Roman ›Der Wandelstern‹.

Die Orangerie, der ehemalige Prinzenbau bzw. ein Fragment des alten Schlosses am Spiegelweiher, ist heute Kultur- und Bildungszentrum der Landeshauptstadt. Sie besteht aus dem zweiflügeligen Nordtrakt, der heute freistehenden (ehemals im Südtrakt befindlichen) Kapelle sowie dem von quadratischen Türmen flankierten Torgebäude. Im Erdgeschoß sind noch Räume mit Stuckkaminen und einer reichen Stuckdecke erhalten. Die Hofkünstler Johann Wilhelms, die Stukkateure *Luca und Carlo Bonaveri* und der ›Marmorarbeiter‹ *Guarlardi,* schufen um 1700 diese noch erhaltene Ausstattung des alten Schlosses. Die Deckengemälde zeigen Diana und Endymion bzw. Szenen aus der Herkules- und Artemis-Mythologie.

In der *Kapelle,* für die Kurfürst Johann Wilhelm um 1700 einen neuen Ädikulaaltar aus schwarzem Marmor stiftete, befand sich eine zugehörige Marmorstatue der Maria Immaculata, die früher als Arbeit G. de Grupellos galt, in der neueren Forschung aber als eine italienische Arbeit vom Ende des 17. Jh.s gesehen wird. Anläßlich der Verkündung des Mariendogmas 1854 wurde sie von Karl Anton von Hohenzollern-Sigmaringen der Benrather Pfarrkirche geschenkt.

Pfarrkirche St. Cäcilie

Der Vorgängerbau der heutigen Pfarrkirche soll eine 1005 (?) erbaute romanische Kleinbasilika sein, die Ende des 12. oder zu Beginn des 13. Jh.s einen Turm erhielt.

Im Jahr 1677 ließen die Erbauer des alten Benrather Schlosses, Herzog Philipp Wilhelm und seine Gemahlin Elisabeth Amalie, östlich der Orangerie die Wallfahrtskapelle Maria Heimsuchung nach dem Vorbild der Kapelle Maria Einsiedeln in der Schweiz errichten. Zur

Betreuung der Pilger, die zum *Gnadenbild der ›Schwarzen Muttergottes‹* kamen, berief das Stifterehepaar Kapuziner nach Benrath. 1803 wurde die Kapelle geschlossen, das Kloster säkularisiert, und die Statue der Muttergottes kam in die Pfarrkirche.

Die kleine mittelalterliche Kirche reichte jedoch als Wallfahrtsstätte nicht aus, und so wurde 1821–22 an den romanischen Turm ein neues, wohl einschiffiges Langhaus angebaut. Ende des 19. Jh.s war auch dieses Gotteshaus wieder zu klein geworden. 1901–02 erbaute dann der Düsseldorfer Architekt *Wilhelm Sültenfuß* die neugotische, dreischiffige Backsteinhalle mit vorgesetztem Turm. Die Taufkapelle links hinter der Turmhalle wurde 1923 als Wallfahrtsstätte des Gnadenbildes neu eingerichtet. Alljährlich im Oktober findet im Benrather Schloßpark eine Lichterprozession zu Ehren der seit über drei Jahrhunderten verehrten ›Schwarzen Muttergottes‹ statt.

Im **Schatz** der Benrather Pfarrkirche befinden sich einige ausgezeichnete Kunstwerke: ein elfenbeinernes Kruzifix von *Gabriel de Grupello,* eine goldene Monstranz – eine Stiftung der Kaiserin Eleonore Magdalene Theresia aus dem Jahre 1689, die wohl für die Wallfahrtskapelle bzw. für die Kapelle des alten Schlosses bestimmt war –, und die schon 1854 aus der Schloßkapelle in die Pfarrkirche gelangte Marmormadonna.

Bilk (siehe auch Friedrichstadt und Unterbilk)

Der Ort liegt südlich und südöstlich des Stadtzentrums und ist schon 799 als ›villa Bilici‹ erwähnt. Der Ursprung des heutigen Stadtteils war wohl ein Königsgut mit einer Kirche oder Kapelle, das im Laufe des 11. und 12. Jh.s in den Besitz mehrerer rheinischer Klöster geriet (Stift Schwarzrheindorf und Stift Vilich bei Bonn, die Abteien Brauweiler und Deutz), die auch das Patronatsrecht für die schon 1019 als Pfarrkirche erwähnte St. Martinskirche ausübten.

Die alte, großflächige Ortschaft Bilk wurde schon 1384 als eine von den außerhalb der Stadtmauern gelegenen Gemeinden rechtlich in den Stadtverband einbezogen. Am südlichen Arm der Düssel lagen mehrere Höfe und Häuser, etwa im Verlauf der heutigen Suitbertusstraße bis hin zur Lorettokapelle (heute St. Martinskirche), die in drei Bezirke unterteilt waren: KIRCHBILK (um die alte Martinskirche), MÜHLENHOFEN und ARENBILK (Oberbilk). Der dörfliche Charakter der Ortschaft blieb bis in die erste Hälfte des 19. Jh.s erhalten. Mehrere größere Höfe wie *Burghof, Deutzer Hof, Fechelshof* und *Rheindorfer Hof* sind namentlich bekannt. Der südlich der städtischen Befestigungsanlagen gelegene Bezirk (spätere Friedrichstadt) blieb nahezu unbebaut.

Ein im Norden von Bilk gelegener Hof, die *Wasserburg* mit der *Krautmühle,* ist industriegeschichtlich erwähnenswert, denn das größte Industrieunternehmen in Bilk, die Papierfirma *Jagenberg,* begann hier ihre Produktion.

Zu Beginn des 19. Jh.s änderte sich allmählich der dörfliche Charakter von Bilk. Bei der Schleifung der Befestigung wurde auch der Wall am heutigen Fürstenwall niedergelegt und der Ausbau der Friedrichstadt und der Grünanlagen am Schwanenspiegel und Kaiserteich in Angriff genommen.

Ähnlich wie an der nördlichen Düssel in Pempelfort und Derendorf entstanden auch hier an der südlichen Düssel die ersten Produktionsstätten, vor allem Stoffdruckereien und Färbereien. Wesentliche Veränderungen brachte jedoch erst der Bau des mitten durch Bilk gelegten, auf die geplante Eisenbahnbrücke (die Hammer Brücke) zuführenden Bahndamms, der eine bis heute geltende Unterteilung schuf: Nur das Gebiet südlich des Bahndamms heißt seither noch Bilk, während der nordwestliche Teil und die Neustadt um die Neusser Straße mit der 1826 erbauten Kaserne die Verwaltungsbezeichnung Unterbilk führt. Im Osten schließen sich die Friedrichstadt und Oberbilk an.

Durch die gute Verkehrsanbindung entstanden in Bilk, vor allem in Oberbilk, zahlreiche Produktionsbetriebe: Eine Malzkaffeefabrik, Blaudruckereien, Eisengießereien, zwei Silberwarenfabriken u. a. m. Gleichzeitig mit den Betrieben wurden auch Wohnviertel für die in den Fabriken arbeitende Bevölkerung geschaffen, doch ähnlich wie Flingern, Rath oder Grafenberg entwickelte sich auch Bilk planlos.

Auf der westlich von Unterbilk durch Anlandungen des Rheins entstandenen Halbinsel Lausward (Lauswerth) wurde 1876 die erste *Pferderennbahn* Düsseldorfs eröffnet, und von 1890–96 entstand hier der neue städtische *Hafen* nach Plänen der Regierungsbaumeister *Plock* und *Franzius* sowie des Oberingenieurs *A. Meyer* und des Stadtbaurats *Frings*, ausgestattet mit der modernsten Technik, z. B. einer elektrischen Licht- und Kraftanlage. Im Hafen siedelten sich vor allem Speditions- und Schiffahrtsunternehmen, Getreidehändler und Mühlenwerke an. Überregional bekannt ist die Weizenmühle Plange mit ihrer Weizenmehlmarke Diamant.

Große Bedeutung für Bilk hatte die Gründung der Düsseldorfer *Universität* 1965 und der Ausbau des Universitätskomplexes auf dem weitläufigen Areal südlich der Krankenanstalten.

Alte St. Martinskirche

Die romanische Kleinbasilika an der BACHSTRASSE/ECKE MARTINSTRASSE, die ursprünglich in der Nachbarschaft eines Herrenhofes lag, wird heute von mehrgeschossiger Bebauung umgeben. Ein Vorgängerbau, der zwischen 700 und 900 errichtet worden sein soll, wird an derselben Stelle vermutet.

Die dreischiffige Tuffsteinbasilika mit einem fünfgeschossigen, schlanken Westturm entstand in der zweiten Hälfte des 12. Jh.s. Von einer älteren Anlage stecken noch Reste im westlichen Mittelschiffjoch und in der Turmhalle. Nach 1200 wurde die Kirche eingewölbt und um einen rechteckigen Chorraum mit Apsis nach Osten erweitert. An der Nordseite des Chors wurde ein rechteckiger Sakristeibau angefügt.

Die Apsis ist außen halbrund, innen dreiseitig geschlossen und kreuzrippengewölbt. Auch das Mittelschiff, das Chorquadrat und der Sakristeiraum zeigen Kreuzrippengewölbe, die auf schönen Kelchknospenkapitellen ruhen. Die Seitenschiffe wurden im 15. und 17. Jh. umgebaut und

Bilk, Alte Martinskirche. Lithographie von G. Süs, anläßlich der bevorstehenden Restaurierung 1879

1879–81 während der umfassenden Restaurierung (Architekten Ricklage und Pickel) vollständig erneuert. Schon 1812 war wegen Baufälligkeit der Gottesdienst in die ehemalige Lorettokapelle (Vorgänger der Neu-St. Martinskirche) verlegt worden.

Die im Gewölbe des Chors befindlichen Wandmalereien des 13. Jh.s wurden 1935 restauriert (P. Dr. Koller SJ), doch – wie schon P. Clemen 1894 feststelle – waren sie durch die Restaurierung 1875 (S. G. Schmitz) ›gänzlich verdorben‹. Nach der Beschädigung der Kirche im Zweiten Weltkrieg wurden sie 1950 aufgrund ihres schlechten Erhaltungszustands abgenommen; in der Turmhalle sind Kopien von zwei Rauchfässer schwingenden Engeln angebracht. Die nach K. B. Heppe zwischen 1240 und 1260 entstandenen Malereien stellten die Verkündigung und die Marienkrönung dar.

Den neuen Altar, den Tabernakel und die Kreuzleuchter hat 1974 der Kölner Bildhauer Hein Gernot geschaffen.

Vor der Kirche erinnert das ›Sternwartmal‹ an die Bilker Sternwarte, die der Astronom, Mathematiker und Landvermesser *Johann Friedrich Benzenberg* 1843 gegründet hatte und die 1943 zerstört wurde.

Unweit der Kirche liegt zwischen KAROLINGER-, BURGHOF- und HENRIETTENSTRASSE ein Teil von einem interessanten **Siedlungskomplex,** errichtet 1927 von der Bürohausgesellschaft durch die Architekten *Otto Engler, Schmalhorst und Mohr* (Abb. 98). An der kanalisierten Düssel und den Gleisanlagen des Bilker Bahnhofs erstreckt sich an der MERKUR-, HENRIETTEN-, BINTERIM-, KAROLINGER-, SUITBERTUS- und PLANETENSTRASSE der zentrale Bereich dieser Siedlung aus den Jahren 1927–28, geschaffen von den Architekten *Hofmeister* und *Nestler*. Ebenso wie die Siedlung am Golzheimer Platz zählt auch diese zu den bedeutendsten Beispielen für Siedlungsarchitektur der zwanziger Jahre in Düsseldorf.

Im Südosten von Bilk liegen die **Universitätskliniken** und der Campus der 1965 gegründeten und seither ausgebauten **Universität Düsseldorf.** 1899–1907 waren auf einem 5 ha umfassenden, von der Arenbergschen Verwaltung erworbenen Grundstück das städtische Krankenhaus und die Akademie für innere Medizin errichtet worden. 1965 wurde die Medizinische Akademie in eine Universität umgewandelt mit drei Fakultäten: Medizin, Mathematik-Naturwissenschaften und Philosophie. Die ehemalige Landes- und Stadtbibliothek wurde 1979 als Bestandteil der Universitätsbibliothek an der UNIVERSITÄTSSTRASSE 1 untergebracht. Das Studiengebäude der Medizinischen Fakultät schmückt seit 1970 ein Wandgemälde des Amerikaners *Roy Lichtenstein.*

Unweit der Universitätskliniken an der MOORENSTRASSE steht der 1910 von dem Düsseldorfer Bildhauer *J. C. Hammerschmidt* geschaffene **Moorenbrunnen** mit dem Porträt des berühmten Düsseldorfer Augenarztes und Begründers der modernen Ophthalmologie Dr. Albert Mooren.

An der Ostseite des Klinikgeländes ist noch die **Kapelle der Vierzehn Nothelfer** aus dem Jahre 1734 sehenswert. Die Wallfahrtskapelle liegt an einem alten Bittweg, der nun von der neuen Straßenführung durchschnitten wird. Ein Vorgängerbau ist schon 1655 bezeugt, und die Wallfahrt zum hl. Christophorus und den Nothelfern ist seit 1658 belegt. Der jetzige Bau stammt, wie das Relief im Giebel aussagt, aus dem Jahr 1734. Der Kurfürstenhut und die Initialen C. P. weisen auf den Kurfürsten Carl Philipp hin, der dieser Wallfahrtskapelle auch einige Reliquien gestiftet hat.

Schon Ende des 18. Jh.s wurde die zweijochige Kapelle mit offener Vorhalle um ein drittes Joch erweitert. Nach 1870 wurde im Anschluß an den Chor eine Sakristei errichtet und die Kapelle neu ausgestattet. Die neugotischen Statuen der Vierzehn Nothelfer von dem Bildhauer *Joseph Reiß*, eine Reliquienmonstranz der Vierzehn Nothelfer, ein Ziborium und ein Kelch, 1880 von C. A. Beumers geschaffen, sowie eine 1892 datierte Kreuzmonstranz von H. J. Wilms gehören zu den neuen Ausstattungsstücken. 1908 erhielt der rechteckige, unverputzte Ziegelbau eine kleine Vorhalle nach einem Entwurf des Architekten *Alfred Tepe*.

Nordöstlich der Universitätskliniken liegt der **Stoffeler Friedhof,** 1879 als drittgrößter Begräbnisplatz der Stadt eröffnet. 1936 wurde hier auch das Düsseldorfer Krematorium errichtet. Der älteste Teil des Friedhofs liegt südlich der 1910 von *Johannes Radke* erbauten Friedhofskapelle.

Nach Norden anschließend bis zu den Gleisanlagen erstreckt sich der **Volksgarten.** 1891 erwarb die Stadt von der Arenbergschen Verwaltung dieses Gelände mit der Verpflichtung, hier eine Grünanlage für den durch Industrieanlagen und Bevölkerungsdichte geprägten Stadtteil Oberbilk einzurichten. Stadtgärtner Hillebrecht entwarf die Pläne für diesen weitläufigen Garten mit Wiesenflächen, einer Anhöhe mit Restaurantgebäude und einem von der Düssel gespeisten Teich, der Gelegenheit zu Kahnfahrten bot. Vor seiner Umgestaltung 1908 durch den Gartendirektor von Engelhardt gehörte der Volksgarten zu den typischen Schöpfungen der Gründerzeit. Zusammen mit dem Friedrichstädter Floragarten steht er in der Tradition der in den wohlsituierten Villenvierteln entstandenen Bürgerparks des ausgehenden 19. Jh.s (Volksgarten in Köln, Bürgerpark in Bremen u. a.). 1987 war der Volksgarten in die Düsseldorfer Bundesgartenschau miteinbezogen. Unweit des Restaurants steht seit 1959 das *Marmorstandbild des Malers Anselm Feuerbach* von Reinhold Felderhoff, ein Geschenk des preußischen Staates aus dem Jahre 1921.

Auch das Gelände der Kleingärten mit den künstlichen Seen wurde integriert, und anläßlich der Bundesgartenschau entstand hier der **Südpark,** von dem eine Verbindung zum **Botanischen Garten** der Universität jenseits der WERSTENER STRASSE besteht.

An der Ecke STOFFELER KAPELLENWEG/SIEGBURGER STRASSE liegt die **Philipshalle,** eine Mehrzweckhalle für Großveranstaltungen mit 4500 Zuschauerplätzen.

Derendorf, Golzheim, Stockum, Lohausen

Die nördlich der Innenstadt gelegenen Stadtteile Golzheim und Derendorf sowie die weiter am Rheinufer entlang in Richtung Kaiserswerth folgenden Vororte Stockum und Lohausen präsentieren sich als zu Ende des 19. und Beginn des 20. Jh.s entstandene und bebaute Bezirke, die dennoch zu den alten Gemeinden vor den Toren der Stadt zählen. Golzheim und Derendorf wurden wie Bilk schon 1384 Außenbürgschaften von Düsseldorf und gehören somit zum alten städtischen Kerngebiet. Stockum wurde bei der großen Eingemeindungswelle im Jahre 1909 und Lohausen bei dem nächsten Zugriff 1929 zu einem Stadtteil von Düsseldorf.

Derendorf wird schon um 1100 als ›Therenthorpe‹ in einer Kaiserswerther Urkunde erwähnt. Neben dem Stift Kaiserswerth war hier auch die Familie von Pempelfort begütert. Der Ort entstand an der Landstraße von Ratingen nach Düsseldorf, die vom Ende des 14. bis zum Ende des 16. Jh.s auch die Wallfahrer aufnahm, die zum Düsseldorfer Gnadenbild pilgerten. Ihrem Verlauf folgt die heutige MÜNSTERSTRASSE, die ihre Bezeichnung von dem Namen eines Hauses ›Stadt Münster‹ herleitet. Die Ortschaft, zu der seelsorgerisch bald auch der benachbarte Hof Pempelfort und die Ortschaften Golzheim, Flingern und Grafenberg gehören sollten, erlangte ihre große Bedeutung, als 1692 die beiden Brüder und Kanoniker Heinrich Arnold und Peter Sommers sowie der Kanoniker Johann Barthold von Weyer eine neue Pfarre in Derendorf stifteten und reich dotierten. Von jener ersten Pfarre außerhalb der Stadt wurden um die Jahrhundertwende im dichtbebauten Stadtteil Derendorf sechs Tochtergemeinden abgepfarrt.

Golzheim (Gotholvesheim, Goytelsheim) wird erstmals im 11. Jh. urkundlich bezeugt. Neben den Stiften Kaiserswerth und Gerresheim waren hier auch die Düsseldorfer Kreuzherren und das Düsseldorfer Stiftskapitel begütert. Es ist zwar seit 1384 eingemeindet, aber erst zu Beginn des 20. Jh.s, im Zusammenhang mit der Anlage des Rheinparks, wurde Golzheim zu einem Wohnviertel (siehe auch Golzheimer Friedhof S. 244 f.).

Stockum wird auch im 11. Jh. erstmals urkundlich erwähnt. Die Ortschaft bestand aus den sog. Stockumer Höfen (im Bereich des heutigen Messegeländes); eine unbebaute Heidelandschaft diente später der Garnison als Übungsplatz.

Lohausen wird ebenfalls im 11. Jh. urkundlich belegt. Von 1235–1798 besaßen die Herren von Calcum zu Lohausen hier eine wasserumwehrte Burg. Diesen Besitz erwarb um 1800 Heinrich Balthasar Lantz, der (oder einer seiner Nachkommen) hier ein klassizistisches Herrenhaus mit Park errichten ließ. Der östliche Teil von Lohausen wird vom *Flughafen* eingenommen, der erstmals 1927 von der Deutschen Lufthansa mit vier Linien angeflogen wurde. Bereits 1909 hatte die Stadt nach den ersten erfolgreichen Besuchen der Zeppelinluftschiffe in Düsseldorf eine städtische Luftschiffhalle auf der Golzheimer Heide errichten lassen. Die letzten zwei Höfe und die Ickt, eine frühmittelalterliche ›Motte‹ (Befestigungsanlage), mußten der Erweiterung des Flughafens mit dem neuen Terminal II (Architekten *Roßkotten, Tritthart, Schiel und Possekel*) 1969–72 weichen.

Wesentliche Impulse brachten diesen nördlichen Stadtteilen die großen Ausstellungen 1902 und 1926. Schon vorher, 1883, hatte man nach der Schließung des alten Golzheimer Friedhofs einen neuen weiter nördlich in der Golzheimer Heide angelegt, der den Namen **Nordfriedhof** – im Gegensatz zu dem 1904 eröffneten Südfriedhof (siehe Hamm S. 316) – erhielt. Den Wettbewerb für diesen größten Düsseldorfer Friedhof gewann der Gartenarchitekt Eduard Hoppe aus Pankow, der das hügelige Gelände in seine Planung miteinbezog und die Friedhofsbauten in einer Nord-Süd-Achse disponierte. In diesem großzügigen neobarocken Garten lag im Süden der Friedhofsbereich mit in Kreuzform parallel geführten Wegen. Hinter dem Friedhofstor waren die Kapelle, die Leichenhalle und das Hochkreuz angeordnet. Die Bauten führte der Stadtbaumeister *Eberhard Westhofen* in neugotischem Stil aus. Die *Friedhofskapelle* mit der anschließenden Leichenhalle aus dem Jahre 1886 schmückt seit 1910–12 ein von *Eduard von Gebhard* entworfenes *Fresko ›Christi Himmelfahrt‹* (Ausführung Johannes Osten), ein Geschenk des preußischen Staates an die Stadt Düsseldorf.

Einige ältere **Grabdenkmäler** gelangten auf diesen Friedhof als Ersatz für die geltenden Nutzungsrechte auf dem Golzheimer Friedhof, der 1897 auch für Erbbegräbnisse geschlossen wurde. So wurden z. B. die Ruhestätten der Familien Jacobi und Poensgen sowie das Grabmal des Malers Theodor Mintrop hierher transloziert. Bereits 1908 mußte der Friedhof zum erstenmal erweitert werden. Für die Opfer des Ersten Weltkriegs entstand 1921 nach Entwürfen von *H. Nolte* und *H. Goerke* ein großes neoklassizistisches Mahnmal mit Christus als Mittelfigur, der die zu ihm aufsteigenden Krieger empfängt. Für die Toten des Zweiten Weltkrieges wurde 1958 ein monumentales **Mahnmal** von *Jupp Rübsam* eingeweiht, an der Stelle, wo sich das 30 m hohe Stahlkreuz der von dem Architekten Clemens Holzmeister errichteten Gedenkstätte für den zum nationalsozialistischen Helden erklärten Albert Leo Schlageter erhoben hatte. Das von Erich Moog in dunkler Basaltlava ausgeführte Ehrenmal von 10 m Höhe stellt die christlichen Tugenden Glaube, Liebe und Hoffnung dar, die durch überdimensionale säulenartige, mit dem Rücken zueinander stehende Frauengestalten versinnbildlicht werden.

Neben dem hohen künstlerischen Rang der Grabmäler dieser Friedhofsanlage steht ihre Bedeutung für die Geschichte der Stadt, denn berühmte Düsseldorfer Bürger fanden hier ihre letzte Ruhestätte. Viele Bildhauer und Maler der Kunstakademie – Andreas und Oswald Achenbach, Eduard Bendemann, Eduard von Gebhard, Peter Janssen, Caspar Scheuren, August Wittig u. a. – sind hier begraben. Beachtenswert sind auch die Grabstätten der Industriellen, die eine besondere Rolle in der Stadtentwicklung um die Jahrhundertwende spielten, auf dem sog. ›Millionenhügel‹, der Anhöhe zu beiden Seiten des Hochkreuzes. Hier liegen die besonders aufwendigen Grabstätten der Familien Bagel, Haniel, Henkel, Mulvany, Piedboeuf, Pfeiffer, Poensgen, Schieß und Schwann. Zahlreiche Grabmäler wurden von bedeutenden Künstlern geschaffen, wie das Mausoleum der Familie Henkel jenseits des Hügels von dem Bildhauer *Karl Janssen* oder das Jugendstilgrabmal für F. und A. Zinzen von dem Architekten *Wilhelm Kreis*. Das Grabmal für die Schauspielerin Louise Dumont-Lindemann schuf 1932 *Ernst Barlach*, dessen Drama ›Der tote Tag‹ 1925 im Düsseldorfer Schauspielhaus aufgeführt worden war.

Jenseits der Straße (B 8) nach Kaiserswerth erstreckt sich bis zum Rheinufer der **Nordpark,** den der Gartendirektor W. Tapp anläßlich der ›Reichsausstellung Schaffendes Volk‹ 1937 gestaltet hat. In diese Gartenanlage wurden auch die unvollendet gebliebenen Gärten der 1915 erbauten ›Neuen Kunstakademie‹ von Karl Wach integriert. Das Akademie-Verwaltungsgebäude mußte 1974 dem Neubau des Löbbecke-Museums weichen.

Der weitläufige Park, annähernd so groß wie der Hofgarten, ist die jüngste der städtischen Grünanlagen. Er umfaßt außer verschiedenen Blumengärten – darunter der 500 qm große *Japanische Garten,* 1975 als Geschenk der großen japanischen Gemeinde Düsseldorfs von dem Gartenarchitekten Iwakii Ishiguro und seinem Sohn durch den Gartenmeister Sakumo und sechs Gärtner angelegt – auch einen Skulpturenpark sowie das naturwissenschaftliche Löbbecke-Museum mit dem Aquazoo.

Am Parkeingang erinnern die 12,50 m hohen, aus Granit geschaffenen monumentalen **Rossebändiger** von *Edwin Scharff* an die Reichsausstellung von 1937, für die sie geplant waren. Ihre Vollendung, an der 13 Steinmetzen gearbeitet hatten, zog sich bis zum Beginn des Zweiten Weltkriegs hin. Obwohl der Bildhauer E. Scharff Arbeitsverbot erhielt – auf der berüchtigten Ausstellung der ›Entarteten Kunst‹ wurden Aufnahmen seiner Rossebändiger gezeigt –, blieb das Denkmal erhalten.

Vier weitere **Skulpturen** aus dem Jahre 1937, die dem Zyklus der ›Volks- und Ständegruppen, aus denen sich das deutsche Volk zusammensetzt‹ angehören und die ursprünglich an dem großen Wasserbecken aufgestellt waren, befinden sich hier im Park: Der ›Bauer‹ und die ›Bäuerin‹ von K. Zimmermann, die ›Winzerin‹ von A. Zschorsch und der ›Falkner‹ von W. Hoselmann. 1962 bzw. 1966 wurden zwei moderne Plastiken im Nordpark aufgestellt: ›Plastik 1961‹ von dem französischen Bildhauer André Bloc und die ›Kinetische Plastik‹ des Amerikaners George Rickey.

Einen interessanten architektonischen Akzent und neue Anziehungskraft besitzt der Park seit 1987 durch das **Löbbecke-Museum** mit dem **Aquazoo,** deren Neubau die Düsseldorfer Architekten *Dansard, Kalenborn & Partner* als Gewinner des 1975 hierfür ausgeschriebenen Wettbewerbs erstellt haben (Farbabb. 29). Der Nordpark erhielt dadurch einen baulichen Mittelpunkt; durch unterschiedlich hohe Ebenen wird man zum zentralen Bereich geführt: der glasüberkuppelten Tropenhalle. Es gelang bei diesem Museumsneubau, die Sammlung und das Vivarium zu einer funktionalen Einheit zusammenzufügen.

Das Löbbecke-Museum blickt auf eine lange Geschichte mit wechselnden Standorten zurück. Sie beginnt mit der Sammelleidenschaft des Naturwissenschaftlers und Duisburger Apothekers C. H. W. Theodor Löbbecke, der 1873 an der Schadowstraße 51 in Düsseldorf ein Haus bezog, um hier ein ›Museum Löbbeckeanum‹ als öffentliches naturwissenschaftliches Museum einzurichten, das jedoch auf wenig Interesse stieß. Nach Löbbeckes Tod 1901 übergab seine Witwe der Stadt die als Geschenk zugedachte Konchyliensammlung (Schnekken- und Muschelschalen), die Bibliothek sowie einen Fonds, dessen Zinsen zur Unterhaltung und Mehrung der Sammlung dienen sollten. Nach einer Unterkunft in der städtischen Pfandleihe bezog das Museum 1929/30 einen Neubau an der Brehmstraße in der Nähe des Zoologischen Gartens und nach dessen Zerstörung im Zweiten Weltkrieg einen Luftschutzbunker an der Brehmstraße gegenüber seinem früheren Standort, bis diese im Rheinland einmalige Kollektion, die zwei Milliarden Jahre der Erdgeschichte umfaßt, 1987 dieses würdige Domizil erhielt.

Nach Norden schließt an den Nordpark das neue **Messegelände** an, mit einem Verwaltungszentrum, einem Vortragszentrum und den Messehallen, 1969–72 von dem Architekten *Heinz Wilcke* erbaut.

Gegenüber dem Messegelände liegt am Rheinufer die **Schnellenburg,** ein schon 1411 in Stockum erwähnter Hof, der auch als Treidel- und Fährstation diente und der 1925/26 nach Plänen des Stadtbaumeisters H. Freese in Anlehnung an die alte Anlage errichtet wurde. Heute ist die Schnellenburg eine Gaststätte mit großer Sommerterrasse sowie Anlegestelle der Rheinschiffe.

An das Messegelände grenzt nördlich das **Rheinstadion** aus den Jahren 1925/26, das 1972 nach einem Entwurf von *Prof. F. Tamms* und *E. Beyer* erweitert wurde. 62 schrägstehende Träger aus Spannbeton mit vorgefertigten Sitzstufen tragen über Schrägseile das an drei Seiten über die Tribünen auskragende Dach. Von den etwa 70 000 Zuschauerplätzen ist rund die Hälfte überdacht. Das Rheinstadion umgeben weitere Sporteinrichtungen wie Schwimmbad, Tennisplätze etc.

Hinter dem Stadion, am Schwimmbad, ist seit 1974 die monumentale Bronzestatue des **Blitzeschleuderers,** des antiken Gottes Zeus, von dem Kunstakademieprofessor *Hubert Netzer* schon 1925 geschaffen, aufgestellt, die ursprünglich zum bildhauerischen Programm des Rheinstadions gehörte. Bei der Erweiterung wurde sie versetzt, so daß Zeus heute seine Blitze in die Schwimmanlage schleudert.

Noch weiter nördlich liegt der etwa 16 ha große **Lantz'sche Park,** den die Stadt 1972 mit der Verpflichtung übernahm, ihn 100 Jahre öffentlich zugänglich zu halten. Der Park entstand auf dem ehemaligen, schon 1235 bezeugten *Rittergut Lohausen.* Das Anwesen erwarb 1798 oder 1805 der durch Handel in den Kolonien reich gewordene Heinrich Balthasar Lantz, der schon ab 1805 einen Neubau plante; doch erst 1838 errichteten seine Nachkommen das spätklassizistische herrschaftliche Landhaus, das später noch einmal erweitert wurde. Die Parkanlage stammt von *Joseph Clemens Weyhe,* dem Sohn und Nachfolger des Düsseldorfer Gartendirektors M. F. Weyhe. Nach der Errichtung einer Kapelle mit einer Familiengrablege wurde der Park durch den Bonner Garteninspektor *Julius Bouché* erweitert.

Das **Haus Lantz** mit seinem Park ist wie Haus Elbroich, Haus Garath u. a. ein Beispiel der historischen Rittersitze, Burgen und Gutshöfe, die für die Düsseldorfer Außengemeinden ortsbestimmend waren. Im 19. Jh. wurden sie durch neue Besitzer und deren Ansprüche mit privaten Landschaftsgärten zu Sommersitzen großbürgerlicher Familien in der rasch wachsenden Großstadt. Heute sind die meisten zu öffentlichen Grünanlagen und somit zu Erholungsräumen der Düsseldorfer Stadtteile und Vororte geworden.

Düsseltal (Zooviertel)

Das schon zu Ende des vorigen Jahrhunderts zum engeren Stadtgebiet gehörende Düsseltal ist geschichtlich mit der Honschaft (ländliche Verwaltungseinheit) Flingern verbunden, die östlich der Altstadt lag und der Familie *Hayc von Flingern* gehörte. Bald nach der Stadterhebung Düsseldorfs 1288 wurde auch Flingern der neuen Stadt angegliedert. Flingern umfaßte damals wohl auch Grafenberg und Derendorf und bestand aus wenigen Höfen, die in den großen Waldgebieten, den Ausläufern des Bergischen Landes, lagen. In Düsseltal waren die beiden *Speckerhöfe* neben der schon 1316 erwähnten *Buschermühle* bekannt.

Während der Regierungszeit des Kurfürsten Johann Wilhelm kamen 1707 die Trappistenmönche, eine strengere Richtung des Zisterzienserordens, aus dem Löricksweerth (jetzt Mönchswerth) nach Düsseltal. 1714 erhob Johann Wilhelm die Düsseltaler Niederlassung der Trappisten zur *Abtei*. 1803 wurde die Abtei säkularisiert. Einige ihrer Ausstattungsstücke gelangten in die evangelische Theodor-Fliedner-Kirche in Kaiserswerth. 1822 gründete Adalbert Graf von der Recke-Volmerstein in den ehemaligen Abteigebäuden ›Die Rettungsanstalt Düsselthal‹, ein Waisen- und Fürsorgehaus. An die Abtei und die spätere Rettungsanstalt erinnern heute das **Hungertürmchen** (Ecke Sohn- und Max-Planck-Straße), ein zierlicher barocker Backsteinbau mit Kegeldach aus dem ersten Viertel des 18. Jh.s, und der *historische Friedhof* (Zugang von der Klopstockstraße 11–14), der ehemalige Abteifriedhof, der nach der Säkularisation verfiel und später zum Friedhof der Rettungsanstalt wurde. Hier sind auch die beiden im Kindesalter verstorbenen Töchter des Anstaltsgründers bestattet.

1874 konstituierte sich aus dem Tierschutzverein Fauna eine Aktiengesellschaft mit dem Ziel, einen *Zoologischen Garten* anzulegen. Die Gesellschaft erwarb das Gelände der Ret-

Kloster Düsselthal. Bleistift- und Tuschzeichnung, 18. Jh.

Erinnerungsblatt an die Gewerbe- und Kunstausstellung in Düsseldorf, 1880. Chromlithographie von W. Vollmer nach C. Scheuren

tungsanstalt und ließ es zu einem Landschaftsgarten umgestalten (Gartenarchitekt Hillebrecht). 1876 wurde die weitläufige Parkanlage mit von der Düssel gespeisten Seen, einer künstlichen Burgruine und einem großen Gartenrestaurant eröffnet. 1880 fand hier im Zoologischen Garten die *Gewerbe- und Kunstausstellung* statt. Diese Ausstellung, die über 1 Million Besucher gesehen hatten, war der Auftakt zur Bebauung des Stadtteils, der durch seine Lage, mit zahlreichen öffentlichen Grünanlagen und Plätzen, zum bevorzugten Wohnviertel avancierte. Eine Pferdebahn, die erste Straßenbahnlinie, für die Besucher der Ausstellung angelegt, sorgte für eine schnelle Verbindung zur Innenstadt.

Als die Stadt 1905 den Zoologischen Garten erwarb (von der Keim-Scheidtschen Stiftung mit 500000 Mark unterstützt), sorgte sie für das Weiterbestehen des Zoos, dessen Tierbestand im Ersten Weltkrieg vernichtet wurde. 1936 entstand an der Brehmstraße, schon im Bereich der Gartenanlagen, das **Eisstadion.** Im Zweiten Weltkrieg wurde der Zoologische Garten vollständig zerstört und danach vereinfacht in öffentliche Grünanlagen umgewandelt.

Zwei bedeutende Kirchenbauten des Stadtteils verdienen unsere Aufmerksamkeit.

Die katholische **St. Pauluskirche** am PAULUSPLATZ, 1910–13 von *Josef Kleesattel* als fünfschiffige neoromanische Basilika mit Doppelturmfassade errichtet, wurde 1943 bis auf die Eingangsfassade zerstört. *Hans Schwippert* baute sie 1952–54 unter Beibehaltung der Eingangsfassade und der Umfassungsmauern modern wieder auf. Der weiße Innenraum setzt sich aus klar proportionierten Kuben zusammen. In der Westhalle sind ein Taufbrunnen von Kurt Schwippert und Fenster von *Heinrich Campendonk* (1956) beachtenswert. Einige wertvolle Kunstwerke wurden durch Stiftungen erworben, so ein Tafelbild aus dem Umkreis des Perugino, eine französische Madonnenstatue aus der Zeit um 1300, ein Schmerzensmann aus dem 14. Jh. u.a.m.

Die evangelische **Matthäikirche** an der Ecke SCHUMANN-/LINDEMANNSTRASSE wurde 1930/31 von den Architekten *Karl Wach* und *Heinrich Roßkotten* als erste moderne Kirche Düsseldorfs erbaut. In Stahlskelettkonstruktion errichtet und von längsrechteckigem Grundriß mit ausgesondertem Chor, zeigt sie einen asymmetrisch gestalteten Innenraum mit einer Seitenempore. Neben der Kirche erhebt sich ein hoher Turm. Am Außenbau fällt der akzentuierte Materialwechsel auf: die Wandflächen in rotem Klinker, Portal- und Fensterrahmungen in gelbem Sandstein. An der Turmfassade steht seit 1932 die überlebensgroße ekstatische Bronzeplastik des Kirchenpatrons von *Arno Breker*.

Eller

Der südöstlich des Stadtzentrums gelegene, 1909 eingemeindete Stadtteil Eller hat seinen Ursprung in dem schon 1284 urkundlich belegten Dorf ›villa Elner‹, in dem 1309 ein ›castrum Elnere‹, wohl eine Wasserburg, erwähnt wird, die dem schon 1273 bezeugten, einflußreichen Ritter von Eller als Wohnsitz diente. Die *Ritter von Eller* gehörten zu den ältesten und weitverzweigten niederrheinischen Familien. Sie waren Mark- und Waldgrafen in der Bilker Gemark, auch Bilker Busch genannt, einem ausgedehnten Waldgebiet, das als Grenze zwischen den einzelnen Siedlungen lag und bis in die erste Hälfte des 19. Jh.s bestand.

Der Name der Ritter von Eller ist nicht nur mit dem Stift Gerresheim, das in Eller Besitz hatte, verbunden – dies bezeugt die Heilig-Blut-Reliquie in der Gerresheimer Stiftskirche, ein Geschenk des Ritters Arnold von Eller aus dem Jahre 1319 –, sondern auch mit der Stadt Düsseldorf. Ein Zeuge der Stadterhebung im Jahre 1288 war Ritter Ludwig von Elner. An der kurz darauf zum Kanonikerstift erhobenen Düsseldorfer Pfarrkirche stifteten zwei Ritter von Eller neben dem Grafen von Berg auch zwei Kanonikerstellen.

1424 war die politische und militärische Macht der Ritter gebrochen, nachdem Adolf VII. von Berg die Burg erobert und sie zu seinem ›Offenhaus‹ erklärt hatte. Die Ritter von Eller erhielten ihren ehemaligen Besitz als Lehen zurück, verkauften ihn jedoch schon bald darauf

1448 an Adolf Quade, der eine neue größere *Wasserburg* erbauen und die Anlage mit einem weiten Graben umziehen ließ.

Die Burg gehörte später verschiedenen rheinischen Adelsfamilien, bis sie 1711 durch Tausch an den Kurfürsten Johann Wilhelm kam, der sie wahrscheinlich als Jagdschloß zu nutzen gedachte. Nach seinem Tode wohnten hier die bergischen Oberjägermeister, und auch in der preußischen Zeit blieb Eller die Dienstwohnung des Revierförsters.

1823 erwarb Freiherr Carl von Plessen das Anwesen und ließ unter Einbeziehung des mächtigen alten Turmes aus dem 15. Jh. ein zeitgemäßes zweigeschossiges Landhaus erbauen, das heutige **Haus Eller.** Nach Zuschüttung der inneren Gräben bis auf den östlichen entstand eine Parklandschaft um das Gebäude. Nachdem der Besitz verkauft worden war, zunächst an H. Wolters und dann an den Grafen von der Recke-Volmerstein, wurde 1843 die Prinzessin Luise von Preußen Hausherrin in Eller, die Gemahlin des in Schloß Jägerhof residierenden Kommandeurs der 14. preußischen Division, Prinz Friedrich Wil-

Wohnung der Prinzessin Luise von Preußen in Schloß Eller. Eigenhändige Zeichnung der Prinzessin, Gouache, Mitte 19. Jh.

helm Ludwig von Preußen. Von 1855 bis zu ihrem Tode 1882 wohnt die an einem schweren Nervenleiden erkrankte Prinzessin in Eller. Hier malte sie: ihr Haus, die Räume, das Jägerhaus und den Garten. Ihr Lehrer war *Friedrich Heunert*. Sieben Supraporten aus Eller, die sie zusammen mit F. Heunert gemalt haben soll, und ein Album ihrer Aquarelle gelangten später ins Stadtmuseum.

Nach dem Tode seiner Mutter verkaufte Prinz Alexander Schloß Eller an den Kommerzienrat F. Vohwinkel, der es wiederum seiner Tochter und ihrem Gatten, dem Geheimen Regierungsrat Hermann von Krüger, vermachte. Zu Beginn des 20. Jh.s ließ dieser die ehemaligen Wirtschaftsgebäude der Vorburg durch neue, romantisch anmutende Fachwerkbauten mit Türmchen und Erker ersetzen. 1938 verkaufte der Geheimrat Schloß Eller mit allen zugehörigen Ländereien und Gütern an die Stadt Düsseldorf. Während des Zweiten Weltkriegs war hier ein Heim der Hitlerjugend untergebracht und nach dem Kriege ein Altersheim. Nach einer grundlegenden Renovierung im Jahre 1969 eröffnete 1970 die *Modeschule Düsseldorf* ihren Unterricht im Schloß.

Seit 1950 ist der große **Schloßpark** öffentlich zugänglich. Weiter östlich von diesem beginnt der zu den größten Grünanlagen der Stadt zählende **Eller Forst** und die **Erholungsstätte Unterbacher See** mit entsprechenden Sporteinrichtungen und Campingplätzen.

Garath

Der südöstlichste Stadtteil Düsseldorfs geht auf einen mittelalterlichen Rittersitz der im 12. und 13. Jh. erwähnten *Herren von Garderode* zurück, zu dem wohl auch eine Kapelle gehörte. Seit Anfang des 19. Jh.s gehört Garath zu Benrath, mit dem zusammen es 1929 nach Düsseldorf eingemeindet wurde. 1957 faßte die Stadt den Beschluß, in diesem größtenteils aus Brachland bestehenden Gelände ein neues Wohngebiet zu erschließen. Durch S-Bahn-Anschluß begünstigt, entstand hier seit 1961 die **Wohnstadt Garath** für etwa 30 000 Menschen mit verschiedenen Typen von Miets- und Eigentumswohnungen, Einfamilienhäusern, Einkaufszentren, Schulen, Sportanlagen und Kirchen beider Konfessionen. Schon 1964/65 wurde die beachtenswerte evangelische **Dietrich-Bonhoeffer-Kirche** von den Architekten *Hentrich und Petschnigg* erbaut.

Sehenswert ist in dieser Satellitenstadt auch die **St. Matthäus-Kirche**: ein eigenwilliges Bauwerk aus den Jahren 1967–70 von dem Architekten *Prof. Gottfried Böhm*. Von den differenziert gruppierten Bauten des Altenheims und des Gemeindezentrums umgeben, erhebt sich burgartig über den Ziegelmauern die auf freiem Grundriß komponierte und zentral angelegte, in farbig gefaßtem Sichtbeton errichtete Kirche. Schon für 1649 ist in Garath eine Matthäuskapelle bezeugt, deren Patrozinium die neue Kirche, eine Filialkirche der Pfarre St. Norbert, übernahm. Große Beachtung fand auch der zweite Bau von Gottfried Böhm in Garath: das pfarreigene **Altenheim**. Die darin befindliche *Hildegardiskapelle* schmückt ein von Böhm gemalter Lebensbaum.

Im südöstlichen Zipfel von Garath liegt inmitten eines weitläufigen Parks das **Haus Garath,** wohl an der Stelle des mittelalterlichen Rittersitzes, der nach den namengebenden Herren von Garderode seit 1414 vier Jahrhunderte lang im Besitz der gräflichen Familie Velbrück war. Danach gelangte das Anwesen über verschiedene Besitzer 1907 an Albert von Burgsdorff, der hier 1912 einen großbürgerlichen zweistöckigen, von zwei Türmen flankierten Neubau, der ›wie eine kleine Villa Hügel‹ in Essen wirkt, errichten ließ. Vor dem Ersten Weltkrieg war Garath durch die Burgsdorffsche Geflügelfarm mit besonders hohen Erträgen überregional bekannt.

Von dem älteren Bau des 17./18. Jh.s ist noch der dreigeschossige Torturm mit geschweiftem Dach erhalten. 1978 erwarb die Stadt das Haus und den 27 000 qm großen, öffentlich zugänglichen **Landschaftspark** mit seinem alten und zum Teil exotischen Baumbestand.

Gerresheim

Östlich vom Stadtzentrum gelegener, seit 1909 zu Düsseldorf gehörender Stadtteil, der durch seine **romanische Stiftskirche** und die **Gerresheimer Glashütte** überregional bekannt ist.

Im Jahre 870 wird auf der Kölner Synode das *adelige Kanonissenstift,* von dem fränkischen Edelherren Gerrich (Gerricus) auf seinem Eigengut gegründet, bestätigt. Die Aufgabe des Stifts sollte neben der Pflege des religiösen Lebens auch die Versorgung der unverheirateten Töchter des hohen Adels sein. Eine um das Stift entstandene Marktsiedlung erhob Graf Wilhelm von Jülich-Berg 1368 zur ›Freiheit‹; spätestens 1390 erfolgte dann die Erhebung zur Stadt. Bald darauf wurde die Stadtbefestigung mit Mauer, Wall, Graben und drei Stadttoren errichtet. Der mittelalterliche Stadtgrundriß, ein Halbkreis, im Osten von der Niederung und den Sümpfen des Pillenbaches begrenzt, ist noch heute erkennbar.

Stift und Stadt erlebten vom 13. bis 15. Jh. ihre bedeutendste Blütezeit. Zwischen 1423 und 1437 wurde durch Godert von Broichhusen im Osten noch eine Wasserburg (der spätere Quadenhof) errichtet, die seit 1459 dem Herzog von Berg als ›Offenhaus‹ (im Kriegsfall offen) zur Verfügung stand.

Eine besondere geschichtliche Bedeutung erlangte Gerresheim, als eine seiner Stiftsdamen, *Agnes von Mansfeld,* den 1583 zum protestantischen Glauben übergetretenen Kölner Erzbischof Gebhard Truchseß von Waldburg heiratete. Gerresheim wurde während des Truchseßschen Krieges geplündert. Herzog Wilhelm der Reiche berief dann die obdachlosen Kanonissen aus dem Quirinusstift in Neuss nach Gerresheim. Die Tradition des hochadeligen Gerresheimer Stifts war damit beendet, denn die Neusser Kanonissen gehörten dem niederen Adel an.

1697 ließ Kurfürst Johann Wilhelm die Befestigung noch einmal erneuern, aber das Städtchen verarmte zusehends. Von den Schweden nochmals ausgeplündert, von Pest und Epide-

Ansicht von Gerresheim mit Stiftskirche und Quadenhof (links). Aquarell der Prinzessin Luise von Preußen, Mitte 19. Jh.

mien heimgesucht, im Siebenjährigen Krieg wieder von den Hannoveranern besetzt, lebten die Einwohner von Landwirtschaft und heimbetriebener Tuchweberei.

1737 war Gerresheim Schauplatz der letzten Hexenverbrennung in Westdeutschland.

1797 hatte Gerresheim 600 Einwohner, 88 Häuser, 85 Stück Rindvieh und 15 Pferde.

1803 verfügte Kurfürst Maximilian Josef von Pfalz-Bayern die Aufhebung des Stifts. Die Stiftskirche wurde zur Pfarrkirche; der Besitz des adeligen Stifts wurde veräußert.

Durch die günstige Verkehrsentwicklung im 19. Jh. siedelten sich in Gerresheim eine Reihe von Industrieunternehmen an. Wohl nach 1840 wurde in dem 1834 säkularisierten Katharinenkloster die Drahtstiftfabrik von Josef Göbbels und Heinrich Frieding, später von E. von Gahlen übernommen, eröffnet. Eine weitere richtete Freiherr von Worringen in der nahegelegenen Dammer Mühle ein, die später Ignaz Dreher übernahm. Besondere Bedeutung und bald auch Weltruf genoß die 1863/64 von *Ferdinand Heye* gegründete *Glashütte*, die 2 km südlich der Stiftskirche auf einem Gelände von 4 ha entstand und 49 Fabrik- und Wohngebäude für die Arbeiter zählte. Heute gehört das Werk zu den größten seiner Art in Europa.

Ehemalige Stiftskirche St. Hippolytus, heute Pfarrkirche St. Margareta

Der vor 870 gegründete Frauenkonvent, dessen erste Äbtissin die Tochter des Gründers Gerrich, Regensbierg, war, wurde 919 durch die Ungarn zerstört. Die Stiftsinsassen waren mit den Reliquien des hl. Hippolytus nach Köln geflohen und fanden dort im St. Ursula-Stift Aufnahme. Ein Teil des Konvents kehrte später zurück, um mit dem Wiederaufbau zu beginnen; die Neuweihe des Stifts fand 970 durch Erzbischof Gero von Köln statt.

Es scheint, daß durch die Aufnahme der Gerresheimer Kanonissen das Kölner Ursula-Stift einen Teil der Gerresheimer Besitztümer und Rechte an sich gebracht hat, darunter auch die Einkünfte aus Düsseldorf. Die Vermutung liegt nahe, daß nicht die Bilker Pfarre, sondern das Gerresheimer Stift die Mutterkirche der Düsseldorfer Lambertuskirche ist. Diese Hypothese gewinnt an Wahrscheinlichkeit durch die Tatsache, daß bei Düsseldorfs Stadterhebung 1288 das Kölner Ursula-Stift noch das Patronatsrecht über die Lambertuskirche besaß. Neben der Stiftskirche stand eine weitere Kirche (ecclesia sancti Gerici), die 1142 geweiht wurde: seit dem 15. Jh. Pfarrkirche St. Margareta. Nach der Aufhebung des Stifts 1803 hat man das Patrozinium von St. Margareta der Stiftskirche übertragen, die seit 1816 Pfarrkirche ist. Die alte Pfarrkirche wurde profaniert und 1892 schließlich abgebrochen.

Die Reliquien des hl. Hippolytus kehrten nach mehr als einem Jahrtausend 1953 nach Gerresheim zurück. 1965–70 wurden die Stiftsgebäude und seit 1972 auch die Kirche restauriert (Architekt A. Terhoeven). Die ehemalige Stiftskirche ist einer der besterhaltenen Kirchenbauten der staufischen Zeit am Niederrhein.

Die unter der Äbtissin Guda 1212 begonnene dreischiffige, kreuzrippengewölbte Pfeilerbasilika in gebundenem System mit Querschiff, Chorquadrat und halbrunder Apsis wurde 1236 geweiht. Sie gehört der Gruppe rheinischer Kirchen im sogenannten Übergangsstil an, wie auch St. Peter in Sinzig, das Langhaus des Bonner Münsters, St. Andreas in Köln und St. Quirin in Neuss.

Der **Außenbau** wird von dem zweigeschossigen oktogonalen Vierungsturm dominiert, der in seiner reichen Gliederung, den zwei- bzw. dreiteiligen Schallöffnungen in den mit Rundbogenfries verzierten Blenden sowie mit dem Faltdach hinter den Dreiecksgiebeln unmittelbar dem Vorbild von St. Andreas in Köln folgt. Mit St. Peter in Sinzig hat die Gerresheimer Kirche die Grundrißdisposition mit dem schwach vortretenden Querschiff und den Sakristeibauten zwischen Chor und Querhaus gemeinsam. Der sonst schlicht gegliederte Außenbau zeigt eine basilikal gestufte Westfassade mit Stufenportal (1888 erneuert). Die Längsseiten sind durch flache Lisenen mit Rundbogenfries entsprechend den Jochen unterteilt. In den Feldern verschiedene Formen romanischer Fenster: schlanke Rundbogen-, Rosetten-, Fächer-, Kleeblatt- und Vierpaßfenster; an den Stirnwänden der Querarme ist das mittlere Fenster der Dreibogenstaffel aus drei Kreisöffnungen gebildet.

Der **Innenraum** ist im gebundenen System gewölbt; den drei quadratischen Jochen des Mittelschiffs entsprechen sechs halb so breite, quadratische Joche der Seitenschiffe. Die dreizonige Wandgliederung setzt sich vom Mittelschiff über die Querhausflügel in den Chor hinein fort und umkreist die Vierung. Den Wandaufriß bilden über spitzbogigen Arkaden ein vierteiliges, rundbogiges Triforium und paarweise angeordnete, schmale Rundbogenfenster. Nur die Westwand und die Stirnwände der Querarme sind zweigeschossig und ähnlich wie in Sinzig bzw. Neuss von der Dreibogenstaffel erhellt. Vergleichbar dem Langhaus des Bonner Münsters sind die Pfeilervorlagen mit eingestellten Dreiviertelsäulen, auf denen die Kreuzrippengewölbe ruhen, in die Wand eingebunden.

Einem kostbaren steinernen Baldachin gleich ist die eingeschossig gegliederte und vom Langhaus deutlich abgesetzte **Apsis**. Zwischen den flachrunden, schmalen Fensternischen sitzen die schlanken Dienste mit Knospenkapitellen, die das fünfteilige Rippengewölbe tragen. Die etwas unmotivierte Gliederung der Ostwand im nördlichen Querschiff geht zurück auf eine ursprünglich vorhandene Nonnenempore, wie in mittelalterlichen Frauenstiftskirchen üblich, hier in Gerresheim wohl im 18. Jh. abgebrochen.

Durch die spätromanische dekorative **Ausmalung** (aufgrund eines Befundes bis 1960 von J. van Heekeren erneuert) wird zugleich die Vielfalt der spätromanischen Architekturformen betont. Die Apsis-Fresken zeigen die Dreifaltigkeit, den ›Gnadenstuhl‹, gerahmt von den vier Evangelisten; es ist die älteste bekannte Darstellung dieses seltenen ikonographischen Themas auf deutschem Boden, das inhaltlich auf das Meßopfer am Altar hinweist. Die Zone unterhalb der Fenster schmückt ein gemalter Vorhang.

Zur **Ausstattung** der Kirche gehören auch einige bedeutende Kunstwerke aus dem Vorgängerbau. An erster Stelle muß hier das **Hochaltarkreuz** angeführt werden, das neben dem Gero-Kreuz des Kölner Doms und der Goldenen Madonna im Essener Münster zu den einzigen erhaltenen Beispielen der frühen Monumentalplastik im Rheinland zählt (Abb. 110). Der überlebensgroße hölzerne Kruzifixus entstand wohl zu Ende des 10. Jh.s; einige Forscher verbinden seine Entstehung mit der Neuweihe der Kirche um 970, andere setzen ihn in die Zeit des Kölner Erzbischofs Heribert (999–1021). Der Typus des vor dem Kreuz aufrecht stehenden Gekreuzigten mit dem zur Seite geneigten Haupt und den weit ausgebreiteten Armen ist in der Kunst des 9. Jh.s vorbereitet (Metzer Elfenbeine). Die großzügige, auf das Wesentliche beschränkte Körpermodellierung, die schlanken Gliedmaßen und die Faltenführung des diagonal hochgezogenen Lenden-

tuchs haben ihre Entsprechung in den Werken ottonischer Goldschmiedekunst. Die Hände und Füße des Gekreuzigten sind ergänzt, und das Kreuz ist erneuert. Reste der originalen Farbfassung wurden zuletzt 1954 freigelegt und gesichert. Eine rechteckige Vertiefung im Hinterkopf Christi diente zur Aufnahme der Reliquien.

Das Kreuz steht im Chor hinter dem **Hochaltar,** dessen Mensa aus der Erbauungszeit der Kirche stammt. Es ist ein romanischer, wohl vor 1236 entstandener Blockaltar aus Trachyt, dessen Deckplatte aus Blaustein von acht schlanken, freistehenden Rundsäulchen getragen wird. Diese unterteilen die Vorderseite in drei, die Schmalseiten in je zwei Felder, in welche Kleeblattbogenblenden auf Ecksäulchen eingestellt sind.

Aus gotischer Zeit stammt der **Gerricussarkophag** in der Vierung. Die Gebeine des Stiftsgründers wurden in dieser Zeit aus der Pfarrkirche in die Stiftskirche überführt; zugleich ließ man, wahrscheinlich in einer Kölner Werkstatt, eine

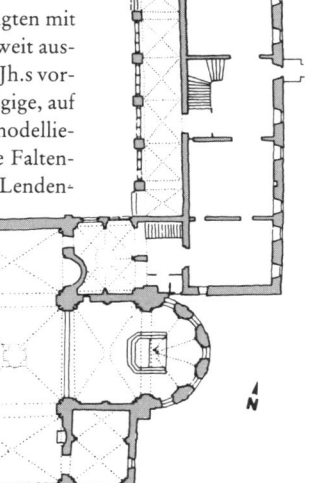

St. Margareta, Grundriß

Tumba anfertigen. Typologisch gehört der Sarkophag zu den im Rheinland verbreiteten Hochgräbern des 14. Jh.s, die die Gebeine frühmittelalterlicher Stifter bergen (Altfriedsarkophag in der Essener Stiftskirche, Irmgardissarkophag in der Agneskapelle des Kölner Doms): architektonisch gegliederte Tumben ohne die Figur des Verstorbenen.

Zu Ende des 15. Jh.s entstand das spätgotische **Sakramentshaus** aus feinem Sandstein. Es erhebt sich fast freistehend bis zu 10 m Höhe und ist in der Art einer Monstranz gegliedert. Auf einer von gewundenen Säulchen umgebenen Mittelstütze ruht das fünfeckige Gehäuse mit erneuerten Statuetten an den Ecken, bekrönt von einer filigranhaften Turmarchitektur. Die drei freistehenden Seiten des Gehäuses sind mit kompliziert geschmiedeten Durchsteckgittern und spätgotischem Maßwerk geschlossen. Typologisch ist das Gerresheimer Sakramentshaus denen in der Düsseldorfer Lambertuskirche, in Straelen und in Linnich verwandt; letztere sind jedoch figürlich reicher ausgestattet.

Wohl aus derselben Werkstatt stammt auch die *Reliquiennische* aus der Zeit um 1500. Die fast gleichzeitige Errichtung des Sakramentshauses und der dem gleichen Zweck dienenden Nische spricht für den reichen Besitz an kostbarem Altargerät und Reliquien in der Gerresheimer Stiftskirche. Die große, von einer niedrigen Mittelstütze getragene Wandöffnung wird von einem Segmentbogen abgeschlossen und von einem dreiseitig vorkragenden Maßwerkbaldachin bekrönt. Das Verschlußgitter wurde Ende des 19. Jh.s erneuert.

Auf der gegenüberliegenden Seite steht ein 2,13 m hoher *schmiedeeiserner Leuchter*. Die Mitte zwischen den drei geschwungenen Kreuzarmen nimmt eine wohl ältere Strahlenkranzmadonna ein. Die Eichenholzfigur der apokalyptischen, auf einer großen Mondsichel stehenden Muttergottes wird dem Venloer Schnitzer Kersten Woyers zugeschrieben und in die Zeit um 1500 datiert. Der Typus der Muttergottes folgt den aus den niederrheinischen Kirchen bekannten Marien-

leuchtern; in Gerresheim wurde er dann etwa 100 Jahre später in einen Standleuchter umgewandelt.

Am südwestlichen Vierungspfeiler eine *spätgotische Muttergottes* des frühen 16. Jh.s, die wohl in einer Kölner Werkstatt entstand und stilistisch der Muttergottes vom Marienleuchter in Kempen verwandt ist.

Zu den barocken Bildwerken zählen ein *hölzernes Vortragekreuz* des Hofbildhauers Peter van den Branden aus der Zeit um 1700 und der fast lebensgroße ehemalige Altarkruzifixus (jetzt in der Mittelnische der nördlichen Querhauswand), der typologisch zu jenen gehört, die dem kurfürstlichen Bildhauer Gabriel de Grupello und seinem Umkreis zugeschrieben werden.

Das geschnitzte *barocke Chorgestühl*, das ursprünglich zu beiden Seiten des Chores aufgestellt war und heute nebeneinander im nördlichen Querschiff steht, wurde 1707 vollendet. Es besteht aus je fünf Stallen mit hoher Rückwand, die mit vorspringendem Gesims abschließt. Das mit Frucht- und Blumengehängen sowie ›rauschenden‹ Akanthusblättern reich dekorierte Gestühl ist wegen seiner zahlreichen formalen Übereinstimmungen mit der Kanzel der Minoritenkirche in Kleve dem Klever Bildschnitzer Niclas Alberts oder seiner Werkstatt zugeschrieben worden.

Die schöne, spätbarocke, wegen ihres vorzüglichen Erhaltungszustandes beachtenswerte *Kanzel* mit den vier Evangelistenstatuetten hat in der Düsseldorfer Lambertus- und Maxkirche ihre älteren Vergleichsstücke. Wahrscheinlich ist sie um 1740 entstanden und geht wie die ihr eng verwandten Kanzeln in Düsseldorf auf die dem Matteo Alberti zugeschriebene Kanzel von 1716 (kriegszerstört) in der Düsseldorfer Karmelitessenkirche (heute Theresienhospital) zurück.

Sehenswert ist auch der neugotische *Hippolytusschrein* im Chor hinter dem romanischen Hochaltar, den die Kölner Bildhauer Gebrüder Bong 1871 geschaffen haben. Vorbildlich für den Gerresheimer Schrein war der hölzerne Schrein der hl. Antonina in der Kölner Kirche St. Johann-Baptist aus der zweiten Hälfte des 14. Jh.s. Die Hippolytusreliquien, die seit der Flucht der Kanonissen im Jahre 919 in Köln geblieben waren, wurden 1871 in der Goldenen Kammer der Kölner Ursulakirche aufgestellt. Mit dem Schrein kehrten sie 1953 nach Gerresheim zurück.

Einige *moderne Ausstattungsstücke,* wie der Tabernakel von Carl van Ackeren, der neue Hippolytusschrein des Kölner Goldschmiedes Hein Wimmer oder die Kreuzwegstationen von Theo Heiermann sowie die Obergadenfenster von Prof. L. Gies sollen nicht unerwähnt bleiben.

Zum **Schatz** der Gerresheimer Kirche gehört eine kostbare ottonische Handschrift, das Kölner Evangeliar aus dem zweiten Viertel des 11. Jh.s, eine Schenkung der Äbtissin Theophanu aus Es-

sen, die in der Handschrift auch als ›mater nostra‹ (unsere Äbtissin) bezeichnet wird.

Im Kirchenschatz befinden sich außerdem ein Reliquienschrein aus Limoges vom Anfang des 13. Jh.s, eine von der Gemeinde gestiftete, silbervergoldete Turmmonstranz, die zu den Hauptwerken der Kölner Goldschmiedekunst um 1400 gehört, das aus dem ersten Viertel des 15. Jh.s stammende Heilig-Blut-Reliquiar, dessen Reliquie ein Ritter von Eller vom Kreuzzug aus dem Heiligen Land mitgebracht hatte und ein Ritter Arnold von Eller 1319 dem Stift schenkte, zwei hölzerne Reliquienbüsten, um 1500, ein kostbarer Chormantel und ein Augsburger Ziborium.

Das **romanische Stiftsgebäude** an der Nordseite der Kirche wurde 1966–70 restauriert. Der zweigeschossige Ostflügel mit dem Kreuzgang ist eines der größten romanischen Wohngebäude im Rheinland. Das Baudekor und der Anschluß an den Chor erlauben eine Datierung in das zweite Viertel, wohl um die Mitte des 13. Jh.s. Die mit der Restaurierung verbundenen Untersuchungen (H. Merian) brachten auch Aufschluß über die ursprüngliche Aufteilung der Räume: Im Erdgeschoß neben dem Kreuzgang lag ein großer Saal, wohl ein Refektorium, wie man aus seiner Lage und Ausstattung mit Kamin und Brunnen schloß; nördlich stieß ein Kaminzimmer an, vielleicht das Zimmer der Äbtissin; eine Treppe führte ins Obergeschoß, wo sich das Dormitorium befand. Heute dient das staufische Gebäude als Gemeindezentrum.

Auf dem GERRIKUSPLATZ vor der Kirche steht seit 1970 der *Heimatbrunnen* von dem Düsseldorfer Bildhauer Karl Heinz Klein. In den 15 Reliefs sind die wichtigsten Ereignisse der Gerresheimer Geschichte von 870 bis 1970 dargestellt.

Unweit der Stiftskirche liegt der ursprünglich von Wasser umgebene **Quadenhof,** ehemals Burg- und Vogthaus und ein beliebtes Motiv der Düsseldorfer Maler im 19. Jh. Der Quadenhof, von Godert von Broichhausen im zweiten Viertel des 15. Jh.s errichtet, erhielt seinen Namen von dem späteren Besitzer Adolf von Quade zu Rade. Er zählt zu den wenigen gut erhaltenen profanen Backsteinbauwerken des Spätmittelalters im Bergischen Land. Das dreigeschossige Hauptgebäude ist ein spätgotischer Giebelbau aus Backstein mit hohen Kaminen. In der Barockzeit wurde das Gebäude verändert und auf das Dach ein barocker Dachreiter aufgesetzt. Die zugehörigen Wirtschaftsgebäude am Marktplatz stammen aus dem 18. Jh.

Nördlich der Kirche steht vor dem neuen Pfarrhaus ein **Heiligenhäuschen,** das früher (bis 1901) in der Nähe des 1875 abgebrochenen Neusser Tores aufgestellt war. Der aus drei Quaderschichten errichtete Unterbau mit gleich breitem oberen Teil, in dem eine rechteckige Nische sitzt, wird von einem Dachgesims abgeschlossen, das ein vorzügliches spätromanisches Blattfries schmückt. Nach neuen Untersuchungen soll das Gerresheimer Heili-

Der Quadenhof in Gerresheim. Ölgemälde von C. Hilgers, 1856

genhäuschen zwar romanische Teile – aus der ehemaligen Pfarrkirche St. Margareta – besitzen, jedoch erst im 19. Jh. entstanden sein. Die bisherige kunsthistorische Literatur sah es als ein Werk vom Anfang des 13. Jh.s an.

An der Gartenmauer des Hauses **Alter Markt Nr. 7** ist eine stark verwitterte *Steinplastik* aufgestellt. Sie stellt einen Löwen dar, war wohl das mittelalterliche Wahrzeichen der Gerichtsstätte und hatte ursprünglich ihren Platz an dem 1887 abgebrochenen Haus ›Unter Leuffen‹, westlich der Stiftskirche. Da solche Löwenskulpturen auch an romanischen Kirchen üblich sind, wäre es möglich, daß dieser Löwe von der abgebrochenen romanischen Pfarrkirche stammt.

An der HEYESTRASSE, benannt nach dem Gründer der Gerresheimer Glashütte, beachten wir noch einen schlichten Kapellenbau: die 1725 erbaute **Blutskapelle.** Seit dem 16. Jh. ist in Gerresheim die Blutsprozession bezeugt. Die im Heilig-Blut-Reliquiar der ehemaligen Stiftskirche aufbewahrte Blutsreliquie (mit dem Blut Christi getränkte Erde von Golgatha) wird am ersten Sonntag nach Dreifaltigkeit in feierlicher Prozession zur Kapelle getragen.

Für sozialgeschichtlich Interessierte ist ein Rundgang durch das **ehemalige Viertel der Gerresheimer Glasarbeiter** empfehlenswert; die Werkswohnungen galten bei ihrer Entstehung in der zweiten Hälfte des 19. Jh.s als besonders fortschrittlich und erhielten höchste Auszeichnungen. An die Glasbläser, die aus verschiedenen Teilen Mittel- und Ostdeutschlands, aus Polen und Rußland kamen, erinnern die Straßennamen des Hüttengebiets.

Grafenberg

›Auf diesem 200 Fuß hohen Berge hat man eine herrliche Aussicht auf Düsseldorf, Neuss, selbst bis nach Cöln und dem Siebengebirge‹ (J. W. Spitz, Wanderung durch Düsseldorf und die Umgegend, 1840).

Nordöstlich vom Stadtzentrum liegt der bewaldete Höhenzug, der wie der nördlich angrenzende Aaper Wald zu den alten Waldungen des Stadtgebiets zählt. Der Ort selbst gehört zum Kerngebiet von Düsseldorf.

Im Jahr 1663 hatte Grafenberg 24 Einwohner. Im 18. Jh. sind hier mehrere Wirtshäuser ›Im wilden Mann‹ (1716), ›Zur Stadt Wasserburg‹ (1736) und ›Zur Krone‹ (1753) bekannt.

Am Westhang begegnet man noch den Resten einer Brunnenanlage, der nach dem Kurfürsten benannten *Jan-Wellem-Quelle* mit eisenhaltigem Wasser, für die er ein Brunnenhaus erbauen ließ. Unweit der Quelle bestand bis 1774 eine schon von seinem Vater Philipp Wilhelm erbaute Eremitage oder Einsiedelei, die Johann Wilhelm den Jesuiten übertrug.

Im Südosten des Stadtteils liegt der Komplex der **Rheinischen Landeskliniken.** Nördlich erstreckt sich der **Wildpark** mit reichem Wildbestand. Rechts der zum Haus Roland führenden großen Kastanienallee zwischen Aaper und Grafenberger Wald befindet sich die Grafenberger **Pferderennbahn,** Schauplatz alljährlich stattfindender internationaler Rennveranstaltungen. Auf dem Höhenzug des Grafenberger Waldes wird schon 1376 das **Haus Roland** erwähnt. Seine Besitzer waren die Herren von Radeland und seit 1402 die Herren von Ulenbroich. 1696–1706 ließ der damalige Besitzer, der kurfürstliche ˈGeheimrat Wilhelm Daniel von Lemmen, ›nach dem Plane und unter der Leitung eines venezianischen Baumeisters‹ einen Neubau errichten, der dem kurfürstlichen Oberbaumeister *Matteo Alberti* zugeschrieben wurde. Eine großzügige, reich gestaltete barocke Gartenanlage umgab das Haus, zu dessen nachmaligen Eigentümern die freiherrlichen Familien von Ropertz und von Vittinghof gen. Schell zählten. 1833 gelangte das Haus an die Familie Stommel-Fahne und 1872 an Freiherr von Diergard, der das Haus 1883 durch einen Neubau in den Formen der französischen Architektur des 17. Jh.s durch den Architekten *M. Oppler* ersetzen und den Garten umgestalten ließ. Die Wirtschaftsgebäude wurden nach den Kriegsbeschädigungen 1955 abgetragen.

Hamm und Volmerswerth

Der südwestlich vom Stadtzentrum und unterhalb vom jetzigen Hafen gelegene Stadtteil **Hamm** erstreckt sich zwischen der Südbrücke und der 1870 erbauten und nach 1980 durch einen Neubau ersetzten Hammer Brücke. Ursprünglich gehörte auch die ›Lausward‹– heute Hafengelände – dazu.

Der schon 1394 eingemeindete Ort ›Ungehamme‹ (Ungenshamm), erstmals wohl 1193 urkundlich erwähnt, entstand an einer alten Fährstelle nach Neuss. Im Gegensatz zu dem benachbarten Bilk ist Hamm erst verhältnismäßig spät urkundlich belegt. Von der nochmals 1350 genannten ›villa Hamm‹, die mehrere Herrenhöfe umgaben (die späteren Höfe Aderhof, Borigshof und Holterhof gehen auf jene ältere zurück), bestand bis 1907 das im Zuge der Hafenerweiterung abgerissene *Haus Hamm*, dessen Besitzer das Patronatsrecht über die romanische Kirche ausübten. Eine verlorene Glocke dieser dem hl. Blasius geweihten Kirche soll die Jahreszahl 1206 getragen haben. Ein schon 1347 erwähntes Hofesgericht hing mit diesem Haus (Hof) Hamm zusammen, das damals dem Edelherrengeschlecht von Hemmersbach gehörte. Später war der Hemmersbacher Hof als Lehngut des Herzogs an Arnd von Göterswick verliehen. Danach gehörte der Hof verschiedenen rheinischen Adelsfamilien wie den Herren zu Eller, von Plettenberg, von Harff, um im 18. Jh. über die Herren von der Gracht an die Freiherren von Weichs und schließlich an die Grafen Spee vererbt zu werden.

Der ländliche Charakter des von der Industrialisierung verschonten Ortes mit seinen fruchtbaren Böden, die das Gemüse für die Märkte der Stadt liefern, führte zu der volkstümlichen Bezeichnung des Stadtteils als ›Kappeshamm‹. Schon um die Jahrhundertwende geben die Adreßbücher bei der überwiegenden Zahl der Einwohner von Hamm als Beruf Gärtner an.

Neben der neuromanischen **Pfarrkirche St. Blasius,** 1910–11 von *Josef Kleesattel* erbaut, einer dreischiffigen, fünfjochigen Tuffbasilika, die einem interessanten Vorgängerbau von *Adolph von Vagedes* aus dem Jahr 1824/25 folgt, sind zwei Kapellenbauten in dem durch zahlreiche Neubauten stark veränderten Ortskern sehenswert.

Kreuz- oder Jan-Wellem-Kapelle

Eine 1658 von Herzog Philipp Wilhelm anläßlich der Geburt seines ersten Sohnes, des späteren Kurfürsten Johann Wilhelm, gestiftete Kapelle, war die letzte Station eines vom Residenzschloß ausgehenden Kreuzweges. Die Kapelle lag, alter Tradition folgend, vom Schloß gleich weit entfernt wie der Kalvarienberg vom Hause des Pontius Pilatus in Jerusalem. Der kleine, außen rechteckige, innen achteckige Putzbau, der durch Pilaster und halbkreisförmige Fenster gegliedert ist, liegt an einer Anhöhe nördlich der Fährstraße inmitten von Gemüsefeldern. Über einem umlaufenden Gesims erhebt sich das schiefergedeckte Pyramidendach mit einem hohen Dachreiter, von einer Zwiebelkuppel bekrönt. An den flachgedeckten Innenraum schließt sich im Osten ein kreuzgratgewölbtes Chorjoch an. Das von den Jesuiten betreute Kapellchen wurde nach der Säkularisation 1804 der Pfarrgemeinde übertragen, die um das Gebäude einen Friedhof anlegte. Seit 1958 dient die Kapelle der orthodoxen Gemeinde und ist im Inneren entsprechend ausgestattet.

Rochuskapelle

AUF DEN STEINEN, an der Weggabelung in der Achse der Fährstraße gelegen.

›Eine gewisse, nicht nur örtliche Sonderstellung nahm der Bezirk Auf den Steinen ein. Hier, wo die Fähre den Verkehr nach Neuss vermittelte, entwickelte sich ein lebhaftes Wirtschaftsgewerbe, daneben entstanden Schiffbauwerkstätten und ließen sich die Radma-

cher nieder. Übrigens hat die Ansiedlung auf den Steinen, den Veränderungen des Flußlau-
fes folgend, wenigstens einmal, vielleicht sogar öfters ihre Lage wechseln müssen‹ (F. Lau).

Schon zu Ende des Mittelalters wurden hier wie in Pempelfort oder Angermund während
der Pestepidemien kleine Rochuskapellen errichtet. Eine muß wohl auch in Hamm Auf den
Steinen bestanden haben, wurde jedoch, da schon 1675 baufällig, 1709 durch einen Neubau
von der Familie des Hofrats Daniels, der sie auch als Grabkapelle dienen sollte, ersetzt.

Der kleine, rechteckige Backsteinsaal, an der Eingangsseite durch einen Dreiecksgiebel betont,
wird von einem geschweiften Walmdach mit
einem Dachreiter bekrönt. Den Innenraum mit
abgeschrägten Ecken deckt ein Klostergewölbe.
Neben einem hübschen barocken Altar mit einem
Kreuzigungsgemälde in der Nachfolge von P. P.
Rubens und einigen barocken Skulpturen
schmücken den kürzlich restaurierten Innenraum
auch die Grabplatten der Familie Daniels. Geweiht ist der Bau der Muttergottes, dem hl. Josef,
dem hl. Sebastian und dem hl. Rochus.

Rochuskapelle in Hamm

Südlich von Hamm, schon im Stadtteil **Volmerswerth,** der im 12. Jh. wahrscheinlich noch
eine Insel war, liegt der **Südfriedhof.** Von der Rheinbrücke (Südbrücke) aus ist schon von
weitem der 35 m hohe Turm der Friedhofskapelle mit seinen gestaffelten Zinnen sichtbar,
der etwas an den Hochzeitsturm von Josef Maria Olbrich in Darmstadt erinnert. Mit seiner
Fläche von 46 ha ist der 1904 eröffnete Friedhof der zweitgrößte Düsseldorfs. Die jugendsti-
lige **Friedhofskapelle** wurde 1906–08 von *Johannes Radke* in Zusammenarbeit mit dem
Architekten Decker erbaut. Das große Fassadenfenster umrahmen zwei Gerichtsengel, die
sich auf ihre Schwerter stützen. In der Portallaibung stehen rechts ein Verdammter mit
geneigtem Haupt und links ein Auserwählter, den die göttliche Hand emporzieht. Auch der
Innenraum zeigt eine bemerkenswerte *Jugendstilausstattung.* Das Motiv der zwei Engel
kommt auch in dem schmiedeeisernen Gitter des Tores vor.

Heerdt

1909 wurde nach zähen Verhandlungen dieser Hauptort der bis dahin politisch, wirtschaft-
lich und kulturell kurkölnisch orientierten linksrheinischen Vororte (Nieder- und Oberkas-

sel, Heerdt und Lörick) Düsseldorf einbezogen, das bei dieser großen Eingemeindungswelle erstmals auf das linke, im Laufe der Jahrhunderte oftmals feindlich gesinnte Rheinufer übergriff.

Die einzelnen Ortsteile der Landgemeinde Heerdt waren zum Zeitpunkt der Eingemeindung recht unterschiedlich strukturiert. In Heerdt (1863 zählte der Ort noch 2075 Einwohner) hatten sich Kleingewerbe und Industrie angesiedelt; Niederkassel war ländlich geprägt, ebenso Oberlörick; den anderen Teil von Lörick bildete eine Arbeitersiedlung; nur Oberkassel galt als vornehmes Wohnviertel.

Pfarrkirche St. Benediktus

Schon 1074 sollte ein ›Heerdter Hof‹ in den Besitz der Neusser Benediktinerinnen-Abtei kommen, die möglicherweise bei jenem Hof auch eine kleine Kirche oder Kapelle gründete. Ein Hinweis darauf scheint das in der Erzdiözese Köln einmalige Benediktus-Patrozinium. An der Wende des 12. zum 13. Jh. wurde dann die Neusser Benediktinerinnen-Abtei in das St. Quirinus-Kanonissenstift umgewandelt. Das Patronatsrecht in Heerdt stand der Neusser Äbtissin zu. Wohl um die Mitte des 12. Jh.s entstand die *alte Heerdter Pfarrkirche*, die um 1200 durch den Anbau eines Chorjochs mit Apsis erweitert wurde; auch der Turm erhielt ein weiteres Geschoß. So jedenfalls überliefert es ein Aquarell des Bilker Steinmetzen Josef Bellut.

1378 kam ein Teil der Grafschaft Hülchrath, zu der auch Heerdt gehörte, an die Kölner Erzbischöfe. Im Truchseßschen Krieg 1585 wurde das Dorf bei der Eroberung von Neuss geplündert und die Kirche beschädigt. Bei einer erneuten Eroberung von Neuss 1642 erlitt die Kirche weitere Beschädigungen. ›Mit der Besetzung des linken Rheinufers durch die Franzosen im Jahre 1794 endet die seit 1378 bestehende Zugehörigkeit Heerdt zum weltlichen Territorium der Kölner Erzbischöfe‹ (N. Schloßmacher).

Angesichts der wachsenden Gemeinde wurde die Notwendigkeit eines größeren Gotteshauses offensichtlich; aber erst der große Dorfbrand von 1842, der auch die wohl schon baufällige Pfarrkirche zerstörte, führte zu dem Entschluß, einen Neubau zu errichten, mit dessen Planung dann der Krefelder Stadtbaumeister *Heinrich Johann Freyse* 1843/44 beauftragt wurde. Die Grundsteinlegung fand 1844 statt, und 1847 feierte man den ersten Gottesdienst. Auseinandersetzungen um die Verschuldung der Gemeinde – der Neubau hatte bei weitem die Kostenvoranschläge überstiegen – begleiteten seine Entstehung.

Die St. Benediktus-Kirche in Heerdt gehört zu den ersten Bauten der rheinischen Neugotik. Sie entstand in einer Zeit, als man sich der Erfahrungen am Kölner Dombau noch nicht bedienen konnte. Eine Synthese von klassizistischem (Freyse war bei dem Düsseldorfer Baumeister Adolph von Vagedes ausgebildet) und neugotischem Formengut ist für die Heerdter Kirche charakteristisch.

Freyse entwarf in Anlehnung an spätgotische Hallenkirchen eine dreischiffige Backsteinhalle mit Chor aus einem Joch und ⅝-Schluß und einem dreigeschossigen Westturm, der zur Hälfte in das Mittelschiff eingebaut ist. Große dreiteilige Maßwerkfenster zwischen einfachen Streben glie-

Die Kirche zu Heerdt. Kopie nach J. Bellut, 1874

dern den Außenbau. Den fast quadratischen Innenraum unterteilen hohe Bündelpfeiler, deren Laubkapitelle die gestelzten Kreuzgratgewölbe tragen.

Von der **Ausstattung** der Kirche muß an erster Stelle der **romanische Taufstein** aus dem frühen 13. Jh. in der rechten Chorhausnische genannt werden, der aus der Vorgängerkirche stammt. Auf einem breiten Mittelfuß, den vier freistehende Säulen umgeben, ruht das mit vier Männerköpfen besetzte Taufbecken. Zwischen zwei Männerköpfen der Hauptseite steht das Lamm Gottes; die übrigen Seiten schmücken dämonische Fabeltiere. Das Heerdter Taufbecken gehört zu der Gruppe der Taufsteine aus Namurer Blaustein, die in spätromanischer Zeit in Belgien und dem Rheinland verbreitet waren (vgl. Taufbecken in Wittlaer, S. 339).

Aus dem Vorgängerbau stammt auch die um 1600 entstandene geschnitzte **Kanzel** mit zweireihig angeordneten Heiligendarstellungen. Der Kanzelfuß, die geschnitzte Rückwand mit dem

Schalldeckel und der Kanzelaufgang mit einem geschnitzten Delphin sind spätere Zutaten, die der Kölner Bildhauer H. Bong nachträglich bis in die achtziger Jahre des 19. Jh.s geschaffen hat.

Hinter dem neuen Zelebrationsaltar von Hein Gernot ist an der Chorrückwand der aus Teilen des alten Hochaltars neugestaltete *Sakramentsaltar* mit dem Kreuzigungsgemälde des Akademielehrers Heinrich Lauenstein von 1873 angebracht.

Im linken Seitenschiff steht das **barocke Holzkreuz** von 1748. Sein älterer Kruzifixus wurde kürzlich von I. Achter aufgrund der Übereinstimmungen mit dem 1722/24 entstandenen Sandsteinkruzifixus in der Abteikirche zu Brauweiler dem Umkreis des Düsseldorfer Hofbildhauers Gabriel de Grupello zugeschrieben.

Eine weitere Arbeit aus dem Umkreis des kurfürstlichen Bildhauers Grupello stellt die **Standfigur des hl. Benediktus** aus der Zeit um 1725 dar, die wohl ursprünglich auf dem Altar der Vorgängerkirche aufgestellt war. Der Kirchenpatron, als barhäuptiger Mönch mit Buch und Abtstab in den Händen, mit einer langen dünnen, feingefälteten Tunika und einem Pluviale bekleidet, zeigt zahlreiche Übereinstimmungen mit dem Grupello zugeschriebenen hl. Willibrord in der Pfarrkirche zu Merkstein bei Aachen.

Im **Kirchenschatz** ist neben der großen barocken Monstranz von 1736 die vom Düsseldorfer Goldschmied H. J. Wilms geschaffene freie Kopie der berühmten spätgotischen Reeser Monstranz erwähnenswert.

St. Benediktus, Grundriß

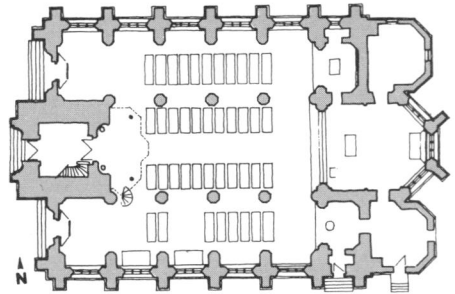

Himmelgeist

Der schon 904 erwähnte, in einer Rheinschlinge südlich vom Stadtzentrum gelegene Ort wurde bereits bei der ersten Eingemeindungswelle 1909 Stadtteil von Düsseldorf. Seine ein wenig abseits vom Dorf liegende **romanische Kleinbasilika St. Nikolaus** beherrscht das noch weitgehend erhaltene ländliche Ortsbild.

Eine erste Erwähnung von Himmelgeist findet sich in einer Urkunde des letzten ostfränkischen Königs Ludwig IV. aus dem Jahr 904, in der er dem Kaiserswerther Stift verschiedene Besitztümer, darunter eine ›cellula‹, wohl eine Kapelle bei einem kleinen, von wenigen Mönchen bewirtschafteten Hof ›in humilgise‹, schenkt. Aber schon 1144 wird Himmelgeist, ähnlich wie Wittlaer, in einer kaiserlichen Urkunde als Besitz des bei Bonn gelegenen Vilicher Stifts genannt. Neben dem St. Peter-Stift in Vilich war hier auch die Zisterzienserabtei Altenberg begütert, denn eine päpstliche Urkunde von 1210 nennt unter ihrem Besitz den Hof Mickeln, der dann im 14. Jh. durch Tausch Eigentum des Landesherrn wurde.

Wegen seiner besonderen Lage am Strom ist Himmelgeist mit zwei wichtigen Ereignissen bzw. Epochen der Düsseldorfer Geschichte verbunden. Anläßlich eines der glanzvollsten Feste der Stadtgeschichte, der fürstlich-jülichschen Hochzeit im Jahre 1585, der Vermählung des Erbprinzen Johann Wilhelm von Jülich-Kleve-Berg mit der Markgräfin Jakobe von Baden, wurde die Braut in Himmelgeist empfangen und feierlich nach Düsseldorf geleitet. Später, während der Regierungszeit des Kurfürsten Johann Wilhelm, lag die prunkvolle Leibjacht des Landesherrn in Himmelgeist vor Anker, und von hier aus trat er seine Reisen an.

1766 werden in Himmelgeist 30 Häuser und 2 Höfe angegeben, und um 1835 zählte das Dorf etwa 400 Einwohner. Die Industrialisierung des 19. Jh.s blieb hier ohne Auswirkungen. Die Bewohner lebten von der Landwirtschaft und wohl auch vom Fischfang. Heute zählt Himmelgeist etwa 1500 Einwohner. Im Norden der Gemeinde entstanden, bedingt durch die Gründung der Universität, die im wesentlichen den benachbarten südlichen Teil von Bilk einnimmt, Neubaugebiete.

Pfarrkirche St. Nikolaus

Schon zu Anfang des 14. Jh.s wird die romanische Kirche als Pfarrkirche mit Pfarrer und Vikar erwähnt, blieb jedoch bis zur Säkularisation Eigentum des Vilicher Stifts.

Die romanische Pfarrkirche wurde in drei Perioden errichtet. Zuerst entstand um die Mitte des 12. Jh.s eine dreischiffige Basilika mit drei Apsiden und einem flachgedeckten Mittelschiff. Wohl um 1160 erhielt der quadratische Chor eine Apsis angefügt. Erst zu Beginn des 13. Jh.s ist der dreigeschossige Westturm in das Mittelschiff hineingebaut worden. Um 1230/40 hat man den Obergaden erhöht und das ursprünglich flachgedeckte Mittelschiff über Kreuzrippen gewölbt, wobei die ursprünglichen Obergadenfenster vermauert und neue höhere Fenster eingebrochen wurden. Die Außengliederung aus Lisenen und Rundbogenfriesen bzw. flachen Rundbogenblenden am nördlichen Seitenschiff gehört noch dem 12. Jh. an. Der Westturm zeigt schon spätromanische

Formen: die spitzbogigen gekuppelten Arkaden der Schallfenster und das kleeblattförmige Eingangsportal. Ebenso spätromanisch ist auch das südliche Seitenschiff mit Lisenen und Klötzchenfries gegliedert. Dieser letzten Bauphase gehören auch das kleeblattförmige Portal an der Nordseite des Chors und die Vierpaßfenster der Seitenschiffe an.

Im 19. Jh. ist die Kirche zuerst 1868/69 von *A. Rincklage* und dann 1891 von *C. C. Pickel* restauriert und neuromanisch ausgestattet worden. Nach den schweren Beschädigungen im Zweiten Weltkrieg wurde die Kirche bis 1956 restauriert und 1972 die Sakristei um einen Achteckbau erweitert (Architekt W. Dahmen). Der **Innenraum** ist nach einem Befund am Triumphbogen farbig gefaßt. Von der ursprünglichen **Ausstattung** der Kirche sind noch eine kleine Reliquiennische in der Nordwand der Apsis aus dem 14. Jh. und eine Sakramentsnische des 15. Jh.s an der Nordwand des Chors erhalten.

Die Kirche besitzt einen neuen Altar aus Aachener Blaustein vom Kölner Bildhauer Olaf Höhnen, von dem auch das Portal mit der Darstellung der Sendung der vom Heiligen Geist erfüllten Kirche in die Welt stammt. Die Kirchenfenster entwarf Franz Pauli. Im Kirchenschatz sind eine barocke Pollengarnitur sowie ein barocker Kelch und wertvolle Paramente des 16.–18. Jh.s erwähnenswert.

Am nördlichen Ortsausgang, an der HIMMELGEISTER STRASSE, liegt weithin sichtbar die weißgefaßte **Friedhofskapelle St. Wilhelm:** ein zierlicher zweigeschossiger, neugotischer Bau, der nach 1831 als Grablege der *Familie Hompesch* entstand. Hinter einer offenen Vorhalle mit drei Arkaden der polygonal geschlossene Innenraum mit Altar. Im Untergeschoß befinden sich die Gruft und die Leichenhalle der freiherrlichen Familie Hompesch, die seit 1806 einen der beiden Himmelgeister Höfe, den Fronhof, in Besitz hatte.

Fronhof und Meierhof (Haus Mickeln)

Der schon 1144 urkundlich bezeugte **Fronhof,** der bis zur Säkularisation dem Vilicher Stift gehörte, wurde 1791/92 neu erbaut. Die Hofanlage mit Wohnhaus, Nebengebäuden und dem älteren Hoftor von 1743 ist noch weitgehend erhalten.

Die zweite, wesentlich größere Hofanlage war der **Meierhof,** der alte Besitz der Zisterzienserabtei Altenberg, seit 1382 landesherrlicher Besitz. Zu Ende des 17. Jh.s war er Eigentum der gräflich Nesselrodschen Familie und danach im Besitz der Freiherren Hompesch-Bollheim, die den Meierhof 1835 an *Prosper Ludwig Herzog von Arenberg* veräußerten. Kurze Zeit darauf (1836) wurde der Hofkomplex durch Brand weitgehend zerstört. Heute besteht von der Hofanlage nur das 1838/39 erbaute Renteigebäude.

Das aus Versicherungsentschädigungen errichtete neue Herrenhaus entstand 1839–42 an einer anderen Stelle durch den emsländischen Baumeister *Josef Anton Niehaus* und trug fortan den schon 1210 angeführten Namen ›Haus Mickeln‹ (in neuerer Zeit Schloß). Der Gutshof behielt die Bezeichnung Meierhof bei.

Haus Mickeln, ein dreigeschossiger Putzbau auf quadratischem Grundriß, entstand nach dem Vorbild der Genueser Palais des 16. Jh.s, wie die neueste Forschung von I. Achter darlegt. Durch Stichwerke von P. P. Rubens und später von M. P. Gauthier wurden die Prachtbauten des Genueser Stadtadels aus der Mitte des 16. Jh.s auch nördlich der Alpen bekannt und sollten den Baumeistern als Anregung und Vorbild dienen. Der nahezu unbekannte Baumeister Niehaus, der als Rentenkammerbauinspektor für den deutschen Besitz des Herzogs von Arenberg zuständig war, schuf mit Haus Mickeln eines der interessantesten und nobelsten Bauwerke des Spätklassizismus am Niederrhein. Als direktes Vorbild diente ihm dabei die Villa Cambiaso von Galeazzo Alessi aus dem Jahr 1548.

Der freistehende, kubische Bau mit vier einander entsprechenden Fassaden wird von einem klassischen Hauptgesims abgeschlossen und durch ein flaches Zeltdach bekrönt. Breite Eckrisaliten, deren Obergeschosse Kolossalpilaster zusammenfassen, flankieren die zurückspringenden, dreiachsigen Mittelteile. Auch der Grundriß und die innere Anordnung der Räume ist dem Genueser Vorbild verpflichtet. Nur die Innendekoration wurde im Erdgeschoß und in den Gängen ›in Pompejanischem Stil, wie sie gerade in Berlin Mode‹ sei, durchgeführt (G. Knopp). An der Innenausstattung wurden der Düsseldorfer Bildhauer Meinardus, der Dekorationsmaler Röpke, der Stukkateur Lenhart u. a. beteiligt. Meinardus und Lenhart hatten kurz vorher schon zusammen im Schloß Kalkum gearbeitet.

Der Bau, als Sommerresidenz der herzoglichen Familie ausgestattet und möbliert, hat seiner ursprünglichen Zweckbestimmung nie gedient. Schon bald nach seiner Fertigstellung wurden hier Wohnungen und Büroräume für die Beamten der Domänenverwaltung eingerichtet. 1973 nahm die Stadt Düsseldorf das vom Abbruch bedrohte Haus als Geschenk der Arenbergschen Verwaltung an mit der Absicht, hier eine *Heimvolkshochschule* einzurichten. Nach den Restaurierungs- und Umbauarbeiten, bei denen man die alte Raumaufteilung der prunkvollen Räume im Erdgeschoß beibehielt, eröffnete sie hier 1978 ihren Unterricht.

Als Bestandteil des Bauwerks ist der gleichzeitig angelegte **Schloßpark** anzusehen: ein weitläufiger Landschaftsgarten, der ehedem die älteren Bauten der unmittelbaren Umgebung wie den Meierhof, den Fronhof und die romanische Kirche durch Blickachsen integrierte. Der Schöpfer ist der Düsseldorfer Gartenarchitekt *Maximilian Friedrich Weyhe*, den der Herzog von Arenberg bereits von Gärten in Enghien/Belgien kannte. Ein überlegtes System von Wegen, die sich vor dem Herrenhaus verdichten, eine sich verbreiternde Lindenallee, die auf das Gebäude zuführt, weite Wiesen und kulissenartige kreisförmige Gruppenpflanzungen, hinter denen sich die Wirtschaftsgebäude verbergen, kennzeichnen dieses letzte große Werk des genialen Gartenschöpfers, dessen Fertigstellung er nicht mehr erlebte. Sein Sohn *Joseph Clemens Weyhe* vollendete das Werk; von ihm stammen auch die Entwürfe für die Außentore und Pfeiler des Parks. Die heutige Gartenanlage ist nur ein Überrest des ursprünglichen Landschaftsgartens, dessen größter Teil heute landwirtschaftlich genutzt wird.

Holthausen

Haus Elbroich, im 1929 eingemeindeten Düsseldorfer Stadtteil Holthausen südöstlich vom Stadtzentrum zwischen der HIMMELGEISTER STRASSE und der KÖLNER LANDSTRASSE gelegen, gehört in seinem Ursprung zu den Rittersitzen, die die ehemalige Residenzstadt des

Landesherrn umgaben (Benrath, Eller, Garath, Heltorf, Kalkum, Unterbach, Roland). Heute ist es Tagungs- und Seminarstätte des Caritas-Verbandes. Die Anfänge des Gutes (Hofes?) Elbroich der Herren von Eller gehen in das 13. Jh. zurück. Allgemein wird angenommen, daß jedoch schon die Edelherren von Tyvern (vor 1189) dort einen Hof besessen oder zumindest Grundbesitz gehabt haben. Um 1475 war Christian von Heyden, 1492 Johann von Retraid und seit 1589 der angesehene Georg von Neuhoff Eigentümer des Anwesens, das er um 1600 zu einem wasserumwehrten, schloßähnlichen Herrenhaus ausbauen ließ. 1602 erreichte Neuhoff die Erhebung Elbroichs zum Rittersitz. Aus dieser Zeit stammen der dreigeschossige Turm mit geschweifter Haube und die Außenmauern des anschließenden Flügels. Später war Elbroich im Besitz der Freiherren und späterer Grafen von der Horst. Diese ließen 1748 neue Ökonomiegebäude und eine Toreinfahrt errichten, wie das Allianzwappen von der Horst/Nesselrode-Reichenstein beweist.

Die um 1679 erweiterten Gräben und Teiche, die das Haus umgaben, trockneten aus, als um 1760 *Nicolas de Pigage* das Flüßchen Itter hatte umleiten lassen, um im nahegelegenen Benrather Schloßpark Wasserspiele einzurichten. Im 19. Jh., nach mehreren Besitzerwechseln, kam Elbroich 1852 in den Besitz von *Katharina Trinkaus,* der Mutter des Gründers einer der größten deutschen Privatbanken. Um die Jahrhundertwende ließen die Trinkaus-Enkelin Alice und ihr Ehemann, der Kommerzienrat *Hermann Heye,* ein Sohn des Begründers der Gerresheimer Glashütte, das Anwesen erweitern und historistisch zu einem Landsitz (Sommersitz?) umbauen.

Die mit hohen Mauern umgebene zweigeschossige Dreiflügelanlage besitzt einen herrlichen, 15 ha umfassenden **Park** mit seltenem Baumbestand, den der dendrologisch interessierte Kommerzienrat Heye von weiten Reisen mitgebracht hatte.

In Holthausen liegt auch die **Hauptverwaltung der Henkel-Werke:** ein Backsteinbürohaus mit seitlichem Turm aus den zwanziger Jahren unseres Jahrhunderts, das von dem Architekten W. Furthmann entworfen wurde. Die Produktionsgebäude nehmen einen wesentlichen Teil des benachbarten Stadtteils Reisholz ein. Die besonders auf Wasch- und Reinigungsmittel spezialisierte, 1876 von Fritz Henkel gegründete und seit 1878 in Düsseldorf ansässige Firma gehört zu den größten chemischen Produktionsstätten in Europa.

Itter

In dem südlichen, 1929 eingemeindeten, dörflich geprägten Stadtteil ist die den Ort dominierende romanische **Pfarrkirche St. Hubertus** sehenswert.

Die dreischiffige romanische Pfeilerbasilika mit vorgesetztem Turm aus Tuffstein stammt aus der zweiten Hälfte des 12. Jh.s. Sie soll aus einer kleinen Kapelle, einer Gründung des Kaiserswerther Stifts, dem sie auch inkorporiert war, hervorgegangen sein. Schon 1263 ist ein Pleban Gerhard bezeugt, doch wohl erst im 15. Jh. wurde sie Pfarrkirche.

Im Laufe des 12. Jh.s baute man zunächst um 1150 den Westturm an die Kapelle. Später entstand dann anstelle der kleinen Saalkirche eine dreischiffige Basilika. Bei einer gründlichen Restaurierung ist die Kirche 1862 nach Osten verlängert worden, wobei das Baumaterial des abgebrochenen Chors wiederbenutzt und der verlängerte Teil dem ursprünglichen Bau äußerlich angeglichen wurde. Das flachgedeckte Mittelschiff erhielt ein Gewölbe, und die kreuzgratgewölbten Seitenschiffe wurden verlängert, die südliche Apsis jedoch nicht mehr erneuert. Der dreigeschossige, ganz aus Tuffstein gemauerte und durch Lisenen und Rundbogenfriese gegliederte Westturm besitzt im Glockengeschoß allseitig je zwei romanische Doppelfenster und ein hohes, gotisierendes, verschiefertes Pyramidendach. Bei der Nachkriegsrestaurierung 1956–61 hat man die Gewölbe des 19. Jh.s entfernt und im Mittelschiff wieder eine Flachdecke eingezogen. Neben der ehemaligen Stiftskirche in Gerresheim ist die Hubertuskirche die einzige außen gefaßte romanische Kirche Düsseldorfs.

Kaiserswerth

Nördlich von Düsseldorf, direkt am Rhein gelegener, seit 1929 eingemeindeter Stadtteil. Bis zum Versanden des Rheinarms im 13. Jh. bildeten die Altwasserarme des Rheins – die Fleeth – kleine Inseln, sog. Werther. Auf einer solchen Insel entstand Kaiserswerth.

Durch den berühmten englischen Kirchenhistoriker Beda Venerabilis († 735) erfahren wir, daß in der Merowingerzeit, wohl kurz vor 700, der *hl. Suitbert* (Swidbert), ein angelsächsischer Missionsbischof und Gefährte des Friesenmissionars Willibrord, von dem fränkischen Hausmeier Pippin dem Mittleren auf Bitten seiner Gemahlin Plektrudis hin eine Rheininsel – ein Werth – in der Nähe des *Königshofes Rinhusen* erhielt. Hier errichtete er eine dem hl. Petrus geweihte Kirche und ein Kloster nach der Regel des hl. Benedikt, das spätere Kanonikerstift. Nach der Zerstörung der Kirche und des Klosters durch Sachsen (778) oder später Normannen (864?, 880) wurde wohl bald darauf die Kirche neu erbaut. Aber schon 877, anläßlich der Immunitätsverleihung, wird sie als dem hl. Suitbert geweiht genannt.

Weiter südlich am Rhein entstand zum Schutz des Stifts aus dem Königshof eine *Pfalz*. Jene Reichsburg, von Kaiser Heinrich III. ausgebaut, war oft Aufenthaltsort deutscher Könige und Kaiser, wie zahlreiche hier ausgestellte Urkunden bezeugen. 1062 wurde hier der junge Heinrich IV. von Erzbischof Anno von Köln entführt.

Seit 1174, seit der Verlegung des Rheinzolls vom niederländischen Thiel nach Kaiserswerth, ließ Kaiser Friedrich I. Barbarossa direkt am Rhein die *staufische Pfalz* errichten. Kaiserswerth wurde somit zu einer wichtigen Zollstätte, denn es lag an der Kreuzung des Hellwegs mit dem Rhein und mit der alten Römerstraße Köln – Neuss – Gellep – Xanten. Kaiser Barbarossa verlieh (oder bestätigte?) der Marktsiedlung 1181 auch Stadtrechte und erhob sie zur freien Reichsstadt.

Die Stadt, durch Parzellierung und Verpachtung des stiftischen Besitzes gewachsen, hatte bereits zwei Vorstädte: *Kreuzberg* und *St. Göres* am rechten Rheinufer. Die Insel Kaiserswerth bestand aus der Stiftsimmunität, dem Freihof mit der Burg und der zur Stadt erhobenen Siedlung. Diese Insellage und damit die räumliche Nähe von Burg, Stift und Siedlung hat sich allerdings bei den Belagerungen der Pfalz für Kirche und Stadt überwiegend nachteilig ausgewirkt, so auch 1215 und 1247/48. Mit der ersten Belagerung 1215 und deren Folgen für Kirche und Stiftsgebäude hängt wohl der 1237 geweihte Neubau (?) der Stiftskirche zusammen. Doch schon bald darauf (1243) ließ der Burggraf Gernandus wohl aus fortifikatorischen Gründen den Turm der Kirche wieder abtragen.

Die besondere Bedeutung als Zollstätte sowie die wichtige strategische Lage führten dazu, daß Kaiserswerth im Verlauf seiner Geschichte oft Gegenstand kriegerischer Auseinandersetzungen war und immer wieder anderen Besitzern zufiel. Den Status der Reichsunmittelbarkeit verlor die Stadt durch Verpfändung an Kurköln und Jülich. In der Mitte des 16. Jh.s wurde der Festungsring mit Bastionen ausgebaut, wie noch heute im Gelände erkennbar ist. 1689 sind Stadt und Burg teilweise, im Spanischen Erbfolgekrieg 1702 durch Bombardierung gänzlich zerstört worden; die Pfalz wurde anschließend gesprengt. 1768 ging Kaiserswerth

Plan und Rheinansicht von Kaiserswerth. Unbekannter holländischer Kupferstecher, 1702 (vor der Zerstörung)

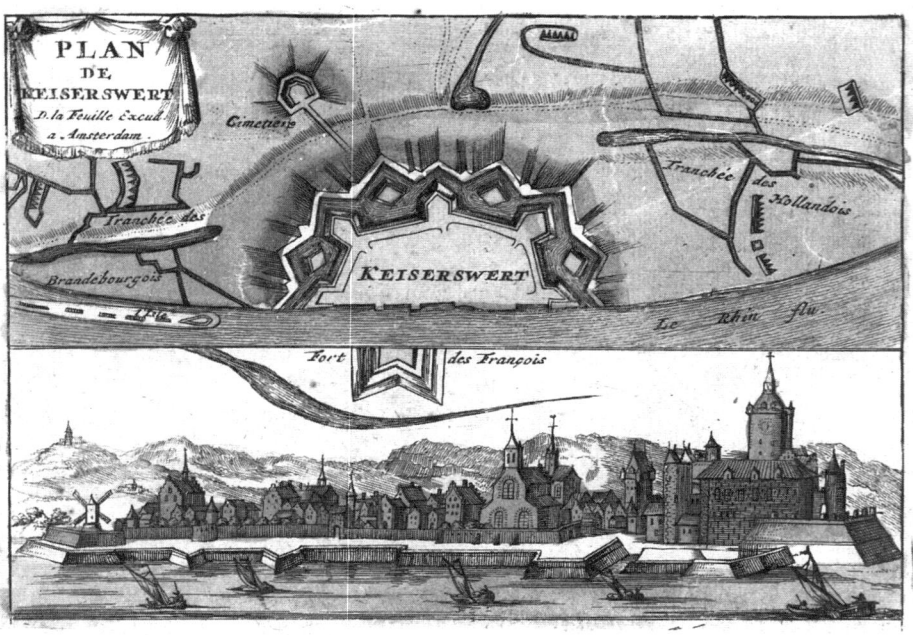

Die Kaiserswerther Pfalz, 1628. Kupferstich aus dem ›Politischen Schatzkästlein‹ von D. Meisner und E. Kieser, 1625–31

in kurpfälzisches Territorium über. Große Bedeutung erlangte der Ort im 19. Jh. durch die hier 1836 gegründete, längst weltbekannte *Diakonissenanstalt* des Pastors Theodor Fliedner. Die als Steinbruch genutzte Ruine der Pfalz verfiel zunehmend. Ende des 19. Jh.s hat der erste Provinzialkonservator und Ordinarius für Kunstgeschichte der Bonner Universität, *Paul Clemen*, den Bestand untersucht und anschließend von 1901–08 freigelegt und gesichert.

Das noch weitgehend erhaltene, reizvolle **niederrheinische Stadtbild** neben der imposanten Pfalzruine macht Kaiserswerth zu einem beliebten Ausflugsziel, das von Düsseldorf aus mit durchgehender Straßenbahnverbindung oder – vor allem in den Sommermonaten empfehlenswert – per Rheinschiff zu erreichen ist.

Die Pfalzruine (Abb. 107)

In der südwestlichen Ecke der Stadt, unmittelbar am Rheinufer gelegen, erhebt sich in voller Länge und bis zu 15 m Höhe die rheinseitige Front der Burg des Kaisers Friedrich I. Barbarossa mit den anschließenden Räumen und Mauerzügen. Durch die Ausgrabungen sind auch die landseitigen Fundamente der halbkreisförmigen Vorburg (hinter dem Hochwasserdamm, heute Burgallee) bekannt. Die Burg war durch einen eigenen Mauerring mit einem runden Eckturm im Süden und dem Klever Turm im Norden, einem Torbau an dem kleinen Sicherheitshafen zur Stiftsimmunität hin sowie durch Gräben geschützt. Das mächtige, im Untergeschoß 5,80 m starke Mauerwerk, das aus schwarzem übereinandergeschichteten Basalt im Wechsel mit Drachenfelstrachyt besteht, ist die Westseite des rechteckigen Baukörpers – des **Palas.** Im Palas befanden sich unten die Lagerräume und Ställe, oben die Repräsentations- und Wohnräume. Von den vier nebeneinanderliegenden Räumen wird der

325

Die Kaiserswerther Pfalzruine, im Hintergrund die Stiftskirche. Stahlstich von A. Fesca nach L. Rohbock, 1854.

nördliche seines romanischen Kamins wegen als Küche bezeichnet, der südliche besteht aus einem turmartig hochgemauerten Brunnen. Der Palas war an der Nordseite durch den Haupteingang zugänglich, zu dem eine Zugbrücke von dem vorgelagerten Klever Turm führte. Eine steinerne Wendeltreppe verbindet die beiden Geschosse. Eine zweite Treppe, geradläufig und in bequemer Steigung aus der Mauerstärke der Rheinfront ausgespart, führt von der Nordseite zum höchsten Punkt an der Südwestecke. ›Eine kaiserliche Treppe, von deren Art und Größe im mittelalterlichen Profanbau keine andere nachzuweisen sein soll‹ (I. Achter).

An der Rheinfront zeigt der Palas zwei Reihen von schmalen Rechteckfenstern, die sich nach innen zu breiten, rundbogig überwölbten Nischen aus gebrannten Feldziegeln öffnen. Da die Burg ganz auf Verteidigung eingerichtet war, fehlen architektonische Hoheitsformen, wie sie sonst für staufische Anlagen typisch sind, gänzlich. An der Landseite schloß sich an den Palas ein mächtiger quadratischer **Bergfried** an, nach Norden von einem kleinen Binnenhof, nach Süden von einem weiteren Gebäudetrakt flankiert. Dieser Bergfried stellt nach neuesten Forschungen ein Zugeständnis an den heimischen Burgenbau dar. Der Ursprung des Kaiserswerther Komplexes ist jedoch im französischen Donjon bzw. dem englischen Keep zu suchen. Der alle Funktionen verbindende Keep – also Wehr-, Wohn-,

Repräsentations- und Lagerbau in einem (Beispiel: der Londoner Tower) – kann typologisch als der nächste Verwandte der Kaiserswerther Pfalz gelten.

Im Vorhof der Pfalzruine sind zwei *Plastiken* aufgestellt: die Bronzeplastik ›Sidu‹ des Düsseldorfer Künstlers R. Heekers (1974) und das 1922 von dem Bildhauer Bernhard Lohf errichtete Kriegerehrenmal.

Östlich der BURGALLEE wurde 1959 in den Grünanlagen an der Pfalz eine **Büstengalerie** wichtiger Persönlichkeiten der Kaiserswerther Geschichte errichtet: Florence Nightingale (1820–1910), Theodor Fliedner (1800–64), Caspar Ulenberg (1548–1617), Friedrich von Spee (1591–1635), Herbert Eulenberg (1876–1949).

Die Suitbertus-Basilika, ehemals Stiftskirche (Abb. 104)

Über den Vorgängerbau (oder -bauten?) wissen wir wenig. Der schon 796 heiliggesprochene Suitbert errichtete um 700 eine Klosterkirche, in der er auch 713 bestattet wurde. Mitte des 11. Jh.s stifteten die salischen Kaiser Heinrich III. und sein Sohn Heinrich IV. der Suitbertuskirche beträchtliche Geldmittel, so daß man mit jenen kaiserlichen Zuwendungen auch einen Neubau der Kirche in Betracht zieht.

Eine salische Pfeilerbasilika aus der zweiten Hälfte des 11. Jh.s – dreischiffig, kreuzförmig und flachgedeckt, vielleicht mit einem Dreiapsidenschluß – bildet den Kernbau der heutigen Kirche. Der nachfolgende Wiederaufbau sowie der neue, durch reichere Architektursprache ausgezeichnete polygonale Chorschluß hängen wahrscheinlich mit den schweren Schäden zusammen, die die Kirche bei der Belagerung von 1215 erlitt. Die Kirchweihe von 1237 markiert die Vollendung des neuen Chors und zugleich wohl auch den Abschluß der gesamten Instandsetzung. Ursprünglich war die Kirche mit einer Immunitätsmauer umgeben, von der an ihrer Ostseite noch ein Torbau erhalten ist.

Der Außenbau zeigt eine deutliche Zäsur zwischen dem Langhaus und dem Chor. Die schlichte, turmlose Westfassade mit spitzbogigem Portal, über dem sich drei Rundbogenfenster des Obergeschosses und ein glatter Giebel mit Blendnische befinden, gibt den basilikalen Querschnitt des Langhauses wieder. Langhaus, Querhaus und Chor sind mit Schieferdächern gedeckt, die in allen Teilen die gleiche Trauf- und Firsthöhe aufweisen. Das Fehlen des Rundbogenfrieses am Querschiff sowie die dort tieferliegenden Fenster lassen ein ursprünglich niedrigeres Querschiff, wie es für salische Bauten typisch ist, vermuten. Die Chorpartie mit dem in fünf Seiten eines Zehnecks geschlossenen Hauptchor zeigt – ähnlich wie die ein Jahr zuvor geweihte Gerresheimer Kirche – durch ihre feingliedrigen Formen den Reichtum rheinischer Spätromanik. Die Choranlage ist durch Lisenen, Rundbogen- und Klötzchenfries gegliedert und mit kleineren Kreisfenstern im Obergaden und fünfpaßförmigen Fächerfenstern in den Nebenchören ausgestattet. Die hohen, spitzbogigen Fenster des Chorpolygons sitzen in Rechteckblenden mit eingestellten Gewändesäulchen in den Laibungen.

Dem auffallend breiten Querschiff mit längsrechteckiger Vierung ist an der Nordseite eine kleine offene *Vorhalle* (Paradies) aus dem 13. Jh. vorgelagert, durch die man heute die Kirche von dem mit Linden bestandenen stimmungsvollen Stiftsplatz aus betritt. Die antikisieren-

327

den Kapitelle stammen wahrscheinlich von einer älteren Vorhalle an gleicher Stelle aus der Mitte des 12. Jh.s. Hier lag von jeher der repräsentative Eingang für Kanoniker wie Gläubige, denn bis 1224 war die Stiftskirche gleichzeitig Pfarrkirche. Danach diente die zu Ehren der hl. Walburga errichtete Kapelle in der Vorstadt Kreuzberg als Pfarrkirche, bis nach deren Zerstörung 1688 die Stiftskirche diese Funktion wieder übernahm.

Im **Inneren** sind die beiden Bauphasen des Gotteshauses noch deutlich ablesbar: einerseits das kastenartig wirkende Langhaus mit dem mächtigen, flachgedeckten Querhaus und andererseits die jüngere, formenreichere Chorpartie, die leider durch die dunkle Verglasung etwas beeinträchtigt ist.

Das Mittelschiff öffnet sich mit fünf Arkaden zu den Seitenschiffen, die von Vierpaßfenstern erhellt werden. Die Fenster der Seitenschiffe stehen jedoch in keinem axialen Bezug zu den Arkaden.

Der Hauptchor, der von niedrigen Seitenchören flankiert wird, liegt um vier Stufen erhöht. Das fünfteilige Rippengewölbe des Chorpolygons, von Dienstbündeln mit verkröpften Knospenkapitellen getragen, spannt sich wie ein Baldachin über den Hochaltar.

Leider ist von der romanischen **Ausstattung** der Kirche nichts erhalten geblieben. Aus gotischer Zeit, dem frühen 14. Jh., stammt die kleine gerahmte *Sakramentsnische* im Chorpolygon; der spätgotische *Sakraments- und Reliquienschrank* im Chor entstand Ende des 15. Jh.s. Etwas älter, um 1465, sind die zwei unterschiedlich hohen, spätgotischen *schmiedeeisernen Standleuchter*.

Im späten 19. Jh. wurde die Kaiserswerther Basilika reich neuromanisch ausgestattet, ausgemalt und baulich ergänzt. Vier neuromanische Türme bildeten die Kirchensilhouette. Von dieser Ausstattung des 19. Jh.s, die die barocke, nach 1717 entstandene ersetzte, ist nach der Zerstörung im Zweiten Weltkrieg, der auch die vier Kirchtürme zum Opfer fielen, nur sehr wenig übriggeblieben. Dazu gehört die lebensgroße *Triumphkreuzgruppe* im südlichen Querschiff, eine freie Nachbildung des Triumphkreuzes in der Schloßkirche zu Wechselburg/Sachsen. Von der barocken Ausstattung soll das erhaltene hölzerne *Adlerpult* aus dem 18. Jh. nicht unerwähnt bleiben.

Ab 1950 erhielt die Basilika *neue Farbfenster*. Walter Benner schuf die Chorfenster, die übrigen entstanden nach Entwürfen von W. Geyer, L. Bauer und T. Dinnendahl.

Zum kostbarsten Besitz der Kaiserswerther Kirche gehört ihr **Kirchenschatz**, in dem außer dem **Suitbertusschrein** (Abb. 109) wertvolle Arbeiten Kölner, Augsburger aber auch Düsseldorfer Goldschmiede anzutreffen sind. Einige dieser Stücke sind im Reliquiengelaß im Chor zu sehen. Als eines der letzten Zeugnisse der großen rheinischen Tradition entstand der wohl schon Ende des 12. Jh.s begonnene und nach 1331 vollendete Reliquienschrein für die Gebeine des hl. Suitbert und seines Begleiters Villeicus in Form eines langgestreckten Hauses mit Satteldach, an dessen Längsseiten in flachen Nischen aus Kleeblattbögen über Doppelsäulen die zwölf Apostel thronen. Die Stirnseiten sind der Muttergottes zwischen zwei weiblichen Heiligen, darüber Christus Salvator, sowie dem hl. Suitbert zwischen seinen Gönnern Pippin und Plektrudis vorbehalten. Die Dächer zeigen Flachreliefs mit Szenen aus dem Leben Mariens und Christi. Der Eichenholzkern ist mit vergoldetem Kupfer und Silber überzogen und mit Goldfiligran, Gruben- und Zellenschmelz, Halbedelsteinen und Bergkristallkugeln geschmückt. 1264 wurden die Gebeine in den neuen Goldschrein überführt, der jedoch zu diesem Zeitpunkt noch nicht vollendet war. Denn mit Unterbrechungen haben mehrere Künstlergenerationen an ihm gearbeitet.

Für den Schreintypus waren die klassischen rheinischen Schreine, vor allem der Kölner Dreikönigsschrein des Nicolaus von Verdun, der

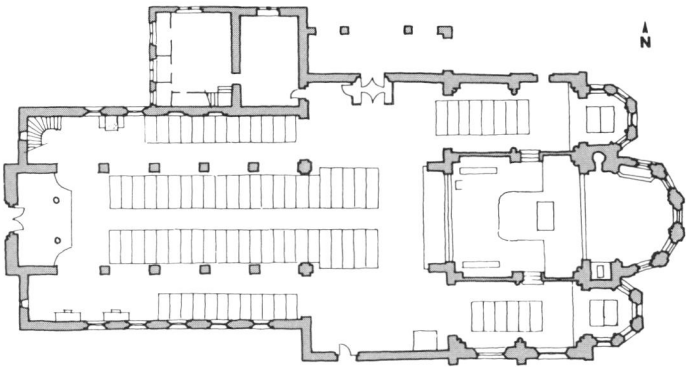

Suitbertus-Basilika,
Grundriß

Siegburger Annoschrein und der Kölner Albinus-
schrein vorbildlich.

Die Figuren der Längs- und Stirnwände sind
nach den neuesten Forschungen (von K. B. Heppe und H. Knirim) drei Werkstätten zuzuschrei-
ben: Die beiden älteren haben wohl nach Vollendung der Schreinsarchitektur 1220/30 gearbeitet,
wobei die eine die Engel in den Zwickeln und die

Apostel Matthäus und Thomas schuf und die andere den Hauptteil der Schreinsplastik lieferte, die
der maasländischen Bildhauerei um 1260/70 eng
verwandt ist. Die dritte Werkstatt, der der Apostel Philippus und die Figuren der Stirnseiten zugewiesen werden, hat ihre stilistischen Voraussetzungen in der französischen Kathedralplastik.

Der **Stiftsplatz** zeigt im Norden und Osten noch die erhaltene Bebauung der ehemaligen
Stiftsimmunität aus dem frühen 18 Jh. (nach 1702). Ursprünglich lag auf dem Platz um die
Kirche der alte Stiftsfriedhof, der 1786 aufgehoben wurde.

Die zweigeschossigen Wohnhäuser mit Walmdächern oder Treppengiebeln sind **Kanonikerhäuser,** die aus den eigenen Mitteln jedes Stiftsherrn auf stiftischem Grund errichtet
wurden und von dem Stiftsherrn selbst oder seinen Verwandten für 80 Jahre genutzt werden
konnten. Deswegen haben viele ihr Haus mit Wappen und Datum versehen, um so die
Erbansprüche der Familie zu sichern.

Im Gelände des Marienkrankenhauses (Nr. 14 b) steht eines der ältesten (wohl um 1200)
und besterhaltenen, farbig gefaßten **Kanoniker-Häuser** der Rheinlande mit reich befenster-
ten Giebelwänden, wie die neuesten Untersuchungen (H. Fischer, N. Nußbaum) zeigen.
Das breitgelagerte Eingangstor zum Marienkrankenhaus entwarfen 1949 die Architekten H.
Hentrich und H. Heuser, um der historischen Platzanlage an dieser Stelle einen Abschluß zu
geben.

Durch die STIFTSGASSE an dem Torbau und dem wohl ehemaligen Beinhaus vorbei erreichen wir die Straße AN ST. SWIDBERT, an der etwas weiter in südlicher Richtung das ›Rhein-
haus Maria Victoria‹, das **ehemalige Kapuzinerkloster** und die **Klosterkirche** liegen: die
einzigen in der Erzdiözese Köln erhaltenen Beispiele für Kapuzinerbauten. 1803 zum Sam-
melkloster der Kapuziner und seit 1835 zum Eremitenhaus der Diözese bestimmt, blieb es

Kapuzinerkloster in Kaiserswerth. Aquarell, um 1810

von dem Untergang verschont, dem fast alle Kapuzinerhäuser, die meist sehr schlicht und manchmal auch unsolide gebaut waren, nach der Säkularisation preisgegeben waren.

Wohl 1670/72 haben die schon um 1650 in Kaiserswerth ansässigen Kapuziner – 1654 war vom Kölner Erzbischof Maximilian Heinrich von Wittelsbach das Kapuzinerkloster gegründet worden – ihre Kirche errichtet und im Anschluß daran in den siebziger Jahren des 17. Jh.s, nach zunächst provisorischer Unterbringung, das heutige Klostergebäude erbaut.

Der fast quadratische Baukomplex aus unverputztem Backsteinmauerwerk entspricht der typischen Kapuzinerbauweise der Region: schlichte, sparsame und schmucklose Architektur, wie sie die strengen Bauvorschriften des Bettelordens forderten. Drei zweigeschossige *Klostertrakte* sind um einen kleinen Innenhof gruppiert, an dessen Nordseite sich die nach Westen orientierte *Klosterkirche* anschließt. Die aus der Gebäudeflucht zurückspringende und mit einem Giebel ausgezeichnete Kirchenfassade schmückt über dem rundbogigen Hauptportal das Wappen des Klostergründers, Erzbischof Maximilian Heinrich. Darüber befindet sich eine Figurennische mit der Statue des hl. Franziskus. Die Kirche – ein Saalbau mit Flachtonne – zeigt in den Gewölben die ›klassische Kapuzinerordnung‹: im Langhaus eine Tonne, im Altarchor ein Kreuzgewölbe und im Psalierchor der Fratres (heute Sakristei) wieder eine Tonne. Der Innenraum, 1960/79 von H. Thoma umfassend restauriert, besitzt eine barocke Ausstattung des 17. und 18. Jh.s, die im Zuge der Restaurierung durch Ankauf barocker Altarfiguren und des Hochaltargemäldes (Oberitalien, 16. Jh.) sinnvoll ergänzt wurde.

Das Kloster, das auch durch die später geänderten Zweckbestimmungen – Bürgermeisteramt und nachher Internat – seine ursprüngliche Gestalt bewahren konnte, zeigt im Obergeschoß noch die durch Ordensvorschriften festgelegten originalen *Klosterzellen*.

In der Straße An St. Swidbert, dem wichtigsten und ältesten Verkehrsweg, der jahrhundertelang die Verbindung zwischen Düsseldorf und Duisburg bildete, beachten wir auf dem Weg zum alten Kaiserswerther Markt die ehemalige Posthalterei (**Nr. 45**), ein stattliches Traufenhaus mit Toreinfahrt, die Kanonikerhäuser **Nr. 34 und 32** und einige Wohnhäuser des 18. Jh.s – **Nr. 31, 30, 29, 21** – sowie das Wohnhaus der ehemaligen von Hatzfeldschen Hofanlage (**Nr. 18**), die trotz einiger Veränderungen oder späterer Umbauten als gute Beispiele der Wohnkultur ihrer Zeit gelten können.

Der Kaiserswerther Markt

Schon 1181 als ›forum‹ erwähnt, wohl ursprünglich ein Warenumschlag- und Verladeplatz, verläuft der Markt im rechten Winkel zum Rhein auf den alten Rheinübergang zu. Heute mehr einer verbreiterten Straße ähnlich, im oberen Teil mit zwei Baumreihen bepflanzt, war er jedoch ursprünglich eine langgestreckte, wohl planmäßig errichtete Platzanlage mit einheitlicher Abmessung der Häuserparzellen – wie noch heute zum Teil erkennbar – und einem allseitig freistehenden Rathaus mit Stadtwache, die 1702 zerstört wurden. Der am unteren Ende gelegene älteste Teil des Marktes hieß ›em goldene Bödecke‹ (im goldenen Boden). Am Kaiserswerther Markt fanden alljährlich drei bis vier Jahrmärkte statt, von denen einer acht Tage dauerte.

Die heutige Bebauung stammt aus dem 18., 19. und 20. Jh., doch sind wohl die mittelalterlichen Keller oder Fundamente bei dem Wiederaufbau nach 1702 bei einigen Häusern des Marktes wiederbenutzt worden, wie sich bei den Bauarbeiten am Haus Nr. 10 herausstellte.

Gegenüber der Einmündung der Straße An St. Swidbert beherrscht das ehemalige **Diakonissen-Stammhaus** die Nordseite des Marktplatzes: ein dreißigachsiges, dreigeschossiges Haus von 1862. Der evangelische *Pastor Theodor Fliedner* gründete im Jahre 1836 die Diakonissenanstalt und kaufte nacheinander zehn Häuser am Markt. Auch das Haus des Seidenfabrikanten Petersen von 1778 wurde in den Komplex einbezogen.

Die Diakonissenanstalt war von Anfang an eine Institution zur Ausbildung von Kranken- und Armenpflegerinnen, Kinderschwestern und Fürsorgerinnen. Diese soziale Einrichtung, die sich der Armen und Kranken sowie der in den ersten Fabriken arbeitenden Kinder und Jugendlichen annahm, bot vor allem den unverheirateten Frauen aus bürgerlichen Schichten eine Ausbildungsmöglichkeit und ein Betätigungsfeld.

Etwas westlicher, in der *ehemaligen Invalidenkaserne* (Markt 16), in der bis dahin unversorgte Soldaten und Invaliden der Befreiungskriege von 1813–15 gewohnt hatten, richtete Fliedner 1849 die ›*Heilanstalt für weibliche Gemütskranke*‹ ein, eine für die damalige Zeit therapeutisch fortschrittliche Institution und zugleich auch eine Ausbildungsstätte für Pflegerinnen. Diese Heilanstalt wurde 1881 auf den Johannisberg, östlich der alten Landstraße, verlegt (heute Nervenklinik).

Die Diakonissenanstalt in Kaiserswerth. Lithographie von J. B. Sonderland, nach 1850

Wir setzen unsere Besichtigung des Marktes in westlicher Richtung zum Rheinwerft hin fort. Auf der gegenüberliegenden Seite beachten wir die traufseitigen **Häuser Markt 11 und 13** mit stuckierter Fassade von 1778, die der Seidenfabrikant *Preyers* aus Krefeld errichten ließ. Das Türoberlicht trägt die Firmeninitialen P & C (Preyers und Compagnie) des Wohn- und Geschäftshauses. Von den Seiden- und Samtfabrikanten Preyers und Co., später Preyers und Petersen, hat der geschäftstüchtige *Petersen* an den nördlichen Wallanlagen Grundstücke erschlossen, auf denen er Häuser für die Fabrikarbeiter errichtete und die Neue Straße (heute Fliedner Straße) anlegen ließ. Das Wohnhaus Petersen wurde in das ehemalige Stammhaus der Diakonie am Markt einbezogen, behielt aber die ursprüngliche Raumaufteilung und das schöne barocke Treppenhaus.

Das Nachbargebäude **Markt 9** ›Im Schiffchen‹, 1733 ›em goldene Bödecke‹ errichtet, war wohl seit seiner Entstehung ein Gasthof (Abb. 105). Es ist ein gutes Beispiel des typischen niederrheinischen Backsteinhauses der ersten Hälfte des 18. Jh.s: ein symmetrisches, fünfachsiges Wohnhaus mit zierlichem geschweiften Giebel.

Auf der gegenüberliegenden Seite, **Markt 4,** schon unmittelbar an der alten Fährstelle, erhebt sich das **Alte Zollhaus** von 1635 (Abb. 106). Es ist eines der wenigen Häuser, die die

Zerstörung von 1702 überdauert haben. Zwei verschiedene Schweifgiebel gliedern die Straßenfront. Die rückwärtigen Fronten und auch das Erdgeschoß sind stark verändert. Auf der Rückseite ist ein hoher Treppenturm eingebaut, von dessen oberster Stufe der Zöllner den Schiffsverkehr kontrollierte. Ursprünglich bildete hier das Rheintor den Eingang zum Markt.

Am Rhein angelangt, biegen wir nach rechts. An der Hochwassermauer erinnert ein Bronzerelief von Hannes Esser (1982) an die Treidelschiffahrt, die für Kaiserswerth eine wichtige Einnahmequelle war. (An der Werftmauer neben dem Aufgang zur Burgallee ist noch ein Original-Stein eingemauert, der tiefe Rillen aufweist, die die Schiffsleinen der getreidelten – von Pferden gezogenen – Schiffe als Spuren hinterlassen haben.)

Durch den EULENBERG WEG, benannt nach dem Schriftsteller und Dichter H. Eulenberg (siehe Haus Freiheit), erreichen wir den **Mühlenturm**. Die Kaiserswerther Windmühle, auf der ehemaligen Bastion St. Maximilian gelegen und schon durch die Ansicht Merians von 1646 überliefert, war wohl ursprünglich Stifts- und später Stadtmühle. Auch sie wurde bei der Belagerung von 1702 zerstört, doch schon 1722 war sie wieder aufgebaut. Der Mühlenturm ist nach Renovierung und Instandsetzung jetzt Gästehaus eines Duisburger Mehlforschungsinstitutes.

Der parallel zum Markt verlaufende Straßenzug der heutigen FLIEDNER STRASSE (früher Neue Straße) entstand erst in der zweiten Hälfte des 18. Jh.s. Kurfürst Carl Theodor schenkte sowohl der evangelischen Gemeinde als auch dem Seidenfabrikanten Petersen einige Grundstücke. Mit Petersens Unterstützung entschlossen sich Reformierte und Lutheraner zu einem gemeinsamen Kirchenbau, und 1806–11 wurde dann die klassizistische **evangelische Kirche** erbaut, die rechts von der schon 1785/87 errichteten **Schule** und links vom **Pfarrhaus** flankiert wird. Die anschließende Häusergruppe, nach 1784 von Petersen erbaut, erwarb Fliedner für die Diakonissen und ließ sie entsprechend umbauen. In einem der Häuser, heute **Fliedner-Museum,** wohnte er selbst. Die Fliedner Straße führte auf die ehemalige *Bastion Suitbertus,* an der die Fabrikanten Preyers und Petersen große Gärten anlegten. Petersen baute hier medizinische Kräuter an, die er neben Branntwein und Likör in seiner Apotheke am Markt (heute Sparkasse) verkaufte.

Im Stadtteil *Kreuzberg,* der als Vorstadt 1702 mit seiner romanischen St. Georgskirche völlig zerstört worden ist, steht an der Ecke ALTE LANDSTRASSE/ZEPPENHEIMER WEG ein Menhir, ein vorgeschichtliches Kultmal. Der Kaiserswerther **Menhir,** ein etwa 2 m aus dem Boden ragender Trachyt, ist einer der wenigen am Niederrhein bekannten Beispiele. Menhire wurden in Europa um 2000–1500 vor Christus verehrt.

Nördlich von Kaiserswerth, etwa 2 km vom Ortskern, liegt am Leinpfad das **Haus Werth,** eine Treidelstation und alte landesherrliche Hofanlage. Das noch erhaltene Wohnhaus entstand 1775.

Im Südwesten von Kaiserswerth, auf der ehemaligen Bastion Balthasar, finden wir **Haus Freiheit,** das Wohnhaus des Schriftstellers und Dichters *Herbert Eulenberg* und seiner Frau Hedda geb. Maase. Das von F. H. Ehmcke, einem Mitarbeiter von Peter Behrens an der Düsseldorfer Kunstgewerbeschule 1912 entworfene Haus war ein Treffpunkt für Künstler und Kunstinteressierte. Viele bekannte Schriftsteller wie Thomas Mann, Jakob Wassermann und Franz Werfel, Musiker wie Richard Strauss, Schauspieler wie Louise Dumont und Gustav Lindemann, Maler wie Otto Pankok und Paul Klee neben vielen anderen waren mit den Eulenbergs befreundet und besuchten ihr gastfreundliches Haus mit dem schönen Garten in Kaiserswerth.

Kalkum

Der nördliche, unweit von Kaiserswerth gelegene, erst 1975 nach Düsseldorf eingemeindete Stadtteil wird schon Ende des 9. Jh.s bezeugt (Königshof Calicheim). Hervorgegangen ist der Ort aus einem der ältesten Rittersitze der Gegend, der dem gleichnamigen, 1176 urkundlich genannten Rittergeschlecht gehörte. Um 1500 sind die Herren von *Winkelhausen* Besitzer von Kalkum, das 1739 durch Heirat an die Grafen, ab 1890 Fürsten *Hatzfeld* gelangte.

Schloß Kalkum (Farbabb. 36)

Seit 1953 ist das Anwesen Eigentum des Landes Nordrhein-Westfalen, das hier eine Zweigstelle des Hauptstaatsarchivs einrichtete und für diesen Zweck das gesamte Schloß ausbauen und restaurieren ließ. Die imposante vierflügelige, rosarot getünchte Wasseranlage um einen quadratischen Hof gelegen – nach Westen das Herrenhaus, nach Osten die ehemaligen Wirtschaftsgebäude – ist von einem herrlichen Landschaftspark umgeben.

Wahrscheinlich unter Ludger von Winkelhausen († 1676) wurde anstelle mehrerer kleinerer, noch mittelalterlicher Gebäude eine barocke Anlage errichtet, das neue Herrenhaus: ein Winkelbau mit drei Ecktürmen und eine zum Herrenhaus offene, mehrflügelige Vorburg. In den Jahren 1806–14 fand unter Maria Anna Gräfin von Hatzfeld ein Um- und Ausbau zu der klassizistischen, klar gegliederten und kastellartigen Vierflügelanlage statt. Der Architekt *Georg Peter Leydel* schuf eine neue repräsentative Westfront mit neuer Eingangsfassade, indem er das Herrenhaus um zwei Achsen verlängerte, einen zurückspringenden Mittelteil errichtete (1811), den Vorburg-Westflügel symmetrisch zum Herrenhaus neu erbaute und ihn mit dem gleichen dreigeschossigen Eckturm wie an der Südwestseite versah. Auf diese neue Westfassade war dann eine Zufahrtsallee von Kaiserswerth aus orientiert.

Eine von zwei liegenden steinernen Löwen bewachte steinerne Bogenbrücke führt auf den Haupteingang in dem niedrigeren Mitteltrakt zu, den achtachsige, zweigeschossige Flügel und dreigeschossige Ecktürme flankieren. Über dem rundbogigen Portal des Mitteltrakts schmückt das Wappen Hatzfeld-Weissweiler den übergiebelten Risalit. Eine zweite Bogenbrücke führt auf das bossierte Portal im niedrigeren, unverputzten Nordflügel (Wirtschaftsflügel) mit dem Wappen Winkelhausen und der Jahreszahl 166(3?).

Das Haupttor der Westfassade schuf der Düsseldorfer Architekt und Mitarbeiter von Adolph von Vagedes *J. P. Cremer,* der es erst um 1817 fertigstellte. Ein weiterer Mitarbeiter von Vagedes, *Anton Schnitzler,* glich dann (1818–21) den ehemaligen Vorburg-Südflügel (Küche) durch Aufstockung der Hauptfassade an.

Am Innenausbau waren der Stukkateur E. Selb, der Tapezierer J. G. Lenzen und der Maler Ludwig Pose beteiligt. Doch erst 1836–41 unter Edmund Graf von Hatzfeld wurde der Bau, vor allem der Innenausbau, vollendet. Die Bauleitung hatte der Architekt *Heinrich Theodor Freyse.* Neben dem Maler L. Pose haben noch der Düsseldorfer Bildhauer Meinardus und die Stukkateure Lenhart und Moosbrugger nach Entwürfen von Freyse in dieser Zeit in Kalkum gearbeitet.

Im Erdgeschoß des Schlosses sind noch einige Räume mit feinem klassizistischen Dekor erhalten: stuckierte Decken, intarsierte Fußböden, Marmorkamine und Wanddekorationen. In diesen Räumen finden Kunstausstellungen statt, und gelegentlich dienen sie dem Kultusministerium für kleine Empfänge.

Gleichzeitig mit dem Ausbau des Schlosses war der Düsseldorfer Gartenarchitekt *Maximilian Friedrich Weyhe* schon 1808 beauftragt, einen großzügigen, dem Wohntrakt im Westen in weitem Bogen vorgelagerten **Landschaftsgarten** anzulegen. Weyhe schuf einen prächtigen, durch großzügige Bodenmodellierung ausgezeichneten, abwechslungsreichen und mit besonderen Solitärbäumen sowie dichten Baum- und Sträuchergruppen bepflanzten Garten, in dem ursprünglich ein chinesischer Pavillon, eine Orangerie und ein Gartenhäuschen standen. Auch die hübsche *Wassermühle* des 18. Jh.s wurde integriert. Von Weyhe stammt auch die Bepflanzung des Schloßhofes mit kreisförmig angeordneten Linden, die sich in der Lindenallee in der Achse der Gartenfront fortsetzen. Der Schwarzbach wurde in strenger, gradliniger Führung westlich des Schloßgrabens geleitet.

An der Gartenmauer (Oberdorfstraße) ist in dem kleinen Pavillonbau eine **Gedenkstätte für Ferdinand Lassalle,** den Gründer des Allgemeinen Deutschen Arbeitervereins, eingerichtet. Lassalle war mit *Sophie Gräfin von Hatzfeld* (1805–81) befreundet und bei ihrem aufsehenerregenden Scheidungsprozeß 1851 auch ihr Anwalt. Eine Gedenktafel im Schloßhof, nachträglich zum 100. Todestag angebracht mit der Inschrift: ›Ihrer Zeit weit voraus erkämpfte sie sich Freiheit, politisches Urteil und geistige Unabhängigkeit‹, erinnert an sie.

Katholische Pfarrkirche St. Lambertus (Farbabb. 35)

Unweit vom Schloß an der OBERDORFSTRASSE steht die dreischiffige romanische Pfeilerbasilika aus dem Anfang des 13. Jh.s. Ursprünglich stand das Patronat wohl dem Stift Kaiserswerth zu, später dann den jeweiligen Eigentümern des Schlosses, denen die Kirche häufig auch als Begräbnisstätte diente. Die Kalkumer Pfarrkirche entstand im Zusammenhang mit dem fränkischen Königshof, zu dem wohl auch eine kleine Kirche gehörte. Der Vorgängerbau des 11. Jh.s, eine schmale Saalkirche, der zunächst ein zweigeschossiger Turm vorgesetzt war, wird im Kern der heutigen Kirche vermutet.

Die romanische Kirche aus Tuffstein mit Chorquadrat, Dreiapsidenschluß und eingebautem dreistöckigen Turm, dessen Westfassade noch die Reste eines älteren Westturms birgt, zeigt die in der näheren Umgebung Düsseldorfs übliche Form der kleinen Basilika (wie auch in Bilk, Itter,

Himmelgeist und Wittlaer). Die beiden Mittelschiffjoche sind mit einem einzigen Kreuzgratgewölbe überdeckt und durch ein Fensterpaar im Obergaden belichtet. Durch Gesimse, Lisenen-felder und Blendbögen wird der Außenbau gegliedert. Bei der umfassenden Restaurierung Ende des 19. Jh.s ist die spätromanische Ausmalung verlorengegangen. Bei dieser Restaurierung wurde das Langhausgewölbe durch ein neues mit niedrigerem Scheitel ersetzt und zugleich die neue zweistöckige Westvorhalle und die Sakristei errichtet. Die heutige Ausmalung entstand im wesentlichen nach 1915; damals waren noch die Rötelvorzeichnungen der romanischen und gotischen Darstellungen erhalten: am Triumphbogen das Jüngste Gericht, am Eckpfeiler die Verkündigung und die fast lebensgroßen zwölf Apostel auf beiden Seiten der Scheidemauer.

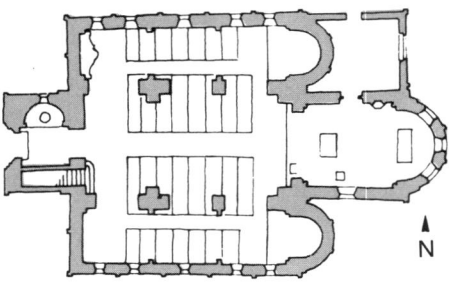

St. Lambertus, Grundriß

N

Von der *Ausstattung* der Kirche verdienen das Marmorepitaph des im Kindesalter verstorbenen Johann von Winkelhausen († 1609), eine Muttergottes des 16. Jh.s sowie einige Barockfiguren unsere Aufmerksamkeit.

Oberkassel

Linksrheinischer, 1909 eingemeindeter Stadtteil, gegenüber der Altstadt gelegen. Die Lage am Rheinufer, die *weitgehend erhaltene Bebauung* – dieser Stadtteil überstand den Zweiten Weltkrieg fast unbeschädigt –, aber auch die Stadtnähe machen Oberkassel zu einer besonders bevorzugten Wohngegend von Düsseldorf.

Die ehemalige kleine Ortschaft der linksrheinischen Bürgermeisterei Heerdt wandelte sich grundlegend, als die 1895 gegründete ›Rheinische Bahngesellschaft‹ unter ihrem Vorsitzenden *Heinrich Lueg* den Bau einer festen Rheinbrücke und damit eine Verbindung von Düsseldorf nach Krefeld und Moers durch eine elektrische Kleinbahn plante. Die Gesellschaft kaufte nahezu die gesamte Liegenschaft des Ortes auf. Neben der Straßenbahn wurden von ihr auch Ziegeleien betrieben.

Nach der Errichtung des Hochwasserdamms wurde das Terrain durch ein Netz neuer Straßen erschlossen. Wie die neueren Forschungen zeigen (H. Günther, O. Karnau), lag die Planung des neuen Stadtteils in Händen des zu Ende des 19. Jh.s berühmten Stadtplaners und Städtebauers *Hermann Josef Stübben* (1845–1936). Die neue Stadt wuchs schnell, pro Jahr wurden an die 100 Wohnhäuser errichtet. Es entstand ein kultiviertes Wohngebiet mittelständischer und gehobener bürgerlicher Schichten, das erst 1909 nach zähen Verhandlungen nach Düsseldorf eingemeindet wurde.

Ein großzügiges System von Ringstraßenzügen wurde beiderseits der LUEGALLEE angelegt, der breiten, ehemals mit Baumreihen bepflanzten, mit Gleiskörpern und seitlich mit

Fahrstreifen versehenen Hauptverkehrsachse. Durch die Luegallee fuhren die Straßenbahn-
züge der Rheinbahn. Die Haltestellen wurden jeweils zu kleineren oder größeren Plätzen
erweitert. Drei dieser Plätze liegen an der Luegallee: direkt an ihrem Anfang hinter der
Brücke der quadratische LUEGPLATZ, etwa in der Mitte der breite trapezförmige BARBAROS-
SAPLATZ und an ihrem Ende der dreieckige BELSENPLATZ, an dem als dem westlichen End-
punkt der Luegallee seit 1898 der Oberkasseler Bahnhof angelegt wurde (heute nur dem
Güterverkehr dienend). Von den Plätzen der Luegallee gehen kurze Radialstraßen aus, die
den Stadtgrundriß in unregelmäßige, zuweilen polygonale oder dreieckige, oft spitzwinklig
verlaufende Baublöcke teilen.

Der Eingang in den neuen Stadtteil lag am Brückenende, an der Kreuzung der Luegallee
mit dem Kaiser-Wilhelm- bzw. Kaiser-Friedrich-Ring; er wurde, wie auch die beiden
Ringstraßen, besonders repräsentativ und großbürgerlich bebaut.

Bis auf wenige Ausnahmen fehlen in Oberkassel die gründerzeitlichen Mietshäuser; es
überwiegen vielmehr Ein- und Zweifamilienhäuser mit Gärten und Vorgärten. Die Bebauung der Blöcke, auf Gruppenwirkung bedacht und zugleich individuelle Gestaltung jeder
Hausfront zulassend, ergibt mit ihren für die Jahrhundertwende typischen, aus historistischen und dem Jugendstil entliehenen Fassadenelementen, malerisch kombiniert, ein weitgehend homogenes Erscheinungsbild. Die drei- bis viergeschossigen Häuser mit Giebeln,
turmartig bekrönten Erkern, Balkonen mit schmiedeeisernen Gittern, oft zu kleinen Gruppen zusammengeschlossen, wechseln mit schlichteren Gebäuden oder, wie in einigen Straßen, mit den erst in den zwanziger Jahren entstandenen Reihenhäusern aus unverputztem
Backstein (Abb. 103). Auf dem kleinen, malerischen Drakeplatz, in den vier Straßen einmünden, lebte bis zu seinem Tode 1986 Joseph Beuys.

Viele namhafte Düsseldorfer Architekten haben hier vor dem Ersten Weltkrieg Wohnhäuser gebaut: Klein & Dörschel, H. vom Endt, Brand und Stahl, W. Lenz, L. von Abbema,
J. Kleesattel u. a. m. Eine besonders ansprechende Bebauung befindet sich in dem südlich
der Luegallee gelegenen Teil und an den beiden Ringen am Rheinufer (Farbabb. 3). Nahe
dem Barbarossaplatz (Luegallee 61 bzw. Arnulfstraße 33) sind zwei wichtige Kirchenbauten
des Stadtteils sehenswert: die katholische **St. Antoniuskirche** an der LUEGALLEE, eine imposante 1909–11 von dem Architekten Josef Kleesattel erbaute, neuromanische dreischiffige
Werksteinbasilika mit Doppelturmfassade, und die 1913–14 von den Architekten *Verheyen*
und *Stobbe* erbaute evangelische **Auferstehungskirche,** eine Gebäudegruppe aus unverputztem Backstein. Die letztere mit hohem barokisierenden Giebel und einem achteckigen
asymmetrisch plazierten Turm ist ein Saalbau mit Emporen. Das Gotteshaus zusammen mit
den Nebengebäuden für das Gemeindeleben ›ist einer der ersten interessanten Versuche der
Wiederbelebung niederrheinischer Backsteinarchitektur‹ (R. Klapheck). Besonderes Interesse verdient die evangelische Kirche auch wegen ihrer vollständig erhaltenen Innenausstattung aus der Erbauungszeit.

Urdenbach

Südlich von Benrath gelegener Teil der 1929 eingemeindeten Landgemeinde Benrath. Der im Bogen zwischen dem Altarm des Rheins und dem Rhein situierte Ort war schon im 15. Jh. als Umschlagplatz für die Flußschiffahrt von Bedeutung. Zu Ende des Mittelalters wurden die Wälder vernichtet, die der Neusser Äbtissin als Holz- und Waldgräfin unterstanden; das Gelände wandelte sich zum Gartenland. Schon im 16. Jh. lebten in Urdenbach Weberfamilien, die der reformierten Konfession angehörten. Offiziell besteht seit 1617 hier eine reformierte Gemeinde, die 1691–95 (nur einige Jahre später als in Düsseldorf selbst) ihre eigene Kirche bauen durfte.

Die evangelische **Kirche** ist ein kleiner verputzter Ziegelbau mit hohem Walmdach und Dachreiter, durch Pilaster und große Rundbogenfenster gegliedert, wahrscheinlich durch den Düsseldorfer Burggrafen und Landesbaumeister Johann Paul Reiner erbaut, der im benachbarten Benrath für die Kapuzinerniederlassung eine Kirche mit Kloster errichtete. Sie besitzt eine hübsche barocke Ausstattung mit flacher stuckierter Holzdecke, Emporen an den Schmalseiten und einer Kanzel an einer der Längsseiten. Bemerkenswerte Wappenscheiben zieren die hohen Fenster.

Das reizvolle Ortsbild ist noch heute durch die **Fachwerkhäuser** des 17. und 18. Jh.s geprägt. Am Haus Am alten Rhein Nr. 8, ›Haus Drängelburg‹, erinnert eine Gedenktafel daran, daß hier 1908–22 *Louise Dumont und Gustav Lindemann* gewohnt haben.

Wittlaer

Das nördlich unweit von Kaiserswerth und Kalkum gelegene, erst 1975 eingemeindete Wittlaer ist wie jene ein beliebter Ausflugsort. Bekannt wurde er durch die hübsch gelegene spätromanische Dorfkirche, die in den zwanziger und dreißiger Jahren dieses Jahrhunderts (in der Amtszeit von Pfarrer Franz Vaaßen) durch zeitgenössische Künstler modern ausgestattet worden ist (ähnlich wie die ehemalige Klosterkirche in Marienthal bei Wesel am Niederrhein).

Pfarrkirche St. Remigius (Abb. 108)

Zum erstenmal wird Wittlaer 1144 urkundlich bezeugt, als der staufische König Konrad III. dem bei Bonn gelegenen Vilicher Stift alle Rechte und Besitztümer, darunter im Dorf ›Wizelare‹ eine Kirche, bestätigt. 1292 wurde die Kirche dem St. Peter-Stift in Vilich inkorporiert. Die Kirche von 1144 war wahrscheinlich die Eigenkirche des Wittlaerer Hofes – einer der beiden Fronhöfe, die die Königsurkunde nennt: vielleicht ein schlichter breiter Saalbau mit vorgesetztem niedrigen Turm. Im ersten Drittel des 13. Jh.s wurde dann der Vorgängerbau der heutigen Pfarrkirche zu einer dreischiffigen Pfeilerbasilika mit eingezogenem Chorquadrat und halbrunder Apsis sowie mit zum Teil eingebautem Turm, der von einem Pyramidendach gedeckt ist, ausgebaut.

Der **Außenbau** ist am Chor und in den Obergeschossen des Turms schlicht, nur durch Lisenen und Rundbogenfriese gegliedert. Der Obergaden des Mittelschiffs zeigt eine reichere Gliederung durch Rundbogenblenden über Halbsäulen. Das schlichte Turmportal ist 1952 von den Architekten Hentrich und Heuser erneuert worden. Das helle, breite und flachgedeckte Mittelschiff und die kreuzgratgewölbten Seitenschiffe bilden einen wirkungsvollen, von den Glasmalereien bestimmten **Innenraum**.

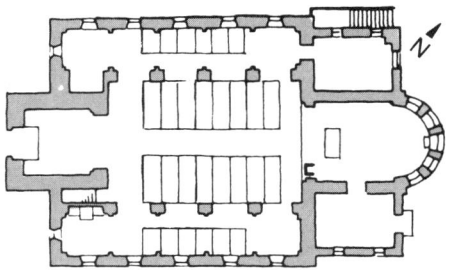

St. Remigius, Grundriß

Die Kirche besitzt eine Reihe wertvoller **Ausstattungsstücke,** darunter ein **romanisches Vortragekreuz** aus Bronze, eine Kölner Arbeit des dritten Viertels des 12. Jh.s, das mit dem Bronzekruzifixus des Erzbischöflichen Diözesanmuseums in Köln nahezu identisch ist. Beide Bronzekruzifixe haben in der Monumentalplastik in dem Frauenberger Kruzifix und in den Tympana von St. Cäcilien und St. Pantaleon in Köln ihre stilistischen Parallelen.

Dem 13. Jh. gehört das **Taufbecken** aus Namurer Blaustein im westlichen Joch des nördlichen Seitenschiffs an. Das achtseitige Becken steht auf einem breiten Mittelfuß, der von vier freistehenden Säulchen umgeben ist. Über den Säulchen sitzen vier von schuppenartigen niedrigen Kronen geschmückte Köpfe mit mandelförmigen Augen. Dazwischen zieren Dreipaßblenden das Becken.

Ein spätgotisches **Kruzifix** aus dem 15. Jh., das der Kalkarer Schule zugeschrieben wird, ist an der Wand über dem Chorbogen angebracht. Aus der gotischen Zeit stammt auch noch das kleine *Vesperbild* aus Eichenholz aus dem 15. Jh. in der Mauernische der Turmhalle. Die im Kunsthandel 1971 erworbene **Sitzmadonna,** die wie die spätgotische Statue des Kirchenpatrons **St. Remigius** aus dem 15. Jh. zu Seiten des Chorbogens steht, ist etwas älter und gehört dem 14. Jh. an. Am ersten Pfeiler des Mittelschiffs sind noch zwei weitere spätgotische Holzplastiken angebracht: ein männlicher Heiliger (Johannes Ev.?) aus der Ge-

gend von Würzburg und der hl. Sebastian, der Patron der Schützenbruderschaft aus dem Jahre 1431. Eine zweite Statue des hl. Sebastian aus dem 18. Jh. steht in der Turmvorhalle, die der Bruderschaft als Gedächtnisraum dient.

Von den modernen sakralen Arbeiten müssen an erster Stelle die **farbigen Fenster** genannt werden. Die seit 1925 von dem Akademieprofessor *Jan Thorn-Prikker* geschaffenen Glasfenster sind an der Westseite 1945 zerstört worden und wurden 1963 durch Fenster nach Entwürfen von Wilhelm Schmitz-Steinkrüger ersetzt. Seit der spektakulären Ablehnung der figürlichen Chor- und Querhausfenster von J. Thorn-Prikker für die Dreikönigenkirche in Neuss, die er 1911 geschaffen hatte und die 1912 auf der Kölner Sonderbundausstellung gezeigt wurden (erst 1919 wurden sie in der Neusser Kirche eingesetzt), war dies der erste größere kirchliche Auftrag, den der Künstler übernommen hatte. Schon 1925 schuf er die drei ornamentalen Apsisfenster und das (kriegszerstörte) Westfenster, 1926 dann die geometrischen Seitenschiffenster, die nur an der Südseite erhalten sind, und 1927 die Obergadenfenster. Zehn Jahre später, 1937, entstanden nach Entwürfen von Wilhelm Teuwen, einem Schüler von Heinrich Campendonk, die drei Fenster in der Südsakristei. Die Fenster der Nordsakristei schuf *Ewald Mataré.*

Der Bildhauer Ewald Mataré, Lehrer von Joseph Beuys, der in den Jahren 1935–39 nach seiner Entlassung von der Düsseldorfer Kunstakademie für die Wittlaerer Kirche eine Reihe von Ausstattungsstücken entwarf, schuf das kleine Altarkreuz aus Eisenguß, das heute auf dem 1975 aufgestellten Blockaltar aus Marmor von dem Kölner Bildhauer Hein Gernot steht. Des weiteren die **bronzene Kreuzigungsgruppe** (1935–38) im südlichen Seitenschiff, deren Assistenzfiguren lange Zeit in der Kirche nicht aufgestellt werden durften, sowie einen Kelch, vier Leuchter und einen Tabernakel.

Die Kirche besitzt auch einige moderne **Tapisserien** aus den späten zwanziger Jahren: ein Hungertuch, zwei Antependien und zwei Wandbehänge – Herz Jesu und Herz Mariens – von *Irene Göttschekes,* einer Schülerin von J. Thorn-Prikker, und Ludwig Gies. Von *Heinrich Nauen* stammen ein Ölgemälde mit der Darstellung der Verkündigung (um 1935) und eine rote Pfingstkasel, die nach seinem Entwurf ausgeführt wurde. *Jan Thorn-Prikker* entwarf den kostbaren Chormantel aus Goldbrokat mit einer schönen Metallschließe, und nach Entwürfen von *Ewald Mataré* entstand eine schwarze Stola und die Fahne des Kirchenchors.

An der alten **Gaststätte ›Brand's Jupp‹** erinnert eine Gedenktafel an den berühmten Düsseldorfer Landschaftsmaler und Akademielehrer *Max Clarenbach* (1880–1952), nach dem auch der Uferweg am Rhein benannt ist.

Südlich von Wittlaer, direkt am Rheinufer, liegt auf dem Galgenwerth, das Herzog Wolfgang Wilhelm 1648 den Jesuiten schenkte, das Haus Werth (siehe Kaiserswerth, S. 333).

Nördlich von Wittlaer liegt die ehemalige **Wasserburg Groß-Winkelhausen,** die einen Fachwerkwohntrakt besitzt und ein schönes Tor mit bossiertem Portal und der Jahreszahl 1668. Gegenüber dem Torbau beachtenswert die barocke **Hubertuskapelle:** das letzte erhaltene Beispiel einer vor mittelalterlichen Rittersitzen oder großen Hofanlagen gelegenen Burgkapelle im heutigen Stadtgebiet. Die Hubertuskapelle in Wittlaer ist schon 1436 und Anfang des 17. Jh.s an dieser Stelle bezeugt.

Ausflüge in die Umgebung von Düsseldorf

Museum Insel Hombroich

Etwa eine halbe Autostunde von Düsseldorf entfernt (Richtung Neuss-Reuschenberg) liegt zwischen Holzheim und Grevenbroich-Kapellen das 1986 eröffnete, sehenswerte Privatmuseum des Sammlers K.-H. Müller. Ein alter Park und eine rekultivierte Auenlandschaft bilden das 170000 qm große Museumsgelände, in dem die Pavillonbauten (Farbabb. 37), das ›Labyrinth‹ genannte Hauptgebäude und die Cafeteria (1986) des Düsseldorfer Bildhauers *Erwin Heerich* wie Raumskulpturen disponiert sind. Moderne Kunst (von L. Corinth, H. Matisse, K. Schwitters, H. Arp bis Yves Klein), alte Kunst sowie frühgeschichtliche Funde aus Asien und Afrika, aber auch Werke zeitgenössischer Künstler (E. Heerich, G. Graubner, Beuys' Schüler Anatol) ergänzen sich gegenseitig, werden miteinander und mit der sie umgebenden Natur konfrontiert.

Das öffentlich zugängliche Museum wird aus den Eintrittsgeldern finanziert (wochentags 15,– DM, Wochenende 20,– DM).

Neandertal

Etwa 15 km südöstlich von Düsseldorf erstreckt sich bei Erkrath das von der Düssel durchflossene, dem Namen nach weltbekannte Neandertal. Hier fand der Elberfel-der Gymnasialdirektor und Naturforscher J. C. Fuhlrott 1856 in einer (heute nicht mehr existierenden) Höhle das berühmte eiszeitliche Menschenskelett, das in die Zeit 150000–60000 v. Chr. datiert wird. Die Fundstätte gab einer ganzen Gruppe von europäischen Vorfahren des ›Homo sapiens‹ den Namen ›Neandertaler‹. Das Original-Skelett ist im Rheinischen Landesmuseum Bonn ausgestellt.

Das landschaftlich reizvolle Tal ist nach dem Rektor der Düsseldorfer Lateinschule, dem evangelischen Kirchenliederdichter *Joachim Neander* (1650–80) benannt, dessen Namen auch die evangelische Kirche an der Bolkerstraße in Düsseldorf trägt.

Ein beschilderter Wanderweg führt zum *Urgeschichtlichen Museum*, in dem urzeitli-

Neandertal, um 1870

che Funde aus der Gegend, ergänzt durch Nachbildungen und Rekonstruktionen, die Lebensweise des menschlichen Vorfahren veranschaulichen.

Seit 1921 ist das durch den gewerblichen Kalkabbau in der zweiten Hälfte des 19. Jh.s veränderte Tal Naturschutzgebiet.

Neuss

Etwa 10 km westlich von Düsseldorf liegt am linken Rheinufer die Industrie-, Handels- und Hafenstadt Neuss (ca. 150 000 Einwohner), die schon im 9. Jh. als Marktort und 1190 als Stadt überliefert ist. Ihr Ursprung ist jedoch älter; das befestigte Legionslager ›Novaesium‹ an der Straße von Köln nach Xanten aus der Zeit der römischen Kaiser Augustus und Tiberius sowie die römische Zivilsiedlung – durch Ausgrabungen nachgewiesen – stehen am Anfang der Stadtgeschichte. Spätestens im 10. Jh. wurde in Neuss ein Benediktinerinnenkloster gegründet.

Die ursprüngliche Lage unmittelbar am Rheinufer begünstigte den Fernhandel; Neuss war seit 1255 Mitglied des Rheinischen Städtebundes, überstand 1474/75 siegreich die Belagerung durch den Burgunderherzog Karl den Kühnen; erst die Zerstörung im Truchseßschen Krieg brachte den allmählichen Niedergang der reichen Stadt. Die Stadtbefestigung des 17. und 18. Jh.s wurde zu Anfang des 19. Jh.s geschleift und zu Promenaden nach Plänen des Düsseldorfer Gartendirektors *Maximilian Friedrich Weyhe* umgewandelt. Die Reste des von Napoleon angelegten Nordkanals zwischen Neuss und Venlo sind in die Promenaden mit einbezogen.

Die Hauptsehenswürdigkeit ist das **Quirinusmünster**: die ehemalige Stiftskirche und heutige katholische Pfarrkirche St. Quirin. Das weithin sichtbare, abwechslungsreich gestaltete und reich gegliederte staufische Bauwerk gehört zu der Kette mittelalterlicher Dome und Klosterkirchen, die den Rhein von Basel bis Xanten säumen.

Die bestehende Kirche, eine dreischiffige, kreuzrippengewölbte, spätromanische Pfeilerbasilika aus dem ersten Viertel des 13. Jh.s mit einer älteren, dem 11./12. Jh. angehörenden fünfschiffigen Krypta, entstand nach Plänen des Baumeisters ›Wolbero‹. Ab 1209 ist der Bau von Osten nach Westen durchgeführt worden, wobei der um 1200 entstandene Westbau integriert wurde. Dem Vorbild der Kölner Choranlagen (Groß St. Martin, St. Aposteln) ist der von vier Ecktürmen flankierte und von einer barocken Vierungskuppel bekrönte Kleeblattchor (Dreikonchenchor) verpflichtet. Der Westquerbau der alten Klosterkirche aus der Zeit um 1200 erhielt um 1240 zwei weitere Geschosse und einen mächtigen Mittelturm. Das Langhaus ist im gebundenen System gewölbt, das hohe Mittelschiff dreizonig aufgebaut und von großen Fächerfenstern erhellt. Die querschiffartigen Kapellen seitlich des Langhauses sind wie die Seitenschiffe zweigeschossig. Den von zweigeschossigen, zweizonigen Konchen umgebenen, hohen Vierungsraum bekrönt eine achtteilige Kuppel. In der starken Betonung der Vertikalen und in der Verwendung von Spitzbögen kündigt sich schon das Zeitalter der Gotik an. – Von der *Ausstattung* sind das Chorgestühl des ausgehenden 15. Jh.s, die Holzskulpturen des 14.–16 Jh.s sowie die Wandgemälde des Nazareners Franz Ittenbach (1863/64) beachtenswert.

Außerhalb des Stadtzentrums (an der Jülicher Straße) liegt die katholische **Pfarrkir-**

che **Hl. Dreikönige** mit den Glasgemälden von *Jan Thorn-Prikker* aus dem Jahr 1911. Am Rande des Neuen Stadtgartens steht der Neubau des **Clemens-Sels-Museums,** dem das **Obertor,** ein mittelalterliches Stadttor mit zwei Rundtürmen, angegliedert ist.

Ratingen

Nordöstlich von Düsseldorf, am Fuße der Ausläufer des Bergischen Landes, liegt Ratingen, ein alter Marktort, der schon 1276 (12 Jahre früher als Düsseldorf) durch Graf Adolf V. von Berg zur Stadt erhoben und befestigt wurde. Seit dem 14. Jh. gehörte Ratingen, bedeutend durch Ausfuhr von Klingen und schmiedegewerblichen Erzeugnissen, auch der Hanse an.

Sehenswert ist das alte, von Resten der Wallanlagen umgebene Stadtzentrum um den **Marktplatz** mit der katholischen **Pfarrkirche St. Peter und Paul,** die zu den ältesten rheinischen Hallenkirchen gehört. Die den Platz dominierende Stadtkirche stammt aus verschiedenen Bauzeiten. Zu einer kleinen romanischen Basilika des 12. Jh.s gehören die beiden fünfgeschossigen Osttürme in der Mitte des Langhauses. Der spätromanische Westturm entstand in der ersten Hälfte des 13. Jh.s. An die dreischiffige gotische Halle schließt seit 1892 ein neugotischer Erweiterungsbau mit einem Querschiff von *Heinrich Wiethase* an. Im Kirchenschatz befindet sich die berühmte **Ratinger Monstranz** aus dem Jahre 1394,

Das ›Haus zu Haus‹ in Ratingen. Bleistiftzeichnung von J. W. Schirmer, um 1830–40

343

eines der Hauptwerke der rheinischen Goldschmiedekunst um 1400.

Am Markt steht das 1751 barock erneuerte Bürgerhaus, das ehemalige **Rathaus,** ein im Kern mittelalterlicher Bruchsteinbau. Als Rathaus dient heute der gegenüberliegende Neubau im Anschluß an das ehemalige Minoritenkloster von 1656.

Im Angertal, unweit des Hallenbades, ist das **Haus zu Haus** beachtenswert: Stammsitz der Herren von Haus und später Gut der Herren von der Horst, Freiherren von Zweiffel und Grafen Spee. Diese Wasserburg, eine von Gräben umgebene, rechtwinklige Anlage, im Kern aus dem 14. Jh. stammend und Ende des 16. Jh.s umgebaut, wurde 1972 von dem letzten Besitzer der Stadt geschenkt und von dem Architekten Bruno Lambert 1973 ausgebaut.

Empfehlenswert ist auch die Besichtigung einer der ältesten Fabrikbauten auf dem europäischen Kontinent: der **Baumwollspinnerei Cromford,** die J. G. Brügelmann 1783 hier durch den Düsseldorfer Hofbaumeister und Mühleninspektor Rutger Flügel errichten ließ. Ihren Namen hat die Fabrik (demnächst Industriemuseum) zur Erinnerung an Arkwrights englische Fabrik mit der ersten Spinnmaschine der Welt.

Zons

Etwa 20 km südlich von Düsseldorf liegt am linken Rheinufer die ehemalige kurkölnische Zollstadt Zons, heute ein malerisches Städtchen, das sich mit seiner gut und in vollem Umfang erhaltenen **Stadtmauer** und seinem weitgehend bewahrten **Ortsbild** des 17. und 18. Jh.s als Ausflugsziel großer Beliebtheit erfreut.

Die Kölner Erzbischöfe errichteten im 13. Jh. in dem schon Ende des 11. Jh.s erwähnten Ort eine feste Burg. Als der Neusser Zoll 1372 nach Zons verlegt worden war, ließ der Kölner Erzbischof Friedrich von Saarwerden die Stadt mit einer im Rechteck verlaufenden Mauer umschließen und die Burg Friedestrom, die ursprünglich ein Fünftel der Stadtfläche einnahm, ausbauen. Erhalten sind Teile der Hauptburg mit dem Torturm, dem Außenturm sowie dem Juddeturm der Vorburg (heute Kreisheimatmuseum). Die Stadtbefestigung mit dem Rhein- (oder Zoll-), Krötschen- und Mühlenturm sowie dem achteckigen vorkragenden Wachthäuschen gehört zu den wenigen erhaltenen mittelalterlichen Befestigungsanlagen am Niederrhein. Ein Relief am Rheintor zeigt den Erbauer der Mauer vor dem hl. Petrus kniend, der ihm den Zoll überreicht.

Praktische Reisehinweise

Anreise

Düsseldorf ist mit dem **PKW** gut erreichbar. Aus dem Norden über die Autobahnen A1 (Hamburg-Bremen) und A2 (Hannover); aus dem Westen (Belgien, Luxemburg, Süd-niederlande) über Aachen auf der A44 bzw. A46; aus den Nord-Niederlanden empfiehlt sich die Anreise über Arnheim auf der A3 bzw. A44 oder auch über Eindhoven, Venlo auf der A61 bzw. A52. Vom Süden benutzt man die A3 (Frankfurt) und von Osten die A44 (Kassel).

Auch im Netz der **Bundesbahn** hat Düsseldorf im Nah- und Fernverkehr beste Verbindungen; vom Hauptbahnhof fahren Busse, S-Bahnen, Stadtbahnen und Straßenbahnen nach allen Richtungen.

Der Rhein-Ruhr **Flughafen** in Düsseldorf-Lohausen wird von allen größeren Fluggesellschaften regelmäßig angeflogen und ist durch Nahverkehrsmittel (S-Bahn) mit der Innenstadt bzw. dem Hauptbahnhof verbunden.

Man kann Düsseldorf auch mit dem **Schiff** (Köln-Düsseldorfer) erreichen. Für die Kabinenschiffe der KD bei den großen Rheinreisen zwischen Basel und Rotterdam bzw. zwischen Straßburg und Amsterdam ist Düsseldorf Übernachtungsstation.

Bei der Reiseplanung empfiehlt sich, die Termine der großen Messen (Boot, Westdeutsche Kunstmesse, Igedo, Drupa u. a.) zu berücksichtigen und rechtzeitig Unterkunft zu reservieren.

Anschriften / Auskünfte

Post
PLZ 4000
✆ Vorwahl 02 11

Hauptpostamt
Charlottenstraße 61
✆ 16 30
Geöffnet Mo–Sa 8–21 Uhr,
sonn- u. feiertags 11–18 Uhr

Notrufe	
ADAC-Pannenhilfe	✆ 1 92 11
ACE-Pannenstation	✆ 35 40 00
Polizei-Notruf	✆ 1 10
Unfall/Feuerwehr	✆ 1 12
Arztnotruf	✆ 59 70 70
Zahnärztlicher Bereitschaftsdienst	✆ 1 14
Krankentransport	✆ 38 89 89
Apothekendienst	✆ 1 14

**Verkehrsverein der Stadt
Düsseldorf e. V.**
Geschäftsstelle Immermannstr. 65b
Immermannhof (gegenüber Haupt-
bahnhof)
Postfach 8203
✆ 350505
Geöffnet Mo–Fr 8–18 Uhr,
Sa 9–13 Uhr
**Zimmerreservierung und
Messeinformation**
im Hauptbahnhof
✆ 350505
Geöffnet Mo–Sa 8–22 Uhr,
So 16–22 Uhr

Funktaxi/Rettungsring ✆ 33333
Behindertenfahrdienst ✆ 594959

Ansagedienst **Sonderveranstaltungen,
Ausstellungen, Messen** ✆ 11516

**Düsseldorfer Messegesellschaft mbH
NOWEA**
Stockumer Kirchstr. 61–68
4000 Düsseldorf 30
✆ 4560–1

Aussichtstürme

Verkehrsmittel

Bundesbahn
Reiseauskunft im Hauptbahnhof ✆ 353494
Fernsprechansage Zugabfahrt ab Düssel-
dorf Hbf

0– 8 Uhr	✆ 11531
8–11 Uhr	✆ 11532
11–16 Uhr	✆ 11533
16–19 Uhr	✆ 11534
19–24 Uhr	✆ 11536

Flughafen
Zentrale ✆ 421–1
Information ✆ 421–223

Rheinbahn
Auskunft über öffentliche Verkehrsmittel
✆ 58228

Köln-Düsseldorfer Rheinschiffahrt
✆ 326072

Rheinturm (Fernmeldeturm)
Völklinger Str./Rheinkniebrücke, in der
Nähe des neuen Parlaments (Landtages) im
Gelände des ›Rheinparks Bilk‹.
Geöffnet tägl. 10–24 Uhr

Von dem 234,2 m hohen Turm, dessen
Schaft eine senkrechte Reihe von Rundfen-
stern schmückt, die die Uhrzeit im Dezi-
malsystem angeben, blickt man von dem
rundum verglasten Turmkorb über die
Stadt, den Rheinstrom und das Hafengelände.

Schloßturm
Burgplatz 30
Geöffnet Di–So 11–17 Uhr

Das oberste, rundum verglaste Stockwerk
erlaubt einen Blick über das Stadtgebiet, auf
die Rheinbrücken und den gegenüberliegenden Stadtteil Oberkassel.

Brauchtum und Feste

Ähnlich wie in Köln und Mainz gehört auch in Düsseldorf der **Karneval** zu den wichtigsten und sehenswerten Veranstaltungen (Rosenmontagszug). Am 11. 11. feiert man vor dem Rathaus mit ›Hoppediz' Erwachen‹ (Hoppediz – der Narr des Prinzen Karneval) den Beginn der Karnevalssaison, in der über 200 Narrensitzungen und Bälle das närrische Treiben begleiten. Mit ›Hoppediz' Begräbnis‹, um den die Marktfrauen (Möhnen) trauern, geht am Aschermittwoch die Karnevalszeit zu Ende.

Von Mai bis August finden in mehreren Düsseldorfer Stadtteilen die traditionsreichen **Schützenfeste** statt. Rund 2 Millionen Menschen besuchen alljährlich die ›Größte Kirmes am Rhein‹ auf den Festwiesen am Oberkasseler Ufer; die Schützen der 1316 gegründeten und 1435 erneuerten St. Sebastians-Bruderschaft feiern mit Umzügen und dieser Kirmes ihr Schützenfest.

Im Sommer (Juni/Juli) wird am Karlplatz ein Kinderwettbewerb für **Radschläger** veranstaltet.

Am 10. 11 abends finden in vielen Pfarrgemeinden mit Musik, Gesang und bunten Laternen die **Martinsumzüge** statt. An diesem Abend kann man auch in vielen Altstadtlokalen die traditionelle Martinsgans essen.

Von Mai bis Oktober veranstaltet die Stadt an jedem zweiten Samstag einen **Trödelmarkt** (Radschlägermarkt) auf dem unteren Rheinwerft zwischen Schloßturm und Tonhalle.

Burgen, Schlösser

Schloß Benrath
Benrather Schloßallee 104
☎ 8 99 72 71
Geöffnet Di–So 10–17 Uhr

Einkaufen, Souvenirs

Düsseldorf gilt als d i e Einkaufsstadt der Region. Die **Königsallee** mit exklusiven Geschäften und Boutiquen der Haute Couture genießt als Einkaufsstraße internationalen Ruf. Zahlreiche Warenhäuser sind in unmittelbarer Umgebung gelegen. Die **Schadow-, Graf-Adolf-Straße** und **Berliner Allee** eignen sich neben der Altstadt mit ihren Fußgängerzonen besonders für einen ungestörten Einkaufsbummel.

Für Antiquitäten-Interessierte empfiehlt sich ein Spaziergang durch die **Karlstadt,** wo die meisten *Kunsthandlungen, Antiquitätengeschäfte,* aber auch *Keramik- und Goldschmiedewerkstätten* anzutreffen sind.

Zu den typischen Souvenirs gehören neben dem Düsseldorfer *Löwensenf (Mostert),* die Figuren der *Radschläger* und die *Jan-Wellem-Reiterstatuette.* Diese werden von einigen Konditoreien auch als ›süße Versuchungen‹ in Marzipan oder Schokolade hergestellt.

Essen und Trinken

In Düsseldorf werden, wie im ganzen Rheinland, derbe und deftige Speisen wie

Sauerbraten, Eisbein, Wurst- und Räucherwaren, Reibekuchen sowie Muschelgerichte geschätzt, die in vielen Altstadtlokalen angeboten werden. Unzählige gutbürgerliche Bier- und Weinstuben, ausländische Spezialitätenrestaurants und erlesene Speiselokale bilden das reichhaltige gastronomische Angebot der Stadt.

Zu den bevorzugten Getränken gehört das dunkle obergärige *Altbier*. Die bekanntesten Großbrauereien der Stadt sind Gatzweiler und Schlösser. Kleine Hausbrauereien wie Schumacher (Im goldenen Kessel, Zum Schiffchen, Im Füchschen) oder Zum Uerigen haben einen eigenen Ausschank.

Zum Bier wird oft ein ›halver Hahn‹, ein halbes Roggenbrötchen mit Mainzer oder Holländer Käse, gegessen.

Informationen zur Düsseldorfer Gastronomie kann man dem ›Düsseldorfer Führer‹ (Hrsg. Düsseldorf-Bücher Verlagsgesellschaft) oder dem ›Schwarzer's Düsseldorfer Gästeführer‹ (Hrsg. E. Schwarzer Verlag, München) entnehmen, die in Hotels ausliegen.

Karten-Vorverkauf

Die Vorverkaufsstellen für Theater- und Konzertkarten befinden sich neben dem *Verkehrsverein* der Stadt Düsseldorf (gegenüber Hbf)
Ø 350505

Konzertkasse Fratz
Kaiserstr. 21 Ø 493313
Konzert-Theaterkasse Heinersdorff
In der Flinger-Passage
Ø 329191

Theaterkasse Kautz
Adersstr. 48
Ø 373070
Konzertkasse Philipshalle
Siegburgstr. 15
Ø 8997744
Karten-Service Sültenfuß
Kaiserswertherstr. 411
Ø 433558

Kirchen

Wegen wiederholter und zunehmender Diebstähle sind viele Kirchen außerhalb der Gottesdienste ganz oder zeitweilig (meistens von 12–15 Uhr) geschlossen. Anfragen bei den Pfarrämtern sind zu empfehlen.

Konzerte

Deutsche Oper am Rhein
Heinrich-Heine-Allee 16a
Tonhalle
Hofgartenufer 7
Robert-Schumann-Saal
Ehrenhof 4a
Clara-Schumann-Musikschule
Bilkerstr. 11
Philipshalle
Siegburgerstr. 15

In einigen Düsseldorfer Kirchen (Maxkirche, Johanneskirche, Neanderkirche, ehem. Stiftskirche Gerresheim) finden Konzerte geistlicher Musik statt.

Informationen sind zu entnehmen aus dem ›Offiziellen Monatsprogramm‹, hrsg. vom Amt für Fremdenverkehr und Wirtschaftsförderung (Triltsch Verlag, Düsseldorf) oder der zweimal monatlich erscheinenden Publikation ›Düsseldorfer Hefte‹ mit Veranstaltungskalender. Fernsprechansagedienst ✆ 1 15 17

Märkte

Wochenmärkte
Marktplatz, Karlplatz, Kirchplatz, alle geöffnet werktags bis Ladenschluß
Trödelmarkt
Unteres Rheinwerft (zwischen Schloßturm und Tonhalle) Mai–Oktober, jeden zweiten Samstag

Museen/Kulturinstitute

Deutsches Keramikmuseum
(Hetjens-Museum)
Palais Nesselrode, Schulstr. 4
✆ 8 99 42 10
Geöffnet Di–So 11–17 u. 14–17 Uhr

Dumont-Lindemann-Archiv
Hofgärtnerhaus, Jägerhofstr. 1
✆ 8 99 61 30
Geöffnet Di–So 11–17 Uhr

Goethe-Museum
(Anton u. Katharina Kippenberg-Stiftung)
Schloß Jägerhof, Jacobistr. 2
✆ 8 99 62 62
Geöffnet Di–So 11–17, Sa 13–17 Uhr

Heinrich-Heine-Institut
Bilkerstr. 12–14
✆ 8 99 55 71 / 55 75
Öffnungszeiten:
Museum Di–So 11–17 Uhr
Archiv und Bibliothek Mo–Fr 11–16 Uhr

Hetjens-Museum
siehe Deutsches Keramikmuseum

Kunstverein Malkasten
Siehe Malkasten

Kunstgewerbesammlung
Dr. Ernst Schneider
Schloß Jägerhof, Jacobistr. 2
✆ 35 24 21
Geöffnet Di–So 11–17, Mi 11–20 Uhr

Kunsthalle
(Städtische Kunsthalle)
Grabbeplatz 4
✆ 13 14 69
Geöffnet Di–So 11–18 Uhr

Kunstmuseum
Ehrenhof 5
✆ 8 99 24 60
Geöffnet Di–So 11–18 Uhr

Kunstpalast
Ehrenhof
Geöffnet während der dort stattfindenden Ausstellungen Di–So 11–18 Uhr

Kunstsammlung Nordrhein-Westfalen
Grabbeplatz 5
✆ 13 39 61
Geöffnet Di–So 11–18 Uhr, Bibliothek zur Kunst des 20. Jhs. Di–Fr 11–12.30 u. 14–16.30 Uhr

**Kunstverein für die Rheinlande
und Westfalen**
Kunsthalle
Grabbeplatz 4
∅ 327023
Geöffnet Di–So 11–18 Uhr

Landesmuseum Volk und Wirtschaft
Ehrenhof 2
∅ 446108
Geöffnet Mo–Fr 11–17 Uhr, Mi 11–20 Uhr,
So 11–18 Uhr

Löbbecke-Museum und Aquazoo
Nordpark
Kaiserswerther Str. 380
∅ 8996150
Geöffnet täglich 10–18 Uhr

**Mahn- und Gedenkstätte für die Opfer
der nationalsozialistischen
Gewaltherrschaft**
Stadthaus
Mühlenstr. 29
∅ 8996205
Geöffnet So–Fr 10–18 Uhr,
Sa 13–17 Uhr;
Führungen nach Vereinbarung

Malkasten
(Künstlerverein Malkasten)
Jacobistr. 6
∅ 356471
Geöffnet Mo–Fr 10–20 Uhr, Sa–So 11–20
Uhr

**Naturkundliches Heimatmuseum
Benrath**
Benrather Schloßallee 102
∅ 8997219
Geöffnet Di–So 10–17 Uhr

Schatzkammer St. Lambertus
Altstadt, Stiftsplatz
∅ 131276
Führungen Okt–Apr nach Vereinbarung,
Mai–Sep Sa 18 Uhr

Schiffahrt-Museum
Burgplatz, im Schloßturm
∅ 8994195
Geöffnet Di–So 11–17 Uhr; Führungen
nach Vereinbarung

Schloß Benrath
Benrather Schloßallee
∅ 8997271
Geöffnet Di–So 10–17 Uhr

Stadtmuseum
Palais Spee, Bäckerstr. 7–9
∅ 8996170
Geöffnet Di–So 11–17 Uhr, Mi 11–20 Uhr,
Sa 13–17 Uhr

Theatermuseum
siehe Dumont-Lindemann-Archiv

Nachtleben

Das Nachtleben in Düsseldorf spielt sich im
wesentlichen in der Altstadt und im Citybe-
reich zwischen Königsallee und Hauptbahnhof ab.

Informationen hierüber findet man in den
regelmäßig erscheinenden Publikationen
›Düsseldorfer Führer‹ und ›Schwarzer's
Düsseldorfer Gästeführer‹, die in Hotels,
Reisebüros, am Flughafen und im städti-
schen Verkehrsamt ausliegen.

Öffentliche Verkehrsmittel

Im Stadtbereich kann man S-Bahnen, Stadtbahnen, Schnellstraßenbahnen, Straßenbahnen und Busse benutzen. Für Touristen besonders günstig ist ein 24-Stunden Fahrausweis (an allen Fahrkartenautomaten erhältlich).
Auskunft: Rheinische Bahngesellschaft AG ∅ 58228

Parks und Gärten

Benrather Schloßpark (s. S. 292f.)
Botanischer Garten der Universität
im südlichen Teil des Universitätsgeländes
Geöffnet Nov.–Feb.   8–17 Uhr
        März, Apr., Sept., Okt. 8–19 Uhr
        Mai–Aug.   8–20 Uhr
(Hunde haben keinen Zutritt)
Floragarten (s. S. 267)
Hofgarten (s. S. 246 ff.)
Nordpark mit japanischem Garten
(s. S. 300)
Rheinpark (s. S. 244)
Südpark (s. S. 297)
Volksgarten (s. S. 297)

Reisezeit

Wie bei allen Großstädten eignet sich auch für den Besuch Düsseldorfs jede Jahreszeit. Bei der Reiseplanung sind jedoch die großen Messen zu berücksichtigen, da die Unterkünfte während der Messetermine Wochen im voraus ausgebucht sind.

In Zusammenarbeit mit dem Amt für Fremdenverkehr und Wirtschaftsförderung sowie mit dem Verkehrsamt der Stadt bieten einige Hotels ermäßigte Wochenend-Aufenthalte an. Buchungen sind u. a. beim Verkehrsverein der Stadt Düsseldorf möglich (Anschrift s. S. 346).

Sportliche Aktivitäten

Alle öffentlichen städtischen Sportanlagen unterstehen dem **Sportamt**
Europaplatz 5
∅ 8995216
Eissport
Eisstadion Brehmstr. 27 (ab 10 Uhr)
∅ 8995226
Golf
Öffentliche Anlage auf der Lausward
(ab 9 Uhr)
∅ 396617
Reiten
Gestüt Gut Wolfsaap, Bauernhäuserweg
∅ 633833
Tennis und Leichtathletik
Sportpark Niederheid, Paul-Thomas-Str. 35 (ab 8 Uhr)
Freizeitpark Ulenbergstr. (ab 9 Uhr)
Wassersport
Robert-Lehr-Ufer (Motor- und Segelboote, Kanusport)
Düsseldorfer Yacht Club e. V., Rotterdamerstr. 30
Unterbacher See, ∅ 8992042 (Segel- und Surfschule, Bootsverleih)
Wellenbad Stadtmitte, Grünstr. 15,
∅ 8219313

Wandern
Rad-, Wander- und Reitwege im ›Düsseldorfer Auto-Wanderbuch‹ und ›Freizeitkarte Düsseldorf‹ (Triltsch-Verlag Düsseldorf)

Stadtrundfahrten

Gegenüber dem Hauptbahnhof, in der Friedrich-Ebert-Str., Bussteig 14 (am Kino Rex) ist die Abfahrtsstelle für die 2½-stündigen **Stadtrundfahrten,** die von April–Oktober täglich, von November bis März samstags jeweils um 14.30 Uhr stattfinden (Treffpunkt um 14.15 Uhr). **Sonderfahrten** können über das Verkehrsamt, ⌀ 35 05 05 bestellt werden.

Theater

Deutsche Oper am Rhein
Heinrich-Heine-Allee 16a
⌀ 13 39 40 / 9
Düsseldorfer Schauspielhaus
Gustav-Gründgens-Platz
(Großes Haus und Kleines Haus)
⌀ 36 99 11
Kammerspiele Düsseldorf
Jahnstr. 3
⌀ 37 83 53

Düsseldorfer Marionettentheater
Bilker Str. 7
⌀ 32 84 32
Komödie (Boulevardtheater)
Steinstr. 23
⌀ 32 51 51
Kom(m)ödchen
Kunsthalle, Eingang Hunsrückenstr.
⌀ 32 54 28
Puppentheater am Fürstenplatz
Helmhotzstr. 38
⌀ 37 13 68
Theater an der Luegallee
Luegallee 4
⌀ 57 22 22
Junges Theater in der Altstadt
Kasernenstraße 6 (im Anbau des Wilhelm-Marx-Hauses)
⌀ 32 72 37
Vorverkaufsstellen: siehe bei ›Karten‹
Informationen: siehe bei ›Konzerte‹

Unterkunft

Alljährlich gibt der Verkehrsverein der Stadt Düsseldorf e. V. ein **Hotelverzeichnis** mit Lageplan heraus. **Zimmernachweis** und **Zimmerreservierung** im Hauptbahnhof.
Jugendherberge
Düsseldorf-Oberkassel
Düsseldorferstr. 1
⌀ 57 40 41
Camping
Unterbacher See Nord,
Kleiner Torfbruch 31
⌀ 89 92 0 38

Glossar

Ädikula (lat) kleiner Tempel; Nische zur Aufstellung einer Statue

Allegorie (griech) bildliche Darstellung eines abstrakten Begriffs; Sinnbild, Gleichnis

Allianzwappen Ehewappen

Apsis (griech) halbrunde oder eckige Nische für Haupt- und Nebenaltar im Chor der Kirche

Arkade (lat) Bogenstellung

Arma Christi (lat) Leidenswerkzeuge

Attika (neulat) freistehende niedrige Wand über dem Hauptgesims eines Gebäudes

Attribut (lat) Personen beigegebenes Kennzeichnen

Bischofsedilien Bischofssitze

dorisch (griech) eine der drei Säulenordnungen der griechischen Baukunst; der Säulenschaft ist kanneliert und trägt ein wulstförmiges Kapitell

›Entartete Kunst‹ Titel einer Ausstellung moderner Kunst (H. Arp, E. Barlach, M. Ernst, L. Feiniger, P. Klee, A. Macke, E. Nolde, P. Picasso), die von den Nationalsozialisten 1937 im Haus der Kunst, München, mit dem Ziel der Diffamierung veranstaltet wurde

Epitaph (griech) Grabinschrift, Grabmal mit Inschrift, Totengedenktafel

Grisaille (franz) Malerei, die nur Abstufungen von Grau verwendet; grau-in-grau Malerei

Inkarnat (lat) Fleischton

ionisch (griech) eine der drei Säulenordnungen der griechischen Baukunst; der kannelierte Säulenschaft trägt ein Kapitell mit seitlich ausladenden Voluten

Karyatiden (griech) langgewandige Gebälkträgerinnen

Kenotaph (griech) Ehrengrabmal über einem leeren Grab

Kolossalordnung (griech) hohe, mehrere Geschosse verbindende Säulen oder Pilaster

Lettner (lat) Trennwand zwischen Chor und Mittelschiff, meist mit Bildwerken verziert

Lisene (franz) senkrecht verlaufender, schwach vortretender Wandstreifen an einer Mauer

Mensa (lat) Tisch, Altarplatte

Misericordien (lat) unter den Sitzen des Chorgestühls angebrachte Stützen, auf die sich der Geistliche während des Stehens auflehnen kann

Oculus (lat) Rundfenster

Paramente (spätlat) liturgische Gewänder der Geistlichen sowie künstlerisch verarbeitete Stoffe zur Umkleidung kirchlicher Einrichtungsgegenstände

Pietà (ital) Darstellung Marias mit dem Leichnam Christi auf ihrem Schoß

Pilaster (lat) pfeilerartiger, nur wenig hervortretender Wandstreifen mit Kapitell

Portikus (lat) Säulengang, Säulenhalle als Vorbau

Präbenden (lat) kirchliche Pfründe, ein Kirchenamt bzw. feste Einkünfte aus diesem

Putten (ital) nackte Engelknaben

Reliquiar (lat) Behälter zur Aufbewahrung der Überreste eines Heiligen

Retabel (lat) Altaraufsatz

Risalit (ital) flach und in voller Höhe hervorspringender Gebäudeteil

Säkularisation (lat) Enteignung von Kirchenbesitz, Verstaatlichung

Sarkophag (griech) Prunksarg, Monumentalsarg

Sodalität (lat) Bruderschaft

Stalle (franz) einzelner Sitz des Chorgestühls

Stipes (lat) Altarunterbau; oft mit Hohlraum für Aufbewahrung von Reliquien oder als Grab gestaltet

Tempietto (ital) Tempelchen

tordiert (lat) gedreht, gewunden

Triforium (lat) Arkaden oder Blendarkaden über der Säulen- oder Pfeilerreihe des Kirchenmittelschiffs

Triumphbogen steinernes Ehrentor; das Kirchenschiff vom Chor trennender Bogen

Tumba (lat) Grabmal mit rechteckigem Unterbau und aufgelegter Grabplatte

Vesperbild siehe Pietà

Volto Santo (ital) Heiliges Antlitz; berühmter bekleideter, bärtiger Kruzifixus von Lucca, Ende 11. Jh.

Autorin und Verlag bemühen sich darum, die Praktischen Reiseinformationen aktuell zu halten, können aber keine Gewähr für die Richtigkeit jeder einzelnen Angabe übernehmen – Anschriften, Telefonnummern, Öffnungszeiten etc. ändern sich oft kurzfristig. Wir bitten um Verständnis und werden Korrekturhinweise gerne aufgreifen (DuMont Buchverlag, Postfach 100468, 5000 Köln 1).

Literaturverzeichnis
(Auswahl der wichtigsten benutzten Literatur)

ACHTER, Irmingard: Düsseldorf-Kaiserswerth. Rhein. Kunststätten, Heft 252. Neuss 1981

ACHTER, Irmingard: Zur staufischen Stiftskirche in Düsseldorf-Gerresheim. In: Beiträge zur Rheinischen Kunstgeschichte und Denkmalpflege. Die Kunstdenkmäler des Rheinlands, Beiheft 16. Düsseldorf 1970

ACHTER, Irmingard und SCHLOßMACHER, Norbert: St. Benediktus, Düsseldorf-Heerdt. Rhein. Kunststätten, Heft 267. Neuss 1982

ALBERTS, Eduard: Die ehemalige Düsseldorfer Gemäldegalerie. Eine Untersuchung über die an ihr ehemals bestandenen Eigentumsverhältnisse mit einer ausführlichen historischen Vorstudie. Düsseldorf 1961

BAYERLE, Bernhard Gustav: Die katholischen Kirchen Düsseldorfs in ihrer Entstehung bis auf die neueste Zeit. Düsseldorf 1844

BLOCH, Peter: Heroen der Kunst, Wissenschaft und Wirtschaft. Zierbrunnen und „freie" Kunst. In: Kunst des 19. Jahrhunderts im Rheinland, Bd. 4 S. 281–348. Düsseldorf 1980

BÖGGEMANN, Ute und EBERHARD, Gunter A.: Neanderkirche, Berger Kirche, Johanneskirche. Evangelische Kirchen der Innenstadt von Düsseldorf. Rhein. Kunststätten, Heft 302. Neuss 1985

CLEMEN, Paul: Die Kunstdenkmäler der Stadt und des Kreises Düsseldorf. Kunstdenkmäler der Rheinprovinz, Bd. 3, Teil 1. Düsseldorf 1894

DELVOS, Hubert: Geschichte der Düsseldorfer Denkmäler, Gedenktafeln und Brunnen. Düsseldorf 1938

DURTH, Wolfgang: Deutsche Architekten. Biographische Verflechtungen 1900–1970. Braunschweig / Wiesbaden 1986

Düsseldorf und seine Bauten. Hrsg. vom Architekten- und Ingenieurverein Düsseldorf. Düsseldorf 1904

Düsseldorf. Bauliche Entwicklung 1918–1928. Hrsg. von W. Th. Huneke. Düsseldorf, 1928

Düsseldorf. Beschreibung einer Stadt (1600–1850). Bearb. von Müller, Beatrix und Tilch, Marianne. (Reiseberichte, topographische Texte, autobiographische Schriften, Tagebücher u. a. m.) In: Düsseldorfer Jahrbuch 59, 1984

Düsseldorf. Stadt und Kirche. Hrsg. von Henrichs, B. Düsseldorf 1984

Düsseldorf: Geschichte von den Ursprüngen bis ins 20. Jh. Hrsg. von Weidenhaupt, Hugo. Bd. 1 Von der ersten Besiedlung zur frühzeitlichen Stadt (bis 1614). Bd. 2 Von der Residenzstadt zur Beamtenstadt. Düsseldorf 1988

Europäische Barockplastik am Niederrhein. Grupello und seine Zeit. Ausstellungskatalog des Kunstmuseums Düsseldorf. Düsseldorf 1971

FERBER, Heinrich: Historische Wanderung durch die alte Stadt Düsseldorf, Lieferung I und II, Düsseldorf 1889/90

Frommer Reichtum in Düsseldorf. Kirchenschätze aus 10 Jahrhunderten. Ausstellungskatalog. Düsseldorf 1978

50 Jahre HPP. Katalog zur Ausstellung HPP Hentrich, Petschnigg & Partner. Bauten, anläßlich des 80. Geburtstages von Prof. Dr. Helmut Hentrich Juni 1985 im Stadtmuseum Düsseldorf ²1985

GAETHGENS, Barbara: Adriaen van der Werff 1659–1722. München 1987

Ge-so-lei. Große Ausstellung Düsseldorf 1926. Für Gesundheitspflege, soziale Fürsorge und Leibesübungen. Hrsg. von Arthur Schloßmann. Bd. 1, Düsseldorf 1927

FUSSBROICH, Helmut: St. Peter Düsseldorf. Düsseldorf 1981

GAMER, Jörg: Matteo Alberti, Oberbaudirektor des Kurfürsten Johann Wilhelm von der Pfalz, Herzogs zu Jülich und Berg. Die Kunstdenkmäler des Rheinlands, Beiheft 18. Düsseldorf 1978

Das Großherzogtum Berg 1794–1815. Ausstellungskatalog. Düsseldorf 1985

GRUNSKY, Eberhard: Das Warenhaus Tietz in Düsseldorf. In: Kunst als Bedeutungsträger. Gedenkschrift für Günther Bandmann, hrsg. von W. Busch, R. Haussherr, E. Trier. Berlin 1978, S. 515–532

GRUNSKY, Eberhard: Otto Engler, Geschäfts- und Warenhausarchitektur 1904–1914. Landeskonservator Rheinland, Arbeitsheft 28. Köln 1979

HANSMANN, Wilfried: Baukunst des Barock. Form, Funktion, Sinngehalt. Köln 1978

HEPPE, Karl Bernd: Das Düsseldorfer Stadtbild I. (1585–1806). Bildhefte des Stadtmuseums 4. Düsseldorf 1983

HOUBEN, Alfons: Düsseldorf. Wie es damals war – wie es heute ist. Düsseldorf 1983

KAMPHAUSEN, Alfred: Die Pfarrkirche zum heiligen Maximilian in Düsseldorf. Schriftenreihe des Historischen Museums und Archivs der Stadt Düsseldorf, Heft 1. Düsseldorf 1930

KARPA, Oskar: Die Stifts- und Pfarrkirche St. Lambertus zu Düsseldorf. Schriftenreihe des Historischen Museums und des Archivs der Stadt Düsseldorf, Heft 4. Düsseldorf 1932

KAUHAUSEN, Paul: Die Geschichte des Düsseldorfer Mausoleums. Düsseldorf 1935

KAUHAUSEN, Paul: 300 Jahre Jesuitenkirche St. Andreas, Hof- und Pfarrkirche in Düsseldorf. Düsseldorf 1929

KLAPHECK, Richard: Die Baukunst am Niederrhein, Bd. I. Berlin 1915

KLAPHECK, Richard: Neue Baukunst in den Rheinlanden (= Zeitschrift des Rhein. Vereins für Denkmalpflege und Heimatschutz 21, 1928, Nr. 2). Düsseldorf 1928

KNOPP, Gisbert: Düsseldorf-Himmelgeist. Rhein. Kunststätten, Heft 215. Neuss 1978

KORDT, Wolfgang: Adolph von Vagedes. Ratingen 1961

KRAHE, H. und THEISEN, A.: Sankt Lambertus Düsseldorf – ein Gedenkbuch der Stifts- und Pfarrkirche St. Lambertus zu Düsseldorf. Düsseldorf 1925

KUBACH, Hans Erich und VERBEEK, Albert: Romanische Baukunst an Rhein und Maas.

Katalog der vorromanischen und romanischen Denkmäler, 3 Bde, Berlin 1976

KÜFFNER, Hatto und SPOHR, Edmund: Denkmäler in Düsseldorf. 1. Wegekreuze, Kapellen, Heiligenhäuschen. Düsseldorf 1985

KULTERMANN, Udo: Gabriel Grupello. Berlin 1968

LAHUSEN, Till Leberecht: Das Reiterdenkmal des Kurfürsten Johann Wilhelm von Gabriel Grupello – Planungsgeschichte und Deutung. In: Wallraf-Richartz-Jahrbuch Bd. XXXIII, 1971, S. 125–160

Land im Mittelpunkt der Mächte. Die Herzogtümer Jülich-Kleve-Berg. Ausstellungskatalog Düsseldorf / Kleve. Kleve ³1985

LAU, Friedrich: Geschichte der Stadt Düsseldorf, Bd. 1, Abteilung 1 und 2. Düsseldorf 1921

LAU, Friedrich: Düsseldorfer Architekten des 17. Jahrhunderts. In: Düsseldorfer Jahrbuch, Bd. 44, 1947, S. 239–242

LEVIN, Theodor: Beiträge zur Geschichte der Kunstbeschreibungen in dem Hause Pfalz-Neuburg. In: Düsseldorfer Jahrbuch (Beiträge zur Geschichte des Niederrheins), Bd. XIX, 1905, S. 7–193 (Teil I), Bd. XX, 1906, S. 123–249 (Teil II), Bd. XXIII, 1911 (Jg. 1910), S. 1–185 (Teil III)

LUX, Hans Arthur: Düsseldorf. Düsseldorf ²1925

MAES, Hans, HOUBEN, A. u. a.: Düsseldorf in Stein und Bronze. Düsseldorf ²1984

MARKOWITZ, Irene: Armer Maler – Malerfürst. Künstler und Gesellschaft, Düsseldorf 1819–1918. Ausstellungskatalog. Düsseldorf 1980

MARKOWITZ, Irene: Schloß Benrath. München / Berlin 1985

MARKOWITZ, Irene: Düsseldorfer Gartenlust. Ausstellungskatalog. Düsseldorf 1987

MOELLER, Gisela: Peter Behrens und die Düsseldorfer Kunstgewerbeschule 1903–1907. In: Der westdeutsche Impuls 1900–1914. Kunst und Umweltgestaltung im Industriegebiet. Düsseldorf. Eine Großstadt auf dem Weg in die Moderne. Ausstellungskatalog. Düsseldorf 1984, S. 33–52

MOST, Otto: Geschichte der Stadt Düsseldorf, Bd. II, Düsseldorf 1921

PFEFFER, Klaus: Spätklassizismus in Düsseldorf. In: Düsseldorfer Jahrbuch, Bd. 51, 1962, S. 17–197

PFEFFER, Klaus: Düsseldorf-Kalkum. Rhein. Kunststätten, Heft 178. Neuss 1975

Die Rapparini-Handschrift der Landes- und Stadt-Bibliothek Düsseldorf. Hrsg. von Kühn-Steinhausen, Hermine. Düsseldorf 1958 – (Faksimile-Ausgabe mit Kommentar von Heppe, Karl Bernd. Neusäss 1988)

RÜMMLER, Else: Die Carmeliterinnen in Düsseldorf. Aus einer alten Chronik – aufbewahrt bei den Töchtern vom Heilige Kreuz im Theresienhospital. In: Jan Wellem 1962, Nr. 10, 11, 12. 1963, Nr. 1–8

RÜMMLER, Else: Das Herz der Altstadt. Die Bolkerstraße. In: Das Tor 39, 1973, S. 151–158

RÜMMLER, Else: Historische und topographische Notizen. In: Erinnerung von Düsseldorf und der Umgegend. Ein Album von Caspar Scheuren. Berlin 1975

RÜMMLER, Else: Die Kasernenstraße in Düsseldorf, Anfänge eines Stadtteils. In: Düsseldorfer Jahrbuch 57/58, 1980, S. 277–302

RÜMMLER, Else: Die Reuterkaserne im Neuen Werk. Notizen zur Geschichte einer Düsseldorfer Straße. In: Düsseldorfer Jahrbuch 60, 1986, S. 44–63

SCHAUMBURG, E. von: Historische Wanderung durch Düsseldorf. Düsseldorf 1866

SCHEIERMANN, Friedrich: Düsseldorf-Wittlaer. Rhein. Kunststätten, Heft 185. Neuss 1976

Schloß Mickeln. Heimvolkshochschule der Landeshauptstadt Düsseldorf. Düsseldorf-Himmelgeist 1978 (Achter, I., Zur Geschichte des Baues. Schloß Mickeln und die Genueser Villen der Hochrenaissance)

SCHMITGES, Horst: Caspar Clemens Pickel 1847–1939, Beiträge zum Kirchenbau des 19. Jahrhunderts. München 1971

SCHÜRMANN, Sonja: St. Maximilian in Düsseldorf. Rhein. Kunststätten, H. 210. Neuss 1979

SCHÜRMANN, Sonja: Burgplatz und Marktplatz zu Düsseldorf. Zwei historische Plätze der Altstadt. Rhein Kunststätten, Heft 330. Neuss 1988

SPOHR, Edmund: Das Theresienhospital. Ein Stück Düsseldorfer Stadtgeschichte 1288–1980. Düsseldorf 1980

SPOHR, Edmund (Hrsg.): Düsseldorf – Stadt und Festung. Düsseldorf ²1979

Die Stifts- und Pfarrkirche St. Lambertus zu Düsseldorf. Rhein. Bilderbuch 8, Ratingen 1956

WEIDENHAUPT, Hugo (Hrsg.): Gerresheim 870–1970 – Beiträge zur Orts- und Kunstgeschichte. Düsseldorf 1970

WEIDENHAUPT, Hugo: Kleine Geschichte der Stadt Düsseldorf. Düsseldorf ⁹1983

WENGER, Fritz Hans: Wandlungen architektonischer Vorstellungen, dargestellt an Düsseldorfer Bauten des Gewerbes und der Wirtschaft aus dem ersten Jahrzehnt des 20. Jahrhunderts. Diss. TH Hannover 1967

WENTZ, Paul Ernst: Architekturführer Düsseldorf. Ein Führer zu 95 ausgewählten Bauten. Düsseldorf 1975

WIESE, Stephan von: Die Düsseldorfer Kunstakademie 1900–1914 zwischen Restauration und Reform. In: Der westdeutsche Impuls 1900–1914. Kunst und Umweltgestaltung im Industriegebiet. Düsseldorf. Eine Großstadt auf dem Weg in die Moderne. Ausstellungskatalog. Düsseldorf 1984, S. 97–103

WILHELMI, J. F.: Panorama von Düsseldorf und seinen Umgebungen. Mit besonderer Rücksicht auf Geschichte, Topographie, Statistik, Gewerbefleiß und Handel des Regierungsbezirks Düsseldorf. Düsseldorf 1828

WEYRES, Willi und TRIER, Eduard: Kunst des 19. Jahrhunderts im Rheinland, Bd. 1, Architektur I, Kultusbauten. Düsseldorf 1980

ZACHER, Inge: Düsseldorfer Friedhöfe und Grabmäler. Begräbniswesen und Brauchtum im 19. Jh. Düsseldorf 1982

ZEBISCH, Günther: Die städtebauliche Entwicklung der Königsallee in Düsseldorf. Diss. TH Aachen 1968

ZIMMERMANN, Chr. M. und STÖCKER, H.: Kayserswerth – 1300 Jahre Heilige Kaiser Reformer. Düsseldorf 1981

Zweihundert Jahre Karlstadt. Ausstellungskatalog. Düsseldorf 1987

Zweihundert Jahre Kunstakademie in Düsseldorf. Hrsg. von Eduard Trier. Düsseldorf 1973

Register

Orts- und Sachregister

(Die kursiven Ziffern verweisen auf Abbildungsnummern der Bildteile sowie auf Seiten mit Textabbildungen. Hauptnennungen **halbfett** *hervorgehoben.)*

Personenregister

(Abkürzungen: Eb. = Erzbischof, Gem. = Gemahlin, Gf. = Graf, Hg. = Herzog, Kf. = Kurfürst, Kg. = König, kurpf. = kurpfälzisch, Pfgf. = Pfalzgraf)

Copyrights

Abbildungsnachweis

Aero-Foto A. Schwarzer, Mönchengladbach   Abb. 111 (freigegeben Reg. Präs. Düsseldorf Nr. 06/ 1122)

Archiv der Autorin, St. Augustin   Textabb. S. 40, 42, 86, 212, 223, 247, 249, 251, 268

Archiv DuMont Buchverlag, Köln   Textabb. S. 291

Fridmar Damm, Köln   Ft. 5

Manfred Hanisch, Mettmann-Metzkausen   Abb. 59

Michael Jeiter, Aachen   Abb. 18, 104

Gerhard Kerff, Hamburg   Abb. 65

Rainer Kiedrowski, Ratingen   Abb. 78

Werner Kirgis, Düsseldorf   Umschlagrückseite; Ft. 3, 28, 32; Abb. 62, 89

Walter Klein, Düsseldorf   Ft. 13, 31, 33, 35; Abb. 68, 69, 70, 71, 72, 74, 75

Landesbildstelle Rheinland, Düsseldorf   Abb. 5, 10, 14, 27, 28, 41, 43, 73, 82, 91, 109, 110; Textabb. S. 13, 14, 53, 106, 111, 140, 203, 326, 330

Thomas Mayer, Essen   Ft. 19

Tomas Riehle, Köln   Ft. 38

Karl Hugo Schmölz, Köln   Ft. 20, 23

Stadtmuseum Düsseldorf   Frontispiz, rückwärtige Umschlaginnenklappe; Abb. 8, 9, 12, 13, 15, 16, 21, 24, 35, 40, 42, 57, 58, 66, 77, 90, 92, 93, 94, 96, 98, 99, 102; Textabb. S. 8, 10, 16, 18/19, 20, 21, 22/23, 24, 25, 26, 27, 29, 30, 31, 32, 33, 35, 37, 38, 39, 45, 48/49, 50, 51, 54, 60, 62, 63, 83, 84, 85, 89, 91, 92, 98, 101, 102, 103, 131, 133, 134, 136, 137, 138, 157, 159, 194, 196, 205, 207, 208, 210, 220, 224, 246, 254, 255, 256, 264, 290, 296, 302, 303, 305, 308, 313, 316, 318, 324, 325, 332, 341, 343

Stadtverwaltung Düsseldorf/Foto: Weigel, Hilden   Ft. 39 (freigegeben Reg. Präs. Düsseldorf Nr. 04 R 64)

Michael Thuns, Bonn   Titelbild, vordere Umschlaginnenklappe; Ft. 2, 4, 6, 7, 8, 9, 10, 11, 12, 14, 15, 16, 17, 18, 21, 22, 25, 26, 29, 30, 34, 36, 37; Abb. 3, 4, 6, 7, 11, 19, 20, 22, 23, 25, 26, 29, 30, 31, 32, 33, 34, 36, 37, 38, 39, 44, 45, 46, 47, 48, 49, 50, 51, 52, 53, 54, 55, 60, 61, 63, 64, 67, 76, 79, 80, 81, 83, 84, 85, 86, 87, 95, 97, 100, 101, 103, 105, 106, 107, 108, 112

Ansgar Maria van Treeck, Düsseldorf   Ft. 24, 27

Verwaltung der staatl. Schlösser, Gärten u. Seen, Museumsabteilung, Schloß Nymphenburg, München   Textabb. S. 93

Manfred Vollmer, Essen   Ft. 1; Abb. 2, 17, 56, 88

Werbe- und Wirtschaftsförderungsamt der Stadt Düsseldorf/Foto: Ulrich Otte   Abb. 1

Stadtpläne: Gerda Rebensburg, Köln

Grundrisse: DuMont Buchverlag, Köln

DuMont Kunst-Reiseführer

»Kunst- und kulturgeschichtlich Interessierten sind die DuMont Kunst-Reiseführer unentbehrliche Reisebegleiter geworden. Denn sie vermitteln, Text und Bild meist trefflich kombiniert, fundierte Einführungen in Geschichte und Kultur der jeweiligen Länder oder Städte, und sie erweisen sich gleichzeitig als praktische Führer.« *Süddeutsche Zeitung*

Alle Titel in dieser Reihe:

- Ägypten und Sinai
- Entdeckungsreisen in Ägypten 1815–1819
- Algerien
  Arabien
- Entdeckungsreisen in Südarabien
- Belgien
  - Die Ardennen
- Bhutan
- Brasilien
- Bulgarien
  Bundesrepublik
  Deutschland
- Das Allgäu
- Das Bergische Land
- Bodensee und Oberschwaben
- Bonn
- Bremen, Bremerhaven und das nördliche Niedersachsen
- Düsseldorf
- Die Eifel
- Franken
- Hannover und das südliche Niedersachsen
- Hessen
- Hunsrück und Naheland
- Köln
- Kölns romanische Kirchen
- Die Mosel
- München
- Münster und das Münsterland
- Zwischen Neckar und Donau
- Oberbayern
- Oberpfalz, Bayerischer Wald, Niederbayern
- Ostfriesland
- Die Pfalz
- Der Rhein von Mainz bis Köln
- Das Ruhrgebiet
- Sauerland
- Schleswig-Holstein
- Der Schwarzwald und das Oberrheinland
- Sylt, Helgoland, Amrum, Föhr

- Der Westerwald
- Östliches Westfalen
- Württemberg-Hohenzollern
- Volksrepublik China
- DDR
- Dänemark
  Frankreich
  - Auvergne und Zentralmassiv
- Die Bretagne
- Burgund
- Côte d'Azur
- Das Elsaß
- Frankreich für Pferdefreunde
- Frankreichs gotische Kathedralen
- Romanische Kunst in Frankreich
- Korsika
- Languedoc–Roussillon
- Das Tal der Loire
- Lothringen
- Die Normandie
- Paris und die Ile de France
- Führer Musée d'Orsay, Paris
- Périgord und Atlantikküste
- Das Poitou
- Die Provence
- Drei Jahrtausende Provence
- Licht der Provence
- Savoyen
- Südwest-Frankreich
  Griechenland
  - Hellas
- Athen
- Die griechischen Inseln
- Alte Kirchen und Klöster Griechenlands
- Tempel und Stätten der Götter Griechenlands
- Korfu
- Kreta
- Rhodos
  Großbritannien
  - Englische Kathedralen
- Die Kanalinseln und die Insel Wight

- London
- Die Orkney- und Shetland-Inseln (Juni '89)
- Schottland
- Süd-England
- Wales
- Guatemala
- Holland
- Indien
  - Ladakh und Zanskar
- Indonesien
  - Bali
- Irland
- Island
  Israel
  - Das Heilige Land
  Italien
  - Apulien
- Elba
- Emilia-Romagna
- Das etruskische Italien
- Florenz
- Gardasee, Verona, Trentino
- Latium
- Lombardei und Oberitalienische Seen
- Die Marken
- Ober-Italien
- Die italienische Riviera
- Von Pavia nach Rom
- Rom – Ein Reisebegleiter
- Rom in 1000 Bildern
- Das antike Rom
- Sardinien
- Südtirol
- Toscana
- Umbrien
- Venedig
- Die Villen im Veneto
  Japan
  - Nippon
- Der Jemen
- Jordanien
- Jugoslawien
- Karibische Inseln
- Kenya
- Luxemburg
- Malaysia und Singapur
- Malta und Gozo
- Marokko
- Mexico auf neuen Wegen

- Namibia und Botswana
- Nepal
  Österreich
  - Burgenland
- Kärnten und Steiermark
- Salzburg, Salzkammergut, Oberösterreich
- Tirol
- Vorarlberg und Liechtenstein
- Wien und Umgebung
- Pakistan
- Papua-Neuguinea
- Polen
  Portugal
  - Madeira
- Rumänien
- Die Sahara
- Sahel: Senegal, Mauretanien, Mali, Niger
  Die Schweiz
  - Tessin
- Das Wallis
- Skandinavien
  Sowjetunion
  - Georgien und Armenien
- Kunst in Rußland
- Moskau und Leningrad
- Sowjetischer Orient
  Spanien
  - Die Kanarischen Inseln
- Katalonien
- Mallorca – Menorca
- Nordwestspanien
- Spaniens Südosten – Die Levante
- Südspanien für Pferdefreunde
- Sudan
- Südamerika
- Südkorea
- Syrien
- Thailand und Burma
- Tunesien
- USA – Der Südwesten
- Zypern

Alle Bände mit vielen, zum Teil farbigen Abbildungen; dazu Zeichnungen, Karten, Grundrisse, praktische Reisehinweise.

»Richtig reisen«